“十四五”职业教育国家规划教材

“十二五”职业教育国家规划教材

物流客户开发与管理

（第2版）

主　编　黄灿灿

副主编　梁艳波　齐　冰　方　堃

中国财富出版社

图书在版编目（CIP）数据

物流客户开发与管理/黄灿灿主编．—2 版．—北京：中国财富出版社，2015.3（2023.8 重印）

（“十二五”职业教育国家规划教材）

ISBN 978－7－5047－5525－4

Ⅰ.①物…　Ⅱ.①黄…　Ⅲ.①物资企业—企业管理—销售管理—高等职业教育—教材　Ⅳ.①F253

中国版本图书馆 CIP 数据核字（2015）第 006385 号

策划编辑	郑欣怡	**责任印制**	尚立业
责任编辑	郑欣怡	**责任校对**	梁　凡

出版发行	中国财富出版社（原中国物资出版社）		
社　　址	北京市丰台区南四环西路 188 号 5 区 20 楼	**邮政编码**	100070
电　　话	010－52227588 转 2098（发行部）		010－52227588 转 321（总编室）
	010－52227566（24 小时读者服务）		010－52227588 转 305（质检部）
网　　址	http://www.cfpress.com.cn		
经　　销	新华书店		
印　　刷	宝蕾元仁浩（天津）印刷有限公司		
书　　号	ISBN 978－7－5047－5525－4/F·2297		
开　　本	787mm×1092mm　1/16	**版　　次**	2015 年 3 月第 2 版
印　　张	24	**印　　次**	2023 年 8 月第 4 次印刷
字　　数	497 千字	**定　　价**	68.00 元

前　言

（第2版）

为了更好适应现代经济的发展、适应企业和个人对物流紧缺人才的需要，我们以党的二十大精神为指引，以“坚持人民至上”“坚持自信自立”“坚持守正创新”“坚持问题导向”“坚持系统观念”“坚持胸怀天下”六个基本点为核心，以教高〔2006〕16号文件提出的“高职教育的课程教育与改革应根据技术领域和职业岗位（群）的任职要求，参照相关的职业资格标准，改革课程体系和教学内容加强教材建设；参与国家规划教材建设，与行业企业共同开发紧密结合生产实际的实训教材，确保优质教材进课堂等要求”为依据，深刻领会《高等学校课程思政建设指导纲要》，深入贯彻习近平总书记关于教育的重要论述和党的二十大精神，落实立德树人根本任务。以全面提高高职学生素质为基础、以学生能力培养为本位、以企业需求和就业为导向，进一步突出高职教育的特点编写了本书。

本书为“十二五”职业教育国家规划教材，是国家示范院校建设中课程改革的重点建设项目课程之一，是基于工作过程系统化课程开发的具体实践，本书的主要特色如下。

（1）工学结合，强化衔接。本书是与行业企业共同开发紧密结合生产实际的行动导向的课程教材，企业人员深度参与编写并贯穿全过程。通过对物流管理所涵盖的岗位群的任职要求和岗位职业能力分析，遵循学生的认知规律，对接物流行业职业标准和物流1+X证书考核相关要求，调整教材的结构和内容，及时更新案例，确保教材内容既有实用性又有先进性。

（2）任务引领，模块结构。根据企业实际岗位工作任务设置项目，将实际岗位的工作流程转化为专业教学流程按照业务流程进行知识的重构，将原项目一中的部分内容与寻找物流客户融合，增加了物流项目招投标与管理内容等内容。链接相关的专业理论知识或技能要领，提高创造性技能的比重，每个任务后加入技能实训和职业技能等级考核部分，强化学生实践能力和创新精神的培养。

（3）思政教学，特色鲜明。以党的二十大精神为指引，秉承立德树人的教学理念，在教材整体设计上将专业知识和课程思政有机结合起来，通过思政目标、任务思考、实例、身边的事、实践案例等，潜移默化地融入党的二十大精神和课程思政要素，通过思政案例来激发学生的爱国情怀，教育引导学生深刻理解并自觉实践物流行业的职业精神和职业规范，增强学生的职业责任感，培养学生良好的职业品格和行为习惯，帮助学生树立正确的人生观和价值观。

（4）资源丰富，适时可学。采取教材 + 资源库 + 电子教材形式，突出资源延伸。将基本理论保留在传统纸质教材中，便于学生标注、整理，同时又植入互联网技术，并开发相关知识点动画视频，将教学资源库、电子教材集合工具书功能，配备大量拓展资料、模板及习题辅助教师教学，同时供学生自主拓展学习使用。

本书在第二版教材经过多轮实践的基础上，通过增加及修改相关章节内容进行修订编写而成的。全书共划分为九个项目，即寻找物流客户、接近物流客户、物流客户洽谈、物流项目招投标与管理、物流客户成交、处理物流客户异议与投诉、物流客户管理、物流客户关系管理系统、塑造物流客户开发与管理人员职业形象，学习者通过对九个模块的学习，掌握物流客户开发与管理工作的流程、步骤、方法、技巧，在完成工作任务的过程中逐步建构知识和能力体系。本书适用于高职学校物流专业的教学，也可以作为电子商务、市场营销、工商管理、国际贸易等相关专业的基础教材，还可以供企业员工培训和自学时使用。

本书由黄灿灿（黑龙江农业工程职业学院）任主编，负责对全书的审核、修改和总纂。具体分工为项目一、项目六由梁艳波（黑龙江农业工程职业学院）编写，项目七、项目九由齐冰（黑龙江农业工程职业学院）编写，项目二、项目三由黄灿灿编写，项目四、项目八由方堃（黑龙江农业工程职业学院）编写，项目五由常青（哈尔滨科技职业学院）、高丽娜（哈药集团人民同泰医药股份有限公司哈药物流）编写。本书在编写过程中得到了路红军等企业人士的大力协助，在此表示衷心感谢。同时本书借鉴和参考了相关的文献资料，在此向相关作者表示谢意。

编者

2022 年 12 月

目　录

项目一　寻找物流客户

项目概述

物流客户是指物流企业拥有具体的名称、地址、经营特性等详细资料的服务对象。一般都是物流产品或服务的最终接受者。供应商、生产商、批发商、零售商再到最终消费者各个环节都可能成为我们的物流客户开发对象。那么如何对各类客户开展调研，收集客户相关信息以及筛选目标客户作为我们拜访和接近的对象呢？做好这些内容就能让我们的客户开发工作事半功倍。

虽然物流业的客户开发准备工作与其他行业的大同小异，但是其还是有自己的模式，归纳起来大致可有以下三个大的方面。

（1）认识物流客户与物流产品。

（2）做好物流客户市场调研。

（3）识别并锁定目标客户。

那么，作为企业的客户开发人员你能准确地运用各种客户调研的方法，识别出你的潜在客户并锁定这些客户吗？

项目目标

知识目标：

（1）了解物流及物流企业。

（2）掌握寻找物流客户调查问卷的设计方法和物流客户调查方案的设计方法。

（3）掌握市场调查报告的标准格式。

（4）掌握寻找物流客户的原理及方法。

能力目标：

（1）能够准确的进行物流客户的分类。

（2）能够拟定市场调查方案并设计物流市场调查问卷。

（3）能够按照一定的方法进行实施物流客户市场调查。

（4）能够使用必要的分析工具。

（5）能够分级进行客户组织结构分析，确定目标客户。

（6）能够清晰准确的进行汇报，具有较强的语言表达能力。

素质目标：

（1）学生应树立良好的职业意识，力求通过刻苦努力，对哲学、社会科学和物流客户领域的知识进行广泛学习，塑造视野开阔、学识广博的良好形象，树立职业自信心。

（2）学生应注重礼仪礼节。具有较好的心理素质、沟通策略水平，能够灵活地处理客户调查过程中出现的各种问题。

（3）具有良好的心理素质、严谨热情的工作态度、强烈的责任心、团队合作、勇于创新的精神，具备良好的职业道德。

思政目标：

（1）弘扬中国传统文化，进行爱国主义教育，增强学生民族自豪感和社会责任感。

（2）增强学生的职业素质教育，培养学生养成诚实守信、规范管理。

（3）提升学生的法律意识和健康意识。

任务一　认识物流客户与物流产品

项目引入

顺丰是国内的快递物流综合服务商，总部位于深圳，经过多年发展，已初步建立为客户提供一体化综合物流解决方案的能力，不仅提供配送端的物流服务，还延伸至价值链前端的产、供、销、配等环节，从消费者需求出发，以数据为牵引，利用大数据分析和云计算技术，为客户提供仓储管理、销售预测、大数据分析、金融管理等一揽子解决方案。

顺丰还是一家具有网络规模优势的智能物流运营商。经过多年的潜心经营和前瞻性的战略布局，顺丰已形成拥有“天网＋地网＋信息网”三网合一、可覆盖国内外的综合物流服务网络，其直营网络是国内同行中网络控制力强、稳定性高，也是独特稀缺的综合性物流网络体系。

顺丰采用直营的经营模式，由总部对各分支机构实施统一经营、统一管理，保障了网络整体运营质量，是A股首家采用直营模式的快递公司。2019年12月，顺丰速运入选2019中国品牌强国盛典榜样100品牌。2019年12月18日，人民日报“中国品牌发展指数”100榜单排名第61位。2020年1月4日，获得2020《财经》长青奖“可持续发展创新奖”。

顺丰的物流产品主要包含：时效快递、经济快递、同城配送、仓储服务、国际快递等多种快递服务，以零担为核心的重货快运等快运服务，以及为生鲜、食品和医药领域的客户提供冷链运输服务。此外，顺丰还提供保价、代收货款等增值服务。

1. 快递业务

作为国内快递行业中首家拥有自有全货机的公司，截至 2018 年 12 月 31 日，顺丰拥有 66 架全货机、9 个枢纽级中转场，49 个航空、铁路站点，143 个片区中转场，330 个集散点。

2019 年“双 11”期间，顺丰国内外运力继续提升，整体快件消化能力约达到平日的 2 倍，自有航空网、快递网、同城网将与高铁网形成“四大网络”高效融合。

航空运力方面，顺丰波音 747 - 400ERF 全货机已正式入列顺丰机队，在运营的自有全货机达 57 架。高铁运力方面，顺丰计划“双 11”期间新增 111 条高铁线路，每条线路约可新增 1.5 吨运能。

2. 冷运业务

覆盖食品行业生产、电商、经销、零售等多个领域，为客户提供定制化包装，通过高蓄能冷媒温控技术，仓储温度、湿度异常预警监测系统，GROUND 陆运资源交易平台衔接车辆 GPS 全球定位及车载温控实时监测系统，与顺丰冷链网络无缝对接，提供专业、高效的运输服务。

2018 年 8 月，顺丰控股与美国夏晖集团宣布联合成立新夏晖，顺丰成为新夏晖的控股股东。

3. 医药业务

利用航空、陆运、仓储等资源优势，顺丰医药整合顺丰现有网点及末端配送资源，为医药行业提供专业高效、安全可靠的医药供应链解决方案。

其自有的 GSP 验证合格的医药冷藏车均配备完善的物流信息系统以及自主研发的 PLSS 全程可视化监控平台，让医药流通过程可视，全程可追溯 。

2021 年 8 月 30 日，顺丰医药宣布，运输新冠疫苗突破 3 亿剂。

4. 重货业务

自 2015 年顺丰正式推出重货运输产品以来，依托强大的网络布局能力，不断打造和完善重货网络，满足更多客户需求。2018 年 3 月，顺丰控股收购广东新邦物流有限公司业务，并建立“顺心捷达”快运业务独立品牌。

5. 仓储服务

顺丰仓储是以硬件设备研发、人工智能技术应用为基础、业务规划设计为核心、数字化仓储运营为保障的智能仓储体系，依托专业的运营管理水平、先进的系统管理能力、完善的仓配一体化网络，为客户提供专业、高质量的服务。

6. 国际业务

自2010年开展国际业务以来，顺丰为国内外制造企业、贸易企业、跨境电商以及消费者提供便捷可靠的国际快递服务与客制化物流解决方案，以及一体化的进出口解决方案，旨在帮助中国优秀企业/商品“走出去”，亦将海外优质企业/商品“引进来”。

7. 同城业务

顺丰的同城业务以品质商户为目标，优先打通中高端餐饮、生鲜的F2R2C全链路，逐步拓展至服装、医药等领域，提供仓到店到C端的一站式解决方案。

持续搭建和完善以服务餐饮和生鲜为主的生态圈闭环，满足从商城开源到即时物流配送全链条业务场景，支持多行业、多业态的同城服务场景。

2021年，顺丰同城公开发售获认购2.93倍，每股发售价16.42港元。

8. 产业园服务

顺丰的产业园服务构建智慧物流、科技创新、互联网电商、金融、大数据等综合服务体系，打造创新、协同发展的服务型园区。

使园区成为承载顺丰服务、联系当地客户和市场与当地政府沟通合作的窗口和纽带。

9. 金融服务

顺丰金融服务成立于2011年，立足于顺丰供应链综合业务的发展愿景，承载着构建顺丰新金融版图的使命。依托于顺丰20多年高速发展所积累的大数据资源，打造专业的风控体系，构筑开放共享的金融生态，驱动产业链金融服务的深化，提供具有顺丰特色的安全、便捷、可靠的综合金融服务。

10. 商业服务

顺丰优选是顺丰旗下全球美食应用程序（App）及线下门店，以“优选城市生活”为品牌理念，依托多渠道服务，触达并满足中高端消费群体日常三餐生活所需，致力于为国民打造“健康、营养、便捷”的城市生活方式。

11. 服务网络

顺丰覆盖国内外的快递网络，加之公司在智慧信息网方面的一贯重视和投入，最终形成“天网+地网+信息网”三网合一的综合性物流服务网络，其独特性、稀缺性进一步巩固和扩大顺丰在行业内的领先优势。

（1）天网。2009年，顺丰航空成为我国首家民营货运航空公司，现今已发展为国内全货机数量最多的货运航空公司，拥有“全货机+散航+无人机”互为补充的天网体系。无论全货机数量、航线数还是运输能力均在业内保持领先。

（2）地网。经过多年发展，依托于终端网点、中转分拨网络、运输队伍、配送队伍、客服团队等资源，顺丰已建成覆盖全国的快递网络，并向全球主要国家拓展。通过密集干支线布局，多种吨位的营运车辆，并与高铁资源合作，丰富陆运网络。仓储网络覆盖全国，为电商、食品冷运、医药冷运等多行业提供全场景的仓配一体化服务。

（3）信息网。顺丰通过大数据、区块链、人工智能、机器学习、智能设备等综合应用，自主研发了一套完整的智慧网平台，包括顺丰物流各项核心营运系统、顺丰地图平台、大数据平台、信息安全平台、智能运维管理平台等，打造智慧化的坚实底盘，驱动业务决策，助力智慧物流升级。

项目思考

我们应该如何理解物流产品的概念？顺丰速运能为顾客提供什么样的产品？顺丰速运同时还能提供哪些超值服务？顺丰速运的产品体现了什么样的产品组合策略？

身边的事

扫描二维码了解上海华宇物流公司强大的客户市场，谈谈你的感受。

知识研修

客户不是来打扰我们工作的讨厌鬼，他们是我们为之努力的目标。别以为为客户服务是可怜他们，而是他们给予了我们服务的机会。客户不是我们争辩或斗智斗勇的对象，当我们在口头上占上风的时候，那也是失去客户的时候。

一、物流客户的内涵

（一）客户

1. 客户的定义

一般来说，客户的概念有外延和内涵之分。外延的客户是指市场中广泛存在的、对企业的产品或服务有不同需求的个体或消费群体；内涵的客户是指企业的所有的服务对象（公司股东、雇员、顾客、合作者、政府官员、社区的居民）。

总之，客户是相对于产品或服务提供者而言的，无论是个体的客户还是组织的客户都是接受企业产品或服务的对象，个体的客户和组织的客户统称为客户。

2. 客户需求的特性

（1）客户需求具有无限扩展性。应该说，客户的需求是无止境的，永远不会停留在一个水平上。随着经济、技术的发展，客户的需求也不断地向前发展。

（2）客户需求具有多层次性。尽管客户有多种多样的需求，但不可能同时得到满足，需要我们按照个体的经济实力、支付能力和客观条件，根据轻重缓急，有序地逐步实现。

（3）客户需求具有可诱导性。客户需求的产生有些是必需的、最基本的，有些与外界的刺激诱导有关。如经济政策的变动、各类营销活动的影响、社会交际的启示、广告宣传的诱导等，都会使客户的需求发生变化或转移，潜在的需求也可以变为现实的需求。

（4）客户需求具有分散性。我国加入世贸组织以来，由于竞争的不断加剧，民营企业的飞速发展，各类企业的市场占有率不断下降，因此客户需求有其分散的特性。

（二）物流客户

1. 物流客户的定义

物流客户就是物流企业的服务对象，包括与物流企业有关的股东、雇员、顾客、合作者、政府官员、社区居民等。

物流客户有两个显著特性。

（1）物流客户是物流企业最重要的战略资源。物流客户是物流企业交易的对象，消费物流企业提供的物流产品或服务，是给企业“送钱”的人，是企业唯一的利润中心，是企业生存、发展的“衣食父母”，是企业蕴含价值极高的资产，是企业不可忽视的最重要的战略资源。

【资料卡】

根据一般企业的经验，客户每年流失 1/3 左右，据此推算，企业倘若不去开发新客户，不出五年，老客户必将消失殆尽，而企业利润的源泉也将严重枯竭。

（2）物流客户不同于顾客。顾客是企业服务对象的泛指，代表着一个被服务的群体，是一张没有名字、没有具体特征的脸；物流客户是指物流企业拥有具体名称、地址、经营特性等详细资料的服务对象。

客户与企业之间的联系比一般意义上的顾客更加亲近密切。物流客户是针对物流市场某一特定人群或细分市场而言的。顾客可以由任何人或机构来提供服务，而物流客户则主要由专门的人员或机构来提供服务。

2. 物流客户的内涵

在现代营销观念日益普及、客户意识日趋增强的今天，人们对物流客户的理解已经不是传统意义上的客户概念了，仅仅局限于物流企业的服务对象，其内涵已扩大化，还包括物流企业内部下流程对上流程等环节。其内涵要点如下。

（1）物流客户一般是物流产品或服务的最终接受者，体现为供应链客户关系。从现代物流的角度分析，产品从供应商、生产商到批发商、零售商，再到最终消费者手中这个加工流转过程就是一条供应链，它将供应商、生产商和经销商的生产经营活动紧密联系起来，而物流则是连接它们的桥梁。处于供应链上的上下游企业等均是物流企业的服务对象，因此，物流企业的客户可能是供应商、生产商，也可能是一级批发商、二级批发商、零售商，也可能是物流企业的同行——其他物流商，还可能是消费物流产品或服务的个人或其他组织。

习近平总书记指出，要大力发展智慧交通和智慧物流，推动大数据、互联网、人工智能、区块链等新技术与交通行业深度融合，使人享其行、物畅其流。交通运输是现代物流发展的基础主体，物流业与交通业的深度融合能解决交通枢纽与物流园区布局不衔接，多式联运和供应链物流发展滞后，运输标准化、信息化及规模化水平低的问题，实现提质、降本、增效。二十大报告明确指出：建设现代化产业体系，坚持把发展经济的着力点放在实体经济上。在国家大力支持实体经济发展的形势下，物流业还需与制造业深度融合，结合新兴技术，利用智慧物流助力实体经济降本增效，引领行业创新发展。在此背景下，物流潜在客户会越来越多，我们作为物流企业要积极利用自身优势为潜在客户提供好服务，实现总书记所提倡的提质、降本、增效的目标。

【资料卡】

供应链是围绕核心企业，通过对信息流、物流、资金流的控制，从采购原材料开始，制成中间产品以及最终产品，最后由销售网络把产品送到消费者手中的将供应商、制造商、分销商、零售商直到最终用户连成一个整体的网络结构和模式。

（2）物流客户不一定局限于企业之外，体现为企业内部客户关系。物流企业内部下流程是上流程的客户。但在过去人们习惯于把物流产品或服务的接受者称为物流企业的客户，而把企业内部上、下流程人员看作是同事或合作伙伴，从而淡化了服务意识，造成服务的内外脱节，影响物流运营效率。

物流企业内部客户，即企业内部的从业人员、基层员工、主管，甚至股东都包含在内。这部分客户符合物流客户定义，他们满足一般性客户的特性。对企业来说，他们是具有多重身份的群体，更是需要首先满足的群体。

【资料卡】

扫描二维码了解按工作关系的不同细分出的企业内部客户关系类型。

在现代客户管理观念的指导下，个体的客户和组织的客户统称为客户。因为无论是个体或组织都是接受物流企业产品或服务的对象，而且从最终的结果来看，“物流客户”的下游还是客户。因此，物流客户是相对于物流产品或服务提供等而言的，他们是所有接受物流产品或服务的组织和个人的统称。

（三）物流客户分类及其意义

1. 物流客户分类的方式

1）按照服务对象的性质分类

按照服务对象的性质可将物流客户分为个体型客户和组织型客户。

（1）个体型客户是指由于个人或家庭的需要而购买物流产品或服务的最终消费者，它主要是由个人或家庭购买者组成。

（2）组织型客户是指一定的正式组织机构，以组织的名义，因组织的运作需要而购买某种物流产品或服务的对象，它一般由一系列组织单位或团体机构等构成。

2）按照业务关系分类

按照业务关系可将物流客户分为交易型客户、合同型客户和联盟型客户。不同类型的客户对物流服务有不同的需求，因此，对他们的管理方式也应有所区别。

（1）交易型客户，是指物流企业与客户的关系是建立在一次交易或一系列独立交易的基础上，这种关系的客户数量较多且需求具有随机性，需求的数量和水平难以准确预测。在管理这类客户时第三方物流企业应强调客户服务能力的柔性化，在顾客满意和物流成本之间寻找良好的平衡。

（2）合同型客户，是指物流企业与客户的关系是根据一种具体的情况确立的合同关系，并在合同的指导下满足客户的要求。由于这种关系是在合同的具体指导下，因此，客户需要的服务水平和数量可以比较准确地预测。因此，为这类客户服务时，第三方物流企业只要确保服务过程的稳定性和可靠性，就可以使客户满意。

（3）联盟型客户，是指物流企业与客户的关系是一种为实现共同的利益、目标和战略的有计划的持久性合作关系。在管理这种客户关系时，第三方物流企业应该加强与客户的互动沟通，充分认识和发掘客户深层次的需求，为客户提供个性化的服务，帮助客户达到预定的战略目标。

3）按照客户成熟度分类

按照客户成熟度可将物流客户分为现实客户和潜在客户。

（1）现实客户，又称为显性客户，是指有购买能力和购买动机的客户，能为企业创造现实利益的个人或群体。这类客户一般具备四个条件：有购买动机或需求；有足够的消费能力；了解物流产品或服务的购买途径；能为物流企业带来即时收入。

（2）潜在客户，又称准客户或隐性客户，由于各种原因暂时不能接受物流产品或服务，但是能为物流企业创造潜在收益的个人或群体。这类客户一般有以下四个特征：目前预算不足，暂时不具备消费能力；可能具有消费能力，但暂时还没有购买某种物流产品或服务的需求或动机；可能具有消费能力，也可能具有消费需求，但缺乏商品信息或购买渠道；此类客户会随着环境或需求的变化，成为个体型客户或组织型客户。

4）按照重要程度分类

按照重要程度可将物流客户可分为A类客户、B类客户和C类客户（如表1－1所示）。

（1）A类客户，又称重点客户或关键客户。这类客户的数量一般仅占企业客户总数的5%左右，为企业创造的业绩（销售额、利润额）占企业总数的80%左右。

（2）B类客户，又称合适客户。这类客户的数量一般仅占企业客户总数的15%左右，为企业创造的业绩（销售额、利润额）占企业总数的15%左右。

（3）C类客户，又称一般客户。这类客户的数量一般占企业客户总数的80%左右，而为企业创造的业绩（销售额、利润额）则占企业总数的5%左右。

表1－1　　客户分级

客户层次	客户数比重（%）	服务档次	创造利润比重（%）	达到目标
A类客户（关键客户）	5	高	80	财务利益
B类客户（合适客户）	15	中	15	客户价值
C类客户（一般客户）	80	低	5	客户满意度

2. 物流客户分类的意义

（1）有利于物流客户价值与物流企业价值的平衡。任何一家物流企业的资源都是有限的，因此不可能为所有的物流客户提供同等满意度的物流产品或服务。物流企业应以有限的资源主要满足关键客户和合适客户的需要，以求得物流客户价值最大化与物流企业价值最大化的平衡，从而实现买卖双方共赢。

（2）有利于物流客户整体价值的提高。一家企业的有限资源若能为客户提供满意的物流产品或服务，或能满足一小部分客户的物流服务需求，从而扩大合适客户和关键客户的范围，也能使一般客户得到物流企业力所能及的更广泛的服务，从而促进物流客户整体价值的提高。

（3）有利于为物流关键客户提供量身定做的服务和“一对一”的营销。物流企业根据关键客户和合适客户的需要进行客户化设计、制造和服务，使物流客户的个性化需求得到满足，使客户价值最大化，从而培养客户的满意度，提高客户的忠诚度。

【实例1－1】

顺丰速运“大客户发件管理系统”集合多种强大功能于一身

随着顺丰速运的影响力进一步扩大，在国内有了越来越多的核心客户。更是有一些企业客户，与顺丰速运建立了长期的良好的合作关系。顺丰速运也为这些“大客户”推出了量身打造的“大客户发件管理系统”，这套系统推出之后，得到了客户们的一致好评，为其管理自己的快件，提供了很好的帮助。

顺丰速运的品牌知名度在国内市场是无人比肩的，“大客户发件管理系统”是顺丰速运推出的VIP（贵宾）大客户自助服务软件，集合发件、查询、对账等强大功能于一身，设置个性化操作界面，为客户提供全方位的贴心服务。

在国内市场交出满意答卷之后，顺丰速运已将业务拓展到了多个国家和地区，除了业务量颇多的美国之外，亚洲众多国家、地区也已划入了顺丰速运的业务版图，经过与多家当地物流企业联手后，已经悄然打入了国际市场，相比于国内市场顺丰速运一家独大的情况，在国际物流市场中，其还只是个初出茅庐的新生，这迈向国际化的第一步，能够稳扎稳打，是个明智的选择。

顺丰速运“大客户发件管理系统”的使用步骤。①下载大客户发件管理系统程序，并安装至电脑。②使用VIP客户账号直接登录。③选择相应菜单进行客户体验。

顺丰速运“大客户发件管理系统”功能说明。①我要发件：含下订单、订单管理、打印电子运单等操作。②我要查件/对账：含快件追踪、账单查询等。③系统管理：修改个人资料，如密码、客户名、公司名、邮箱、手机等。

顺丰速运多年来不间断完善自己的产品，对于快递行业的专注，使其取得了让人刮目相看的成绩。一直在业内低调发展的顺丰速运，如今已经成为最吸引人眼球的企业，2013 年更是得到了三大优质投资商的青睐，为其进一步发展提供了资金与资源方面的保证。

二、物流产品与服务

人们通常理解的产品是指具有某种特定物质形状和用途的物品，是看得见、摸得着的东西。这是一种狭义的定义。市场营销学认为，广义的产品是指人们通过购买而获得的能够满足某种需求和欲望的物品的总和，它既包括具有物质形态的产品实体，又包括非物质形态的利益，这就是“产品整体概念”。那么，什么又是物流产品呢?

（一）物流产品概念

1. 物流产品整体概念

现代物流企业营销的核心是满足客户的需要和欲望，从现代物流营销观念来考察产品的内涵，也就是从客户的角度来看，物流企业的“产品整体概念”主要指物流企业提供的各种物流服务，是人们有意识地将人力或机械作业力应用到人或物上而产生的结果，包括不依赖客观事物而产生的行为、表现或努力。换句话说，物流服务作为创造需求者价值的行为，是用于出售或者同产品连在一起进行出售的活动、利益或满足感。换句话说，物流企业的产品就是物流企业为客户提供的各种物流服务，物流服务是人或组织的活动，或者对一种可触知产品的临时可支配性，物流企业服务的本质是满足客户的需求。物流企业提供的物流服务包括仓库管理、集运、物流信息系统、车队管理、运输谈判、选择承运商、订单旅行、产品回收、订单处理、客户备用零件、产品安装、装配、库存补充和进出口等。

（1）支撑物流服务的设施设备。它使物流服务的生产成为可能。就物流企业而言，这些设施有仓库、托盘、运输容器、装卸机械、货架、集装箱、厢式车、物流中心以及物流信息技术等。例如，坐落在城市里的电影院对于电影而言，体育场馆对于各种比赛而言就是设施。

（2）构成的产品。它是物流服务的组成部分，包含了物质的或非物质的内容，物流企业的产品主要包括采购、运输、存储、装卸、搬运、包装、配送和流通加工等。

（3）核心价值。这是物流服务的中心，即客户达到成本效益平衡、合理；方便进入市场，特别是进入新市场，无须专门构建物流系统；借助物流网络和物流效率，扩张市场；创新服务，与物流企业结成战略联盟，提供增值、超值服务。

2. 物流产品的层次

现代市场营销理论在研究产品时是从整体的角度出发的，物流企业尽管提供的是无形的服务而非有形的产品，也应遵循此规律。因而，从服务的角度，物流企业的产品可以分为三个层次：核心产品、形式产品和附加产品。这三个层次的产品互相依存，构成完整的物流产品概念。

（1）核心产品。物流企业的核心产品是指为货主提供符合其需要的产品的基本效用和利益。现代物流营销理论认为，现代物流服务的核心目标是在物流全过程中以最低的综合成本满足顾客需求，核心产品是整体产品概念中最基本的层次，代表物流顾客在使用产品的过程中和使用后可获得的基本利益和效用，是顾客购买的核心所在。物流消费者购买某种服务，并不是为占用或者获得产品本身，而是为了满足某种需要和欲望。例如，仓储的核心是满足货品随时补给、增值的需要，搬运装卸的核心是满足货品水平和垂直位移的需要。因此，物流管理人员的任务就是要发现隐藏在服务背后的真正需要，把客户所需要的核心利益和服务提供给客户。但是，核心产品只是一个抽象的概念，要售给客户必须通过某个具体形式的产品来实现。

（2）形式产品。形式产品也称有形产品，是核心产品借以实现的形式，即将核心产品转变为有形的产品，它是满足客户需求的各种具体产品。一般来说，形式产品应具备以下五个方面的特征：质量、功能、款项、品牌、包装等。物流服务可以通过提供的仓储、运输、配送、物流机械技术、物流信息技术等来实现。

（3）附加产品。附加产品是顾客购买有形产品时所获得的全部附加服务和利益。附加产品包括产品的说明书、产品保证、安装、维修、运送、信贷、技术培训、流通加工等增值物流服务。例如，美国联合包裹运送服务公司 UPS，主营业务是信函文件、包裹的物流快递业务，而 UPS 发现客户在需要核心服务的同时，还需要附加服务：如客户需要 UPS 提供代理报关服务，以减轻客户报关负担和缩短报关时间；此外还需要对客户的特殊物品提供报关服务，解决客户在物品包装上的困难并为客户节省包装材料费用等一系列附加物流服务。事实上 UPS 取得了巨大的成功，在快递物流市场上占据领先地位，这表明现代市场竞争不仅在于生产和销售什么产品，还在于物流企业能提供什么样的附加服务和利益。过去的竞争主要是产品本身的竞争，现在还要加上服务竞争。西奥多·李维特曾指出：未来竞争的关键不在于工厂能生产什么样的产品，而在于工厂能否给产品加上包装、服务、广告（信息）、咨询、融资、送货、保管或顾客认为有价值的其他东西。

近年来，物流企业对人们的心理需求越来越关注，而满足心理需求不仅靠产品的实用功能，还要借助于由产品形状、色彩、包装、广告、品牌乃至服务场所的装饰等因素所散发和传播的信息。因此，物流企业在制造产品的同时，也在制造信息，这样物流产品的含义可以延伸为：产品 = 物品 + 服务 + 信息。

上述 3 个层次的产品相互依存，构成完整的物流产品概念，十分清晰地体现了以客户为中心这一现代物流营销观念的要求，如图 1 – 1 所示。

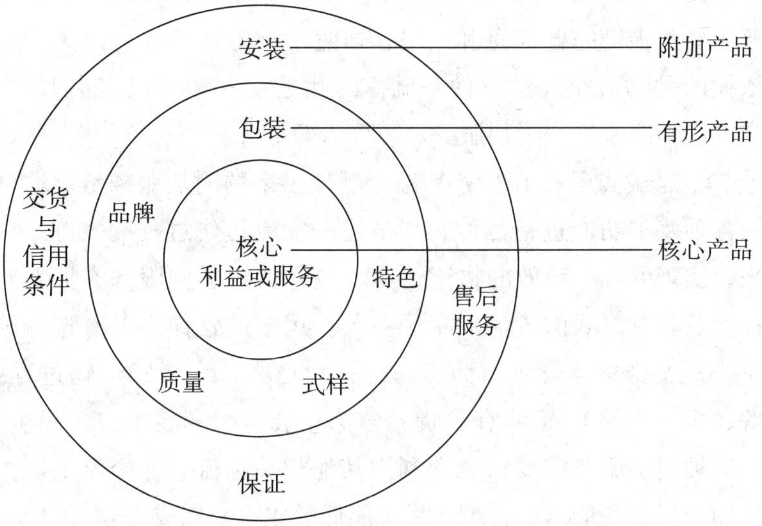

图 1 – 1　物流服务产品结构关系

3. 物流的核心服务与附加服务

现代企业产品外延的不断拓展源于消费者需求的复杂化、多变性以及企业间的竞争日趋激烈。因此，在物流产品的核心功能趋同的情况下，谁能更快、更多、更好地满足物流需求的复杂利益的需要，谁就能拥有消费者，占有市场，取得竞争优势，形成竞争力。

物流企业的产品竞争多集中在附加产品层次上，若产品的核心利益相同，但附加产品所提供的服务不同，则可能吸引不同的购买者。各种物流服务是物流需求的内容。物流所提供的服务内容范围很广：从简单地帮助客户安排一批货物的运输，到复杂地设计、实施和运作一个公司的整个分销物流系统；从具体的服务内容来看，物流服务又可以分为核心服务和附加服务。

1）核心服务

核心服务就是提供物流的基本功能要素，即提供仓储、运输、装卸搬运、包装、配送等服务，它们构成了物流服务的主体，也是物流服务供给的基本内容，提供了空间效用、时间效用和品种调剂效用。核心服务主要依靠现代物流设施、设备等硬件来完成，是资产和劳动密集型相结合的服务，具有标准化的特征。

2）附加服务

物流企业可以单独使用前述的物流基本要素为物流市场提供服务，也可以将各个物流要素有机地整合起来，提供系统化、系列化的附加服务。附加服务主要根据客户的需求，为顾客提供核心服务之外的增值服务，或采用超出常规的方法提供服务。物流的附加服务主要是借助完善信息和网络，通过发挥专业物流管理人才的经验和技能来实现的，依托的是物流企业的软件基础，因此是技术和知识密集型相结合的服务。从附加服务产生的情况来看，附加服务又可分为两部分。

（1）从仓储、运输点等核心服务基础上延伸出来的附加服务链。这种附加服务主要是将物流的各项基本功能进行延伸，伴随这一物流运作过程的实施，让物流各环节有机衔接起来，实现便利、高效的物流运作。如仓储的延伸服务有原材料质检、库存查询、库存补充及各种形式的流通加工服务等；运输的延伸服务有选择国际国内运输方式、运输路线，安排货运计划，为客户选择承运人，在货物运输过程中进行监控、跟踪、报关等；配送服务的延伸有集货、分拣包装、配套装配、条码生成、贴标签、自动补货等。这种附加服务需要协调和利用其他相关物流企业资源的能力，以确保企业所承担的货物交付任务能以最合理、尽可能低的成本来完成。

（2）实现一体化物流和供应链集成的附加服务链。第一个层次上的服务实际上只是物流功能自身的延伸，而一体化的附加服务则是向客户端延伸的服务，通过参与、介入客户的供应链管理及物流系统来提供服务，这种服务能够帮助客户提高其物流管理水平和控制能力，优化客户自身的物流系统，加快响应速度，为企业提供制造、销售及决策等方面的支持，比如物流信息系统、物流系统的规划与设计、物流系统诊断与优化、物流咨询及教育培训等。这类服务需要物流企业发挥更大的主动性去挖掘客户的潜在需求，需要更多的专业技能和经验，具有更大的创新和附加性，是高技术与高素质相结合的服务。

4. 物流企业的产品特征

物流企业提供的产品是一种服务，服务产品大都是无形的、不可感知的。有形产品可以生产后储存起来，并可以被随时取用；而服务的取用则意味着在需要某种服务之时，由生产它的生产系统提供使用。此外，被服务的顾客往往也参与再生产的过程，并且也提供一部分自我服务，比如，在服务过程中，顾客常常被要求填写一些表格，提供一些信息等。如果顾客对此有充分的准备，或者愿意去做这些事情，则无疑会提高产品的服务质量和效率。顾客购买服务的过程实质上是感知服务的过程，其伸缩性很强（如表1－2所示）。

表 1－2　　物流服务产品与有形产品的比较

物流服务产品	有形产品
非实体	实体
形式相异	形式相似
生产分销与销售（核心服务阶段）同时进行	生产分销与销售分离
顾客参与生产过程	顾客一般不参与生产过程
即时消费	可以储存
所有权不能转让	所有权可以转让

物流企业服务在发展中已逐步形成鲜明的特征，突出表现在以下九个方面。

1）服务关系合同化

物流企业通过合同的形式来规范物流经营者与物流消费者之间的关系。物流经营者根据合同的要求提供多功能乃至全方位的服务，并以合同来管理提供物流服务的全过程。

2）服务方式个性化

首先，不同的客户存在着不同的物流服务要求，物流企业可以根据客户在企业的形象、业务流程、产品特征、客户需求特征、竞争需要等方面的不同要求，提供针对性强的个性化物流服务和增值物流服务；其次，物流服务的经营者也因为市场竞争、物流资源、物流能力的影响，需要形成核心业务来不断强化所提供的物流服务的个性化和特色化，以增强其在物流市场上的竞争能力。

3）服务功能专业化

物流企业为消费者提供专业的物流服务。从物流设计、物流操作过程、物流技术工具、物流设施到物流管理，必须体现专门化和专业水平，这既是物流消费者的需要，也是物流企业自身发展的基本要求。

4）服务管理系统化

系统的物流功能是物流企业所应具备的，也是物流产生和发展的基础，物流企业需要建立现代化管理系统才能满足运行和发展的基本要求。

5）服务信息网络化

信息流服务于物流，信息技术是物流服务发展的基础。自动化与信息化的有效结合则是现代物流的主要特征。在物流服务的过程中，信息技术的发展实现了信息实时共享，促进了物流管理的科学化，极大地提高了物流效率和效益。

6）不可触知

没有一个实在的可让顾客触知的物体，这是物流服务的一大特点，也是作用于顾客的购买决策和物流企业的管理的因素。有专家认为服务的不可触知性就是：摸不着而且不容易在头脑中成型。这个定义形象地说明了物流服务不可触知的特征，同时还强调了企业在销售过程中须帮助购买者理解服务会带来的好处的营销特征。对一个产品而言，购买者可以在购买之前去触摸、去研究，而对服务却不能。也就是说，在销售之前是不存在服务的，所以购买者难以进行评估。于是，购买者就认为服务比有形产品的购买风险更大。在一家超市里，消费者可以拿两种不同品牌的酸奶对比，了解其成分，阅读其标签，评价其价格，在消费之前就能对广告中包含的信息加以对照验证。可是，服务却做不到，它无法让消费者作出预期。

【资料卡】

扫描二维码了解如何转换产品或服务的不可触知性。

7）生产者与服务分不开

物流服务的生产者无法与其提供的服务性能相分离，这造成了一些对营销的限制。一般来说，在物流服务中，生产者和顾客是直接接触并互动的。顾客在决定是否购买一件有形产品时只注重评价其性能特征，而不考虑其生产过程。生产者与顾客之间不对话，也不接触。购买立体音响组合的人不问生产厂家是怎么组织的。但是，物流服务的购买者则要试图了解作为服务生产主角的个人或集体的情况（态度、能力、专业化水平等）。因此，物流服务与顾客之间的关系具有以下特点。

（1）缺乏中介。相对于有形产品，物流服务大多是由生产者直接提供的，没有中介，即使有，也只是履行一两种营销职能。比如，物流公司的货物代理可以提供运输工具的信息，要求购买者预付有关费用等，但这并不是服务的全部。

（2）顾客的积极介入。物流服务的性能需要顾客的积极介入，在一个物流企业，顾客要和企业结成紧密的伙伴关系。总而言之，服务质量取决于顾客的态度、动机和以往的经验。

8）时间短，不可储备

物流服务是在生产中被消费的，其有用的时间很短，而其购买者从中得到的好处也不能为将来的消费“储存起来”。如果不在有效的时间内消费掉，服务就将消失。在服务稳定或者需求走势可以预料的时候，服务的这种不可储存性并不很重要，但是在需求上下浮动情况严重或者难以预料的时候，这个问题就不好解决了。

9）质量缺乏稳定性

服务中人的介入成分较大，因此很难保持服务质量的稳定不变。同时，服务过程的互动也对服务质量的稳定产生了影响。另外，很多服务都是在生产的同时就被消费掉，所以无法予以纠正。在工厂里的生产和商店里的销售之间是可以加上一个质量检查程序的，但是服务无法照办。除了客观上的服务生产不能延误的原因之外，顾客也不会愿意耗费自己的时间来等待。除此之外，由于消费心理与观念的不同，顾客对服务的质量也会有不同的看法。

5. 物流产品分类

物流产品通常被认为包括两部分：一部分是物流需求者的物流产品，提供服务的物流企业必须考虑这些产品的性质、特征、生命周期、分类，以及重量、体积、形状等；另一部分是服务于前述产品的服务过程。这两部分共同构成了物流营销中的总产品，因此我们可以将产品进行如下分类。

1）根据物流对象划分

按照物流的对象，即物品不同而进行的分类。按照这种分类方法，可以将物流产品分为生产资料物流产品、生活资料物流产品等。根据需要的不同，各类别的产品可做进一步的分类，如可将生产资料进一步划分为金属材料、机电产品、化工产品、危险产品等；将生活资料可进一步划分为加工食品、生鲜食品、纺织品、家电产品等。这种划分对物流企业科学、合理地组织物流活动具有重要意义。

2）根据物流的功能划分

物流的功能可分为基本功能和延伸功能。基本功能包括运输功能、存储功能、装卸搬运功能、包装功能、配送功能和信息处理功能等；延伸功能包括流通加工、客户服务等。根据物流的功能划分，物流产品可以分为基本物流产品和增值物流产品。

（1）基本物流产品。基本物流产品是指基于物流的基本功能所提供的物流服务，具体包括运输服务、存储服务、装卸搬运服务、包装服务、配送服务等。

（2）增值物流产品。增值物流产品是指由物流的增值功能所提供的物流服务，如流通加工服务、客户服务等。

3）根据物流技术划分

按技术形态分类，可以把物流技术分为物流硬件技术和物流软件技术，根据物流技术分类，可把物流产品分为物流硬件产品和物流软件产品。

（1）物流硬件产品。物流硬件产品就是依托物流硬件技术提供的各种物流服务。物流硬件技术，指的是物流过程所使用的各种工具、设备、设施等，例如各种运输车辆、装卸设备、搬运设备、仓库建筑、车站、港口、货场建筑，各种包装设备、自动识别和分拣设备，以及服务于物流活动的电子计算机、通信设备等。

（2）物流软件产品。物流软件产品就是依托物流软件技术提供的各种物流服务。物流软件技术，是指物流活动中所使用的各种方法、技能和作业程序等。这里所说的方法主要是指物流规划、物流预测、物流设计、物流作业调度、物流信息处理中所使用的运筹学方法、系统工程方法和其他现代管理方法等。

【实例1-2】

UPS物流产品的层次

美国联合包裹运送服务公司UPS，主营业务是信函文件、包裹的物流快递业务，而UPS发现客户在需要核心服务的同时，还需要附加服务，如：客户需要UPS提供代理报关服务，以便减轻客户报关负担和缩短报关时间；需要对客户的特殊物品提供包装服务，解决客户在物品包装上的困难等一系列附加物流服务，事实上UPS取得了巨大的成功，在快递物流市场上占有领先地位，表明了现代市场竞争不仅在于生产和销售什么产品，而且在于提供什么样的附加业务和利益。

（二）物流产品组合的含义

1. 物流产品组合

物流产品组合又叫产品搭配，是指物流企业生产经营的全部产品的结构，它既反映企业的经营范围，又反映企业市场开发的深度，物流产品组合包含了产品线和产品项目这两个概念。为了更好地理解产品组合的概念，还需明确产品线和产品项目的含义。

2. 物流产品线

物流产品线又称产品大类或产品系列，是指物流产品组合中使用功能相似，分销渠道、客户群体类同的一组产品。例如仓储服务、运输服务、快递服务等，分别都可以形成相应的产品线。在一个企业中，可以只有一条产品线，也可以有几条产品线，每条产品线中产品项目的多少也各有不同，甚至于一个企业只经营一条产品线中的一个产品项目。

3. 物流产品项目

物流产品项目指在某一产品大类中的不同外观、不同属性、不同规格和不同价格的具体产品。物流产品项目就是物流产品的品种，或者说凡是列入物流企业销售目录产品的名称，例如物流企业提供的仓储服务、运输服务分别为两个产品线。仓储服务中的不同规格，如提供的自动化立体仓服务即为产品项目。

【思政案例】

客户的开发就是企业让目标客户产生购买欲望，并付诸行动，促使他们成为企业现实客户的过程，可企业开发客户的策略可分为营销导向的开发策路和推销导向的开发策路。所谓营销导向的开发策略，就是企业通过有吸引力的产品策略、价格策略、分销策路和促销策略，吸引目标客户和潜在客户，产生购买欲望并付诸行动的过程。营销导向的开发策略特点是"不求人"，由客户自己完成开发，主动和自愿的被开发，所以营销导向的开发策略是客户开发策略的最高境界，也是获得客户的理想途径。有吸引力的产品策略，功能效用是吸引客户最基本的立足点，功能越强，效用越大的产品或服务，对客户的吸引力就越大；质量好，质量优异的产品或者服务总是受到顾客的青睐，质量在吸引客户上起到了至关重要的作用。"不战而屈人之兵，善之善者也"。将这句话运用到客户开发上来，那就是不求人的营销导向，不刻意的开发是客户开发的首选之策。

（三）物流产品组合的广度、深度和关联性

产品组合是指一个企业所经营全部产品的质的组合与量的比例关系。它可以通过广度、深度和密度反映出来。不同的物流产品组合具有广度、深度和关联性等方面的差异。

物流产品组合的广度是指企业产品组合中产品线的数量。产品线越多，产品组合就越宽，反之就越窄。一般情况下，大型企业产品线较多，产品组合的广度就较宽；小型企业或专业化企业产品线较少，产品组合的广度就较窄。如上海全方物流公司目前有快速运输、配送、保管、流通加工等多个产品大类，即有多个产品线。

物流产品组合的深度是指在产品线中所包括的产品项目平均数量。项目越多，产品线就越长，产品组合就越深，反之就越浅。一般来说，小型企业或专业化企业经营的产品，规格比较齐全，产品组合的深度就越大。大型企业采用标准化大批量生产，品种规格较少，产品组合的深度就较小。

物流产品组合的关联性是指在产品组合中各产品线之间在最终用途、生产条件、销售渠道以及其他方面的相关程度和销售渠道中的关联性，一条产品线的产品与另一条产品线的产品，它们的最终用途、生产条件、技术要领、分配路线越接近，互相联系越紧密，产品组合的密度就越大，反之就越小。如装卸搬运和仓储服务产品线，关联性就比较大。

（四）产品组合的扩大与缩小

1. 扩大产品组合

扩大产品组合要受以下三个条件的限制。一是受企业所拥有资源条件的限制。二是受市场需求情况的限制，企业只能扩展或加深具有良好成长机会的产品线。三是受竞争条件的限制。如果扩大的产品线遇到强大的竞争对手，利润的不确定性很大，那么与其扩充产品线还不如加强原有的产品线。

2. 缩小产品组合

缩小产品组合是指淘汰一部分产品线和产品项目。换句话说，就是减少产品品种，采用标准化、大批量生产。

（五）物流产品组合策略

1. 全线全面型策略

这种策略也称产品组合的扩展策略，它是扩大产品组合的宽度，又加大产品组合的深度。采用这种策略的条件就是企业有能力顾及“整个市场的需要”。这样，全线全面型就可以分为广义的全线全面型和狭义的全线全面型。

2. 市场专业型策略

这种策略是指物流企业向某个专业市场（或某类客户）提供所需的各种产品，也就是其广度和深度都较大，但密度较小的产品组合。

优点：有利于在特定的专业市场建立相对优势，有利于与特定消费者进行信息交流，有利于利用相同的销售渠道。缺点：集中在狭窄的专业市场，风险较大；生产多种产品，批量少，开发成本和生产成本高；要求拥有较多的资金、生产技术和生产设备，这是一般中小型物流企业所不具有的。

3. 产品专业型策略

这种策略是指物流企业只提供同一大类不同品种的服务产品来满足各类客户的需要。优点：充分利用原有生产技术和生产设备、减少了设计成本、管理成本和广告宣传费用，有利于满足不同消费者对服务产品的不同需求和有利于树立品牌形象。缺点：提供同一类服务产品容易受到产品市场生命周期的影响，容易受到替代产品的威胁。

4. 有限的产品专业型策略

这种策略是指企业只生产或销售一条产品线中有限的几个或一个产品项目。此策略的专业化程度高，但局限性也很大。例如我国的国家储备中心，过去主要作为国家紧缺物资的安全储备仓库。目前国家储备中心正在改制，改制后的国家储备中心将以全新的面貌——华储物流公司，加入市场竞争中，发挥其原有的专业化优势，以弥补其经营中的局限性。

5. 产品定位策略

产品定位是市场细分的直接结果，正是因为有了不同的目标市场和需求差异，产品才有必要各具特色并在市场上占据各自的位置。市场位置是否适当，需通过与竞争对手的同类产品或本企业其他产品的对比来确定。

产品定位有潜在产品定位和现有产品定位之分。潜在产品定位是企业尚未进入市场之前，预先使产品特点符合某一特定顾客群的需要，找到恰当的市场位置。同时，对价格、渠道和促销等营销策略方面综合考虑，使产品特色为目标市场所接受。

现有产品定位又分为心理定位和再定位。心理定位是在产品定位中，针对顾客不同的心理状态，满足顾客某一方面的心理需求，如买名牌产品所产生的信赖感等。再定位也叫重新定位，再定位的原因可能有：市场需求发生了变化，或竞争对手推出了新产品等。再定位的目的是使现有产品尽可能地满足消费者的需求，突出自己的特色，以便与竞争产品拉开距离，避开竞争对手，重新获得市场声誉和销量增长。

对物流产品定位的选择，可以根据市场变化不断调整。凡是有助于突出产品特色、树立产品形象的方式、措施，企业都应该积极利用。

（六）物流产品组合的调整策略

物流企业总是要根据其外部环境和内部条件经常地调整自己的产品组合，使之经常保持最佳状态。

1. 扩大原有的产品组合

扩大原有的产品组合，也就是扩大产品组合的深度和广度，增加一条或几条产品线，拓展产品的经营范围，具体方式如下。

（1）高档产品策略和低档产品策略。高档产品策略是指在原有的产品线内增加高档次和高价格的产品项目，以提高企业声望；低档产品策略是指在原有的产品线中增加低档次和低价格的产品项目，以扩大批量。

采用这两种策略必须考虑市场供求情况。高档产品策略可能带来失去原市场、新顾客不相信其产品高档的风险；而低档产品策略则可能使原来的企业形象受损，且难以恢复，利润也可能下降。

同时，我们也应该看到实行这两种策略所带来的好处。实行高档产品策略，可以提高企业现有产品的知名度，提升企业的市场地位，可以为企业带来丰厚的利润，有利于带动企业生产技术和管理水平的提高。实行低档产品策略主要有以下优势：①借高档名牌产品的声誉，吸引消费水平较低的顾客慕名购买该产品线中的低档廉价产品；②增加销售总额，扩大市场占有率。

（2）产品系列化策略。这种策略是指把原有的产品项目扩大成一个系列。系列化的方法有：品质系列化、用途系列化和功效系列化等。

（3）增加产品线的策略。增加产品线，既可以增加关联性大的产品线，又可以增加关联性小的产品线。

2. 缩减原有的产品组合

缩减原有的产品组合就是要削减产品线和产品项目，特别要取消那些获利小的产品，以便集中力量经营获利最大的产品线和产品项目。缩减原有的产品组合，虽然增加了企业的经营风险，但可以使企业集中力量，发挥专业化生产的优势，提高劳动生产率，改进服务质量，减少资金短缺的状况，稳定产销关系。市场繁荣时，较长、较宽的产品组合会为企业带来更多的赢利机会。但是在市场不景气或原料、能源供应紧张时，缩减产品线反而能使总利润上升，因为剔除那些获利小甚至亏损的产品线或产品项目，企业就可以集中精力发展那些获利多的产品线和产品项目。

物流中的供应链管理思想，很好地体现了这一点。其具体做法如下：

（1）取消需求疲软或经营能力不足的产品线或项目；

（2）取消关联性小的产品线，相应增加关联性大的产品线；

（3）取消一些产品线，增加保留下来的产品线中的产品项目；

（4）减少产品线的数量，实现专业化的经营；

（5）保持原产品线，削减产品项目。

缩减产品组合有以下四个方面的好处：

（1）集中资源和技术力量改进保留产品的品质，提高产品商标的知名度；

（2）生产经营专业化，提高生产率，降低生产成本；

（3）减少资金占用，加速资金周转；

（4）有利于企业向市场的纵深发展，寻求合适的目标市场。

3. 产品延伸策略

产品线延伸是指部分或全部改变企业原有产品线的市场定位，也就是说把产品线延长超出原有范围。产品线延伸可分为向上延伸、向下延伸和双向延伸三种类型。

（1）向下延伸。向下延伸是指把企业原来定位于高档市场的产品线向下延伸，在高档产品线中增加低档产品项目。例如，一些物流企业，如华宇物流企业等，过去主要做长途运输，现在为了培养长期客户，打造自己的核心竞争力，增加了短途运输、送货上门等低附加值物流服务。

采用此策略有利于高档品的信誉进入中、低档市场，使企业资源得以充分利用和进一步分散经营风险。但此策略如运用不当，也可能损害原有产品的声誉和企业的整体形象。

（2）向上延伸。向上延伸是指原来定位于低档产品市场的企业，在原有的产品线内增加高档产品项目，使企业进入高档产品的市场。如海尔物流建立的高层自动化仓库、华储物流正在全力打造的银行监管仓库、海关监管仓库，都是在原有的仓储服务中加入高附加值仓储服务以提高本企业的形象。

采取向上延伸策略，也要冒一定的风险，可能引起生产高档产品的竞争者进入低档产品市场进行反攻；未来的顾客可能不相信企业能生产高档产品；改变产品在消费者心目中的地位是相当困难的，处理不当，不仅难以收回开发新产品项目的成本，还会影响老产品的市场声誉。

（3）双向延伸。双向延伸是指在原定位于中档产品市场的企业掌握了市场优势以后，同时向产品线的上下两个方向延伸，一面增加高档产品，一面增加低档产品。此项延伸具备上述两种延伸的原因与风险。

活页任务单

任务情境 1－1：认识物流客户与物流产品
一、任务描述 鹏达物流有限公司是一家专业的第三方物流供应商，为企业客户提供个性化物流解决方案。现在，哈尔滨当地一家大型家电零售企业欲将所有的物流环节都外包出去。 任务：如果你是项目负责人，请结合家电销售企业的特点为该企业设计符合需求的物流产品，在诸多物流产品中对核心产品、有形产品及附加产品进行界定。同时，为该企业设计相应的产品组合策略。
二、实施工具 网络教室、PPT
三、实施方法 运用网络资源进行信息收集、整理分析。

续表

四、实施步骤

步骤一：明确物流产品概念

通过课程学习，能够掌握物流产品概念，并能通过实例进行理解。

步骤二：分析大型家电零售企业物流环节

采购、运输、仓储、配送等。

步骤三：为该企业设计符合需求的物流产品及产品组合策略

主要写出所提供的产品体现了哪些专业型产品的组合策略。

步骤四：总结能为该企业提供的增值服务有哪些

如物流包装设计等。

步骤五：制作汇报PPT

将上述内容汇总到PPT中并开展小组汇报。

五、考核与评价

任务实施评价表

考核项目	考核要求	分值	得分			备注
			自我评分	组间评分	教师评分	
物流客户认知	不同类型的物流企业应能够准确识别自己的客户	30				
物流产品认知	能够辨别不同类型物流企业的产品服务类型	30				
物流产品组合策略识别	能够识别不同类型物流企业产品组合策略	40				

六、技能拓展

阅读材料回答问题：

“呵护”不可中断的“管理链”

大家都懂得为客户提供优质服务是企业经营的终极目标，谁曾想，为客户直接提供服务的是谁？是几千名战斗在第一线的员工。员工为什么要对客户服务好？多半是管理他们的骨干对他们好。换句话说，员工优质服务的动力不是来自客户，而是来自他们的顶头上司。骨干不呵护员工，员工就不会把热情传给客户。依此类推，骨干得不到经理的呵护，骨干也不会让员工有好气受。由此看来，根在老总，老总对直属呵护好了，这股暖流就能一级一级传递下去。前不久，深圳公司一名员工写的文章坦诚指出：目前公司的这种“呵护链”在实际工作中掉了链。老总呵护经理还可以，往下就不行了，其呵护功能依次逐渐减弱，中层干部感觉不到呵护，工资水平低，工作压力大，要想让他们去呵护员工，唯有给中层干部更多的鼓励和关照。

“倒金字塔管理”“呵护链”这些名词说起来容易，做起来难。宅急送目前在经理—骨干—员工这几段链上有些问题，究其原因是链条的上扣没有很好地效仿上上扣，致使下扣不能很好地呵护下下扣。

思考：我们应该如何理解“呵护链”？“呵护链”对企业意味着什么？

任务二　物流客户市场调研

项目引入

从开始物流销售前到物流销售结束后，调查研究的动作都在进行，如从拜访前的准备调查到销售结束后的客户满意度调查，调查是在帮您获取物流客户的订单。

事实是最具说服力的，一位销售仓储服务的销售人员，只要拿出行业平均仓储成本和本公司服务过客户的仓储成本对比表，让客户过目后，客户便能知道自己要的是什么及自己能得到的是什么。有些客户并不充分地清楚自己的需求或自己所处的状况。销售人员能透过事实调查，让客户更清楚自己的需求。例如一位国际货代销售人员和一位只考虑低运价服务的货主在讨论降低货运成本的事情时，货代销售人员详细了解到该客户虽然支付的去日本的集拼货海运费很低，但目的港的费用名目繁多、费用高昂，其收货人还有投诉。这些调查的结果，让客户明确地了解了自己的现状，增强了他更换货运代理的欲望。

我们在寻找潜在的客户之前需要对当地的物流客户市场做充分的调研，通过事实调查，能对潜在物流客户的企业或关键人士，有更多的了解，也能让开发人员与潜在物流客户商谈时，有更多的话题。

项目思考

（1）如何制订物流客户需求市场调查方案？

（2）市场调查如何设计及进行？

（3）市场调查完，如何进行分析？

（4）调查报告如何写，需注意什么？

身边的事

扫描二维码，思考在物流活动备受关注的时代物流客户在哪里。

知识研修

一、物流客户市场调查方案

物流客户市场调查有三个关键点，即明确的调查任务、可行的调查程序和方法、科学的调查技术。物流企业要开展有效的开发客户活动，离不开市场调查。物流客户市场调研在物流客户开发过程中扮演着两种重要角色。首先，它是市场情报反馈过程的一部分，向决策者提供关于当前营销组合有效性的信息和进行必要变革的线索；其次，它是探索新的市场机会的基本工具，市场细分调研和产品调研都有助于营销经理识别最有利可图的市场机会。

（一）确定调查目的

调查要有重点，在组织市场调查活动时应当首先找出需要解决的最关键的问题，选定调查的专题，明确调查的任务和目标。

在确定调查专题时，专题的界定不能太宽太空泛，以避免专题不明确、不具体。选题太宽将会使调研人员无所适从，在大量不必要的信息面前迷失方向，反而不容易发现真正需要的信息。专题的界定也不可以太窄、太细微，这样会使市场调查不全面，不能反映真实情况。

在确定调查目标时，应当努力使需要调查的问题定量化，提出具体的数量目标，以利于对调查结果的审核和评估。

根据物流客户市场调查所要达到的目的不同，可分为探索性调查、描述性调查、因果关系调查和预测性调查四种类型。

1. 探索性调查

即收集一些初步的资料，更好地探明问题的性质和可能出现的某些问题。例如，某仓储企业近三个月来的客户持续减少，是由于服务质量还是竞争对手的营销策略还是内部管理问题等，一时还弄不清楚，也无法一一调查，就可以通过探索性调查来寻找答案，留住现有客户。

2. 描述性调查

即调查和反映某一问题的一些影响因素以及这些因素的关联性。如关于物流市场规模、消费者购买行为、竞争对手的特点、仓储市场占有率、仓储市场客户服务状况的研究等。

3. 因果关系调查

即对企业市场营销活动中可控因素、不可控因素的因果关系所进行的一种研究。如政府的方针、竞争对手的行动、消费者爱好变化所引起企业销售量的变化、市场占有率的变化。

4. 预测性调查

即专门为预测未来市场商情变动趋势而进行的调查。

这一阶段的工作非常关键，它决定着整个调查活动的性质和方向。在这一阶段出现失误将导致全局性的失误。调查者必须在对企业十分了解的基础上提出调查专题和目标。

（二）确定调查内容

物流市场调查的内容相当广泛，大致包括以下几个方面。

1. 市场需求调查

也就是市场消费群购买力及其投向的调查，目的在于掌握市场需求状况及其变化趋势。主要调查物流市场需求总量、客户需求构成及其变化趋势。

2. 客户资源调查

主要用户数量、主要用户行业分布和区域分布、主要用户的稳定性和亲和度、主要用户的物流发展计划、主要拥有的未来物流需求、客户市场的基本结构和特征。

3. 价格调查

主要研究服务价格对客户需求的影响。主要调查：市场同类服务的数量、性能、价格等以及物流购买者对服务的认识、建议等；服务成本构成及其变动情况；价格变化的趋势；影响价格变动的各种因素；服务价格的需求弹性；竞争者的价格及企业的价格策略等。

4. 物流流量和流向调查

库存商品的入出库数量、主要仓储方式；商品资源的离散程度；货物流向；流通过程所覆盖的区域。

5. 市场竞争调查

目的是掌握竞争对手情况，使企业在竞争中处丁主动地位。主要调查竞争对手的数目、经营规模、价格定位、流通渠道、市场占有率、未来发展趋势和经营服务的数量、品种、性能、包装、用途及其经营策略和经营手段等。

6. 促销调查

主要包括物流客户惯于通过什么渠道了解物流信息，竞争企业的促销费用、广告费用，广告、宣传、推广的效果等。

7. 客户满意度调查

目的是实现对质量和客户满意的不懈追求。质量和客户满意已成为关键的竞争武器。在今天的环境中，若不重视质量、不断地改进和使客户满意，企业就很难取得成功。全球的企业已普遍实行了质量改进和客户满意计划，以期降低成本、留住客户、增加市场份额和改善盈利状况。要求企业所提供的高质量是目标市场所需要的，质量改进必须能够对消费产生积极的影响。获得质量信息的关键是开展营销调研，因为它有助于组织确定哪些类型和形式的质量对目标市场是重要的，有时也可以促使公司放弃一些它们自己所偏爱的想法。

【资料卡】

如何了解物流销售区域的状况

有些物流公司会规划好销售人员的销售区域，会把潜在客户名单交给物流销售人员；多数物流公司则没有明显的区域划分，没有销售区域的物流销售人员应该自行规划合适的销售区域。如果没有一个重点的销售区域，销售人员将无法有效地开展物流销售计划。

那么销售人员所对应的销售区域特性如何？如何了解销售区域的特点呢？

1. 了解客户行业状况

不同的物流服务有不同的适用行业，如果您是销售航空货运服务的销售人员，需要了解的是高价值产品如电子、服装等商贸企业的分布状况、规模及经营状况。通过对区域内的行业状况调查，您可以知道客户的重点分布区域。

2. 了解客户使用状况

客户喜欢您的物流服务还是竞争对手的服务？客户为什么选择竞争者的服务？通过曾经在这个区域工作过的同事，您可以比较快地了解这个区域的客户使用状况。

3. 了解竞争状况

区域竞争的公司有哪些？其服务对比您的服务有什么区别？价格的差异有多大？客户对竞争产品的口碑如何？竞争企业的人员数量如何？详细了解这些状况，有助于您准备您的说辞，研究应对的策略。

一个新的销售区域一般不可能在短时间全面了解，需要您不断地深入。浅尝辄止，不去研究区域内物流客户的变化，您的业绩也就不可能稳固和扩大。

4. 把握区域潜力

前面我们初步了解了区域的特点，除了有助于我们了解竞争者之外，另外一个目的就是能把握您区域内的物流销售潜力；只要能把握住市场潜力，就能准确地制定出物流销售目标。

我们根据下列因素来评估您所经营区域的市场潜力。

(1) 市场饱和度。

(2) 区域内客户规模的大小及数量。

(3) 区域内的竞争者强弱及市场份额的比例。

(4) 区域内适合销售行业的多少，如家具、建材、服装、机电产品等。

充分了解上述的几个因素，您才能决定您的物流销售策略（如决定客户的拜访优先顺序和拜访频率，对不同行业客户的接触方法，对竞争服务的应对策略等）及制订您的物流销售计划，以便对您区域内的潜在物流客户做有效的拜访。

【资料卡】

扫描二维码，了解能增加物流销售时话题的调查内容以及与销售直接有关的调查项目。

（三）确定调查对象与方法

1. 确定调查对象

根据调查内容可以列出市场调查所需收集资料的细目。这些资料分为现成资料和原始资料。现成资料又称第二手资料，是从实地调查以外有关方面得到的各种数据、图文、音像资料；原始资料也称第一手资料，是从特定目的出发对有关对象进行实地调查直接得到的各种数据、图文、音像资料。资料的类型不同，调研的对象也不同。

收集现成资料，调查对象一般分为企业内部和外部两种。在企业内部可以调查企业已存有的各种记录、凭证（包括发票、合同等）、统计表、客户往来函电，以及营销人员提供的情报资料、客户反映的记录等。在企业外部可调查政府有关职能部门、行业协会、社会团体、经销商、零售商、报社、电视台、电台以及各国政府派出机构以收集官方资料、报刊资料、商业资料、企业发布资料、商情资料以及各国有关资料。

在现成资料调查中，一般应访问负责人员和业务主管，同时对经营第一线有关人员的访问也不可忽视。

收集原始资料，调查对象主要为消费者、代理商、批发商、零售商以及政府主管部门、各专业、行业协会、同行企业和有业务往来的企事业单位。在企业内部也可调查市场、销售、采购、财务、统计、运输、维修等部门的相关人员，同时也要重视对有关各类专家和业务人员的调查。通过调查上述人员，可以收集到有关消费需求、消费结构、市场竞争等方面的第一手资料，这些资料对于寻找市场机会具有十分重要的参考作用。

2. 确定调查方法

根据市场调查目的、调查内容、调查对象可以确定恰当的市场调查方法。市场调查方法常用的有以下几种。

（1）询问法。询问法又称直接调查法，它是以询问的方式了解情况、搜集材料以获得所需的各种情况和资料。其内容包括三个方面。一是事实询问，要求被调查人用事实来回答问题。例如，“请问您是否需要仓储服务?”二是意见询问，要求被调查人提出自己对所询问的事项的意见或评论性的见解。例如，针对某一仓储公司的服务种类，询问被调查人认为哪一种服务比较合适，这类询问适宜于了解人们的消费愿望与行为。三是阐述询问，要求被调查人阐述购买愿望与行为的理由。例如，“您为什么接受某仓储公司服务?”

按调查者与被调查者的接触方式和询问表传递方式的不同，询问法又可分为信函调查、电话调查、当面调查、网络调查等，其优缺点如表 1 – 3 所示。

表 1 – 3　　不同询问法优缺点

评价标准	信函	电话	当面	网络
灵活性	差	强	很强	强
所收集数据的质量	高	较高	很高	高
数据收集速度	慢	很快	快	快
回答速度	较快	快	快	较快
成本	低	较低	高	较低

（2）观察法。即调查人员到现场观察被调查者的行动来收集情报资料，也可以安装仪器进行收录和拍摄（如使用录音机、照相机、摄影机或某些特定的仪器）。观察的方式一种是调查者直接到现场观察；一种是亲身经历法，调查者亲身参与实际活动，亲历其境地进行观察调查，其调查资料是最真实的。这种方法能客观地获得准确性较高的第一手资料，但调查面较窄，花费时间较长。

（3）试验法。通过小规模的试验来了解情况，取得资料。这种调查方法主要用于新产品的试销和新方案实施前的调查。试验法是比较科学的调查方法，取得的资料比较准确，但所花费用较高，时间也较长。

（4）问卷调查法。采用问卷调查可以了解人们的认识、看法和喜好程度等，并可以分析处理这些数据，得出结论。问卷调查的关键之一在于问卷设计的技巧。

以上四种方法中，问卷调查法适用于描述性调查；观察法与询问法适用于探索性调查；而试验法适用于因果性调查。

（四）设计调查技术

市场调查不仅要制定完备的调查方案、选择合适的调查方法，还要善于运用各种调查技术，才能获得完整、准确的资料。调查问卷设计、抽样方法选择、市场预测等是市场调研中常用的基本技术。

1. 问卷设计技术

调查问卷也叫调查表、调查提纲，是收集第一手资料常用的表格形式。调查问卷的设计是市场调查中的一项基础性工作，直接体现市场调查的目的、价值、效率。

2. 抽样调查技术

在许多调研对象中，如何以最少的时间、费用与手续获得最佳的调研结果，这就有赖于抽样调查。所谓抽样调查是从需要调查的对象总体中抽取若干样本进行调查，并根据调查的情况推断总体特征的一种调研。采用抽样调研要注意以下几点：第一，确定抽样对象。这是解决向什么人调研的问题。例如，要想了解家庭购买住房的决策过程，应调研丈夫、妻子还是其他成员。第二，选择样本大小，即调研多少人的问题。第三，确定抽样方法。抽样调研法可分为两大类：一类是随机抽样，另一类是非随机抽样，其分类与特征如表 1 – 4 所示。

表1－4　　抽样调研法分类与特征

类型	分类	特征
随机抽样	简单随机抽样	总体的每个成员都有已知的或均等的被抽中的机会
	分层随机抽样	将总体分成不重叠的组（如年龄组），在每组内随机抽样
	分群随机抽样	将总体分成不重叠的组（如街道组），随机抽取若干组进行普查
非随机抽样	任意抽样	调研员选择总体中最易接触的成员来获取信息
	判断抽样	调研员按自己的估计选择总体中可能提供准确信息的成员
	定额抽样	调研员按若干分类标准确定分类规模，然后按比例在每类中选择特定数量的成员进行调研

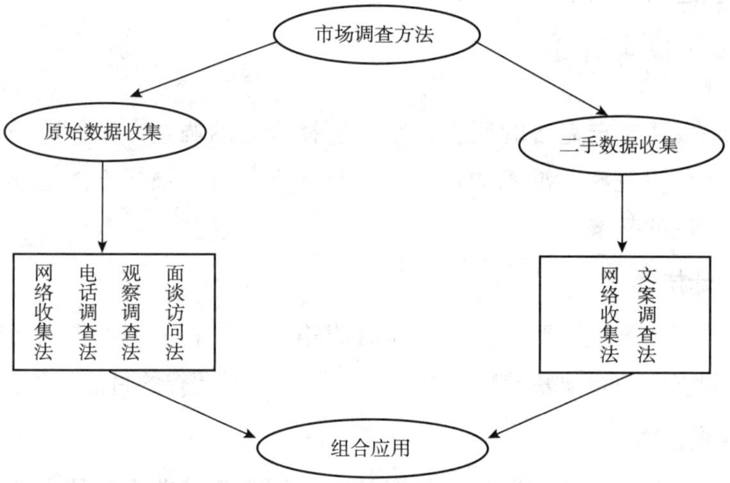

图1－2　市场调查的方法

【实例1－3】

扫描二维码，了解并学习太原市物流市场调查方案。

二、设计物流客户调查问卷与市场调查实施

（一）调查问卷的类型

1. 调查问卷的含义

调查问卷，又称调查表，是调查者根据一定的调查目的而精心设计的一份调查表格，是社会或企业用于收集资料的一个非常重要的载体，是市场调查人员对一次调查活动的一个总体思想架构。

2. 调查问卷的类型

（1）根据市场调查中使用问卷方法的不同，可将调查问卷分成自填式问卷和访问式问卷两大类。

所谓自填式问卷，是指由调查者发给（或邮寄给）被调查者，由被调查者自己填写的问卷。而访问式问卷则是由调查者按照事先设计好的问卷或问卷提纲向被调查者提问，然后根据被调查者的回答进行填写的问卷。一般而言，访问式问卷要求简便，最好采用两项选择题进行设计；而自填式问卷由于可以借助于视觉功能，在问题的制作上相对可以更加详尽和全面。

（2）根据问卷发放方式的不同，可将调查问卷分为送发式问卷、邮寄式问卷、报刊式问卷、人员访问式问卷、电话访问式问卷和网上访问式问卷六种。其中前三类大致可以划归自填式问卷范畴，后三类则属于访问式问卷。

送发式问卷就是由调查者将调查问卷送发给选定的被调查者，待被调查者填答完毕之后再统一收回。

邮寄式问卷是通过邮局将事先设计好的问卷邮寄给选定的被调查者，并要求被调查者按规定的要求填写后回寄给调查者。邮寄式问卷的匿名性较好，缺点是问卷回收率低。

报刊式问卷是随报刊的传递发送问卷，并要求报刊读者对问题如实作答并回寄给报刊编辑部。报刊式问卷有稳定的传递渠道、匿名性好、费用省，因此有很大的适用性，缺点也是回收率不高。

人员访问式问卷是由调查者按照事先设计好的调查提纲或调查问卷对被调查者提问，然后再由调查者根据被调查者的口头回答填写问卷。人员访问式问卷的回收率高，也便于涉及一些深入问题进行讨论，但不便于涉及敏感性问题。

电话访问式问卷就是通过电话为中介来对被调查者进行访问调查的问卷类型。此种问卷要求简单明了，在问卷设计上要充分考虑几个因素：通话时间限制；听觉功能

的局限性；记忆的规律；记录的需要。电话访问式问卷一般应用于问题相对简单明确，但需及时得到调查结果的调查项目。

网上访问式问卷是在互联网上制作，并通过互联网来进行调查的问卷类型。此种问卷不受时间、空间限制，便于获得大量信息，特别是对于一些敏感性的问题，相对而言更容易获得满意的答案。

3. 调查问卷的基本要求

从形式上看，要求版面整齐、美观、便于阅读和作答。从内容上看，一份好的调查问卷至少应满足以下几方面的要求。

（1）问题具体、表述清楚、重点突出、整体结构好。

（2）确保问卷能完成调查任务与目的。

（3）调查问卷应该明确正确的政治方向，把握正确的舆论导向，注意对群众可能造成的影响。

（4）便于统计整理。

（二）问卷的基本结构

1. 调查问卷包含的基本要素

（1）开场白。表明对被调查者合作、支持的希望或予以酬谢的允诺，以及调查问卷的说明和填写要求。开场白应言简意赅，强调调查工作的重要性，消除被调查者的疑虑，同时使之引起共鸣，产生兴趣。例如：《城市居民对于中成药消费的看法》《我与广告——公众广告意识调查》等，而不宜采用简单而无含义的《市场调查》或者《问卷调查》之类的标题。这样容易引起被调查对象的怀疑或者疑惑而拒绝作答。

（2）调查的问题。这是调查问卷的主体，具体内容应视调研目的和任务而定。问卷中的问答题，从形式上看，可分为开放式、封闭式和混合型三大类。开放式问答题只提问题，不给具体答案，要求被调查者根据自己的实际情况自由作答。封闭式问答题则既提问题，又给出若干答案，被调查中只需在选中的答案中打“√”即可。混合型问答题，又称半封闭型问答题，是在采用封闭型问答题的同时，最后再附上一项开放式问题。

（3）被调查者的情况。如年龄、性别、职业、住址、教育程度等，以备分类研究之用。

（4）编码。编码是将问卷中的调查项目变成数字的工作过程。大多数问卷需要编码，以利于分类整理和数据处理。编码既可以在问卷设计的同时就设计好，也可以等调查工作完成以后再进行。前者称为预编码，后者称为后编码。在实际调查中，常采用预编码。

(5) 作业证明记录。特别是在委托调查中，委托人希望验证和考察调查过程的真实性，或者调查方为了保证访问质量，一般在问卷上会设计一些作业证明记录，附上调查人员的姓名、访问日期、时间等，有些问卷还让被调查对象填写如单位、地址、电话等，以便审核和查询，但设计的时候，一定要避免涉及个人隐私的问题。

(6) 结束语。结束语一般放在问卷的最后面，用来简短地对被调查者的合作表示感谢，也可征询一下被调查者对问卷设计和问卷调查本身的看法和感受。一般采用三种表达方式。

①周密式。对被访者的合作再次表示感谢，以及关于复核与不要填漏的请求。这种表达方式既显示访问者首尾一贯的礼貌，又督促被访者（消除）填好未（没）回答的问题和改正（差）有错的答案。例如："对于你所提供的协助，我们表示诚挚的感谢！为了保证资料的完整与翔实，请你再花一分钟，翻一下自己填过的问卷，看看是否有填错、填漏的地方。谢谢！"

②开放式。提出本次调查研究中的一个重要问题，在结尾安排一个开放式的问题，以了解被访者在标准问题上无法回答的想法。（常用）例如："你对制定关于学生学籍的政策有何建议?"

③响应式。提出关于本次调研的形式与内容的感受或意见等方面的问题，征询被访者的意见。问题形式可用封闭式，也可用开放式。

2. 问卷设计的注意事项

第一，问卷开始时必须说明调查的目的，并感谢被调查者的合作；第二，问句必须简单明了、含义清楚，避免使用语意模糊的问句；第三，不要问难以回忆的问题；第四，问卷提问中所采用的措辞或语气不能带有某种倾向或暗示；第五，问卷要简短，全部问题最好能在 15 分钟内回答，以免被调查者产生厌烦情绪。此外，问卷的形式也会影响到问卷质量。在调查中，问卷有两种类型。一种是封闭式，调查人员事先准备好所有可能的答案，被调查者从中选择回答。这种方式更易进行统计分析。另一种是开放式，由被调查者用自己的话回答。这种方式有可能提示更多的信息。

（三）问卷设计的主要步骤

(1) 确定所要收集的资料、资料的具体内容和提出的问题。

(2) 确定提问的方式。

(3) 确定每个问题的措辞。

(4) 确定每个问题的顺序。

(5) 从总体上设计调查问卷的结构。

（6）送审与修改。将调查问卷送有关领导、专家或同行审阅，征求意见，全面修改。

（7）试查。调查问卷修改、整理后，复制20～30份发放到一定范围，然后回收，看能否获得所需资料，是否还有错误和问题，了解试查对象的态度和反应。

（8）定稿和复制。试查后，若调查问卷需要过多修改，则应修改后再一次试查。如果只需修改少量地方，修改后便可定稿、复制并正式使用。

运用一种市场调查方法，由项目组共同实施市场调查活动，客户调查方式如表1－5所示。

表1－5　客户调查方式

调查方式	操作方式	优缺点	备选地点
街头拦截访问	派遣客户调查员在选择区域随机拦截，选择调查对象，在客户调查专员的引导下填写调查问卷，填完后向其赠送小礼物	优点：由于有礼物赠送，较容易获得友好协助。 缺点：调查对象可能会由于环境嘈杂，很难专心，会影响数据质量	可在商场、超市、停车场以及人流量集中的购物场所附近
电话及上门访问	由两名客户调查员组成小组，通过电话预约，到调查对象所在写字楼辅助填写调查问卷	优点：调查环境比较轻松，在闲聊中即可完成，回函质量较高。 缺点：互不熟悉的情况下可能较难预约成功	大型写字楼、办公集中地区
网络调查	在专业的财经网站上刊登调查问卷，并设置统计程序，让人们直接填写问卷并提交	优点：随机性比较高，可省去填写纸张的麻烦，记起来比较方便。 缺点：对参与调查的对象的情况没法了解和熟悉	与某某网站合作进行

【实例1－4】

扫描二维码，了解中远物流有限公司物流客户需求调查问卷。

三、分析整理调查数据，形成调查报告

（一）调查资料的整理

所谓资料整理，是指运用科学的方法，将调查所得的各种资料按调查目的进行审核、汇总与初步加工，使之系统化和条理化，并以集中、简明的方式反映调查对象总体情况的工作过程。

1. 资料整理的作用

资料整理对于整个市场调查工作具有非常重要的作用。

（1）它是对调查资料的全面检查。查缺补漏，去假存真，去粗取精。保证资料的真实。

（2）它是进一步分析研究资料的基础。对资料的分析必须借助完备的和系统的资料，因此它是研究阶段的第一步。

（3）它是保存资料的客观要求。只有进行整理之后，才能使原始资料具有长期保存的价值。

2. 资料整理的步骤

（1）设计和编制资料整理方案。这是保证统计资料的整理有计划、有组织地进行的重要一步。

①确定数据资料的审核和校订标准。设计和编制资料整理方案是保证统计资料整理有计划、有组织地进行的重要一步。资料的整理往往不是整理一个或两个指标，而是整理多个有联系的指标所组成的指标体系。对原始资料进行审核是为了保证质量，对原始资料进行分组、汇总和计算也是关键问题，另外要对整理好的资料再进行一次审核，然后编制成一个统计表，以显示经济现象在数量上的联系。

②明确数据资料的分类和编码规则。对文字资料的分类和对数字资料的分组包括确定分类或分组的标志、分组的具体方法、分布数列的编制等。即根据调查的目的和要求，按照一定标志将所研究的事物或现象区分为不同的类型或组，编制分布数列。

因此，项目小组成员还需要制定数据资料的分类和编码规则，确定分组标志、组距、编码的方法等，才能把问卷中的问题进行统一分类和编码。

③确定数据资料的录入方法。在数据录入阶段，对数据资料一般可能只用字母和数字来表示，这样便于资料的录入和处理。编码完毕后，需要选择分析软件录入数据，建立数据库。一般来说，常用的数据处理软件有 SPSS、SAS、Excel 软件等，前者是专用的统计分析软件，而 Excel 软件属于常用的数据处理工具，使用比较便捷，容易

掌握。

为了确保资料整理的统一，便于分析，项目小组成员需要对调查问卷得到的资料，制定编码要求，统一编码，并确定选用的分析软件，进行数据的录入，建立数据库。

④编制所需的基本统计数据样表。在市场调查中，向客户提供的最基本的统计数表一般是两部分，首先是反映总体分布情况的频数表，其次是反映被访者背景资料（如性别、年龄段、文化程度、收入段等）的变量与其他问题的交叉分析表。在资料审核与分类工作中，这是一项十分重要的工作，调研人员必须在方案中编制好所需的基本数据样表，才能使得调查的数据获得统一的分类与编制。

⑤确定使用的统计图的形式和数量。在最终呈交的报告中，最好多用直观的统计图来代替比较烦琐的统计数表。常用的统计图主要有条形图（或称柱形图）、圆形图、曲线图、象形图等，统计图可以直观地表明事物总体结构及统计指标在不同条件下的对比关系、反映事物发展变化的过程和趋势、说明总体单位按某一标志的分布情况、显示现象之间的相互依存关系。一般在资料审核前，要明确哪些问题需要做图？做什么类型的图？便于有针对性地整理资料。

项目小组在制定方案的时候，也应当确定调查结果的显示方式，如主要采用直方图、饼图和散点图进行描绘等。

⑥确定采用的统计分析方法。为了准确、客观地描述出所采集资料的特征，调研人员需要采用适当的统计分析方法。常用的统计分析方法有：频率分析、交叉频率分析、描述统计、t 检验、方差分析、相关分析、回归分析、时间序列分析等。

市场调查的问题基本上是单变量分析或是双变量分析。对于单变量分析中，常常采用频率分析和单变量分析统计方法。双变量分析可采用相关分析、方差分析和回归分析等。

数据资料可以归为定性资料和定量资料。定性资料在统计方法的运用上比较受到局限，一般只能采用频率分析、非参数检验进行处理。对于定量资料几乎所有的统计方法包括描述统计、相关分析、回归分析、方差分析、时间序列分析等都可以加以运用。

项目小组在制定资料审核与校对方案的时候，需要确定拟采用的统计分析方法，这样可以使资料的整理与汇总更有针对性，便于数据资料的统计分析工作的顺利开展。

（2）对原始资料进行审核。资料的审核是第一步，为了保证质量必须进行严格的审核。

（3）综合汇总调查项目，对原始资料进行分组、汇总和计算是关键。

（4）对整理好的资料在进行一次审核，然后编制成一个统计表，以表示社会经济现象在数量上的联系。

（二）编写调查报告

调查报告是调研工作的最终成果。调查报告的编写要客观完整、重点突出、紧扣主题、简明扼要、层次分明。市场调查报告的结构一般是由题目、目录、摘要、正文、结论和建议、附录等几个部分组成。报告的结构不是固定不变的，不同的调查项目、不同的调研者或调查公司、不同的用户以及调查项目自身性质不同的调查报告，都可能会有不同的结构和风格。

1. 题目

题目包括市场调查标题、报告日期、委托方、调查方等，一般应打印在扉页上。如：《物流客户需求调查报告》，好的标题，一名即立境界全出。标题必须准确揭示报告的主题思想，做到题文相符。标题要简单明了，高度概括，具有较强的吸引力。写标题的形式一般有以下三种。

（1）直叙式标题：反映调查意向或指出调查地点、调查项目的标题。如《北京市中高档商品房需求的调查》。这种标题的特点是简明、客观。

（2）表明观点式标题：直接阐明作者的观点、看法，或对事物做出判断、评价的标题。如《对当前的需求不旺不容忽视》。这种标题既表明了作者的态度，又揭示了主题，具有很强的吸引力。

（3）提出问题式标题：以设问、反问等形式，突出问题的焦点和尖锐性，吸引读者阅读和思考。例如《哈尔滨市房地产二级市场为什么成交寥寥无几?》。

标题按其形式又可以分为单行标题和双行标题。单行标题是用一句话概括调查报告的主题或要回答的问题。一般是由调查对象及内容加上“调查报告”或“调查”组成。如：《“中关村电子一条街”调查报告》《海尔洗衣机在国内外市场地位的调查》《关于上海市家用电脑销售情况的调查》等。双标题由主题加副题组成。一般用主题概括调查报告的主题或要回答的问题，用副题标明调查对象及其内容。如《保护未成年人要从规范成年人入手——关于中小学生出入电子游戏厅的调查》《北京人的梦中家园——对北京居民住宅择向的调查报告》等。

2. 目录

提交调查报告时，如果涉及的内容很多，页数很多，为了便于读者阅读，把各项内容用目录或索引形式标记出来。这使读者对报告的整体框架有一个具体的了解。目录含有各章节的标题，包括题目、大标题、小标题、附件及各部分所在的页码等。具体内容如下。

（1）章节标题和副标题及页码。

（2）表格目录：标题及页码。

（3）图形目录：标题及页码。

（4）附录：标题及页码。

3. 摘要

摘要是市场调查报告中的内容提要。摘要包括的内容主要有为什么要调研；如何开展调研；有什么发现；其意义是什么；如果可能，应在管理上采取什么措施等。摘要不仅为报告的其余部分规定了切实的方向，同时也使得管理者在评审调研的结果与建议时有了一个大致的参考框架。

摘要是报告中十分重要的一部分，写作时需要注意以下几个问题：一是摘要只给出最重要的内容，一般不要超过三页；二是每段要有个小标题或关键词，每段内容应当非常简练，不要超过四句话；三是摘要应当能够引起读者的兴趣和好奇心去进一步阅读报告的其余部分。摘要由以下几个部分组成。

（1）调查目的。即为什么要开展调研，为什么公司要在这方面花费时间和金钱，想要通过调研得到些什么。

（2）调查对象和调查内容。如调查时间、地点、对象、范围、调查要点及要解答的问题等。

（3）调查研究的方法。如问卷设计、数据处理是由谁完成，问卷结构，有效问卷有多少，抽样的基本情况，研究方法的选择等。

以上概要与方案设计应基本一致。

4. 正文

正文是市场调查报告的主要部分。对于某些市场研究人员，比如产品经理、营销经理或其他人员，除了要知道调查报告的结论和建议以外，需要了解更多的调研信息。比如考察结果的逻辑性，在调查过程中有没有遗漏，关键的调研结果是如何得出的等。这时，这些人员会详细地研究调查报告的主体部分，即正文。这就要求正文部分必须正确阐明全部有关论据，包括问题的提出到引起的结论，论证的全部过程，分析研究问题的方法等。正文包括开头部分和论述部分。

（1）开头部分。开头部分的撰写一般有以下几种形式。

①开门见山，揭示主题。文章开始就先交代调查的目的或动机，揭示主题。例如：“我公司受北京电视机厂的委托，对消费者进行一项有关电视机市场需求状况的调查，预测未来消费者对电视机的需求量和需求的种类，使北京市电视机厂能根据市场需求及时调整其产量及种类，确定今后的发展方向。”

②结论先行，逐步论证。先将调查的结论写出来，然后逐步论证。许多大型的调查报告均采用这种形式。特点是观点明确，使人一目了然。例如：“我们通过对天府可

乐在北京市的消费情况和购买意向的调查，认为它在北京不具有市场竞争力，原因主要从以下几方面阐述。”

③交代情况，逐步分析。先交代背景情况、调查数据，然后逐步分析，得出结论。“本次关于非常可乐的消费情况的调查主要集中在北京、上海、重庆、天津，调查对象集中于中青年。”

④提出问题，引入正题。用这种方式提出人们所关注的问题，引导读者进入正题。CCTV（中央电视台）的调查很多分析报告都是采用的这种形式。

（2）论述部分。论述部分必须准确阐明全部有关论据，根据预测所得的结论，建议有关部门采取相应措施，以便解决问题。论述部分主要包括两部分，即基本情况部分和分析部分。

①基本情况部分：对调查数据资料及背景做客观的介绍说明、提出问题、肯定事物的一面。

②分析部分：包括原因分析、利弊分析和预测分析。

5. 结论和建议

结论和建议应当采用简明扼要的语言。好的结语，可使读者明确题旨，加深认识，启发读者思考和联想。结论一般有以下几个方面。

（1）概括全文。经过层层剖析后，综合说明调查报告的主要观点，深化文章的主题。

（2）形成结论。在对真实资料进行深入细致的科学分析的基础上，得出报告的结论。

（3）提出看法和建议。通过分析，形成对事物的看法，在此基础上，提出建议和可行性方案。

（4）展望未来、说明意义。通过调查分析展望未来前景。

6. 附件

附件是指调查报告中正文包含不了或没有提及，但与正文有关必须附加说明的部分。它是正文报告的补充或更详尽说明。包括内容如下。

（1）调查问卷。

（2）技术细节说明，比如对一种统计工具的详细阐释。

（3）其他必要的附录，比如调查所在地的地图等。

知识经济时代的到来和信息技术的广泛运用，使市场调查活动变得非常快捷，调查成果更加准确可靠。整个市场调查的进程就可能演变为如下形式：客户通过自身的营销售后、管理系统识别所面临的问题之后，通过网络将要调研的问题以 E－mail 形式告知专业性的调查公司；接到客户的调查任务书后，调查公司就可通过人工智能计算机分析判断调查目标是否切中经营问题的要害，并依据计算机的分析结论设计调查方案与抽样方案，合理设计访问地图和访问线路，甚至可通过无纸化的调查问卷直接在网上进行访问和记录，对获取的所有被访者的第一手资料采用对应的统计分析程序（如SPSS、SAS等）汇总分析后，撰写调查报告，并由网上返回客户。可以看到，市场调查的整个进程都是借助于计算机在网上进行的，实现了调查无纸化，节省了大量访问时间和费用，效率得以大大提高，满足了企业经营决策对时限的要求。例如，观看中央电视台的“春节联欢晚会”节目就可发现，观众可在网上判断、回答当晚提出的舆论调查题目，之后迅速返回电视台，电视台很快就能统计出调查结论，主持人可在当晚的节目中及时向观众公布调查结果。

【实例1-5】

仓储客户需求调查报告

一、前言

随着我国加入WTO，世界经济全球化日益明显，企业间的竞争已经不再是实力的比拼，而是对资源的把握和运用。这种竞争在仓储环节上显现的尤为明显：不但希望仓储可以提供先进的硬件设备，还要求提供完善的软件管理，使物流与信息流充分结合。企业对仓储功能的延伸——库存管理也将越来越重视，对这种增值性服务的需求今后将会大大增加。因此，我国仓储界将或迟或早地经历一场变革。作为从事物流服务的企业，我们应更加了解市场，不断进步。

二、调研概述

（一）调研目的

我国企业今天所需要的仓储服务已经远远超出了传统的仓储定义，但是我们物流公司作为许多提供这种服务的企业之一仍在仓储的误区里苦苦徘徊。希望通过此次调查能够更加明确仓储客户的需求以及未来市场走向。加大市场占有率，能够获得更多与其他企业合作的机会。

（二）调研方法

问卷调查对访问人员的要求如下所示。

（1）熟悉问卷内容。

（2）具有良好整齐的外在仪表。

（3）具有清晰的口齿，流利的语言以及简明扼要的口头表达能力。

（4）要认真负责，积极向上的工作态度。

（三）调研对象的选择，样本分配以及调研方法

（1）调研对象：南岗区各类大中小企业。

（2）调研方法：①定点访问，拦截访问；②当面访谈法（访问店主）。

（3）调查原则：样本数量一共十五份。对调查所得到的资料，数据进行分析、统计，得出被调查者对仓储服务需求的相关数据要求。

三、调查结果分析

通过为期1周的调查，共设计样本数15份，收回有效问卷10份，通过总结分析仓储客户需求主要呈现以下特点。

（一）大多数企业都有自己的仓库

通过本次调查发现大多数企业都有自己的仓库，占到了调查人数的90%（如图3－1所示），可见仓库对企业的重要性是非同小可的。关于仓储对于物流系统的重要意义，我们还可以从供应链的角度来进一步认识。从供应链的角度，物流过程可以看作是由一系列的“供给”和“需求”组成，当供给和需求节奏不一致，也就是两个过程不能够很好地衔接，出现生产的产品不能即时消费或者存在需求却没有产品满足，在这个时候，就需要建立产品的储备，将不能即时消费的产品储存起来以备满足后来的需求。所以说，仓储是现代物流不可缺少的重要环节。

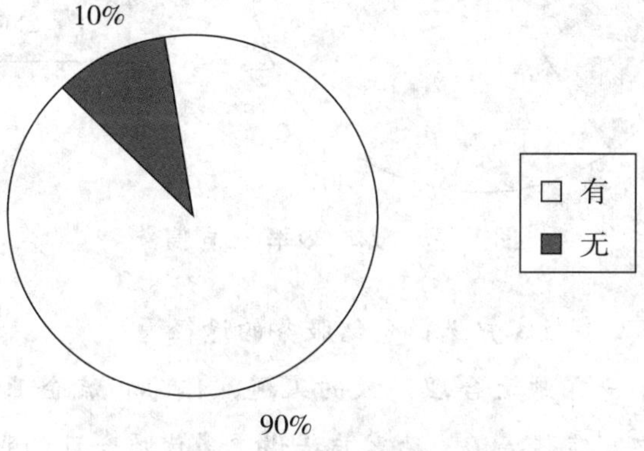

图1－1　仓库的有无

（二）调查发现，仓储客户对物流企业所提供的服务满意度很一般

在竞争日趋激烈、客户导向的市场环境中，越来越多的公司开始追逐客户满意度的提升。通过调查发现，客户对仓储服务的满意度十分一般，作为仓储服务业，提高自身素质和服务质量势在必行。但是，很多企业追逐的效果并不尽如人意。我们发现，企业如果只是追求客户满意度往往并不能解决最终的问题，因为很多时候，企业的客户满意度提高了，并不意味着企业的利润就立即获得改善。只有为公司贡献“利润”的客户才是直接的价值客户。而且价值客户对企业的利润贡献亦有高低之分。因此，企业应该对

稀缺的经营资源进行优化配置，集中力量提升高价值客户的满意度；与此同时，也应该关注一下潜在的高价值客户，渐进式提高他们的满意度。从全部客户满意，到价值客户满意，再到高价值客户满意，最后到高价值客户关键因素满意，这是企业提升“客户满意度价值回报”的“流程”。

（三）成本、效率以及公司信誉是影响大多数客户选择的三个因素（如图3－2所示）

诚信的原则，优质的服务，高速的效率是客户选择仓储服务时所看中的。其中，成本问题是目前中国物流业的最大病痛，对于仓储企业，这个问题显得尤为重要。有效的成本控制是企业在激烈的市场竞争中成功与否的基本要素。但成本控制绝对不仅仅是单纯地压缩成本，需要建立起科学合理的成本分析与控制系统，让企业的管理者清楚地掌握公司的成本构架、盈利情况和决策的正确方向，成为企业内部决策的关键支持，从根本上改善企业成本状况，从而真正实现有效的成本控制。

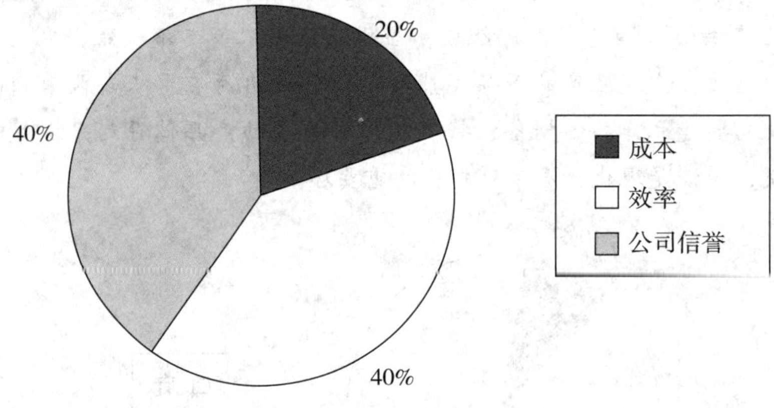

图1－2　成本/效率/公司信誉

（四）朋友介绍是大多数客户选择仓储服务的途径

可见选择性比较单一，缺乏合理高效的渠道，作为物流企业，我们应该加大对仓储服务的宣传力度，拓宽宣传渠道，为客户提供更多优质合理的服务。

四、结论和建议

通过对仓储客户需求的市场调研分析，总结了仓储服务业存在的主要问题，对仓储服务人员提出以下建议。

（一）成本控制决定成功与否

有效的成本控制是企业在激烈的市场竞争中成功与否的基本要素。但成本控制绝对不仅仅是单纯地压缩成本，需要建立起科学合理的成本分析与控制系统，让企业的管理者清楚地掌握公司的成本构架、盈利情况和决策的正确方向，成为企业内部决策的关键支持，从根本上改善企业成本状况，从而真正实现有效的成本控制。

在这里提出如下方法供大家参考：掌握成本核算的主要方法及各自的优缺点，根据情况的变化改良现有的核算体系；掌握成本分析的主要方法，为运作者决策时提供关键有效的成本数字支持；通过成本分析，寻求改善成本的有效途径。

（二）专业+增值=最佳营销思路

诚信的原则，优质的服务，高速的效率是我们公司一直所倡导的。仓储一直以来是贯穿企业供应链的一个中心环节，传统仓储业一般提供的服务主要是仓储、装卸、短途运输，公司在建设现代化物流仓库的同时，在如何帮助企业降低成本，减少企业风险，帮助企业利润最大化，风险最小化等方面，一直在做着努力。我们以客户为中心，用科学的方法做管理平台，根据国际化、标准化、人性化设计了软件管理平台系统和信息共享系统。

【实例1-6】

扫描二维码，了解并学习济南汽运总公司与日本松下的合作之路。

活页任务单

任务情境1-2：物流客户市场调研
一、任务描述 请你以物流公司客户开发专员的身份开展一次物流客户市场调研的活动，需完成以下主题内容。 主题1：设计物流客户市场调查方案 要求：掌握市场调查方案的格式，准确确定目标。 主题2：设计物流客户市场调查问卷 要求：掌握市场调查问卷的格式及内容，准确确定目标。 主题3：撰写物流客户市场调查报告 要求：掌握市场调查报告的格式，准确确定调查结论。 准备： （1）班级学生分成偶数组，每组人数应不多于5人。 （2）每一对小组成员组成一家模拟物流公司，针对目前市场设计物流市场调查方案，设计物流市场调查问卷，并进行结果分析，形成结论。 （3）以小组为操作单元，设计市场调查方案、市场调查问卷并撰写市场调查报告。 流程： （1）各小组模拟物流企业的产品和客户区域要不同，充分和准确地设计调查方案和调查问卷并完成调查报告。 （2）设计完之后，进行展示，小组间分享设计调查方案、调研问卷及调查报告撰写的体会。

续表

<table>
<tr><td>二、实施工具
电话、信函、问卷、Excel 软件、网络等</td></tr>
<tr><td>三、实施方法
资料整理、询问法、观察法、面对面访问调查、电话访问、网络调查、图形法、统计分析法等</td></tr>
<tr><td>四、实施步骤
步骤一：撰写物流客户调查方案。
1. 确定市场调查的目标
在背景分析的前提下确定市场调查的目标。这是调查过程中关键的一步。目标不同，调查的内容和范围就不同。如果目标不明确，就无法确定调查的对象、内容和方法等。例如，某物流客户调查方案目的是：分析客户所需服务，了解客户需求仓库的种类及数量的排列情况，为我公司2009 年度仓储管理改革提供客观的事实依据，并据此提供相应的建设性意见。
2. 确定具体的调查项目
在调查研究目标提出的基础上，接下来就要明确具体研究提纲，也就是确定调查项目。在确定调查项目时，要注意以下几个方面的问题。
（1）所有确定的调查项目应该是围绕调查目标进行的，为实现调查目标服务的。否则，多余的项目调查就是无用的调查，浪费人力、物力和财力。
（2）调查项目的表达应该是清楚的。通过调查，答案是能够获取的。必要时，可以附上对调查项目的详细解释，以确保调查项目的明确性。
（3）调查项目之间一般是相互联系的。有时，可能存在着内在逻辑关系或相互的因果关系。所以，在调查项目中，会先提出一些假设，并希望在今后的调查中得到进一步的验证。
针对了解物流客户需求的目的设计：公司的知名度、客户对公司的评价、客户需求心理及特点、不同客户不同季节所需的不同物流的种类及量等问题。
3. 确定调查对象总体
确定调查对象总体即解决向谁调查的问题。这与调查的目的是紧密联系在一起的。对于调查对象总体的选择，我们常常会从个人背景部分上来甄别。例如：根据调查的题目所给定的对象范围，我们经常在类别上对调查总体加以限制等。对于调查对象总体的限制，在问卷调查的甄别部分也明确地给予了界定；例如：物流公司客户的需求调查，我们调查对象总体的限制在企事业单位客户。
4. 确定调查时间和拟定调查活动进度表
确定调查的时间就是规定调查工作的开始时间和结束时间。拟定调查活动进度表主要考虑两方面的问题：一方面是考虑客户的时间要求，信息的时效性；另一方面是考虑调查的难易程度，在调查过程中可能出现的问题。根据经验，从签订调查协议到交出调查报告的这一段时间中花费时间的工作大致有以下几个方面：①问卷实际时间；②问卷印刷时间；③抽样设计时间；④访问员的招聘、培训时间；⑤预调查时间；⑥问卷修正、印刷时间；⑦调查实施时间；⑧资料的编码、录入和统计时间；⑨数据的分析时间；⑩完成调查报告的时间；调研结果出版时间。
最后两部分并不是每项调查所必需的，但前面的几项内容是必不可少的。要注意，所有这些活动要花的时间并不是简单地相加，有些活动可以同时进行，其时间是以同时进行时花费时间长的那部分工作时间计算。
5. 确定调查方式和抽样方法
调查方式有面谈法、电话访问、邮寄调查、留置调查、座谈会、网上调查等方法。至于具体采用什么方法，往往取决于调查对象和调查任务。选择不同的调查方式，调查结果会有所不同，有时会产生很大差别。物流客户市场调查可以采取问卷调查为主，与电话访问等形式相结合的方式。</td></tr>
</table>

续表

6. 调查费用预算

市场调查已调查项目和调查内容不同而不同。在进行预算时，要将可能需要的费用尽可能考虑全面，以免将来出现一些不必要的麻烦而影响调查进度。一般来说，物流客户市场调查所需花费的费用包括以下几个方面：方案策划费、问卷设计费、印刷费、邮寄费、访问员劳务费、差旅费、被调查者的礼品开支、数据处理费、电话费、市内交通费等。考虑费用的同时还必须考虑时间。一个调研项目有时需要六个月或更长的时间才能完成。有可能由于决策的延迟要冒失去最有利时机的风险。

7. 确定资料整理分析方法

对调查所取得资料进行研究分析，包括对资料进行分类、编号、分析、整理、汇总等一系列资料研究工作。

步骤二：设计物流客户调查问卷与市场调查实施。

1. 设计调查问卷表

根据步骤设计物流客户需求调查问卷表。

2. 使用调查问卷进行调查

物流客户需求调查，可能需要物流客服人员到客户处进行现场调查，使用调查表向客户询问有关事项。也可以向客户发送调查问卷，系统收集调查资料。

步骤三：分析整理调查数据，形成调查报告。

1. 整理并分析资料

调查结束后，收集并审核调查资料，采用统计分组的方法，制表或以饼状图、柱状图的形式表示。

2. 项目组将处理后的结果

以定性分析和定量分析相结合的分析方法，分析资料，进行总结，形成调研结论。

3. 撰写调查报告

主要包括确定市场调查报告的题目、撰写内容提要、目录、正文、列出参考资料、附录六部分内容。

五、考核与评价

任务实施评价表

考核项目	考核要求	分值	得分			备注
			自我评分	组间评分	教师评分	
物流客户市场调查方案	市场调查方案的格式正确，能准确确定目标	20				
物流客户市场调查问卷	能针对目前市场设计物流市场调查问卷，问卷设计能全面反映物流客户需求情况，内容和排序便于客户理解和作答，对报告的撰写具有参考价值	40				
物流客户市场调查报告	市场调查报告的格式准确，能准确确定调查结论。综合整理的资料能对不同类型客户进行需求分析，找出不同客户的需求特征；撰写的调查报告思路清晰、逻辑性强，能为物流企业客户开发策略提供依据	40				

续表

<table>
<tr><td>
六、技能拓展
哈尔滨物流企业调查报告
21世纪企业的竞争逐渐转向物流服务的竞争，WW物流公司也从不被人重视的角落提升到关乎众多合作企业生存发展的重要合作伙伴的地位上来了。但相对于发达国家的物流产业而言，WW公司的物流产业尚处于起步发展阶段，主要特点是：①专业化物流服务还有待加强，增值服务薄弱；②企业规模小，企业所拥有的物流市场相当分散。
作为哈尔滨地区物流企业的代表，WW的未来发展趋势将如何呢？希望通过这次调查能对此有所了解。
1. 调查目的
通过走访询问与观察，了解哈尔滨市物流市场的现状：传统物流或现代物流的物流业发展的整体水平。
2. 调查对象
哈尔滨市有代表性3～5家物流企业。
3. 调查项目
物流企业的所有制形式、经营的业务范围、经营的对象、主要从事业务的具体内容（如运输的工具、距离、价格等）、与客户的关系等。
备注：对于选取物流企业，由于个人本身原因与所调查对象的难接近性，我们将物流企业划分为大型、中型和小型企业三种，然后可以按任意抽样的方法在各层中抽取1/3作为样本，即抽取大型、中型和小型企业各1～2家。
4. 形成调查报告
</td></tr>
</table>

任务三　锁定目标客户

项目引入

哈尔滨某家电销售公司将其物流配送业务面向全社会公开招标，哈尔滨神通物流园区得知此信息特成立项目组准备向此项目投标。与此同时，哈尔滨神通物流近期欲将向广大商家推出新服务项目。

项目思考

锁定目标客户应遵循什么原理，采取什么方法？

身边的事

扫描二维码查看相关内容，思考企业的目标客户究竟如何确定？

知识研修

一、成为潜在客户的条件

潜在客户就是指对方因某种因素，而超乎所预料的，不过无论如何都不可以错漏的客户。

在寻找潜在客户的过程中，可以参考以下“MAN”原则。M：MONEY，代表“金钱”，所选择的对象必须有一定的购买能力。A：AUTHORITY，代表购买“决定权”，该对象对购买行为有决定、建议或反对的权力。N：NEED，代表“需求”，该对象有这方面（产品、服务）的需求。如表1－6所示。

表1－6　　MAN分析

购买能力	购买决定权	需求
M（有）	A（有）	N（大）
m（无）	a（无）	n（无）

（1）M＋A＋N：是有望客户，理想的销售对象。

（2）M＋A＋n：可以接触，配上熟练的销售技术，有成功的希望。

（3）M＋a＋N：可以接触，并设法找到具有A之人（有决定权的人）。

（4）m＋A＋N：可以接触，需调查其业务状况、信用条件等给予融资。

（5）m＋a＋N：可以接触，应长期观察、培养，使之具备另一条件。

（6）m＋A＋n：可以接触，应长期观察、培养，使之具备另一条件。

（7）M＋a＋n：可以接触，应长期观察、培养，使之具备另一条件。

（8）m＋a＋n：非客户，停止接触。

由此可见，潜在客户有时欠缺了某一条件（如购买力、需求或购买决定权）的情况下，仍然可以开发，只要应用适当的策略，便能使其成为企业的新客户。

二、寻找潜在客户的方法

对于企业而言，制定客户开发战略的前提是要确定客户需要什么样的服务以及哪些服务是客户最关注的；既要分析现实客户需求也要分析潜在客户需求。然后根据企业可以提供的服务水平和客户对于价格、运输方式等接受程度来寻找潜在客户。

（一）寻找潜在客户的原则

1. 量身定制的原则

也就是选择或定制一个满足你自己公司具体需要的寻找潜在客户的原则。不同的公司，对寻找潜在客户的要求不同。因此，物流客服人员必须结合自己公司的具体需要，灵活应对。任何拘泥于形式或条款的原则都可能有悖公司的发展方向。

2. 重点关注的原则（20/80 原则）

该原则指导我们事先确定寻找客户的轻重缓急，首要的是把重点放在具有高潜力的客户身上，把潜力低的潜在客户放在后边。

3. 循序渐进的原则

即对具有潜力的潜在客户进行访问，最初的访问可能只是交换一下名片，随着访问次数的增加，可以增加访问的深度。

（二）潜在客户的数量

优秀的物流客服人员常常拥有一定数量的潜在客户，要保持这种数量，就必须定期开发、补充新的潜在客户。此外，还必须区分潜在客户的重要性，将客户划分为不同的等级。这是一种用来保证潜在客户数量与质量的有效方法。

寻找潜在客户方法简单，重要的是用心和坚持。市场是最大的教室，客户是最好的老师。要学会在实践中多听多看多思考。

（三）寻找潜在客户的方法

随时随地寻找潜在客户。物流客服人员只有千方百计想尽办法寻找客户，才能创造出良好的业绩，所以必须养成随时随地寻找潜在客户的习惯。例如：酒会、舞会、音乐会、喜宴、讲座等。还有，每天坐公交车上班或看比赛时，可能身旁陌生人就是潜在客户。

1. 利用缘故法

将所有人际关系网络妥善利用。每一个人都有基本的人际关系。借助这样一张网络有利于你的寻找客户工作的顺利进行，因而要善加运用。

（1）亲戚：花时间记录下你所有的亲戚关系，实际数目绝对多于你的想象。

（2）工作关系：目前与以前的上司、同事以及其他工作往来的人。

（3）同学关系：小学、中学、大学时的同学，包括老师、师兄、学弟等在内。

（4）朋友关系。

（5）住宅关系：目前与以前的邻居、房东或房客，住在附近的商贩等。

（6）社团关系：同乡会、宗亲会、俱乐部等社团组织。

（7）其他关系。

一个人的关系再多，他的人际网还是有限的。因此，需要发挥化学方程式的连锁反应：一个分子分裂为二，二分裂为四，四分裂为八，如此不断分裂下去。在寻找潜在客户上加以运用，就是一个介绍两个，两个介绍四个，四个介绍八个……如此连下去，形成一个源源不断的潜在客户源。

记录每日新增的潜在客户。随身准备一台笔记本电脑，只要听到或看到一个可能的潜在客户，立刻记录下来。例如：结婚典礼、生日舞会、庆祝晚会、餐会等，都是发掘潜在客户的良好时机。乔·吉拉德就是运用这种连锁形式。他有“250 法则”。他发现每个人在参加婚礼、舞会后，一般都能认识 250 人左右，每个人的亲戚、朋友、同学大概都有 25 人，得罪一个客户就等于得罪了 250 名客户，如果能把产品卖给一位客户，就意味着可以把产品卖给 250 个人，关键是要让买我的产品的人把他同学、朋友介绍给我。另外，乔·吉拉德还有一个猎犬计划——就是把自己的客户变成猎犬。他要求客户把同学、朋友有需要汽车的人介绍给他，生意谈成了，给提成 25 美元，有很多客户给他介绍，就这样他拥有 25000 个客户。

2. 借助专业人士的帮助

刚刚迈入一个新的行业，很多事情您根本无法下手，您需要能够给予经验的人，从他们那获得建议，对您的价值非常大。我们不妨叫他为导师吧。导师就是这样一种人，他比您有经验，对您所做的感兴趣，并愿意指导您的行动。导师愿意帮助面临困难的人，帮助别人从自己的经验中获得知识。导师可以从行业协会、权威人士、有影响力的人或者本地一些以营销见长的企业去寻找。

多数企业将新手与富有经验的老手组成一组，共同工作，让老手培训新手一段时期。这种企业导师制度在全世界运作良好。通过这种制度，企业的老手的知识和经验获得承认，同时有助于培训新手。

当然您还可以委托广告代理企业或者其他企业为您寻找顾客，这方面需要企业的支持。代理商多种多样，他们可以提供很多种服务，您要根据您的实力和需要寻求合适的代理商。

3. 利用报刊、名册、网站

报纸与杂志——公司的成立与迁移、人事调动与升迁、出国、回国、结婚启事、讣告等；书刊与名册——参考黄页或工商年鉴，电话簿、工商名录、工厂名录、企业名人录、社团会员录、各同业公会名册、同学会名册、各公司员工名册、同行客户名单等挑出有可能的业务对象；关注相应的网站，如阿里巴巴、网罗网等，上面可以查阅到大量的商贸企业详细资料。

4. 举办展示会

公司通过举办各种形式的展示会吸引或多或少的潜在客户来观赏。一般来说，花时间来参观展示的人都属有心人，也就是说，对你的服务有高度兴趣的人。这些潜在客户既然已经自投罗网，接下来就看你如何好好掌握了。

5. 设立代理店

如果能够找到适当的人选，去劝说他与公司正式签订合约，挂出招牌，成为公司的代理店或特约店，并对其支付应得报酬，这样就可以达到获得源源不断的潜在物流客户的目的。

6. 重复销售

只有平时加强与旧客户之间的紧密联系，才能够不断地取得各项情报。并对其新的购买动机予以关注，如此又可能乘机做一笔交易。既然是旧客户，当然对业务员很有信心。因此，很可能推销成功。

7. E－mail/电话法

向完全陌生的人直接邮寄书信打电话或发E－mail与对方取得联系，在得到对方许可后再去进行访问的方法。

8. 区域性突击法

进入完全陌生的住房去从事推销。最有效的方法是先计划好一天的访问区域，并挨家挨户地进行访问，这是最适合于推销家庭日用品的方法，但不适用于物流客户的开发。

9. 集体性突击法

这是把区域性再扩大为全面性，在某一个地区进行地毯式的推销活动，这种推销方法适合于对地区的全面开拓。

10. 行业突击法

经常对经济动态、资金动向予以注意，并以资金充裕的行业（如我国目前的房地产业、金融业和电脑业）或容易触动购买欲望的行业为对象去进行访问的方法。如果你所选择的对象行业正确的话，会收到相当大的效果。

11. 分工合作法

以两位以上的物流客服人员成立一个小组，老物流客服人员经验丰富，专门担任为客户直接提供仓储业务的推广工作，新物流客服人员则专心于市场的开拓。一旦发现了有希望的潜在顾客，便去向老物流客服人员报告，请求他协助去进行开发的方法。这种分工合作方式如果步骤一致的话，也会收到相当好的效果。另外如果前任物流销售人员离职，能够从前任物流销售人员的销售记录中获得某些可能的客户也是很好的办法。

12. 团体介绍法

要先争取团体的同意，介绍所属成员或有关方面的潜在物流客户去进行推销的方法。一般情况下，团体所介绍的效果比个人的介绍更大，依赖度较高。如果按照销售金额支付佣金给该团体为福利的话，相信可获得的效果会更大。以团体为对象，其所属员工实行整批销售的方法，虽然具体操作工作复杂，有着较多的竞争对手，可是一次就可做一笔销售货款可观的生意。政府机构也是推销的重要团体对象。

【实例1－7】

扫描二维码，了解香港首富李嘉诚卖铁桶的事迹。

三、收集资料

物流客户信息包括物流客户资料和物流客户需求两个部分，物流客户关心需求并非资料，因此，物流客服人员应该在接触客户前事先收集资料，才可以应对无误。资料是已经发生的结果，因此基本固定不变，而需求会在采购中不断变化。客户资料通常包括以下内容，如表1－7所示。

表1－7　客户资料内容

背景资料
客户的联系电话、通信地址、网址和邮件地址等 业务范围，经营和财务现状
使用现状
同类物流服务（包括竞争对手）的使用情况 产品和服务的用途 客户最近的物流服务计划以及要解决的问题
组织机构资料
与物流业务相关的部门的职能以及领导者 部门之间的回报和制约关系
个人资料
基本情况：客户的家庭情况、家乡、毕业的大学和专业等 兴趣和爱好：喜欢的运动、餐厅和食物、喜欢的书和杂志 行程：度假计划和行程 关系：在单位内的朋友和对手
竞争对手资料
竞争对手在客户内的产品使用状况以及客户满意度 竞争对手的客户代表的名字、客户开发的特点 竞争对手客户开发代表与客户之间的关系

【资料卡】

调查潜在物流客户的资料信息

接触客户的关键人物是调查客户的基础。一般来讲关键人物是指有权力决定或参与物流采购的人。

通过接触物流客户的关键人物，您可以获知该客户的真实状况。有些物流销售人员容易陷入一种沟通陷阱，把时间浪费在感兴趣的人物身上，把对方当作关键人物对待，这是非常浪费时间又没有效果的销售方法。

真正的关键人物知道最需要的是什么物流服务，能否在现在或将来什么时候采购。所以通过对关键人物的调查才能获知客户的物流需求信息和物流需求障碍。

当明确您的拜访对象之后，您需要调查潜在客户的下列信息：

（1）关键人物的职称；

（2）关键人物的个性；

（3）客户购买的决策途径；

（4）客户的规模；

（5）客户的信誉状况；

（6）客户的发展状况。

收集资料的重要性动画

四、组织结构分析

提供物流服务应该以人为本，物流客服人员在开始开发客户前应该先将可能会接受物流服务的相关客户挑出来分析他们在组织中的作用，必须避免在不了解情况时盲目开发。

在组织架构分析时，物流客服人员应该从下面三个维度进行分析，如表 1－8 和表 1－9 所示。

表 1－8　组织架构分析

级别	定义和描述
操作层	客户中直接接触产品和服务的人员，往往是最终的使用者。虽然他们不能在接受那家物流公司服务中做出决定，但是他们直接接受这些服务，他们对产品和服务好坏最有发言权。他们数量很多，他们的意见也会影响最终选择的决定。操作层的满意程度最终决定了产品和服务在这个客户内的占有份额。而且一些操作层的人有时也会参与最终的决定，成为最终的决定的直接影响者
管理层	当需要中小型规模的物流业务时，管理层可能就是最终选择的决定者。每个客户的组织机构都有一定的授权，一些业务需要签字就可以。当涉及需要的仓储业务比较大时，由于牵扯的部门很多，管理层也担负着根据自己部门要求提出建议的权利，他们虽然不能决策，往往具有否决权
决策层	客户内的主要领导者，制定发展战略，建立组织机构，优化运营流程是他们的主要工作。可以说采购任何产品和服务都基于他们的视野之内的一种投资。通过授权，他们将那些不重要的业务授权下属，如果愿意，他们始终都拥有最终决定权。在最终的选择中，他们将做出五个重要的决定：是否租赁？何时租赁？预算多少？最终选择哪个物流企业？是否签署合同？
职能	定义和描述

续表

级别	定义和描述
使用部门	客户中使用产品和服务的部门，往往是物流业务的最初发起者以及最终使用的评估者，会贯穿于整个物流服务过程中
技术部门	技术部门负责具体物流服务的规划，一些日常的业务往往直接由技术部门负责
采购部门	集中采购是客户减少采购成本的一种有效的方法，这样更能够从厂商得到更好的优惠，不同行业的客户对于采购部门有不同的称呼，采购/财务部门往往负责依据物流服务的具体指标进行比较评估和谈判
角色	定义和描述
发起者	提出接受物流服务建议的人，感受到一些严重的问题需要解决，故此提出解决建议。经常是使用部门，对于事关企业战略性的项目的发起者往往是决策层客户。可能是出自员工们的建议，也可能是决策者为了保留优秀员工而采取的策略。向潜在发起者介绍自己的产品和接受服务带来的益处，往往可以带来新的订单
决策者	客户内部决定租赁预算、是否进行、最终选择哪个物流企业的负责人，是客户的高层领导
使用者	最终的使用者，他们参与到从选择到接受物流服务的全过程，是整个过程的重要影响者之一。他们可能是需求的发起者或者设计小组和评估小组的成员。产品和服务最终是由他们使用的，因此他们在很大程度上决定着客户满意度
设计者	是指规划接受物流服务方案的人，设计者往往不止一个人，也许是一个小组。有的业务很简单，可以直接进行，但是大多数的物流业务需要精心的规划和设计。设计者的职责是将接收物流服务的动机变成物流服务指标
评估者	评估者是评估潜在供应商方案的人或者小组，他们也许是设计者，也许是另有其人。评估者将根据设计者提供的物流服务指标比较各个服务供应商的方案和承诺

表1－9　客户层次

项目	描述	选项
姓名	客户本人的姓名	
职务	客户在所在机构的职务，与他在客户组织结构图的位置，反映了他的级别	操作层、管理层和决策层
角色	客户在是否接受物流服务中的角色	发起者、设计者、决策者、使用者、评估者

续表

项目	描述	选项
态度	客户对我们的态度	支持者、中立者、反对者
联系	与我们之间的联系的密切程度	密切、频繁、疏远、未联系

五、锁定目标客户

（一）明确物流客户开发战略的要素

每个企业需要根据自己的目标、资源、环境和在目标市场中的地位，以满足不同客户需求为中心，制订不同的客户开发战略。无论是哪种客户开发战略，都包含了以下四个基本要素。

（1）客户选择：在众多的客户中，选定适合本企业服务的客户，也就是选定目标市场，以集中优势为其提供服务，扩大市场占有率。

（2）价值获取：在为目标客户提供物流服务的过程中为其创造价值，同时本着“双赢”的原则，获取企业最大的利润和价值。

（3）战略控制：采取先进合理的策略确保竞争的优势，及时进行战略的调控，保护企业赢得的利益，促进企业长久的发展。

（4）业务范围：企业要根据自身的实力和目标市场客户的特点，正确确定业务范围，特别是确定核心业务，同时不断开发出新的业务项目，突出业务特色，以增强竞争力。

（二）锁定目标客户

在客户开发战略中首当其冲的就是客户选择，那么如何确定目标市场呢？在众多的客户中，选定适合本企业服务的客户，也就是选定目标市场，以集中优势为其提供服务，扩大市场占有率。在挑选、评估潜在客户之前，物流客服人员需要先搞清三个问题：一是你是否能够满足潜在客户的需求；二是你在满足需求之后，这些潜在客户是否具有提供适当回报的能力；三是你所在公司是否具有或能够培养出比其他公司更能满足这些潜在客户需求的能力。

1. 帕累托法则

即20/80法则，这是意大利经济学家帕累托于1897年发现的一个极其重要的社会学法则。该法则具有广泛的社会实用性，比如20%的富有人群拥有整个社会80%的财富；20%的客户带来公司80%的利润。帕累托法则要求物流客服人员分清主次，锁定重要的潜在客户。

2. MAN 法则

MAN 法则在前文中已提到过，这里再做一次强调，它对于引导物流客服人员如何去发现潜在客户的支付能力、决策权力以及需要至关重要。物流客服人员可以从三个方面去判断某个人或某个组织是否为潜在客户：一是该潜在客户是否具有购买资金 M（Money），也就是有没有购买力或筹措资金的能力；二是该潜在客户是否有购买决策权 A（Authority），即你所极力说服的对象是否有购买决定权；三是该潜在客户是否有购买需要 N（Need），在这里还包括需求，普通的物流客服人员总是去满足需求、适应需求，而优秀的物流客服人员则是去发现需求、创造需求。

如果有明确的销售机会，物流客服人员就应该立即将销售推进到下个阶段，如果暂时没有机会，销售将依然维持在客户分析的阶段，因此判断是否存在销售机会是个重要的分水岭。四个方面的问题可以帮助物流客服人员评估销售机会。

【实例 1－8】

扫描二维码，了解台塑创始人王永庆卖米的故事。

【实例 1－9】

在网上我们一单成名

周杰　大连欣捷国际货运代理有限公司

总有一些成功让人跃跃欲试，挣他个盆满钵满，多少人的梦想！

成天在生意场中东奔西走，抓寻着，哪怕仅有1%的希望也不放过！

可是，前人总结，100 个客户里有 2 个对你产品感兴趣的人，100 个对你产品感兴趣的人中有 2 个可能有想买欲望的人，100 个想买欲望的人中间可能仅有 2 个人是真正需要买你的产品的人。

希望成了最后的救命稻草，挺着，继续着每一笔业务，因为可能下一个就是准客户！

这可不行！

续表

表 2－1　　　　物流客户拜访计划

日期	星期	老/新客户	地址	拜访人	职务	拜访目的	拜访结果

五、考核与评价

任务实施评价表

考核项目	考核要求	分值	得分			备注
			自我评分	组间评分	教师评分	
接近物流客户的准备	掌握接近客户准备的内容	30				
	掌握接近物流客户的程序	30				
	制定拜访计划	40				

六、技能拓展

T 物流公司的一位物流客服人员，最近推销业绩不佳，特地向一位营销专家咨询，以下是二者的对话。

专家问：	物流客服人员答：
物流产品推销对象是谁?	一些小厂
谁具有购买决策权?	老板
老板平时多穿什么服装?	蓝色工作服
你常穿什么服装?	西服

专家建议：你最好穿蓝色工作服。

不久，专家的“T 公司物流客服人员的标准服装应改为蓝色工作服”提案在该公司顺利通过，T 公司的物流客服人员都换上了蓝色工作服。换装使 T 公司销售业绩迅速提高。半年后，该专家以“T 公司物流客服人员换装”为题，对 T 公司的主顾进行了调查，顾客反映如下：物流客服人员与我们穿同样的服装，不仅大大增加了我们之间的共同语言，消除了优质西服与蓝色工作服之间的差异感，而且物流客服人员身着油渍斑斑的工作服给人一种同伴的感觉。但是以往物流客服人员身着西服来推销，身上充满了商品气，而穿上工作服来访，使人感到亲近。

问题：

1. 服饰和礼仪是否是接近客户之前的准备工作内容之一？为什么？
2. 接近客户之前，还应做好哪些方面的准备工作？

任务二　约见物流客户的主要方式

项目引入

高利是某物流公司的客户开发人员。该公司主要提供仓储服务，尤其擅长满足中小型公司的需求。虽然他们的服务非常出色，工作非常努力，但是，高利发现很难与顾客约见。高利清楚他的公司能为中小型公司提供非常好的仓储计划和服务。但是，问题在于他无法安排一次见面来阐明这些好处。高利从以往的经验中发现，在要求约见的电话中流露的信息越少，约见被安排成功的可能性就越大。高利逐渐喜欢通过电话来安排约定时间，下面是一个安排约见的请求。

“早晨好（或下午好），××先生（或女士）。我叫高利，某物流公司的客户开发代表。我给你打电话是希望能讨论一下我们公司所提供的服务，这可以为您的公司省下很多钱。我希望能与你当面讨论一下这件事。星期二上午十点钟怎么样？或者周三下午两点半？”

一般情况下，高利可以通过上面的方式安排一些约见。但是在某些情况下，就会有这样或那样的反对意见。下面就是一些常见的反对意见。

“你公司提供什么样的服务？能否向我介绍一下？”“你为什么不寄一些有关的文字资料给我们呢？”“是一个仓储公司吗？我们已经和其他公司签约了。”“你能向我简单介绍公司的服务吗？我很忙，我得先看看是否值得当面谈！”“你可以写封信来介绍一下你们的服务，我会给您回信的。”

项目思考

（1）假如你处在高利的位置，将如何处理以上的反对意见。

（2）你对高利的电话联络方式有什么看法？如何将其改进？接近物流客户还有那些其他方式。

（3）如有可能，可以实际演习一下这个案例，扮演高利的人要一一回答扮演潜在顾客的人的反对意见。双方假装通过电话联系。

身边的事

扫描二维码，思考如何采取适当的约见方式来引起客户的兴趣。

知识研修

物流客服人员在完成接近客户的准备工作之后，便要开始约见客户。约见是指物流客服人员事先征得客户同意接见的行为过程。约见实际上既是接近准备的延续，又是接近过程的开始。在通常情况下，物流客服人员往往先与客户约好，然后再登门拜访，与客户洽谈有关买卖事宜；而在某些情况下，约见客户这个环节有时也是可以省略的，这要由实际情况而定。

一、约见客户的内容

物流客服人员约见客户的内容要根据物流客服人员与客户关系的密切程度等具体情况定。对关系比较密切的客户，约见的内容应尽量简短，无须面面俱到，提前打个招呼即可；对来往不多的一般客户，约见的内容应详细些，准备应充分些，以期发展良好的合作关系；对从未谋面的新客户，则应制定细致、周到的约见内容，以引起对方的注意和兴趣，消除客户的疑虑，赢得客户的信任与配合。约见的基本内容就是要确定约见对象、明确约见目的、安排约见时间和选择约见地点，也就是要明确“四何”，即何人、何事、何时、何地。

（一）确定约见对象

这里的约见对象指的是对购买行为具有决策权或对购买活动具有重大影响的人。物流客服员需要搞清约见的对象究竟是谁，认准有权决定购买的对象进行造访，避免把努力浪费在那些无关紧要的人物身上。在确定约见对象时，要根据物流业务的性质，设法约见购买决策人或对购买决策有重大影响的要人，分清真正的买主与名义上的买主。对于企业而言，公司的董事长、经理、企业厂长等人是企业或有关组织的决策者，他们拥有很大的权力，是物流客服人员首选的约见对象，物流客服人员若能成功地约见这些决策者，将为以后在该企业或组织里的推销铺平道路。另外，不要轻视那些有影响力的人物，如助理、秘书、办公室主任、部门经理等人。这些人没有购买决定权是事实，但他们接近决策层，可以在公司中行使较大的权力，对决策者的决策活动有很大的影响。有些领导往往把接见物流客服人员的事务全盘委托手下的秘书、办公室主任或有关部门处理，他们一般不会开门见山直接与你见面，只有当手下的人将推销的情况汇报给他，使他觉得有必要见你的时候，物流客服人员才能与主管领导直接见面。因此，在确定约见对象时，既要摸准具有真正决策权的要害人物，也要处理好相关的人事关系，与那些名义上的买主保持良好的接触，取得他们的鼎力支持与合作。这样能使接近客户工作获得成功，提高效率。

【实例2－1】

谁有决定权？

一名物流业务员与湖北某电器公司的销售部经理谈配送业务，经过了半年多时间，但一直没有结果。他百思不得其解，于是他怀疑自己是否与一个没有决定权的人士打交道。为了证实自己的猜疑，他给这家机电公司的电话总机打了一个匿名电话，询问公司哪一位先生管理货物配送事宜，最后从侧面了解到主管货物配送的是公司的物流部经理，而不是那个同自己多次交往的销售部经理。

（二）明确约见目的

约见客户要有充分的目的，使对方感到约见的重要性，也使物流客服人员有明确的推销访问目标。虽然约见客户的最终目的是为了物流产品或服务，但涉及具体的客户约见，因约见活动的不同进展与具体情况而有所区别，常见的约见目的有下面几种。

1. 推荐物流产品或服务

这是最主要的约见目的。在约见客户时为了引起客户的注意与兴趣，可以着重说明所推荐物流产品的用途、性能和特征等，以及所提供给客户的便利与好处。若客户的确需要推荐的物流产品或服务，自然会欢迎物流客服人员的来访、并给予合作。若客户确实不需要，物流客服人员要有自知之明，决不能强求。这不仅推荐不出去产品，而且给客户造成不必要的麻烦，也给自己造成尴尬，让企业形象和声誉蒙受损失。如果物流客服人员坚信所推荐的物流产品会对客户有利，而客户因各种原因不愿约见时，可以想方设法约见，也可以主动知趣，在客户方便的时候，再次约见。

2. 市场调查

市场调查是物流客服人员的重要职责之一，通过对客户及其所在地市场情况的调查，物流客服人员不仅可以搜集和掌握真实、可靠的市场信息，为进一步接近做准备，从而有利于工作的深入开展，并为企业的经营决策提供信息上的支持。同时，以此为事由的约见，由于不需要客户实际的购买行动，往往易让对方接受，容易赢得客户的信任、合作与支持。另外，通过调查研究性的访问，还可以了解到其他潜在客户的需要信息，扩大调查和推销的对象。

3. 提供服务

服务在现代市场竞争中起着越来越重要的作用，服务作为非价格竞争的主要方式，是成功推荐的保障。由提供服务作为约见客户的理由，往往是比较受欢迎的。可以说提供服务与推荐物流产品同等重要。通过这种方式既可以完成推荐任务，又可扩大企业影响，树立物流企业及物流客服人员的形象，并为进一步接近客户奠定基础。

4. 走访客户

对于企业和物流客服人员来说，要保证基本客户队伍的稳定与发展，不断提高销售业绩，不仅要不断寻找、发现、发展新客户，而且要不断巩固与老客户的关系，以建立自己稳定的销售网。这种方式既有利于增强物流客服人员与客户的情感，又可以避免强行推销；既可以引起客户的好感，又使物流客服人员赢得了主动、还可以收集到真实的信息、合理化建议，甚至忠告等。这种方式至少为正式推销奠定了良好基础。

5. 签订合同

物流客服人员与客户经过多次洽谈，已达成购买意向，需要商讨一些具体细节，签订合同。以签订合同走访客户，显得物流客服人员比较主动、守信誉，有利于树立企业形象。在推销中，达成交易，签订合同不仅意味一次交易的结束，而且意味着下一次交易的良好开端。因此必须予以高度重视。

6. 收取货款

收取货款是物流客服人员的职责之一，也是物流客户开发过程中的重要环节。无法收回货款的推销是失败的客户开发。物流客服人员不能及时、足额地收回货款，就会使企业资金周转不灵，给企业带来一系列不利影响。收回货款是一项重要工作，有的企业就是根据回款额确定物流客服人员的报酬与奖金。总之，约见客户有各种目的。物流客服人员应根据具体推销情况，创造各种机会约见、接近客户。扩大自身影响，提高企业信誉，树立企业形象。

（三）安排约见时间

约见客户的时间安排是否适宜，会影响到约见客户的效率，甚至关系到与客户洽谈的成败。在日常工作中，不少物流客服人员接近客户之所以归于失败，并不在于本身有误，也不在于主观努力不够，而是由于选择约见的时机欠佳。有经验的物流客服人员都非常重视约见时间的安排。接近物流客户要掌握最佳的时机，一方面要广泛收集信息资料，做到知己又知彼。另一方面要培养自己的职业敏感，择善而行。下面几种情况，可能是物流客服人员最佳拜访约见客户的时间。

（1）客户刚开张营业，正需要产品或服务的时候。

（2）对方遇到喜事吉庆的时候，如晋升提拔、获得某种奖励等。

（3）客户刚领到工资，或增加工资级别，心情愉快的时候。

（4）节日、假日之际，或者碰上对方厂庆纪念、大楼奠基、工程竣工之际。

（5）客户遇到暂时困难，急需帮助的时候。

（6）客户对原先的产品有意见，对你的竞争对手最不满意的时候。

（7）下雨、下雪的时候。在通常情况下，人们不愿在暴风雨、严寒、酷暑、大雪冰封的时候前往拜访，但许多经验表明，这些场合正是物流客服人员上门访问的绝好时机，因为在这样的环境下前往推销访问，往往会感动客户。

【资料卡】

扫描二维码，了解不同的职业中适合接触客户的不同时间。

【实例2-2】

下列是两位物流客服人员电话约见某电机厂陈厂长对话，确定约见时间。在此问话中，哪一种更为恰切？为什么？

物流客服人员甲问话：陈厂长，我什么时间去拜访您为好呢？

物流客服人员乙问话：陈厂长，我在星期三下午两点钟来拜访您，还是星期四上午九点钟来拜访您好呢？

物流客服人员乙问话来确定约见时间更为恰当。物流客服人员甲完全处于被动地位，用语模棱两可，容易使客户随时推辞或加以回避。而物流客服人员乙问话，对双方约见的时间主动确定，容易让客户做出“两选一”的择优决定，而无推托回避的机会。

（四）选择约见地点

选择与确定约见地点应坚持方便客户，有利于约见和推销的原则。确定最佳的约见地点，以利于交易的达成。一般有以下几种选择方式。

首先，选择以物流客服人员的工作单位作为约见地点。可以通过企业形象提升客户对物流产品的信任，增加推荐的力度。但是经常很难实现，要利用机会和进行一些相应策划才能实现。一般说，在本单位约见，推荐成功机会比较大。

其次，物流客服人员也可以根据具体情况充分利用社交场合和公共场所，也就是中立地带，如歌舞厅、酒会、座谈会、公园、广场等，在这种场合下，双方企业的影响力是均等的，相对容易施加影响。

最后，选择以客户工作单位为约见地点，这是较为常用的方式，主要是因为目前大多数推销方是主动方，很难把客户请到物流客服方的单位，这种选择容易在心理上使自己处于弱势地位，不利于物流客服方进行推销物流产品活动。

二、约见客户的方式

要达到约见客户的目的，不仅要考虑约见的对象、时间和地点，还必须认真地研究约见客户的方式与技巧。常见的约见客户的方式主要有以下几种。

（一）电话约见

对善于利用电话的销售人员而言，电话是一项犀利的武器，因为电话没有界限，节省时间、经济，同时电话营销比面对面直接营销在一小时内能接触更多的客户。物流客服人员在电话拜访过程中，有很多可以调整的地方，包括声音、语气、心情，电话一条线上会把这种心情传达给客户。

1. 接电话前准备工作

（1）收集客户的资料。在给客户打电话之前，要尽量地去了解客户。只有准确地了解了客户的需求，才能有的放矢，赢得客户的关注。收集客户的有关资料是全面了解客户的必要准备工作。收集客户资料可以通过多种途径来进行，前面已经叙述过。

（2）了解客户可能需求。了解客户可能有哪些需求，目的是明确你可能给客户提供哪些产品和服务。在了解客户需求时，要综合考虑客户的行业以及在这个行业中所处的位置。

（3）找出关键的人物。负责客户相关业务的关键人物至少有两位：一位是部门的主管人员，是使用者，他提出采购的要求；另外一位是客户的采购经理，他做出最后的决策，最终决定是否接受你的产品和服务，以及可能接受的具体条款。

（4）理解客户的长远目标。作为一名物流客服人员，同时也可以做客户的合作伙伴。客户之所以接受你的产品或服务，是因为他觉得你可以提供一流的物流产品和服务来有效地帮助他达到自己的目标。因此，销售方和客户之间是互惠的关系。物流客服人员要建立一种与客户互惠合作的理念，这样可以充分获取客户的信任，使合作得以顺利进展。

2. 打电话接近客户的通话过程

（1）说明身份。以最快的速度说明自己的身份，让客户了解你的姓名、所属公司以及能提供什么产品和服务。

（2）说明目的及约请面谈。在说明目的时，一定要明确地讲明两个要点。①要向客户明确自己已充分地了解了客户现在的需求，自己有能力满足客户的需求；②要向客户提出面谈要求，最好主动地提出面谈的时间，这种方式既省时省力，同时可以避免模糊信息。

（3）克服异议。打电话时，物流客服人员应事先设计好开场白，做到通话时间较短，语调平稳，出言从容，口齿清晰，用字贴切，理由充分。切忌心浮气躁，语气逼人，尤其在客户借故推托、有意拖延约见之时，更须平心静气，好言相待，否则强行求见，反而适得其反。同时，在约定与客户会面的时间和地点时，要采取积极、主动、商量的语气，给客户以充分的选择余地，不强人所难。

3. 电话拜访应避免的行为

（1）讨论商业细节。商业细节应在与客户面谈时讨论，要避免在电话中与客户讨论细节问题。如果客户提出了比如租赁仓库报价之类的细节问题，要必须回答的，也要尽量简练。

（2）避免向关键人物询问琐碎的信息．向关键人物询问琐碎信息往往容易引起对方的反感，导致拜访失败。例如，需要向对方邮寄一些资料时，向关键负责人问一些地址、电话等琐碎信息是不明智的。如果确实需要此类信息，可以通过其他的方式得到，例如通过客户的前台。

总之，获得与客户面谈机会是取得客户订单的关键。首先通过打电话与客户建立联系，进而获得面谈的机会是很重要的。在打电话之前，充分的准备工作是必不可少。准备工作要达到对客户尽可能详细的了解，了解客户的基本情况、需求以及负责客户需求和采购的关键人物。在打电话时，简单明确是基本原则。打电话过程应包括说明自己的身份、目的、约请面谈以及克服异议。打电话的目的是获得面谈机会，如果在电话中讨论一些细节以及询问对方私人信息，往往会导致拜访失败。

【实例2-3】

电话开场白

布莱特物流公司仓储中心，办公区中的业务员李小米正在打电话。

李小米：您好，是何不干主任吗？

何不干：我就是。

李小米：太好了，真高兴能与您本人通话。

何不干：您是哪一位？

李小米：我是李小米，布莱特物流公司仓储中心的销售主管。我们布莱特物流公司是专业提供专业的仓储服务的公司。

何不干：（不太友好地）你找我有什么事吗？

李小米：总经理办的人对我说，您是负责货物储存领导，那么您一定关心有关仓储服务的事。我打电话给您，就是想谈谈如何降低仓储成本提高配货效率。可以占用您一点儿宝贵时间吗？

何不干：（转变态度，稍友好地）不好意思，我们刚刚完成了一项货物仓储项目，所以短期内不会再有其他项目了。

李小米：看来贵公司在这方面做了不少工作。我了解了一种新的智能的仓储方案。

何不干：哦？

李小米：既能及时准确的掌握库存真实数据，又能提高整个物流配送的效率，使工作能力获得提高，成本非常低。它一定对您的工作大有帮助。

何不干：（有兴趣地）好吧！

电话开场白的主要包括四方面内容：①自我介绍；②第三方引介；③说明打电话的目的；④了解对方的需求。

电话开场白动画

（二）信函约见法

信函约见法是指物流客服人员通过信函或电子邮件，约客户谈话。信函是比电话更为有效的媒体。虽然时代的进步出现了许多新的传递媒体，但多数人始终认为信函比电话显得尊重他人一些。常见的约见客户的信函方式主要有：个人信件、单位公函、会议通知、请柬、便条等。另外，使用信函约见还可将广告、商品目录、广告小册子等一起寄上，以增加对客户的关心。信函约见既简便、快捷、易于掌握、费用低廉，又可免受当面约见客户时的层层人为阻碍，可以畅通无阻地传递给目标客户。但这种方式也有一定的局限，如：信函约见的时间较长，不适于快速约见；许多客户对约见信函不感兴趣，甚至不去拆阅，这样，物流客服人员花费较多的时间和精力撰写的约见信函往往如泥牛入海，一去不得复还。

（三）当面约见法

这是物流客服人员对客户进行当面联系拜访的方法。这种约见简便易行，极为常见，是一种较为理想的约见方式。推销人员通过这一约见方式不仅对客户有所了解，而且便于双向沟通，缩短彼此的距离，易达成有关约见的时间、地点等事宜。在许多场合，当面约见是在客户不知其事，在毫无准备的情况下进行的。物流客服人员根据事先得到的信息，按照对方的单位地址，不事先预约突然上门当面求见，因此难免会干扰对方工作，占用客户时间。为此，一些物流客服人员会遇到对方的冷遇、怠慢，有时少数客户还故意安排秘书、助手挡驾，给物流客服人员设置各种求见障碍。物流客服人员如何排除当面约见时客户的消极态度，使双方的洽谈有一个良好的开端，是摆在每个物流客服人员面前的一道难题。因此，物流客服人员在具体使用这一方式时，需察言观色，随机应变，灵活运用一些技巧，以保证约见工作的顺利完成。

（四）委托约见法

委托约见是指物流客服人员委托第三者约见客户的方式，也称托约。所委托的第三者，可以是物流客服人员的同学、师生、同事、亲戚、朋友、上司、同行、秘书、邻居等，也可以是各种中介机构。委托约见可以借助第三者与推销对象的特殊关系，克服目标客户对陌生物流客服人员戒备心理，取得目标客户的信任与合作，有利于进一步的接近与洽谈。但是，托约也有一定的限制：一是物流客服人员不可能拥有众多的亲朋、熟人；二是自己的好友未必与目标客户有交情；三是托约要搭人情，而且环节较多，如果所托之人与自己的关系或与目标客户的关系较一般，有时还会误事。因此，运用此方法特别要注意真正了解第三者与推销对象的关系如何。

（五）广告约见法

广告约见是指物流客服人员利用各种广告媒体约见客户的方式。常见的广告媒体有广播、电视、网络、报纸、杂志、邮寄、路牌等。利用广告进行约见可以把约见的目的、对象、内容、要求、时间、地点等准确地告诉广告受众。在约见对象不太具体、明确或者约见客户太多的情况下，采用这一方式广泛约见客户比较有效。也可在约见对象十分明确的情况下，进行集体约见。广告约见具有约见对象多，覆盖面大，节省推销时间，提高约见效率的优点，但也具有针对性较差、费用较高却未必能引起目标客户的注意等不足。

上述约见方法各有利弊，物流客服人员在实际工作中要应因人而异、因事而异、因时而异。

【资料卡】

扫描二维码了解电话拜访时应注意的事项。

活页任务单

任务情境 2－2：约见物流客户的主要方式－电话接近
一、任务描述 哈尔滨市中和物流有限公司，委派业务员小张开拓牡丹江市市场，进行物流客户的开发。小张通过多种方法，寻找到准客户，并从中确定了目标客户。做好接近客户前准备后，针对确定的 3 家目标客户，小张打算先打电话给客户约定见面时间，电话接近客户具体如何实施？
二、实施工具 电话
三、实施方法 电话接近法
四、实施步骤 步骤一：分组进行电话拜访的准备。 准备中要注意锁定对象，慎选访问时间，选择有利的访问地点，明确访问的目的等几方面。按以下步骤进行。

续表

收集客户资料 → 理解客户的长远目标 → 找出关键人物 → 了解客户可能需求

步骤二：打电话过程。

寒暄致意并介绍自己及推荐人。

（1）询问客户是否方便。

（2）说明打电话的目的。

（3）用“二选一”法约定会面时间。

（4）异议处理。

（5）重申会面时间并结束会话。

步骤三：角色互换，进行新一轮模拟，结束后针对存在问题评价。

（1）步骤安排是否恰当。

（2）表达是否清晰、自然、流畅。

（3）向准客户问好、自我介绍语速是否礼貌、适中。

（4）来意说明是否自然、自信。

（5）对拒绝的处理是否得体。

获得与客户的面谈机会是取得客户订单的关键。首先通过打电话与客户建立联系，进而获得面谈机会是非常重要的。在打电话之前，充分的准备工作必不可少。准备工作要达到对客户尽可能详细的了解，了解客户的基本情况、需求以及负责客户需求和采购的关键人物。在打电话时，简洁明确是基本原则。打电话过程应该包括说明自己的身份、目的、约请面谈以及克服异议。打电话的目的是获得面谈机会，如果在电话中讨论一些细节以及询问对方的私人信息，往往会导致拜访失败。

五、考核与评价

任务实施评价表

考核项目	考核要求	分值	得分			备注
			自我评分	组间评分	教师评分	
电话接近客户	拨打电话的时间得当，开场白有新意	20				
	表情自然、得体，语速适当，吐词清晰，声音有一定感染力	10				
	能够在规定时间完成预定介绍内容。	10				
	有一定的推销效果。	10				
	团队合作效果好	10				
	形式新颖，模拟真实	10				
	能够灵活处理对方提出的异议，完成选择产品或者服务内容的介绍	15				
	电话礼仪得当，能够顺利完成推销流程	15				

续表

六、技能拓展

给客户留下深刻印象的开场白

开场白是物流销售人员与客户见面时，前两分钟（如果电话行销的是前30秒）要说的话，这可以说是客户对销售人员第一印象的再次定格（与客户见面时，客户对你的第一印象取决于衣着与销售人员的言行举止）。虽然我们经常讲不能用第一印象去评判一个人，但往往我们的客户却经常用第一印象来评价您，这决定了客户愿不愿意给你机会继续谈下去。在这里值得一提的是，如果是您主动征得客户同意会面的，您的开场白非常重要；而如果是客户主动约见你，客户的开场白就决定了你的开场。

程序：

（1）假定你是某物流公司业务员小李，将要面见公司的重要客户王先生，准备一段关乎这次销售成败的开场白。

（2）将班级学生分为几个小组，每组最多5人。

（3）准备一份富有感染力和吸引客户的开场白，注意要切合实际，并要介绍出你公司的物流产品特征。

（4）听取完别人的表述后，最后写下心得体会。

任务三　接近物流客户的方法

项目引入

小李是一家物流公司的物流客服人员。他是一个新手，但进步很快。年方23岁，就已经是该公司销售部的一位出色的物流客服人员。因为他是一位推销新手，所以，他的成功推销给人留下了极其深刻的印象，小张好动不好静，他利用空闲时间组织了一个物流俱乐部。在开发客户工作中，他并没有超群出众的推销技巧，甚至在某些方面还给人一种天真幼稚的印象和感觉。尽管如此，他还是取得了可喜的推销成绩，更重要的是他喜欢自己的工作。

项目思考

（1）如何解释小张的成功？

（2）物流客服人员在进行推销工作的时候，除了要重视销售任务的完成，如何灵活地使用接近物流客户的方法？

身边的事

扫描二维码，思考在接近客户时怎样做才能给客户留下良好的首次印象。

知识研修

约见客户之后，物流客服人员便可以按照约定时间、地点和方式会见约见对象，这时正式进入了接近客户的阶段。在此过程中，不仅要在地理位置上接近客户，更要在心理空间上靠近客户，与客户实现真正的沟通。客户购买心理活动变化规律是：引起注意→产生兴趣→产生联想→激起欲望→比较产品→购买决策。接近的主要目的就是要引起客户的注意和兴趣，同时，在接近过程中，物流客服人员还要了解客户的需求，帮助客户确定其真实的购买动机，提出适当的购买建议，以满足客户的需要。可见，接近是双向沟通的过程，成功的交易往往需要成功的接近作为前奏。一般来说，接近客户有以下几种方法。

一、利益接近法

利益接近法是指物流客服人员把物流产品或服务给客户带来的利益放在第一位，首先告诉客户物流产品或服务的好处，从而使客户产生兴趣，达到接近目的的方法。主要方式是直接陈述。客户之所以购买物流产品或服务，是因为它能给自己带来一些实质性的利益或解决实质性的问题，如节省成本、增加利润、提高工作效率等。产品的利益可以证明，才可以取信于客户。

【实例2－4】

某物流公司业务员："李总，比起其他的物流包装机器，我们这机器能提高30%的生产效率，还可以节省很多养护费。您知道吗？"他先唤起客户的注意力，然后再接着说："您是否要看有关的比较数字？"这么问，大部分客户不得不说"好"！

二、问题接近法

物流客服人员直接向客户提出问题，引起客户的注意和兴趣，引导客户去思考，并顺利转入正式面谈阶段，是一种有效的接近方法。物流客服人员可以首先提出一个问题，然后根据客户的实际反应再提出其他问题，步步进逼，接近对方。也可以开头就提出一连串问题，使对方无法回避。物流客服人员提问一定要突出重点，抓住客户最关心的问题，把发问的重点放在客户感兴趣的主要利益上。在向对方提问题时，必须语气恳切，明确具体，不可含糊不清、模棱两可。否则便难以达到接近的目的。

【实例2－5】

一位物流客服人员平时碰到客户总是从容不迫、平心静气地向对方提出这样三个问题："如果我们送给您一套已被实践证明能有效减少库存的物流软件，您会使用吗?""如果使用后觉得很有收获，您会乐意买下吗?""如果您发现此软件没有效果，请把软件卸载后还给我，好吗?"这位物流客服人员的开场白简单明了，连珠炮似的三个问题使对方无法回避，也使一般的客户几乎找不出说"不"的理由，从而达到了接近客户的目的。

三、介绍接近法

介绍接近法是指物流客服人员开门见山，通过自我介绍或他人介绍来接近客户的一种方法。介绍接近法通常有两种形式。

1. 自我介绍

在实际活动中，一般采用口头形式或书面形式进行自我介绍。由于单一的口头介绍往往不太容易引起客户的注意和兴趣，效果不明显，所以，口头介绍与书面介绍往往同时使用，亦即物流客服人员见到客户后，除了进行必要的口头自我介绍之外，主动出示能证明自己身份的有效证件，一般有介绍信、名片、工作证、身份证、委托书等，见着客户，必须立即向对方表明自己的身份，以免对方持怀疑的态度。自我介绍时一定要尊重客户，倾听客户的异议，不应给客户的感觉是来了一个江湖骗子，油腔滑调，而是态度要诚恳，语言要简单明了，给客户的感觉是头脑清晰，为人忠诚，可以信赖。

2. 他人介绍

是指物流客服人员通过与客户熟悉的第三者的介绍来接近客户。"不看僧面看佛面"，这是生意场中常用的方法。一般情况下，介绍人与客户之间的关系越密切，介绍的作用就越大，物流客服人员也就越容易达到接近客户的目的。因此，运用这一方法来接近客户，关键在于物流客服人员能否找到与客户关系较为密切的第三者充当自己的介绍人。人是群体活动的，每个人都有自己特定的交际圈，可以利用这个交际圈的关系去接近客户。这个圈有血缘交际圈、地缘交际圈、群团交际圈等。另外，在与客户交往中，倾听客户的意见，从客户那里也可以得到介绍新客户的机会。过去的同学、老师、熟人、领导、同事等都可能是介绍客户的第三者。

四、馈赠接近法

馈赠接近法是指物流客服人员以一些小巧、精致的礼品作为媒介，联络感情，借以达到接近客户的一种方法。把礼品作为物流客服人员和客户之间传递感情、沟通思想的媒介，对于拉近彼此的距离，形成融洽的商谈气氛具有重要的作用。这些小礼品要在适当的时候送，得恰到好处，不能太着痕迹，否则，反而会引起别人的反感。有时候，物流客服员准备一些人情小礼物如笔、香烟、小徽章、心形的玩具气球、名片夹、精制的小笔记本等，随时郑重其事地送给一些客户，会收到意想不到的效果。但要注意，人情礼物应当便宜一些，否则的话，客户可能会认为你想收买他，为避嫌反而可能中止生意，或者送的礼物太昂贵，即使促成了这笔生意，却做了一次赔本买卖，十分不合算。

【实例2－6】

乔·吉拉德讲的故事

伟大的推销员乔·吉拉德讲了这样一个故事：客户或许想抽支烟，摸摸口袋却发现已经抽完了。“请稍等一下”，我会这样说，并且很快从自己的箱子拿出十种不同牌子的香烟。“您愿意抽哪一种？”“就要万宝路吧。”“那好，给您。”我会打开一盒万宝路，递一支给他，再给他点燃，然后把剩下的全塞进他的衣袋里。记住，我同时也把我的名字刻在了他的脑子里。我就是要让他感到欠了人情！实际上，这些人情小礼物和那种巨富比起来，只能是小巫见大巫，但却能在关键的时候，增进气氛，促成生意。

五、赞美接近法

赞美接近法是指物流客服人员利用客户追求虚荣的心理，通过赞美客户来达到接近目的的一种方法。著名的人际关系专家卡耐基曾在《人性的弱点》一书中写道：“每个人的天性都是喜欢别人赞美的。”每个人都会觉得自己有可夸耀的地方，物流客服人员如果能抓住客户的这个心理，很好地利用，融洽面谈气氛，就能成功地接近客户。赞美客户，要本着尊重客户的原则，讲究赞美的方式和方法，真心实意，态度诚恳，语气真挚，赞美要恰如其分有感而发，使客户在一种自然亲切的气氛中接受赞美。而不要信口开河，溜须拍马，胡吹乱捧，让人觉得虚情假意，无端夸大。

【实例2－7】

扫描二维码，查看以“赞美”对方开始访谈的案例。

【实例2－8】

原一平有一次去拜访一家商店的老板。

“先生，你好！”

“你是谁呀！”

“我是明治保险公司的原一平，今天我刚到贵地，有几件事想请教你这位远近出名的老板。”

“什么？远近出名的老板？”

“是啊，根据我调查的结果，大家都说这个问题最好请教你。”

“哦！大家都在说我啊！真不敢当，到底什么问题呢！”

“实不相瞒，是……”

“站着谈不方便，请进来吧！”……

就这样轻而易举地过了第一关，也取得准客户的信任和好感。

六、请教接近法

请教接近法是指物流客服人员利用慕名拜访客户或向客户请教问题的机会来达到

接近客户目的的一种方法。从心理学角度讲，人们一般都有好为人师的心理，总希望自己的见地比别人高明，以显示能力胜人一筹，这种方法尤其适合那些个性较强、有一定学识、身份和地位的客户。对于这样的人，采取虚心请教的方法，以满足其高人一筹的自我心理，十分有效。运用此方法时，物流客服人员应该谦虚，诚恳，多听少说；赞美在前，请教在后；请教在前，推销在后。

七、好奇接近法

好奇接近法是指物流客服人员利用客户的好奇心理来达到接近客户目的的一种方法。现代心理学表明，好奇是人类行为的基本动机之一，人们的许多行为都是由于好奇心驱使的结果。好奇接近法正是利用了人们的好奇心理，引起买方对物流产品或服务的关注和兴趣，促使面谈顺利进行。

【实例2－9】

国外一位科普书籍推销员见到客户时说："这本书可以告诉你，丈夫的寿命与妻子有关。"客户立即好奇地拿起书来翻阅，从而达到接近的目的。

八、演示接近法

演示接近法是指利用现场演示的方法来达到接近客户目的的一种方法。演示是说服客户的好方法之一。通过演示，将物流产品的性能、特色展示出来，让客户对产品有一个直观的了解，是介绍产品、说服客户的好方法，常常能将客户心动变为行动，达到生意成交的目的。

九、调查接近法

调查接近法是指物流客服人员利用机会对客户进行调查研究来达到接近客户目的的一种方法。此方法可以被看成是一种销售服务或销售咨询法。采用此法比较容易消除客户的戒心，成功率比较高。物流客服人员可以依据事先编好的问卷，征询客户的意见，调查了解客户的真实需求，再从问卷转为物流产品或服务的推广。注意在从调查转为推广时，手法要高明，不要让客户有被欺骗的感觉。在运用调查接近法时，调查内容要明确，要有针对性，要保持和物流产品的关联性，保证在调查之中达到推销物流产品的目的。

除了前面介绍的几种方法外，还有讨论接近法、产品接近法、求教接近法等。物流客服人员应该在实践中灵活运用各种接近方法，并根据实际情况创造出一些行之有效的接近客户的新方法，以取得接近客户的成功。

【资料卡】

扫描二维码，了解物流客服人员在接近客户时应注意的事项。

活页任务单

任务情境 2－3：接近物流客户的方法
一、任务描述 小张作为物流公司的物流客服人员，他是一个新手，但进步很快。为了更好地开拓市场，小张确定了三个重点目标客户，并做好了充分准备。小张在进行推销工作的时候，该如何灵活地运用多种方法接近物流客户？（使用 3 种以上接近的方法）
二、实施工具 略
三、实施方法 略
四、实施步骤 步骤一：分析接近目的及顾客需求。 经过前期的接近准备，小张需要了解到目标客户需要物流支持的目的及需求。接近该公司的目的就在于取得实质性的洽谈。 步骤二：采用的接近方法（采用 3 种以上的接近方法）。 可以采取（询问接近法）询问，了解客户需求，利用朋友做引荐（介绍接近法），将专门为 VIP 客户设计的物流方案推荐给了客户（产品接近法）。也可采取其他接近法。 接近客户是物流客服人员进行物流客户开发的基础工作，接近客户是否成功，不仅取决于接近客户的方法和技巧，还和物流客服人员的经验、前期准备有密切关系。在实施时物流客服人员在灵活使用接近客户的方法时，要注意研究客户的反馈，通过客户回答的方式、态度、情绪等其他方面分析客户的反应。这样不仅可以及时了解客户是否得到并正确理解公司发出的信息，而且可以及时发现工作中的问题和失误，以及客户的需求和趋势，以此作为改进服务的有利依据。

续表

续表

五、考核与评价

任务实施评价表

考核项目	考核要求	分值	得分			备注
			自我评分	组间评分	教师评分	
接近物流客户方法	制定约见客户前的详细的准备方案	20				
	灵活使用三种以上的接近客户的方法	40				
	角色表现自然，模拟真实	15				
	准确的语言与客户交流	15				
	礼仪仪表符合要求	10				

六、技能拓展

案例：恒暖公司是生产绝缘电热器的公司，产品主要适用于独栋别墅，其特点是能大大地节省采暖费用。下面是一位公司推销人员黄晓明上门推销的过程。

【场景1】顾客把门打开一半，黄晓明向后退了半步。

黄晓明：您好！我能找马行天先生谈谈吗？

马行天：我就是，您有什么事吗？

黄晓明：这套房子这么漂亮，是您的吗？

马行天：是的。您到底有什么事呀？

黄晓明：我先做一下自我介绍。我叫黄晓明，是“恒暖”公司的。

【场景2】黄晓明递上了一张名片。马先生为了接名片，不得不向前走了一步。

黄晓明：马先生，我想您一定希望能够在最大限度上削减您的采暖费用。

马行天：对，可是我们一般不买上门推销的产品。

黄晓明：我也不建议您那么做，马先生！您还记得您去年冬天的供暖开支是多少吗？

马行天：记得，差不多3000元。

黄晓明：如果我现在说，根据目前的能源价格，您每年至少还可以从3000元中省出800元，那您感兴趣吗？

马行天：但是，您怎么能做到这一点呢？

黄晓明：马先生，如果我可以进去谈谈的话，只需要7分钟，您就可以知道，“恒暖”是怎样帮您做到这一点的，我可以进去坐一会儿吗？

马行天：您不能在门口说吗？

黄晓明：为了得出准确的数据，我必须看看您房子的墙壁和窗户。而且，在这儿我也没法把我的材料展示给您看！每年省出的800元一定值得您付出这7分钟的时间。

马行天：嗯，我一般是不让陌生人进来的。不过今天给您开个特例。我对您的产品还是比较好奇的。

问题：

1. 推销员黄晓明运用的接近方法有哪几种？
2. 简述该推销员推销成功的原因。
3. 评价一下案例中的推销细节。

项目小结

接近物流客户是物流客户开发人员正式开展销售面谈的前奏，是整个销售过程的一个重要环节。接近物流客户一般包括接近客户准备、约见物流客户与接近物流客户三个环节。

接近物流客户准备是为了取得客户好感，了解客户需求，增加推销信心。接近客户准备的基本内容包括物流客服人员心理的准备、客户资料的准备、企业及产品知识的准备、辅助器材的准备、确定拜访计划等。

约见物流客户既是接近准备的延续，又是接近过程的开始。约见的基本内容是要确定约见对象、明确约见目的、安排约见时间和选择约见地点。约见客户的方式有电话约见法、信函约见法、当面约见法、委托约见法、广告约见法、网上约见法等。

约见客户之后，销售活动便进入了正式接近客户的阶段。接近客户有以下几种方法：产品接近法、利益接近法、问题接近法、介绍接近法、馈赠接近法、赞美接近法、请教接近法、好奇接近法、演示接近法、调查接近法等。

项目三　物流客户洽谈

项目概述

在国外流传这样一个笑话：一艘船航行在汪洋大海上，几个国家的商人正在这个船上开会，这时候船漏水了，眼看着船要下沉，全船的人都十分恐慌。于是，船长就把手下的人叫过来对他说：快，通知船上的商人们穿上救生衣，跳进海里去。过了一会儿，手下的人过来了，向船长汇报说他们都不往水里面跳。船长说：真是个笨蛋，看我的。船长就过去了。一会儿，船长回来了，对手下的人说，他们已经全都跳进海里了。手下人一听，围着船长问，你用了什么样的方法让他们都跳下海了呢？这个船长说，我用心理学的方法，我对苏联人说，跳下去那是革命行为；对德国人说，跳下去那是命令；对英国人说，跳下去那是绅士风度的体现；对法国人说，跳下去那是很浪漫的；对意大利人说，跳下去是不被基督教禁止的；对美国人说，跳下去，因为你是被保过险的。这个笑话说明了在物流客户开发中最重要的一个原则，就是大千世界企业的客户也各不相同。针对不同客户类型销售人员同样需要采用恰当的客户开发策略和技巧说服客户做出购买决策。

实现与客户成功接近之后，销售活动便进入了下一个阶段，即洽谈阶段。洽谈是指物流客服人员运用各种方式、方法和手段，向客户传递销售信息并进行双向沟通、向客户进行讲解和示范、说服客户购买的过程。洽谈的成功与否对买卖双方最后能否缔结签约具有至关重要的影响，物流客服人员应采取各种办法成功地说服顾客，为达成最后的交易提供前提。主要包括推介物流产品或服务的方法，洽谈准备，物流客户洽谈技巧等几方面内容。

项目目标

知识目标：

（1）掌握推介物流产品或服务的方法。

（2）了解洽谈前准备的基本知识。

（3）重点掌握物流客户洽谈技巧。

（4）知晓物流客户洽谈的语言技巧。

（5）了解物流客户洽谈的基本程序。

能力目标：

（1）能够灵活运用推介物流产品或服务的方法。

（2）熟练掌握物流客户洽谈的步骤。

（3）能够灵活运用物流客户洽谈技巧。

素质目标：

（1）具备察言观色的能力及基本的判断分析能力。

（2）具备善于与陌生人打交道的能力。

（3）具有较好的心理素质、沟通策略水平，能够灵活地处理学习过程中出现的各种问题。

（4）具有良好的敬业精神和组织协调能力。

思政目标：

（1）培养学生诚实守信的职业素养。

（2）培养学生符合时代要求的辩证思维习惯，提升思维品质，树立正确的价值观。

任务一　向物流客户销售利益

项目引入

同力物流公司是一家集运输、仓储、配送为一体的综合型公司，他们得知红马汽车公司在国内市场采取扩张战略，汽车制造工业对物流供应要求相当高，其中最难的地方在于要将生产所需的千万种零件器材，从上百家供应商运到红马汽车的3个分厂，而且能够把成本降到最低。同力物流公司的物流业务人员在他人介绍下已与红马汽车公司负责人有过前期接触，现准备就此事宜进行洽谈。

项目思考

（1）在洽谈前，应做哪些准备工作？具体程序是什么？

（2）用FABE的方法介绍物流产品和服务。

身边的事

扫描二维码，思考向物流客户销售产品或服务的本质。

知识研修

一、物流产品或服务的展示方法

（一）FABE 法

FABE 法是目前被公认的最有效的产品介绍方法，是物流客服人员向客户分析产品利益的好方法。通过介绍和比较产品的特点、优点，陈述产品给客户带来的利益，提供令客户信服的证据，是客户全面认识推销产品的方法。其中，F 指属性或功效（Features 或 Fact），A 是优点或优势（Advantage），B 是客户利益与价值（Benefit），E 是指证据（Evidence）。

FABE 法中的 F 代表产品的特点，A 代表由这一特征所派生的优点，B 代表这一优点能带给客户的利益，E 代表证据（包括产品技术报告、客户来信、报刊介绍、照片、示范等）。简言之，FABE 法就是客服人员在找出客户最感兴趣的各种特征后，分析这一特征所产生的优点，找出这一优点能够带给客户的利益，并提出证据，证实该产品的确能给客户带来这些利益。其操作要求主要包括以下内容。

1. 介绍物流产品或服务的特点

（1）目标。介绍物流产品或服务特点的目标就是要准确无误地向客户描述产品或服务：推销的产品或服务“是什么”。

（2）方法。任何产品，其特点都有一定的逻辑结构。因此对产品的介绍，一定要有清晰的逻辑程序，由内到外，从实质层到形式层再到附加层进行逐一分析和描述。

（3）内容。说明物流产品或服务特点的内容，例如，说明物流产品或服务的性能、品质、质量等级、基本技术指标、用途、使用效率、价格与折扣率、荣誉等。

2. 解释物流产品或服务的优点

（1）目标。解释物流产品或服务的优点的目标是明确地向客户指出本产品或服务优势在哪里。

（2）方法。解释物流产品或服务的优点就是相对于其他物流产品或服务而言，推销的物流产品或服务所具有的差异化优势。介绍物流产品或服务时，一要联系物流产品或服务的特点；二要了解该产品或服务的同类竞争者以及替代竞争者的具体情况；三要联系客户的问题、愿望和要求。

（3）内容。解释物流产品或服务的优点时应特别要注意从物流产品或服务的特征中寻找其特殊的作用，或者是某项特征在该产品或服务中扮演的特殊角色，具有的特殊功能等。若是物流新产品或服务，务必说明该产品或服务开发的背景、目的、设计思想、开发的必要性以及相对老产品或服务的优势。

3. 阐述物流产品或服务给客户带来的利益

（1）目标。目标就是说明物流产品或服务对客户到底有何好处。

（2）方法。在物流产品或服务的介绍过程中，物流客服人员必须把物流产品或服务的特征、优点转化为给客户带来的利益和好处。值得注意的是：产品或服务的利益往往是具体的，是客户可切身体验的；产品或服务的利益有物质上的利益和好处，也有情感上的享受和满足；产品或服务的利益是因人而异的。所以，物流客服人员在介绍物流产品或服务利益的时候，一定要联系客户的实际情况。

那么物流客服人员如何向客户推介产品或服务带来的利益呢？

客户的利益可分为三类：产品利益，即物流产品或服务带给客户的利益；企业利益，由物流企业的品牌、技术、实力、信誉、服务等带给客户的利益；差别利益，即能够带给客户竞争对手所没有的利益，也就是物流产品或服务的独特卖点。

物流客服人员要从物流产品和物流企业的角度分析自己的产品或服务能够给客户带来的利益，并且要找出竞争对手没有的独特利益。

尽管物流客服人员推销的物流产品形形色色、各不相同，但推销产品或服务利益的要点不外乎以下几方面：适合性，是否适合客户的需要；兼容性，是否也可以用于其他目的；耐用性，是否能长期使用；安全性，货物在储存、保管、运输等运营过程中是否安全可靠；效用性，是否能够给客户带来利益和好处；简捷性，手续是否简单，物流运营是否快捷；舒适性，是否能给客户带来愉悦的感觉；便宜性，价格是否合理，是否能为客户所接受；流行性，是不是新产品或新服务。

物流企业提供的物流产品或服务所包含的利益往往是多方面的，物流客服人员在介绍时不能面面俱到，而应抓住客户最感兴趣、最关心之处做重点介绍。做推销一个基本的原则，与其对一个产品或服务的全部特点进行冗长的讨论，倒不如把介绍的目标集中到客户最关心的问题上。

4. 拿出充分的证据证明产品或服务的利益

（1）目标。目标就是要证实你推销的物流产品或服务给客户带来的利益与实际的一致性。

（2）方法。拿出证据证明产品的利益常采用的方法就是证明演示法。证明演示法就是物流客服人员利用物流产品或服务的有关证明材料进行推销洽谈的方法。证明材料包括物流产品或服务生产许可证质量鉴定证书、各种荣誉证书、客户表扬信、产品使用或数据分析、产品市场影响力指标（如市场销售量、市场占有率、市场覆盖率等）、公司曾服务过的单位等。

运用FABE法进行产品展示说明，看起来非常简单，实际上能把产品介绍得很成功的销售员，都是经过长期的练习，才养成有效的FABE式的说明习惯的。FABE法应用的关键点有两个：一是“竞争力”，越是能多列举产品特性，越能战胜竞争者；二是“销售力”，越是能巧妙地阐述客户利益，越具有销售力。

FABE法动画

（二）构图讲解法

当人们听到或看到某件事情的时候，往往会在潜意识里为这件事勾勒出一幅图画，然后根据这幅图画作出判断。在物流产品或服务销售过程中，物流客服人员也可以利用这种构图的效果，达到有效刺激客户购买欲望的目的。

（1）采用构图讲解法的好处：给客户留下深刻印象，增加客户参与感，让客户容易明白，吸引客户注意力。

（2）构图讲解法应用的三个时机：功能叙述的时候、产品使用的时候、突出产品特点的时候。

（3）构图讲解法应用的重点：物流客服人员根据所销售的物流产品或服务提炼出一个销售主题，然后为这个主题构造一个应用的情景，最后将主题与情景搭配，连缀而成一个故事。通过这种方法，为客户构造出一幅美丽的图画，激发客户对这幅美丽图画的向往，从而使客户接受产品介绍并且购买物流产品或服务。

（三）道具演示法

为了让解说更加逼真、生动，有时候销售人员可以利用一些道具来达到锦上添花的效果。应用道具演示法进行产品解说，有以下几个注意事项：道具不一定要大，它可以是一把尺子、一支笔、一块手帕，最主要的是通过道具演示来唤起客户的想象力，引起客户的共鸣；操作时，语言、手势与道具的应用要配合协调，表情要自然、逼真。

道具演示法主要是在客户确实无法体会产品特色的情况下应用，要根据所销售产品的特点，决定是否采用该方法，或应用什么样的演示道具。道具演示法不可滥用，使用不好，还不如不用。

二、洽谈的程序

正式的推销洽谈，购销双方一般在事前已通过不同渠道有所接触，双方均有交易的动机和意愿，在经过一定的准备之后，双方在约定的时间、地点进行正式洽谈。一般来说，正式的洽谈活动从开始到结束，可划分为导入、概说、明示、交锋和协议五个阶段。

（一）导入阶段

作为洽谈活动刚开始的导入阶段，主要是让参与洽谈的人通过介绍与对方相互认识和了解在洽谈中必须利用的有关洽谈者的背景情况，如姓名、单位、职称、职务等。无论是正式或非正式洽谈，都应通过他人或自我介绍的形式让双方相互认识。在导入阶段，建立一种轻松、友好、愉快的洽谈气氛是非常重要的。要建立这种相互合作的洽谈气氛，使双方对所谈问题形成共识、达到一致，需要一定的时间。不可能在洽谈刚开始，双方就直接进入实质性洽谈阶段。因此，洽谈开始的话题最好是轻松的、非业务性的。双方可从以下内容入手。

（1）会谈之前各自的经历，曾经到过的地方、结交过的人物等。业务外的话题还有社会新闻、文艺演出、足球比赛、家庭趣谈甚至当天的新闻摘要等。

（2）私人问候。表现出你真正关心他人的情况，不带任何胁迫的语调。如开始可以说："您好！"然后谈一些私人间的话题，如："这个周末我钓鱼去了，我很喜欢钓鱼，您周末是怎样渡过的？"这些话题有利于让气氛很快融洽起来。

（3）彼此有过交往的，可以先叙谈一下以往的共同经历和各自的所见所闻所感，制造一个轻松愉快的气氛。

这样的开局可以使双方找到共同语言，为彼此心理沟通作好准备。实际上，闲聊中双方已经开始传递信息了，它同样具有很强的感染力。这时形象是给人的第一印象。形象首先包括一个人的姿势，它可以反映出这个人是信心十足还是优柔寡断，是精力充沛还是疲惫不堪，是轻松愉快还是剑拔弩张。除了姿势以外，形象还包括洽谈人员的装束仪表。但仪表留给人的印象会很快被其他印象所加深。最强烈的印象，是双方目光的接触。从目光的接触中，可以了解对方是开诚布公还是躲躲闪闪，是以诚相待还是怀疑猜测。给人留下深刻印象的还有手势，很多情绪可以通过手势反映出来。比如握手可以反映出对方是强硬的、温和的或理智的。

在导入阶段，应对第一次见面的新伙伴做些初步了解，同时谈些趣闻杂事，制造一个轻松愉快的气氛，以便顺利地进入正式话题，但闲谈时间不宜过长。

（二）概说阶段

概说的目的主要是让对方了解自己推销的目的及一些建议。概说时要注意隐藏起不想让对方知道的其他信息，不要把自己所知和想法全告诉对方，造成底牌过早亮出而没有退路。因此，洽谈开始时应注意以下几个问题。

（1）开始发言的内容要简洁，能把握重点并恰当表示感情，使对方明白你的意思，消除对你的戒备。发言的过程中也要注意对方的神态变化，适当调节音量使每个人都能听清楚。说话时还要自信，不要犹豫畏缩。

（2）开场白之后应留下一些时间让对方表达意见。注意对方对自己的推销说明有何反应，找出对方的目的和动机与自己原来的认识或设想有何差别，有些重点问题还应记录下来，显得自己重视对方意见。要让对方在交易条件方面首先提出意见，这是一个较好的办法，它能使你知道一些对方的想法和愿望。例如日本人总是要对方先对自己的产品估价，而他们却出人意料地以低于对方的价格签订了协议。

（3）自己的言辞或态度尽量不要引起对方焦虑或愤怒，以免使对方产生敌意、防范甚至反击改变他原来合作或支持的态度。

（4）概说的时间不宜过长。这个阶段实际是双方试探的阶段，在尚未明了对方意图的时候，如果一意孤行，往往容易丧失与对方合作的机会。相反，若得到对方的首肯，哪怕是轻轻的点头、微微的一笑或是其他表示同意的态度，就等于向成功之门迈近了一步。另外，在概说阶段，“报价”是一个实质性的问题。这里所说的“报价”不仅是指产品价格方面的要价，而是泛指洽谈一方向另一方提出自己的要求。在推销洽谈中，报价是否得当对实现各方既定的谈判利益具有举足轻重的意义。例如，当买方准备以某种较高的价格买进对方的产品时，如果卖方的报价比较低，那么买方就会欣然接受，或者乘机以卖方所报的低价为起点争取进一步压价。又如，假使买方先报了价，并以某种较高的价格准备买进卖方的某种产品时，卖方得知报价比自己拟定的卖价还要高后，也会欣然接受，或者乘机以买方所报的高价为起点争取进一步抬价。总之，在洽谈的概说阶段，所有的谈判者在报价问题上都应该采取审慎的态度，既要讲究策略，又要注意自己的谈判形象，讲究信誉。

（三）明示阶段

一般来说，推销过程中洽谈双方必然会有一些意见分歧，明智之举是及早提出这些问题，设法加以解决。本阶段就是洽谈双方把自己的不同意见摆到桌面上来讨论的阶段。通常谈判中会出现四种主要问题，即自己所求、对方所求、彼此相互之求以及从外表看不到的内蕴之求。对这些问题，大家应当心平气和地进行讨论，尤其是物流客服人员为达到自己的推销目的，常常要从准顾客的角度考虑问题，满足对方的需求。

在明示阶段，洽谈双方之间会出现众多的信息传递方式。信息传递得当，会加强谈判力量，倘若传递不当，就会在无形之中削弱谈判实力。推销专家指出，用多种不同的媒介来传递同样的信息，带给对方的传播效果是不同的。所以，谈判人员要选最有效的传播媒介与沟通渠道。在推销洽谈中经常使用的传播媒介有这样几类：一是印刷物，如参考资料、统计报表、调查报告等；二是视听媒介，如录音、录像、照片等；三是实物模型，如产品、样本、机器设备等；四是谈判人员的交谈。总之，各种媒介都可以传递信息，都具有说服对方的作用。一种实物比一张图片更真实，事实数据比空洞分析更令人信服。在明示阶段，双方会进入实质性问题的磋商，彼此明确表示自己的要求，提出问题，回答问题，说明自己的意图，努力达到自己的目的。一个谈判者从明确自己的目标开始，就决定了他在谈判中明示的态度，但是期望过高的明示会使洽谈一开始就陷入僵局，甚至可能导致谈判破裂，因此最好以良好的判断力来确定自己的目标。

明示阶段也可应用“炒蛋战略”，即将许多谈判事项搅和在一起，一开始就讨论送货日期、服务、品质、数量、价格、包装等一系列问题，把谈判前景变得很复杂，这是为了试探对方对于本次谈判是否已有充分准备，能否提出一个谈判主题。为了使洽谈能顺利进行，要在明示阶段不断传递各种信息给对方，同时应该运用具有最佳传播效果的交流方式。在洽谈过程中还要利用许多可以说服对方的工具，如参考资料、技术规格、统计图表、文件、顾客来信等。总之，对于自己所求、对方所求、彼此互求和蕴藏之求要做到心中有数。

（四）交锋阶段

推销洽谈的目的是要达成双方认为公平合理的交易。所谓公平合理，即双方都认为自己能获得更多的利益和最少的损失，因此彼此处于对立状态是不可避免的。对立可以说是谈判的先决条件，没有对立就没有所谓的谈判。对此，谈判人员必须存足够的心理准备，随时回答对方的质询并对对方的意见做出恰如其分的反应。对立状态在交锋阶段才明显形成，但通过交锋并不是要分出胜负强弱。推销过程中的对立，只是利用施与受的原则找出双方妥协的途径。

在交锋阶段，双方都列举事实希望说服对方，使对方了解并接受自己的意见。假如对方举出一个例子，要求己方接受他的观点，己方可能会马上举出另一个例子来反驳他。在反驳对方的意见时，要注意避免使用对抗性的语言。比如“你要么接受，要么放弃，没有任何讨价还价的余地”，或者“你说出这种话来，表明你丝毫没有谈判的诚意”等。这样做只会增强双方的对立情绪，拉大双方心理上的距离。

交锋是洽谈的一个关键步骤，也是整个洽谈过程中最困难最紧张的阶段，需要双方付出较大的努力，有的可能通过一轮磋商双方就达成了一致，也有可能需要多轮磋商才能达成协议。每一轮交锋磋商过程都是一次完整的回馈反应。当双方各自设下自己的目标、表示出自己的愿望后，就是一连串的回馈反应过程：提出要求—考虑表态—交锋磋商—坚持或让步。通过多次反复交锋，双方的观点渐趋一致，分歧与差异慢慢缩小。一次洽谈能否成功，关键就看交锋的结果，因此要表现出勇气、自信和毅力，要利用谈判的策略与技巧努力说服对手，实现互惠互利的谈判宗旨。在交锋阶段，双方存在不同的意见并不可怕，重要的是必须找出彼此分歧和差异的根源，从而判断能否克服分歧差异以及本次谈判的艰难程度。谈判人员对双方的分歧和差异要认真分析研究，明确谈判桌上的表面差异和实质差异、一般差异与原则差异。只要迅速找出问题的根源，就能使自己保持清醒的头脑，在谈判桌上时时处于主动的地位。交锋之后便进入寻求妥协途径的阶段。妥协是谈判不可缺少的手段和策略，但谁先向对方妥协在多大程度或范围上进行妥协？要考虑多种因素，并非谁先妥协谁就会败下阵来。如果对谈判准备得充分，对妥协的范围心中有数，就会使妥协变得游刃有余，退一步的同时实际上也是在进攻，虽然对某些问题妥协了，但也会因此得到其他补偿。所谓“失之东隅，收之桑榆”，道理就在其中。

（五）协议阶段

经过磋商交锋和妥协退让，买卖双方认为已解决了交易问题，基本达到各自的目标，便可拍板成交，签署购销合同。磋商结束后，双方要根据已经讨论过的各项内容起草一个协定备忘录。备忘录并不作为合同或已达成的协定，它只是双方当事人暂时商定的一般原则，是以后达成正式协议的基础。起草备忘录应注重它的内容而不是措辞。在一份完好的备忘录中，最重要的是要明确双方的要求和愿望，没有必要过分强调细节。协定备忘录虽然不是合同书或正式协定书，但一经形成，就代表双方的承诺，整个谈判过程基本结束，下一步工作就是签订合同和协议。签约是谈判人员以双方达成的原则性协议为基础，对洽谈内容加以总结整理，并用准确规范的文字进行表述，最后由洽谈双方代表正式签字生效的工作。洽谈双方费尽心机，历经谈判准备、正式会谈等曲折复杂的过程，目的就是为了制订一个对双方都具有约束力、能保证彼此利益的协议。这个谈判协议要求表述准确、内容全面，不允许产生歧义和遗漏疏忽，否则就可能给图谋分外之利的一方造成可乘之机，同时也会给另一方带来意想不到的损失。由此可见，原则性的协议与经过准确表述的正式协议之间是不尽相同的，协议书一旦签字生效，双方必须认真履行。如果发生了违背协议的行为，双方可通过后续谈判来予以审视、纠正和制止。因此谈判者必须熟记协议条文，在协议执行的有效期内向对方进行必要的提醒和交涉，以保证谈判协议的切实履行。

党的百年奋斗成功道路是党领导人民独立自主探索开辟出来的，马克思主义的中国篇章是中国共产党人依靠自身力量实践出来的，贯穿其中的一个基本点就是中国的问题必须从中国基本国情出发，由中国人自己来解答。作为物流客服人员在洽谈过程中，我们不能只看眼前的利益，我们要坚持对马克思主义的坚定信仰、对中国特色社会主义的坚定信念，坚定道路自信、理论自信、制度自信、文化自信，以更加积极的历史担当和创造精神去沟通去协调，实现洽谈双方的共赢，为发展马克思主义作出新的贡献。

【思政案例】

经营人心——诚信

清代乾隆年间，南昌城有一点心店主李沙庚，最初，以货真价实赢得顾客满门。但其赚钱后便掺杂使假，对顾客也怠慢起，生意日渐冷落。一日，书画名家郑板桥店进餐，李沙庚惊喜万分，恭请题写店名。郑板桥挥毫题定“李沙庚点心店”六字，墨宝苍劲有力，引众人观看，但还是无人进餐。原“心”字少写了一点，李沙庚请求补写一点。但郑板桥却说：“没有错啊，你以前生意兴隆，是因为‘心’有了这一点，而今生意清淡，正因为‘心’少了这一点。”李沙庚感悟，才知道经营人生的重要。从此以后，痛改前非，又一次赢得了人心，赢得了市场。

分析：人心是一笔无形资产，是一笔不可忽视的巨大财富。对于企业、商家而言，经营人心是事业健康、持续发展的关键。此事亦可看出郑板桥的智慧与幽默。美国营销专家赫克金有一句名言：“要当一名好的销售人员，首先要做一个好人。”“诚信”包括“诚实”与“守信”两方面内涵。诚信不但是推销的道德，也是做人的准则，它历来是人类道德的重要组成部分，在我们的日常销售工作中也发挥着相当程度的影响力。实际上，物流客服人员向客户推销你的产品，就是向客户推销你的诚信。

活页任务单

任务情境 3－1：向物流客户销售利益
一、任务描述 前面已经介绍，同力物流公司将生产所需的千万种零件器材，从上百家供应商运到红马汽车的 3 个分厂，并能够把成本降到最低。同力物流公司的物流业务人员在他人介绍下已与红马汽车公司负责人有过前期接触，现准备就此事宜进行洽谈。在洽谈前，他应该按实施步骤做哪些准备工作？如何用 FABE 的方法介绍物流产品和服务？

续表

二、实施工具

略

三、实施方法

信息收集

四、实施步骤

步骤一：收集信息。

收集红马汽车企业信息，主要从企业目前背景、具体业务、企业目前需要解决的最紧迫物流问题、物流方面预算、需要物流产品的数量、谁是最终决策人、最终决策人的个人情况（家庭、喜好）等等。

步骤二：FABE 法。同力物流公司用 FABE 法进行物流服务的介绍，见下表。

物流服务	特点	优势	益处	证据
代理下单	免费为客户提供订单等代购服务，客户只需将所需购买的商品告知区域仓储式物流配送中心即可完成订货	省去顾客亲自下单的烦琐步骤，不必亲身前往货源地下单	为客户节约时间，减少不必要的麻烦	得到了几百家客户的好评（客户来信）
仓单质押融资	物流仓储与资金流的融合，即企业将产品交给具有资质的本公司进行动态监管，凭借物流公司开具的仓单向银行申请贷款，银行根据商品的价值向申请企业提供一定额度的货款	突破传统担保方式局限，为中小企业融资提供便利，解决了其融资方面的困难	盘活了客户的存货，帮助客户提前实现销售收入，增加资金流动性，扩大市场份额	某报专门作了报导、相关部分的认证

步骤三：制订洽谈方案。

根据前期搜集到的信息制订了洽谈的方案，包括确定洽谈的不同目标，以便根据洽谈进展情况随时调整；确定洽谈内容，如介绍哪种物流产品和服务，确定报价方式，有多大的让步空间，确定结算方式，以及违约等事项；选择谈判人员，由哪些人员组成，谁来主谈，谁来辅谈等。

知己知彼永远是洽谈成功的法宝。因此，同力物流公司首先要在洽谈前利用各种渠道和方法，收集并整理顾客的基本情况信息和需求信息，如顾客的所有制性质、资信状况、分厂采购数量、采购价格、采购决策人等；其次，在此基础上制定出合理的洽谈方案。作为灵活运用 FABE 法、演示法、构图法等推介物流产品和服务的方法，同时做好时间、礼仪、心理、策略等方面的准备工作。

续表

五、考核与评价

任务实施评价表

考核项目	考核要求	分值	得分			备注
			自我评分	组间评分	教师评分	
FABE法进行物流产品或服务介绍	能抓住物流产品或服务的卖点，有效激发客户对物流产品或服务的兴趣	30				
	能使用FABE法说明产品的特征、优点、利益	40				
	语速适当、解说清楚，有眼神和肢体交流	30				

六、技能拓展

1. 日本“客户之神”原一平先生曾经做过长期艰苦的客户访问工作。原一平先生从事保险推销工作已是他退休以后的事。他当时的访谈对象是一家大汽车公司。每次去汽车公司之前，原一平需要6小时的时间。在这6小时的时间里，原一平先生要作好充分的准备工作，比如：详细收集要洽谈的客户信息，详细分析将要洽谈的产品项目，预计客户将会提问的问题等等。这样的访问总共300多次，时间长达三年之久。三年后原一平终于迎来了盼望已久的成功。这一年，原一平刚好72岁。

可以说，没有执着的精神，这样的业务是根本无法谈下去的。正是凭着这种坚韧不拔的毅力，原一平才能取得辉煌的成就，人们才会把“客户之神”的桂冠送给他。

问题：

（1）结合案例分析，与客户洽谈前，洽谈目标和洽谈对象应该如何选择？

（2）洽谈前的准备工作还有哪些？

2. “我爱我家”物流公司为了提高本企业的知名度，决定召开一次物流经验交流会，并想借此机会开发一批企业潜在客户。公司派负责物流产品销售工作的小杨拟定公司产品介绍方案和与客户洽谈所需资料。会议定于2020年10月10日在永康国际会议中心召开，公司要求大会必须圆满成功，以达到公司举行这次活动的目的。小杨作为从业经验只有短短半年的职场新人，这下犯了难。但是又不能辜负领导的厚望和企业的重托。

问题：请你帮助小杨做好这次洽谈的前期准备工作。

任务二　物流客户洽谈技巧

项目引入

同力物流公司在做了充分的洽谈准备后，于双方约定的时间、来到红马汽车公司就仓储、运输等服务等事宜进行洽谈。洽谈能否顺利进行，能否拿到最终的订单，就要看洽谈人员如何传递推销信息，如何说服顾客购买。为了洽谈的成功，同力物流公司的洽谈人员应宜采用什么程序、技巧和方法来达到说服红马汽车公司购买的效果呢？

项目思考

为了洽谈的成功，同力物流公司的洽谈人员应宜采用什么程序、技巧和方法来达到说服红马汽车公司购买的效果呢？

身边的事

扫描二维码，思考与物流客户洽谈需要哪些策略和相关技巧。

知识研修

一、洽谈策略

策略是指人们谋事的计策和方略。洽谈策略是指物流客服人员在推销洽谈中为了达到某个预定的目标采取的计策和方略。推销洽谈的策略很多，归纳起来有以下几种。

（一）先发制人策略

在推销洽谈中，常常会遇到一些顾客提出棘手的问题与意见，物流客服人员虽然可以一一解答，但会显得被动；有时问题越提越多，更难以解释清楚。要扭转这种被动的局面，物流客服人员可以适时地运用先发制人的策略。

先发制人的策略，即估计到顾客有可能提出的反对意见，抢在他前面有针对性地提出问题并做出阐述，发动攻势，有效地解答顾客疑虑，排除成交的潜在障碍。

当然，先发制人并不是任何情况下都适用并都能获得成功的，有效运用该策略的关键在于一是对对方的言行要有准确充分地判断和估计；二是自己要掌握充分的理由；三是要善于选择和灵活运用发动攻势的最佳方式；四是要及时把握机会，抢得“先言”的优势。

（二）曲线求利策略

在洽谈中，有时为了就某个问题用自己的观点劝说别人，正面说了不少道理却不能奏效，我们就选择对方不易察觉的突破口，避开正面阻挡进攻的障碍，从似乎与原话题不相干的角度向洽谈目标迂回前进，让对方在交谈中不知不觉顺着我方的思路走，承认我方的观点或意见。

从表面上看，曲线求利策略走的是弯路，但由于它体现了避实就虚、乘虚而入、由虚而实的战略战术，所以在正面强攻不下或不宜正面进攻的情况下，它不失为一种灵活有效的说服方法。实施此法应注意洽谈的目标一定要明确，对迂回的路线要心中有数，步步为营，要尽量选择有隐蔽性的话题，力求适应对方“心理相容”的需求，然后再实施由虚而实的渐进过程，达到最终说服对方的目的。

【实例3－1】

美国费城电子公司有个叫威伯的推销员，他曾到乡村去推销用电，走到一家阔气的人家，户主是个上了年纪的老妇人，一见是电子公司推销员，就把门关闭了。威伯一看事情不妙，说：“很抱歉，打扰了您，我也知道您对用电不感兴趣。所以，我这次来不是推销用电的，而是买鸡蛋的。”老妇人消除了疑虑，把门打开一些，探出头来，半信半疑地望着威伯，威伯继续说道：“我看见您喂的道明尼克种鸡很漂亮，想买一打新鲜的鸡蛋回城。”听到他这么说，老妇人把门缝开得更大一些，说：“你为什么不用你家里的鸡蛋？”威伯充满诚意地说：“我家鸡下的蛋是白色的，做蛋糕不合适，我的太太就要我买些棕色的蛋。”不一会，老妇人走出门口，态度很温和地跟威伯聊起鸡蛋的事情，这时，威伯指着院子里的牛棚，说：“牛赶不上您养的鸡赚钱。”老妇人的心被说动，因为她丈夫这么多年总不承认这个事实，于是，他将威伯视为知己，带他到鸡舍参观。威伯告诉老妇人，如果能用电灯照射，鸡产的蛋会更多，老妇人好像忘记先前的事情，反而问威伯，用电是否合算。当然，她得到了满意回答。两个星期后，威伯在公司收到老妇人寄来的用电申请书。

分析：威伯并没有直接提卖电，而是从侧面以买鸡蛋为突破口，攻破了老妇人的心理防线，最终达到目的。

（三）扬长避短策略

在推销洽谈中，买卖双方应当讲究信用、真诚相待。作为卖方，应当如实地反映物流产品或服务的各项性能、用途和特点，不应靠欺诈的手段去蒙骗对方。但是这并不意味着对产品的所有缺点与不足都要一五一十地“和盘托出”，在洽谈过程中，为吸引顾客注意、促成交易，适时采取扬长避短策略是必要的。所谓扬长，就是在介绍物流产品时多讲产品的优点，要通过洽谈使对方看清楚物流产品的优点与其所能带给准顾客的好处，而避短则是在洽谈中对某些并不关键的不足之处巧妙地加以掩饰，特别是对某些过分挑剔、并借此压价的客户，此招可以起到有效稳定物流产品价格的作用。许多物流客服人员都对如何扬长颇有心得，而对如何避短则体会不深。下面重点介绍避短的常用对策。

（1）和对手谈判前，首先要对自己的物流产品或服务和其他竞争产品的优缺点了如指掌，并对买方可能挑剔的问题详细制定应对策略。

（2）让企业内部人员全面检查和挑剔物流产品的毛病，找出其产生的根源，然后正确地区分哪些是确实存在的，哪些并非关键性的缺陷，但如果不掩盖也会严重影响物流产品售价与销量。

（3）对确实存在的缺陷，如果容易对付，一般可利用一些有说服力的资料或事实进行解释；如果不容易应付，需要运用安全答话或避重就轻等策略。

（4）如果物流产品的明显缺陷已被暴露，上述安全答话等策略也不能奏效时，卖方应顺其自然地同意客户的意见，同时强调物流产品在其他方面的优点，如价格低廉和实用价值等，客户也许会放弃对缺陷的挑剔，因企业的真诚负责而同意成交。

（四）调和折中策略

这是一种由双方分担差距，相互向对方靠拢，从而解决谈判分歧的做法。折中有一次折中和两次折中，也可通过内容不同但意义相当的条件参与折中。例如当买卖双方价格相差10万元时，为结束洽谈，双方同意折中解决，即各让5万元。有时，还可通过价格与货物相抵来折中，如一方同意降价2万元，另一方同意减少2万元的货物，以解决4万元的差距。在合同条文的谈判中，双方将分歧点计数，称之为“记分”，如共计10分，则各让5分以解决分歧，结束洽谈。

【实例 3 - 2】

某物流仓储公司价目表：租赁库房者每平方米 20 元/月；业务员的价格权限：每平方米 18 元/月，客户需要租赁库房存储钢材。

物流客户开发人员："张经理，您认为我们的价格太高，那您觉得多少钱合适呢?"

客户："16 元。"

物流客户开发人员："张经理，您太会开玩笑了。要知道，我们的价格是根据成本制定的，这个价格是绝对不可能的。"

客户："17 元。这是我们所能承受的最高价了。"

物流客户开发人员："张经理，说真的，我也很乐意帮您，可是这个价格我还是没有办法接受。我要是卖给您，老板就要炒我鱿鱼了。"

客户："不会的。你们领导夸你都来不及，怎么会开除你呢。这个价格可以啦。"'

物流客户开发人员："张经理，您就别让我为难了。这样吧，我帮您向我们经理申请看看能否给您打个 9 折，如果您觉得这个价格可以接受，我就马上给我们经理打电话。"

客户："好的。"

应用此策略应注意以下内容。第一，选择时机。必须是双方均已做了明显的让步之后，在最后的条件决定之时。第二，不宜率先提出折中，以免离成交点太远。第三，在提出折中或响应折中时，不宜宣称这是最后的折中，以保留再折中的权力。第四，折中时应注意手上留有让步的余量。

【思政案例】

双赢的故事——龟兔赛跑

龟兔赛跑第一次，兔子骄傲，半路上睡觉了，乌龟赢了。赛完以后，兔子不服，于是进行第二次赛跑。第二次，兔子吸取经验教训，不睡觉了，一口气跑到终点。所以，第二次，兔子赢了，乌龟输了。乌龟不服。它说，咱们比第三次吧。前两次都是你指定路线跑，这次得由我指定路线跑。

兔子想，反正我跑得比你快，你爱指定就指定吧。第三次赛跑，兔子按乌龟指定的路线跑了，兔子又跑在前面，快到终点时，被一条河挡住了，兔子过不去。

乌龟慢慢爬到，它下河游过去了，它又跑第一丁。再赛第四次？它们说，干吗老这样赛呢？咱们优势互补吧，合作吧。于是，陆地上，兔子驮着乌龟跑，过河的时候，乌龟驮着兔子游，同时到达终点，是双赢的结果。

第一次龟兔赛跑的启示：当你处在劣势的时候，不要气馁，不要松懈，要坚持到底，等待对手犯错误。一定要这样。乌龟处在劣势的时候，不气馁，不松懈，坚持到底，等待对手犯错误，果然，兔子睡觉了，乌龟跑了第一。

第二次龟兔赛跑的启示：要善于把潜在的优势转化成现实的优势。你看，兔子能跑，但这是它的潜在优势。第一次，潜在的优势没有转化，兔子睡觉了。第二次，兔子之所以赢，是把潜在的优势转化成了现实优势。所以，现名片在有的单位老是说自己的潜在优势在哪儿，但只有把潜在优势转化成现实优势才行。

第三次龟兔赛跑的启示：当你发现原来的策略不管用了，要及时调整策略，改变策略。第二次跑完后，乌龟懂了：假如顺着原来的路线跑，只要兔子不睡觉，我就永远不会赢。及时调整策略。就换条路线跑，一条河把你挡住了，到时候你过不去了，我可以过去。

第四次龟兔赛跑的启示：优势互补、双赢，都是建立在互相信任的基础上的。假如不是互相信任，陆地上，兔子驮着乌龟跑，兔子一扭身把乌龟甩个半死；或者过河的时候乌龟往下一沉，把兔子淹死了。这怎么办？所以，双赢必须建立在相互信任的基础上。作为物流客服人员在与客户沟通时，应学会运用双赢思维去思考、解决问题，信任对方，树立正确的价值观。

二、洽谈技巧

推销洽谈反映一种交换关系，但同时又是人与人之间思想、情感交流和沟通的过程。洽谈能否成功，往往在很大程度上取决于推销对象，如果物流客服人员可以判断出对手的个性类型、性格特点和担负的使命，并以此为据来调整自己的态度和做法，就为取得谈判成功打下了基础。在洽谈中，如何选择不同的策略去适应、抵制或改变对方的动机并为自己的辩护提供余地，需要借助一些方法和技巧。

（一）倾听技巧

在交谈中，倾听是非常重要的。对物流客服人员而言，只有通过倾听才能了解对方对物流产品的看法及购买倾向。

提高交谈中倾听的水平，要掌握如下要领。

(1) 要给对方创造发言的机会。交谈中会说话的人都应是会听话的人，所以善谈者绝不喜欢长篇独白，而是注意多给对方说话的机会。比如把自己的意思简明表述之后说一句：“您的意思呢？”或“我很想听听您的高见。”

（2）聆听时要聚精会神，表情专一。在听的过程中要做到身心投入，目光专注，时而凝神深思，时而点头应和，时而会心微笑。切忌漫不经心、心不在焉、左顾右盼、摆弄他物、老看手表或随意插话。

（3）要边听边思。不但要听得详尽、完整，辨清语音，理清语意，而且要善于去粗取精、去伪存真、由此及彼、由表及里，抓住主干和核心，揣摩对方谈话的弦外之音和真实意图。

（4）要始终保持冷静的心态和从容的风度，即使遇到令自己不愉快的话题和语气，也不要感情冲动，失去控制。事实证明，越是在对方的气头上，我们就越要认真专注地倾听，这不但有助于弄清真相，找出对策，而且有助于消除对方的怒气，平心静气地解决问题。

（二）提问技巧

在洽谈中常常需要运用提问技巧引起对方的注意，同时获得自己不知道的信息和资料，传达自己的感受，控制洽谈的方向。问题的关键不在于提问的多少，而在于是否善问。物流客服人员应根据洽谈对象、内容和目的的不同采用各种不同的提问方式。在一般的洽谈场合提问主要分为封闭式提问和开放式提问两大类型。

1. 封闭式提问

封闭式提问是指由特定的领域带出特定答复的问句，一般用“是”或“否”作为回答。例如：“上次到公司没看见您，您是否出差了？”这类问句，可以使发问者得到特定的资料或信息，而答复这类问题也不必花时间思考。但这类问句含有相当程度的威胁性，往往引起人们不舒服的感觉。这类问句分为以下几种情况。

（1）选择式问句。即给对方提出几种情况让他从中选择的问句，如“您愿意用汽车运输、火车运输，还是航空运输？”“您喜欢物流软件A、B，还是C？”等。这都是提出两个以上的条件供对方任意选择，对方只是在指定范围内选择。

（2）澄清式问句。即针对对方答复重新让其证实或补充的一种问句，如：“您说是要定铁路运输500吨货物，对吧？”这种问句目的是让对方对自己说的话进一步确认。

（3）暗示式问句。这种问句本身已强烈地暗示出预期答案，如：“这种款式现在市场供不应求，价格还会上涨，您说是吗？”。这类问句中已经包含了答案，无非是敦促对方表态而已。

（4）参照式问句。即把第三者意见作为参照系提出的问句。如：“经理说，今年把采购量提高10%，你们认为怎么样？”这类问句中，如果第三者是对方熟悉的人，对谈判对手会产生重大的影响。

2. 开放式提问

开放式提问是指在广泛的领域内提出具有广泛答复的问句，通常无法用“是”或“否”等简单的措辞做出答复。例如“您看我们的洽谈应当怎样开展才好?”“您对明年的市场变化有什么考虑?”等。这类问句因为不限定答复的范围，所以能使对方畅所欲言，获得更多的信息。开放式问句还有以下一些句式。

（1）商量式问句。这是和对方商量问题的句式，如：“下月与上海某厂有一项业务洽谈，你愿意去吗”“这次给你方的折扣定为3%，你认为如何”等。这种问句一般和对方切身利益有关，属于征询对方意见的发问形式。

（2）探索式问句。是针对对方答复内容继续进行引申的一种问句，如：“您提到谈判中存在困难，能不能告诉我主要存在哪些困难?”这类问句，不但可以获取比较充分的信息，而且可以显出发问者对对方所谈问题的兴趣和重视。

（3）启发式问句。是启发对方发表看法和意见的问句，如：“明年的物价还要上涨，你有什么意见?”这类问句主要启发对方谈出自己的看法，以便吸收新的意见和建议。

在洽谈过程中，发问者要多听少说，多运用开放式问句，谨慎采用封闭式问句。发问者应事先了解对方情况；打好腹稿，注意发问的时机，取得对方同意后再进一步提问，由广泛的问题逐步缩小到特定的问题，避免含糊不清的措辞，避免使用威胁性、教训性、讽刺性的问句，避免盘问式或审问式的问句。

（三）答复技巧

推销洽谈中答复问题是一件很不容易的事情，因为物流客服人员对回答的每一句话都负有责任，都将被对方理所当然地认为是一种承诺。这便给物流客服人员带来一定的精神负担和压力。因此，一个物流客服人员推销水平的高低，很大程度上取决于其答复问题的水平。

一般情况下，在推销洽谈中应当针对对方的提问实事求是地正面回答。但是，由于推销洽谈中的提问往往千奇百怪、形式各异，都是对方处心积虑、精心设计之后所提，有一定的目的性。如果对所有的问题都正面提供答案，并非明智之举。所以，答复问题也必须运用一定的技巧。

1. 不要彻底答复对方的提问

答复者应将提问的范围缩小，或者不做正面答复，而对答复的前提加以修饰和说明。例如对方询问我方物流产品质量如何，我方不必详细介绍产品所有的质量指标，只需回答其中主要的某几个指标，从而形成质量很好的印象即可。总之，对对方提出的某些问题，如果觉得和盘托出于我方不利，可以只作局部的答复，适当留有余地，以免让对方了解我方的底牌，使我方陷于被动。

2. 针对提问者的真实心理进行答复

有时提问者有特殊的目的，有意识地含糊其词，使所提问题模棱两可。此时，如果答复者没有认清提问者的真实心理，就可能在答复中出现漏洞，使对方有机可乘。因此，答复者在遇到这种情况时，一定要认真分析，揣摩对方真实心理，然后针对对方的心理作答，切不可自作聪明，按自己的心理假设进行答复。

3. 拖延回答

在谈判中遇到一时难以答复或有待请示查询的问题时，不必勉强作答，完全可以用“资料不全”“需要考虑”“有待请示后再答复”等作为理由延缓解答，这并不是无礼的表现。

4. 含糊应答

当遇到一些比较棘手，难以作确切回答，但必须予以答复的情况时，可以运用这种含糊的应答法，即借助一些宽泛模糊的语言，使自己既做了答复，又留有余地，具有某种弹性，即使在意外的情况下也无懈可击。例如当对方询问我方是否将价格再压低一些时，我方可以答复：“价格确实是大家非常关心的问题，不过我们的物流服务质量和水平都是第一流的……”

5. 反诘诱问

即对方提出某一问题后，我方虽掌握足够的资料却不直接答复，而是按照一定的思路步步为营、环环相扣地向对方进行反问，尽量使对方每问必答，而且不得不对我方的反问表示同意，从而身不由己地进入我方预定的目标范围，然后我方再综合对方对反问的回答，概括出对方的结论作为我方的答复。这种答复方法由于充分利用了对方的答案，所以对方感到难以反驳，容易表示折服。

6. 不予理会

对一些明显不值得回答或不便回答的问题完全可以不予理会。当然，不要只是简单地沉默不语，最好是转移话题或以资料数据不齐为托辞，拖延或拒绝回答。

（四）说服技巧

在洽谈中最重要而难度最大的事情就是说服对方接受你的观点，这是因为谈判双方各自的主张存在着利益冲突。因此要让一方轻易放弃自己的主张而赞同对方的主张是不可能的。根据经验，如果双方发生了分歧，而谁也说服不了对方让步的话，就会形成僵局，给以后的谈判带来阴影，导致双方谈判失败。要在谈判中发挥说服的作用，可掌握如下方法。

（1）洽谈中讨论问题的顺序应当按先易后难的原则去安排。这样做容易取得成效，使双方从一开始就显示了合作的诚意和彼此的信任，从而为谈判的发展创造良好的气氛，减少彼此的戒备心理，增强双方对交易成功的信心与愿望。双方意向差别较大的问题可以放在较后的位置并安排较多的时间去讨论，这时由于前面的谈判成果已增强了双方的合作意向，谈判的困难会相对减少。

（2）在说服对方时免不了要陈述利害关系，我们一般应先讲利的一面，然后再以委婉的口气陈述弊的一面。这样做是因为谈判者以追求利益为目标，十分注意利益的得失，我们首先迎合对方利益的需要，有利于激发对方的兴趣和热情。

（3）在洽谈中双方既有合作，又有冲突。因此，我们在说服对方时应该尽可能强调利益的一致性与互利互惠的可能性，这样有利于激发对方在认同自身利益的基础上接受建议。

（4）既然谈判者的目标是要满足自己的需要，因此我们要在说服过程中尽量去发现对方的迫切需要或第一位需要。如果发现对方的需要正好与自己的提议相互一致，双方往往一拍即合。

（5）为了协议的快速和顺利达成，在说服他人时不应单纯强调未解决的争议问题，应重点宣传已解决的问题，这有助于增强双方合作的信心和热情。

（6）要特别重视首尾两部分内容的安排及语言技巧的运用，因为开头与结尾给人留的印象比较深刻，所以可把最重要的问题放在首尾部分。

（7）拿出充分的证据或有说服力的资料来证实自己的解释或要求，使对方在事实面前心悦诚服。

（8）该对问题作结论时不要推辞，应简单明了、准确无误地陈述结论。

【实例3－3】

苏格拉底的说服技巧

谈判中各方利益不同，看问题的角度不同，难免有分歧产生。为了自己的利益，就要善于说服对方接受自己的观点。2000年前的古希腊大哲学家创立了一种劝导他人接受自己观点的问答方法。其具体做法是：先对分歧点避而不谈，而只谈双方的共同点，让对方在对共同点的数次认可中自然而然地同意自己的观点。

（五）讨价还价技巧

报价与让价是推销谈判和价格讨论中的主要内容，应掌握一定技巧。

1. 报价技巧

对于物流客服人员来说，推销产品的价格越高越好，但是报价只有在被对方接受的情况下才能产生预期的效果，才有可能成交。价格水平的高低并不是由任何一方随心所欲决定的，价格的确定要受到供求关系和竞争情况以及推销对象经济状况等因素的制约。因此，物流客服人员向对方报价时不仅要考虑按报价能获得的利益，还要考虑报价被对方接受的可能性。

（1）确定价格的上下限。在基本掌握了市场供求及竞争情况后，物流客服人员可根据市场行情变化并结合本企业实际情况，拟定出价格幅度，确定一个大致的报价范围，确定报价的上下限，即期望标准和临界标准。在很多情况下，上限报价能为企业争得主动，这是因为以下原因。

①高报价给自己设定了一个价格上限，按常规，报价一经喊出就不能再提出更高的要价，买方也不会接受比这更高的价格。

②在价格谈判中，卖方为了推动谈判的进程，往往根据情况适当地作一点让步，满足对方的某些要求，以打破僵局或换取对己方有利的条款。可见，高报价是常用的交易筹码。

③高报价往往对成交水平，即对卖方最终的实际收益具有不可忽视的影响。开价越高，在对方愿意接受的情况下，卖方的收益就越大。尤其在卖方的价格策略为“厚利少销”的情况下，高报价的策略更为重要。

④采用高报价策略，一开始就能削弱对方的信心，并乘机摸清对方的实力和立场。

应当注意的是，卖方的报价应是防御性的最高报价，应把报价的高低与对方的意图、谈判作风等因素结合起来考虑。同时，上述报价策略并不是漫天要价，必须限定在事先确定的合理价格范围内，否则会阻碍谈判顺利进行。

【实例 3－4】

某甲想到一家公司担任某一职务，某甲希望年薪 2 万元，而老板最多只能给某甲 1.5 万元。老板如果说“要不要随便某甲”这句话，就有攻击的意味，某甲可能扭头就走。而老板不那样说，而是这样跟某甲说：“给某甲的薪水，那是非合理的。不管怎么说，在这个等级里，我只能付给某甲 1 万元到 1.5 万元，某甲想要多少?”很明显，某甲会说“1.5 万元”，而老板又好像不同意说：“1.3 万元如何。”某甲继续坚持 1.5 万元。其结果是老板投降。

分析：表面上，某甲好像占了上风，沾沾自喜，实际上，老板运用了选择式提问技巧，某甲自己却放弃了争取2万元年薪的机会。

（2）把握报价的时机。在洽谈中，不管卖方提出的价格多么合理，价格本身不能使对方产生成交欲望，对方注重的首先是所谈项目对自己的价值。因此，应首先讨论项目的价值，待对方对此有所了解后再谈项目的价格问题。有时对方一开始就询问价格，此时最好回避报价，因为对方还未听到项目介绍。应坚持先价值后价格的原则，等介绍完项目的种种优势后再回答对方。

（3）采用价格分割策略。这是一种将大计量单位的价格化为小计量单位价格的报价方法。比如不讲一箱商品价格是多少，只讲每件商品价格是多少。这种策略利用了买方的求廉心理，具体有以下两种价格分割形式：用较小单位的价格报价；用较小单位的价格进行比较。例如租赁库房者每平方米20元/月。

2. 让价技巧

让价技巧是卖方不以牺牲自身利益为代价，而以满足买方心理需求、达成交易为目标的一种价格技巧。假如有一位卖主准备让价60元，应该怎样去做呢？可以有多种做法，我们从中列举八种形态。见表3-1。

表3-1　　假设让步的模式

让步方式	第一阶段	第二阶段	第三阶段	第四阶段
1	0	0	0	60
2	15	15	15	15
3	8	13	17	22
4	28	20	11	1
5	40	20	0	0
6	49	10	0	1
7	50	10	-2	+2
8	60	0	0	0

第一种让步形态［0，0，0，60］是一种坚定的让步方式。它让对方认为妥协的希望很小，如果是一个三心二意的买方早就放弃了讨价还价。但如果买方是一个执着的人，他会坚持到最终迫使卖方作出让步。这种让步形态容易形成僵局。

第二种让步形态［15，15，15，15］是一种平均的让步形态，将会鼓励买方继续期待更进步的让步。

第三种让步形态［8，13，17，22］往往会造成卖方重大损失。因为这种让步会引导买主相信“更令人鼓舞的结果就在前头”，买主的期望会越来越高。

第四种让步形态［28，20，11，1］显示卖方虽然愿意让步，但其立场越来越强硬，让步的幅度越来越小。

第五种让步形态［40，20，0，0］表现出较强的妥协意愿，不过这种让步形态也告诉对方，让步是有限的。刚开始有提高买方期望的危险，但是随着让步幅度的减小，买方会认识到更进一步的让步已经是不可能了。

第六种让步形态［49，10，0，1］是一种巧妙但又很危险的让步形态。巧妙是因为它能使对方的心理经历由喜到忧、又由忧变喜的波折。危险的是由于卖方第一次让步太大，容易失去在较高价格上成交的有利时机。

第七种让步形态［50，10，（-2），（+2）］是从第六种形态演变而来的。第三期微小的涨价表现出更坚定的立场，第四期又恢复到第二期价位，这会使买方感到非常满意。

第八种让步形态［60，0，0，0］有极大的危险性，一开始就让价60元，把买方的期望大大提高，可是紧接而来的是卖方不妥协的强硬态度，极可能使谈判陷入僵局。

（六）掌握时机的技巧

推销洽谈和接近客户都是在为成交做准备，但是也不能排除在这些阶段迅速成交的可能性，例如在洽谈阶段就有可能达成协议，迅速成交。物流客服人员要把握这种快速成交的时机，以提高效率。

1. 发现成交信号

物流客服人员在推销洽谈中，要以高度的职业敏感来识别和捕捉成交信号，依据成交信号当机立断采取适当的办法促使准顾客立即采取购买行动。

抓住成交信号应包括两个方面：一是要抓住准顾客对推销物流产品或推销建议的积极反应和表示肯定的信号，二是要抓住准顾客对物流产品或建议有异议的信号。准顾客异议虽然是成交的直接障碍，但也是成交的明显信号。正如俗话所说：“嫌货才是买货人”，对物流产品毫无兴趣的准顾客不会提出异议。

2. 时机的选择

研究表明，促成交易的时机是有规律可循的，在推销过程中，准顾客的购买欲望在推销说明的刺激下是逐步提高的。物流客服人员促成交易的最好时机是在顾客购买欲望的兴奋点达到最高时。当然，最佳时机需要物流客服人员在推销洽谈的过程中发掘和把握。

3. 掌握时机的三种手法

（1）向准顾客施加压力的手法。美国有位推销专家说过：“在推销中只有两种压力既不是高度压力，也不是低度压力，而是令人不悦的压力和乐于接受的压力……”如果你以报酬作为推销的最大动机，那么你很快发现这份推销工作令人不悦；假如你的推销动机是想帮助客户实现心中最大的愿望，那么你对客户施加压力就会被对方欣然接受；因此你可以毫不犹豫地去运用这种压力。有些物流客服人员对在帮助准顾客实现其愿望的基础上施加成交压力的必要性认识不足，不敢直接施加成交压力，因而导致成交拖延甚至失败，这对买卖双方都是损失。

（2）尝试促成交易的手法。首先，当准顾客发出某一成交信号时，就抓住机会进行试验性促成，即用实验的方式去了解准顾客是否有购物意图；其次，进行促成尝试，要求准顾客做出购买的决定；最后，作为成交请求，要求准顾客给出要或不要的肯定答复。如果没有把握而只进行试验性促成去暗示成交，暗示成交成功则导致准顾客真正成交，暗示成交失败则有利于摸清准顾客的真实异议，此时物流客服人员需进一步处理异议才能促成交易。

（3）等待回报的手法。提出成交建议后，物流客服人员要保持一定的沉默。许多物流客服人员忍受不了沉默的压力，其实，这时准顾客所承受的压力要比物流客服人员大得多。如果让准顾客先开口，则他的任何话语都有助于物流客服人员判断其对推销物流产品或服务的态度，确定自己应采取何种行动。假如准顾客决定购买，则立即成交，如准顾客提出，异议，那么物流客服人员将知道他关心的是什么。因为这时候准顾客提出的异议，多数是真正的异议。

【资料卡】

各种表演

●表现愤怒

突然停住记录中的笔或者突然合上笔记本，抬头，睁大眼睛盯住对方的脸或眼睛可以较好地表示出不满；突然停住笔，抬头注视对手，目光有神，将笔扔掉或将记录纸撕了，即反映愤怒；将笔杆在头发上快速擦几下，猛地抽回在桌子上敲两下，双目圆瞪，注视对方，作深呼吸使胸部表现明显的起伏，也使对手感到你的愤怒；将笔记本往一边或桌前一甩，闭紧嘴唇，咬着牙，眼睛正视对方，双手紧握，则凶相毕露。

●表现感兴趣

双目注视对手的眼睛，时而用笔点什么，即使因时间久而变换坐姿，也是轻手轻脚，表示对对方的话感兴趣。埋头不停地做笔记也是感兴趣的表现。

●表示不感兴趣

拿着笔在空白纸上画圈圈或写数字、字母，说明已厌倦了；拿着打火机，打着火，观其火苗，也是一脸烦相；放下手中物品，双手撑着桌子，头向两边瞧，暗示对方没有多少爱听的，随你讲吧，反正没有关系；将桌子上的笔收起，本合上，女士则照照镜子或拢拢头发、整整衣裙，表明：没有我的发言机会就算了，你爱讲就讲。

●表示该结束谈判

扫一眼室内的挂钟或手腕上的表，扣上笔帽或收进圆珠笔芯，合起笔记本，抬眼看着对手，似乎在问：可以结束了吧？给助手使个眼色或做个手势，不收桌上的东西，起身离开会议室或在外面抽支烟，也表明所云无望，可以暂时中止谈判，以后再谈。

●意向对手施加压力

以一份假合同或价目单在对手面前晃动，或欲盖弥彰地摆在桌上，暗示对手快签约；将机票拿出来放在对手的面前，宣称返程机票日期已定，条件能否达成一致的时间仅限出发之前，给对方施加压力；从口袋里掏出一张纸片，假模假样地看一下，又按几下计算器，再以婉转的措辞否定对手建议，这种表演充分表示了关注之情，但无奈权力所限，不得已而拒绝。

活页任务单

任务情境 3－2：物流客户洽谈技巧
一、任务描述 同力物流公司相关人员在做了充分的洽谈准备后，即将于约定的时间去红马汽车公司，洽谈仓储、运输、服务等事宜。为了洽谈的成功，同力物流公司的洽谈人员在谈判时应采用什么程序、技巧和方法来达到说服红马汽车公司进行购买呢？
二、实施工具 略
三、实施方法 略
四、实施步骤 步骤一：建立和谐的洽谈气氛。 1. 同力物流公司的洽谈人员应该衣着整洁得体，在约定的时间前几分钟来到了红马汽车公司。在与公司方负责洽谈的人员见面后，双方人员握手寒暄，互相介绍。 2. 运用中性话题，加强沟通。如“公司的环境非常优美，我非常喜欢最新款的车等。”洽谈在轻松愉快的气氛中展开。 步骤二：推销洽谈的实施。 1. 确定谈判议程。制定了议程，实际是控制了谈判的议程。

续表

2. 方案展示：同方物流公司进行物流服务方案展示。

3. 报价：可采取高报价方式，价格分割策略。

4. 磋商阶段：双方注意采取让步策略（互惠式让步），迫使对方让步策略（软硬兼施策略、制造竞争策略等）注意出现僵局时如何处理。

5. 结束阶段：双方注意成交的标志，灵活运用促成缔约策略（期限策略、最终策略）。注意洽谈结束后的收尾工作。

推销洽谈是物流客户开发的中心环节，是物流客户开发成败的关键。在与客户正式洽谈时。首先，要在见面之初营造积极友好、和谐融洽的洽谈气氛；其次，洽谈中要运用各种语言及非语言技巧来与客户进行充分交流和沟通；最后，以恰当的方式进行物流产品或服务报价和演示，从而使对方接受自己的物流产品，达成交易。

五、考核与评价

任务实施评价表

考核项目	考核要求	分值	得分			备注
			自我评分	组间评分	教师评分	
模拟谈判	谈判总体效果：表述的感染力和气氛调动能力；把握谈判议题的准确程度；所阐述观点的合理性及实用性	20				
	商务礼仪着装合适；手势合理；表情恰当；语言流畅；总体风貌	20				
	谈判准备：对谈判议题的理解和把握；谈判目标设定的准确性；谈判方案设计的实用性；小组成员的准备程度	20				
	谈判过程：谈判策略的设计；谈判技巧的运用	20				
	谈判效果：双方共同利益的实现程度；团队的整体谈判实力	20				

续表

六、技能拓展 1. 有世界最伟大的推销员之称的乔·吉拉德曾向一位顾客推销汽车，交易过程十分顺利。当顾客正要掏钱付款时，另一位推销员跟乔·吉拉德谈起昨天的篮球赛，乔·吉拉德一边跟同伴津津有味地说笑，一边伸手去接车款，不料顾客却突然掉头走掉．连车也不买了。乔·吉拉德冥思苦想了一天，不明白顾客为什么对已经挑选好的汽车突然放弃了。夜里11点，他终于忍不住给顾客打了一个电话，询问顾客突然改变主意的理由。顾客不高兴地在电话中告诉他："今天下午付款时，我谈到了我的小儿子，他刚考上密西根大学，是我们家的骄傲。可是你一点也没有听见，只顾跟你的同伴谈篮球赛。"乔·吉拉德终于明白了，这次生意失败的根本原因是因为自己没有认真倾听顾客谈论自己最得意的儿子。 问题： （1）开发客户中的倾听是不是很重要，为什么？ （2）与客户洽谈前的准备工作都有哪些？ 2. 小华大学刚毕业就加入了黑龙江多多物流公司业务部，该公司主营仓储业务，由于是新开的小型公司，客户很少。小华的第一个工作任务就是，在哈尔滨寻找潜在仓储客户．经过市场调查和分析，小华发现乐乐食品公司货物流动较大，乐乐食品公司自己没有仓库，需要能够长期储存食品类货物的仓储服务，而且和另一家仓储公司有长期合作业务。同时还有3家公司正和乐乐食品公司接洽。小华下一步该如何入手，才能接近乐乐食品公司。经过努力，小华终于得到和乐乐食品公司物流部经理李强洽谈机会，物流部经理李强对黑龙江多多物流公司表现出了很大的兴趣，小华下一步洽谈应该如何做及注意什么问题，才能和乐乐食品公司成交。

项目小结

与客户洽谈是物流客服人员与客户面对面会谈并进行物流产品与服务销售活动．在完成任务的过程中推销洽谈的开展还应按照一定的步骤进行。一般来讲，完整的推销洽谈需经过导入阶段、概说阶段、明示阶段、交锋阶段和成交阶段。每一阶段都有不同的任务和目标。

物流客服人员应灵活运用FABE法、演示法、构图法等推介物流产品和服务的方法。要取得洽谈的成功，策略的运用是至关重要的。洽谈中常用的策略有先发制人策略、曲线求利策略、扬长避短策略、调和折中策略。物流客服人员在掌握了洽谈策略后，还应能够运用一些洽谈中必需的语言技巧和艺术。包括提问技巧、答复技巧、说服技巧、倾听技巧、讨价还价技巧。

项目四　物流项目招投标与管理

项目引入

客户关系管理的核心是客户，基础是技术，本质是企业和客户互动，目标是企业价值和客户价值增值。物流客户寻找物流服务提供商的最常见做法是采用招标的方式，而招标本身是物流客户在最短的时间内以最合理的成本找到自己满意的物流合作伙伴的一种最有效的方法。当今发展中，国际通用的项目招投标管理越来越多地应用于物流领域当中，所以掌握物流项目招投标的基本环节，熟悉物流和招投标条件合同的制定方法，了解有关惯例、规则，应是每一个物流从业人员及管理人员必须具备的基础知识和基本技能。

项目目标

知识目标：

（1）了解招投标的含义和程序。

（2）理解物流项目管理的基本内容和特点。

（3）熟悉物流项目的操作与设计过程。

（4）掌握物流项目投标程序和投标策略。

能力目标：

（1）学会分析物流客户异议的成因，并划分客户异议的类型。

（2）能够为实际企业进行招投标活动。

（3）能够制作标书。

素质目标：

（1）培养结合实际分析问题及组织协调的能力。

（2）树立认真负责的学习态度和工作态度。

（3）具有吃苦耐劳、严谨态度、爱岗敬业、团队合作、勇于创新的精神，具备良好的职业道德。

思政目标：

（1）提升学生的法律意识，遵纪守法。

（2）增强学生的职业素质教育，培养学生养成诚实守信、规范管理。

任务一　物流项目招投标认知

项目引入

都说甲方作为客户大权在握，风光无限，可其实在招投标时，甲方往往也是攒了大把的苦水，苦不堪言。同样，对于传统第三方物流企业（3PL）来说，招标虽然是接触业务的大好机会，但是对参加招标说爱你，并不容易。据一 3PL 公司业务部负责人说，“每年这些大大小小的招标，每一次都是劳心劳力大工程。”接下来，我们就一起来学习物流招投标。

项目思考

目前公司发展非常迅速，客户量庞大，公司需要将物流服务委托第三方公司，那么问题来了，如何有效的筛选物流企业资质、服务价格、服务质量，从而保障公司业务的发展呢？这成为企业目前要解决的一大难题。

身边的事

扫描二维码，了解某公司招标公告相关内容。

知识研修

一、招投标

招投标制是随着商品经济的发展而产生的。由于商品生产的发展，社会分工逐渐扩大，使得商业与生产出现了分离。同时，银行业也逐渐发展起来，市场上出现了现货交易和期货交易两种交易方式。现货交易：是在买卖双方通过讨价还价，达成契约、进行银货授受的行为，通过交割后，交易即告结束。期货交易：则为交易成立时，双方约定一定时期实行交割的一种买卖。这种方式适用于大宗商品、外汇、证券等交易。期货交易方式的出现，客观上要求交易成立之前的洽谈具有广泛性。交易成立之后的契约具有约束性，这就促使了招投标制的产生。

【资料卡】

（一）招投标的产生和发展

（1）18世纪80年代，在英国和美国出现了人类最早的招标投标活动。

（2）20世纪50年代，世界各国和国际组织在产品采购和工程建设上普遍采用招标投标，并且招标投标由政府走向了民间，成为企业与企业间产品和劳务的一种常见的交易方式。

（3）英国是最早使政府采购规范化的国家。

（4）美国是对招标投标最早立法的国家。

（二）我国招标投标的确立

（1）早在1902年我国就出现了招标投标的交易形式。

（2）科学意义的招标投标只有在20世纪80年代后出现。

（3）1999年8月30日，通过了《中华人民共和招标投标法》，2000年1月1日正式实施。

（4）2002年6月29日，通过了《中华人民共和国政府采购法》。

（一）招投标的基本概念

招标投标是一种市场经济的商品经营方式，在国内外项目实施中已被广泛地采用。实际上，投标是一种贸易方式的两个方面。

招投标，是招标和投标的简称，本质是一种商品交易方式。招标是业主就所需发出要约邀请，并对应邀提起要约、参与竞争的承包商进行审查、评选，并择优作出承诺，从而确定承包商的活动。投标是承包商针对业主的要约邀请，以明确的价格、期限、质量等具体条件，向业主发出要约，通过竞争获得交易的活动。

1. 招标

招标是指招标人通过招标公告或投标邀请书等形式，招请具有法定条件和具有承建能力的投标人参与投标竞争。

2. 投标

投标是指经资格审查合格的投标人，按招标文件的规定填写投标文件，按招标文件编制投标报价，在招标文件限定的时间送达招标单位。

3. 开标

开标是指到了投标人提交投标文件的截止时间，招标人（或招标代理机构）依据招标文件和招标公告规定的时间和地点，在有投标人和监督机构代表出席的情况下，当众公开开启投标人提交的投标文件，公开宣布投标人名称、投标价格及投标文件中的有关主要内容的过程。

4. 评标

评标是指招标人依法组建的评标标准和方法，对投标文件进行审查、评审和比较，提出书面评标报告，推荐合格的 1 ~3 名中标候选人。

5. 中标

中标是指招标人根据评标委员会提出的书面评标报告，在推荐的中标候选人中确定中标人的过程。

6. 授标

授标是指招标人对经公示无异议的中标人发出中标通知书，接受其投标文件和投标报价。

7. 签订合同

签订合同是指中标通知书发出后 30 天之内，招标人与中标人就招标文件和投标文件中存在的问题进行谈判，并签订合同书。至此就完成了招标投标的全过程。

【资料卡】

扫描二维码，了解并学习如何进行物流项目招投标。

（二）分类

1. 按形式分为公开招投标和邀请招投标

（1）公开招投标，又称无限竞争性招标，是指招标人以招标公告的方式邀请不特定的法人或者其他组织投标。公开招标的投标人不少于3家，否则需要重新招标。

（2）邀请招投标，又称有限竞争性招标，是指招标人以投标邀请书的方式邀请特定的法人或者其他组织投标。邀请招标的投标人不少于3家。

2. 按标的分为工程招投标、货物招投标和服务招投标

（1）工程招投标主要指工程的新建、改建、扩建、拆除、修缮方面的施工行为或工程总承包。

（2）货物招投标包括设备招投标和材料招投标。

（3）服务招投标主要包括工程的规划、勘测、设计、监理、代理、审计，还包括其他的物业服务、保洁保安、物流运输等。

（三）原则

《招投标法》第5条规定："招投标活动应当遵循公开、公平、公正和诚实信用的原则。"

1. 公开

公开原则，首先要求招标信息公开。例如，《招标投标法》规定：依法必须进行招标的项目的招标公告，应当通过国家指定的报刊、信息网络或者其他媒介发布。无论是招标公告、资格预审公告还是投标邀请书，都应当载明招标人的名称和地址、招标项目的性质、数量、实施地点和时间以及获取招标文件的办法等事项。

其次，公开原则还要求招标投标过程公开。例如，《招标投标法》规定：开标时招标人应当邀请所有投标人参加，招标人再招标文件要求提交截止时间前收到的所有投标文件，开标时都应当当众予以拆封、宣读。中标人确定后，招标人应当在向中标人发出中标通知书的同时，将中标结果通知所有未中标的投标人。

2. 公平

公平原则，要求给予所有投标人平等的机会，使其享有同等的权利，履行同等的义务。《招标投标法》第6条明确规定："依法必须进行招标的项目，其招标投标活动不受地区或者部门的限制，任何单位和个人不得违法限制或者排斥本地区、本系统以外的法人或者其他组织参加投标，不得以任何方式非法干涉招标投标活动。"

3. 公正

公正原则，要求招标人在招标投标活动中应当按照统一的标准衡量每一个投标人的优劣。进行资格审查时，招标人应当按照资格预审文件或招标文件中载明的资格审查的条件、标准和方法对潜在投标人或者投标人进行资格审查，不得改变载明的条件或者以没有载明的资格条件进行资格审查。《招标投标法》还规定评标委员会应当按照招标文件确定的评标标准和方法，对投标文件进行评审和比较。评标委员会成员应当客观、公正地履行职务，遵守职业道德。

4. 诚实信用

诚实信用原则，是我国民事活动所应当遵循的一项重要基本原则。我国《民法通则》第 4 条规定："民事活动应当遵循自愿、平等、等价有偿、诚实信用的原则。"《合同法》第 6 条也明确规定："当事人行使权利、履行义务应当遵循诚实信用原则。"招标投标活动作为订立合同的一种特殊方式，同样应当遵循诚实信用原则。例如，在招标过程中，招标人不得发布虚假的招标信息，不得擅自终止招标。

（四）招投标的特点

（1）设立招标投标监督管理机构。

（2）招标投标已经纳入法制化规范化的轨道。

（3）"三公"及诚信原则：公开、公平、公正、诚信。

（4）竞争原则（参与投标的法人或自然人不得低于 3 人）。

（五）招标投标当事人

招标投标当事人包括招标人、投标人和招标代理机构。

（1）招标人：招标人是依照招标投标的法律、法规提出招标项目、进行招标的法人或者其他组织。

（2）投标人：投标人是响应招标、参加投标竞争的法人或者其他组织。

（3）招标代理机构：招标代理机构是依法设立、从事招标代理业务并提供相关服务的社会中介组织。

（六）招标投标的基本特性

1. 组织性

招标投标是一种有组织、有计划的商业交易活动，它的进行过程，必须按照招标文件的规定，在时间、地点内，按照规定的规则、办法和程序进行，有着高度的组织性。

2. 公开性

（1）招标活动的信息公开。

（2）开标的程序公开。

（3）评标标准和程序公开。

（4）中标的结果公开。

3. 公平性和公正性

（1）对待各方投标者一视同仁，招标方不得有任何歧视某一个投标者的行为。

（2）开标过程实行公开公证方式。

（3）严格的保密原则和科学的评标办法，保证评标过程的公正性。

（4）与投标人有利害关系的人员不得作为评标委员会成员。

（5）招标的组织性与公开性则是招标过程中公平、公正竞争的又一重要保证。

4. 一次性

招标与投标的交易行为，不同于一般商品交换，也不同于公开询价与谈判交易。招投标过程中，投标人没有讨价还价的权利是招投标的又一个显著特征。投标人参加投标，只能应邀进行一次性秘密报价，是“一口价”。投标文件递交后，不得撤回或进行实质性条款的修改。

5. 规范性

按照目前通用做法，招标投标程序已相对成熟与规范，不论是工程施工招标，还是有关货物或服务采购招标，都要按照“编制招标文件→发布招标公告→投标→开标→评标→签订合同”这一相对规范和成熟的程序进行。

二、物流项目

（一）物流项目概述

1. 物流项目的定义

狭义的物流项目是指：第三方物流企业（Third－Party Logistics，3PL）对市场中的需求者（如生产型企业）提供的有周期性的、特定的、以双方签订合约为代表性的物流项目合作。

2. 物流项目的特点

（1）物流项目都有一定的规模。

（2）技术先进，方案论证严密。

（3）效益良好。

（4）信息化程度高。

（二）物流项目成本

1. 物流项目的总成本

（1）项目决策成本。

（2）物流设计成本。

（3）项目获得成本。

（4）项目实施成本。

2. 物流项目实施成本

物流项目实施成本是物流项目总成本的主要组成部分，一般占项目总成本的90%左右。一般物流项目实施成本主要包括人工成本、物料成本等。

3. 各类物流项目分析

（1）汽车物流。

（2）家电、IT及电信物流。

（3）工业物流。

（4）医药物流。

（5）零售业物流。

（6）会展/赛事物流。

三、物流项目招投标现状

（一）我国物流项目招投标存在的问题

（1）市场上许多物流项目该招标的不招标、规避公开招标或搞虚假招标。

（2）物流项目招投标中操作不规范现象比较普遍，绝大多数项目在招投标主要环节和程序上，都不同程度地存在操作不规范的现象。

（3）一些地方在招投标工作中地方保护和部门保护主义较为严重。

（4）一些地方和部门对招投标的行政审批和干预过多。

（5）互借“牌子”，串通投标。打着“招标”的旗号，实则借几家单位的名义，搞虚假招标。

（6）许多物流项目招标文件的编制不科学、不严密，质量参差不齐。

（7）评标办法存在问题。

（8）评标专家选择的问题。

（二）物流项目招投标问题产生的原因

（1）认识误区。

（2）我国招投标法制法规不够健全。

（3）国民素质不高、法律意识淡薄。

招投标领域的黑手动画

（三）物流项目招投标问题的解决对策

（1）完善招投标制度相关法律法规。

（2）招标全过程应加强监督机构的作用。

（3）招标文件应增加专家审核过程。

（4）采取措施防止投标单位串标。

（5）改进评标方法。

（6）进一步规范评标委员会的产生。

（7）政府投资物流项目应强制推广招标代理制。

（8）组建熟悉招投标业务的队伍。

（9）编制科学、合理的物流项目招标文件。

（10）树立对招投标的正确认识。

【思政案例】

唐钢：物流市场化 敲开效益门

如何既满足用户需求，又实现物流成本最优？“市场化运作为我们解决了难题。”河北钢铁集团唐钢物流公司联运经管科科长刘晓斌说。唐钢物流公司大力实施完全市场化运作，以业务需求和利润指标为核心导向，不断转变经营机制、优化资源配置，深入挖掘管理潜能，全面激发经营活力。

唐钢物流公司采取面向社会公开招标的方式，吸纳社会优质物流资源参与竞标，实现互利共赢。该单位邀请财务、生产、纪检等部门共同参与联合成立评标委员会，各投标单位资质在完全满足招标方生产使用要求的基础上，采用比质量、比服务、比价格的评标方法。评标委员会将依据公开、公正、诚信、择优原则，对投标单位的实力、服务、价格、长期合作潜力等进行评审，以确定中标单位。

唐钢物流公司制订了《产品销售物流汽车承运商管理办法》，对中标承运商车辆作业实施全流程规范管理、全过程严格管控，不断提高服务质量，提高市场占有率，实现品牌和效益“双提升”。

思政案例源于网络。通过思政案例的学习，启迪学生以案例为学习榜样，一方面提升学生的法律意识，遵纪守法；另一方面增强学生的职业素质教育，培养学生养成诚实守信、规范管理。

【资料卡】

扫描二维码，了解招标在我国经济建设中的作用以及相关项目地招标范围和标准。

活页任务单

任务情境 4－1：招投标认知
一、任务描述 目前公司发展非常迅速，客户量庞大，公司需要将物流服务委托第三方公司，如何有效的筛选物流企业资质、服务价格、服务质量，从而保障公司业务的发展。根据【身边的事】中的案例，模拟招标方工作组进行物流招标项目的组织。
二、实施工具 略
三、实施方法 略
四、实施步骤 步骤一：项目确定投标邀请。 1. 召开招标碰头会。 2. 对各公司进行调查。 3. 准备初步邀请名单。 4. 起草招标文件初稿，包括给投标方的邀请函。 5. 制定预审评价标准，评价小组讨论通过。 6. 发布邀请函。

续表

步骤二：预审。

1. 收取投标候选人各类证明，包括《公司营业执照》《税务登记证》《组织机构代码证》、相关运输资质证明复印件及公司简介，以上文件需加盖公章。

2. 预审潜在投标方，筛选竞标者。筛选标准包括：法人资格、经验、技术竞争力、合同履行能力。

步骤三：发标书。

发出招标书与合同文本。

步骤四：收取投标书。

五、考核与评价

任务实施评价表

考核项目	考核要求	分值	得分			备注
			自我评分	组间评分	教师评分	
成立招标小组	任务分工明确，招标流程清晰，符合标准。	30				
邀请函发布	邀请函撰写用词得当，表述清晰准确	30				
投标群体确定	投标群体确定准确，预审依据充分，资质全面。	40				

六、技能拓展

请自行搜集相同服务需求的企业的招标书撰写，分析其中的说明要素的作用。

任务二　物流项目招投标准备

项目引入

招标公告

例如，一家电器制造公司在其2005年度的物流项目招标中提出：

该公司从顺德、成都、营口发往全国各大中城市的运输；物流服务提供商可对物流项目其中任何一条或多条线进行投标；物流项目的投标人注册资本不得少于人民币100万元；所购买招标文件包括招标邀请函、标书；物流项目的招标文件售价每份2000元；对于进入第二轮投标方的购标书款将全额退回；物流投标截止时间为2005年10月5日。

针对招标公告，如何进行招投标的准备呢？

项目思考

目前公司发展非常迅速，客户量庞大，如何选择一家适合的企业进行合作，对于公司业务服务具有重大的作用，试将公司的业务进行招标。

身边的事

扫描二维码，查看杭州某知名公司2010年运输招标通告。

知识研修

一、物流项目招投标概念

物流项目的招投标是物流服务客户寻找物流合作伙伴常见的做法之一。物流项目的招投标本身是物流客户优化自身资源配置，在最短的时间内以最合理的成本采购自己满意的物流服务的一种有效方法。

1. 物流项目招标

物流项目招标是指招标方根据自己的物流服务需求提出一定的标准和条件，向潜在的物流服务供应商（即物流企业）发出投标邀请的行为。

2. 物流项目投标

物流项目投标是指投标人（即物流企业法人）寻找并选取合适的投标信息，在同意并遵循招标方核定的招标文件的各项规定和要求的前提下，提出自己的投标文件，以期通过竞争为招标方选中的交易过程。

3. 物流项目开标

物流项目开标是指招标方按招标公告或投标邀请函规定的时间和地点，开启投标文件，宣布投标人的名称、报价等的公开过程。

4. 物流项目评标

物流项目评标是指招标方根据招标文件的要求，对投标人所报送的投标书进行审查及评议的过程。评标的目的在于从价格、服务、技术、经济、商务、法律、组织和管理等方面对每份投标书加以分析评价。

5. 物流项目中标

物流项目的中标是指招标方在充分评审的基础上最终确定中标人的过程。被选中的投标人叫中标人，在国际招标中，又称之为成功或胜出的投标人。招标方通知该投标人并确认其中标这一过程，对招标方来讲称之为授标，而对投标人来说则是中标。

6. 物流项目竞标

物流项目竞标一般称为竞争性投标，通常是两个以上的投标者竞争物流项目的标的。在实际物流项目投标工作中，竞争存在于整个招投标流程中。

二、物流项目招标

（一）物流项目招标组织形式

1. 自行招标

具有编制招标文件和组织评标能力的招标人，自行办理招标事宜，组织招投标活动。

2. 委托招标

招标人选择具有相应资质的招标代理机构，委托其办理招标事宜，开展招标投标活动；不具有编制招标文件和组织评标能力的招标人，必须委托具有相应资质的招标代理机构办理招标事宜。

（二）物流项目招标组织的层次结构

1. 招标组织机构的构建应具备的条件

（1）必须是法人依法成立组建的其他组织。

（2）有与招标项目相适应的经济技术管理人员。

（3）有组织编制招标文件的能力。

（4）有审查的能力。

（5）有组织开标、评标、定标的能力。

2. 招标组织层次结构体系（见图4－1）

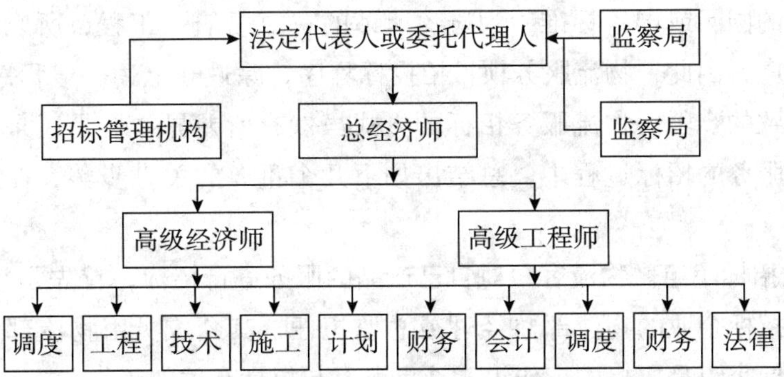

图4－1　招标组织层次结构

（三）物流项目招标组织的运行机制（见图4－2）

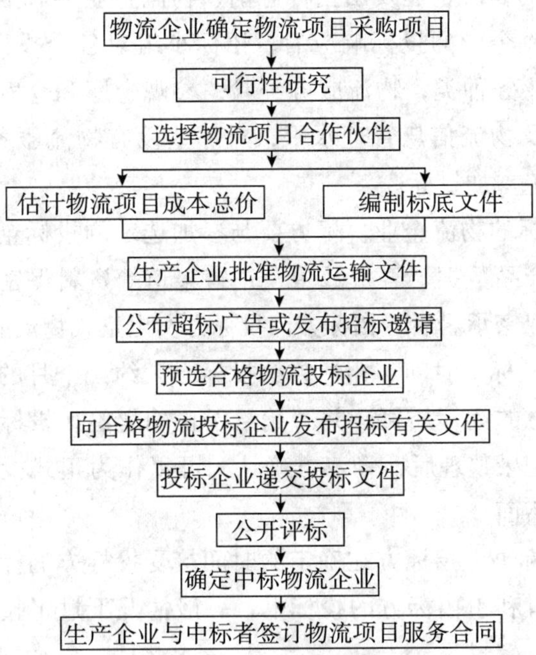

图4－2　招标组织运行机制

（四）物流项目招标组织的关键步骤

1. 物流招标的过程

由于物流项目与建设工程项目在招标内容上有本质的不同，物流服务项目属于“软”招标。其评价标准随物流客户服务内容的不同而不同，甚至有时完全不一样，比如商业配送服务要求和工业物流服务要求的不同。工程项目招标是“硬”指标，其评价标准有统一的国际或国家标准，为避免所谓的“豆腐渣”工程，所以国际必须采用统一的招标程序，因此，物流服务项目招投标程序，除遵守上述一般程序的原则以外，还有特殊而细致的步骤。物流服务招标的方式虽然有所差异，但是还是可以从一些大型的国际物流服务的招标过程中，总结出如下几个重要的关键步骤，作为物流项目的招标参考。

（1）组成招标小组。物流客户对自己产品的服务进行招标，首先是组成招标小组，而组长一般由招标企业的物流部总经理或总监担任，其余成员由物流部和采购部人员共同组成，招标小组是招标的工作组，从事所有与招标有关的工作。

（2）制定招标工作时间表。一般从发出招标意向书开始到中标通知书发出，大约需要半年时间，招标小组会制定这段时间内比较详细的招标工作时间表，并通知投标单位。

（3）向拟定投标的物流企业发出招标意向，物流企业会对招标作出投标或者不投标的决定，当接到物流企业的投标响应后，招标小组对各个投标企业进行资格考察，如了解企业的规模和业务种类，物流服务经验，参观仓库和仓库保管水平，了解运输形式，运输监控能力及物流信息管理水平，对那些没有物流服务经验和资源的企业，通常会被招标单位拒绝参加投标。

（4）选定参加投标的物流企业。标方要与参加选定的投标企业签订保密协议，投标方为招标方体统的产品数据、客户数量及销售渠道等资料保密，只能用作制作投标书，在取得投标单位保密承诺后，招标方向投标方发出正式物流服务的招标书。

（5）投标方向研究标书时间。招标方给投标方大约一个月的研究标书时间，然后招标方开始接受投标方的询标质疑，并开始给予正确解答，投标方与招标方经过反复沟通交流，交流结果记录整理后，经双方确认，可以作为正式投标书的一部分，以附录的形式附在投标书后面。

（6）投标方投递标书。招标方在确定的时间接受投标方的标书，规定准确的投标截止日期，除非特别有利于招标方的投标书，一般情况下过了投标时间，就不再接受投标，投标书必须加以密封。

（7）招标方评标。在接到所有的投标书后，招标小组共同开采投标书，大约用一周时间讨论投标书，修订评标标准，按照评标的标准，从投标方中选定两家作为最后投标方。评标在保密状态下进行，物流服务的项目评标不需要公证人到场，完全由招标小组确定。

（8）第二轮投标，被选中的两家投标方，在接到参加第二轮投标通知后，对自己的投标书进行较大的改动，精心准备第二轮投标书，尤其对报价，在详细的计算各项成本以及确定盈利空间的基础上，提出满足服务的报价，招标小组会将这两家发出通知，两家投标企业在物流服务、质量和水平上都已接近，最后的投标，看的是各家报价及对自己的承担物流服务是否有创新的建议。

（9）第二轮投标的交流和沟通。招标小组和投标企业进行多次交流，详尽了解各家的物流服务流程上的差异，对物流服务过程中出现的意外情况的解决办法，对各家提出的问题给予详细的回答，并对各家提出的意见进行评估。

（10）确定第二轮投标时间，一般是在经过一个月，在确定的时间里接受两家的最终投标书。

（11）投标答辩。招标小组在仔细研究两家的投标书的一周后，举行投标答辩会，招标方的几乎所有高层人物都要参加答辩会，听取投标方的各项服务建议和服务报价的根据，同时对物流服务各种细节和可能发生的问题提出质疑，由投标方予以解答。

（12）决标。最后，招标小组把评标书结论报告总经理，由总经理会同物流部、采购部负责人决标。招标小组召见中标单位，提出最后几个问题，得到投标方的确认，并获得满意的回答后，通知对方中标。

（13）发中标通知。三天后，招标方给中标单位发出《中标通知书》，同时告诉对方，准备一个月后接受招标方的物流服务，并准备签订物流服务合同。

（14）准备实施。招标小组对中标单位进行物流服务产品的有关知识的培训，使中标单位完全熟悉产品的特性，从而明确物流服务的要求，制定正常物流运作的监督机制和控制方法，并与中小单位密切结合，准备物流服务的实施。

至此，招标过程结束，招标小组解散。

2. 物流招标书的基本要求

招标书的招标文件的设计一般包括如下几个部分。

（1）招标邀请书，投标人须知。

（2）招标方的企业介绍和发展历程。

（3）物流服务招标范围和不在招标范围的说明。

（4）计划的招标程序和时间表，如物流公司的第一次预选、签订保密协议、送达招标书等，直到第一次服务操作开始的时间顺序表。

（五）物流项目的招标方式

1. 公开招标

（1）定义：公开招标又叫竞争性招标，即由招标人在报刊、网络或其他媒体上刊登招标公告，吸引众多企业单位参加投标竞争，招标人从中择优选择中标单位的招标方式。

（2）公开招标的特点如下。

①公开招标是最具竞争性的招标方式。它参与竞争的投标人数量最多，且只要符合相应的资质条件便不受限制，只要项目承包商愿意便可参加投标。

②公开招标是程序最完整、最规范、最典型的招标方式。它形式严密、步骤完整、运作环节环环相扣。公开招标是适用范围最为广阔、最有前景的招标方式。

③公开招标也是所需费用最高、花费时间最长的招标方式。由于竞争激烈，程序复杂，组织招标和参加投标需要做的准备工作和需要处理的实际事务比较多，特别是编制、审查有关招标投标文件的］工作量十分繁重。公开招标方式框图如图4－3所示。

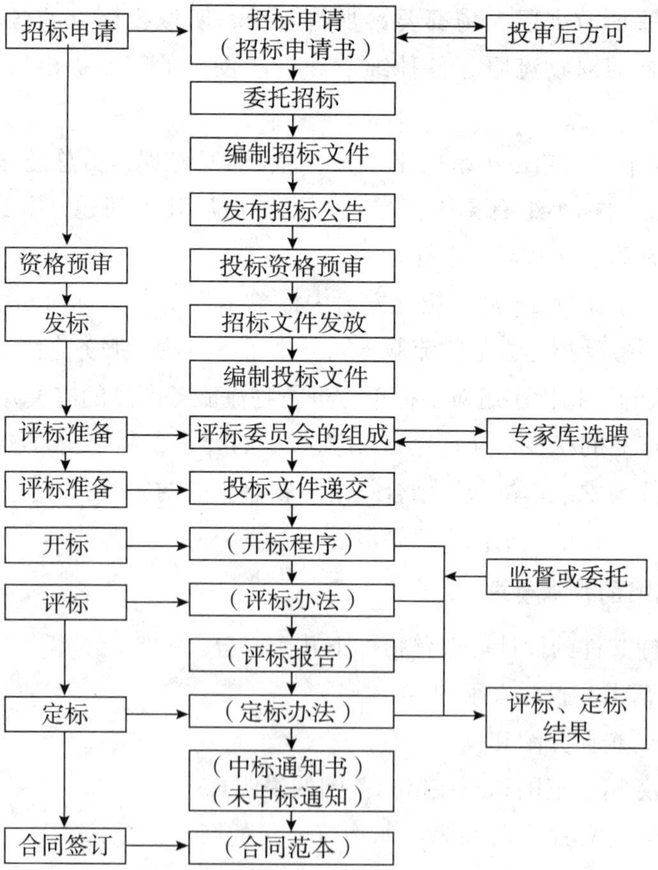

图4－3　公开招标框图

（3）公开招标存在的问题如下。

①公开招标的公告方式不具有广泛的社会公开性。

②公开招标的公平性、公正性受到限制。

③招标评标实际操作方法不规范。

2. 邀请招标

（1）定义。邀请招标也称有限竞争性招标或选择性招标。这种方式不发布广告，业主根据自己的经验和所掌握的各种信息资料，向有能力承担该项目的3个以上（含3个）承包商发出投标邀请书，邀请他们参加招标竞争，收到邀请书的单位有权利选择是否参加投标。一般都选择3～10个投标较为适宜，当然要视具体的招标项目的规模大小而定。

（2）邀请招标的特点。邀请招标方式的优点：参加竞争的投标商数目可由招标单位控制，目标集中，招标的组织工作比较容易，工作量比较小。

缺点：由于参加的投标单位相对较少，竞争性范围较小，使招标单位对投标单位的选择余地较少，如果招标单位在选择被邀请的承包商前所掌握信息资料不足，则会失去发现最适合承担该项目的承包商的机会。

【资料卡】邀请招标和公开招标的区别

1）邀请招标在程序上比公开招标简化，如无招标公告及投标人资格审查的环节。

2）邀请招标在竞争程度上不如公开招标强。邀请招标参加人数是经过选择限定的，被邀请的承包商数目在3～10个，不能少于3个，也不宜多于10个。由于参加人数相对较少，易于控制，因此其竞争范围没有公开招标大，竞争程度也明显不如公开招标强。

3）邀请招标在时间和费用上都比公开招标节省。邀请招标可以省去发布招标公告费用、资格审查费用和可能发生的更多的评标费用。但是邀请招标也存在明显缺陷，它限制了竞争范围，由于经验和信息资料的局限性，会把许多可能的竞争者排除在外，不能充分展示自由竞争、机会均等的原则。国际上和我国都对邀请招标的适用范围和条件，做出有别于公开招标的指导性规定。

3. 议标

（1）定义。议标也称谈判招标或限制性招标，是一种以议标文件或拟议的合同草案为基础的，直接通过谈判方式分别于若干家承包商进行协商，选择自己满意的一家，签订承包合同的招标方式。议标通常适用于涉及国际安全的项目或军事保密的项目，或紧急抢险救灾项目及小型项目。

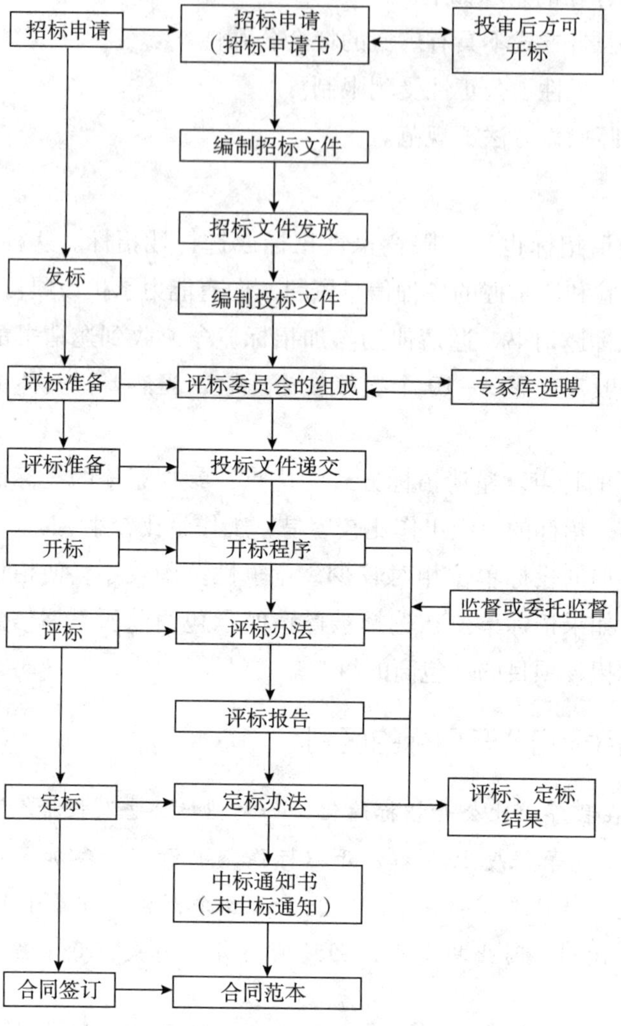

图 4－4　邀请招标方式流程

（2）议标的特点。

①议标适用面窄。

②议标必须经招标投标管理机构审查同意。

③直接进入谈判并通过谈判确定中标人。

④程序的随意性大且缺乏透明度。

（3）议标的程序。

①招标人向有权的招标投标管理机构提出议标申请。

②招标投标管理机构对议标申请进行审批。

③议标文件的编制与审查。

④协商谈判。

⑤授标。

（六）物流项目招标文件

1. 招标文件概述

（1）概念。招标文件是招标人向投标人发出的，旨在向其提供为编写投标文件所需的资料并向其通报投标将依据的规则和程序等内容的书面文件。

（2）招标文件的组成。物流项目招标文件是由一系列有关招标方面的说明性文件资料组成的，包括各种旨在阐释招标人意志的书面文字、图表、电报、传真、电传等资料。一般来说，招标文件在形式上的构成，主要包括正式文本、正式文本的解释和正式文本的修改三个部分。

（3）招标文件的编审规则。

①遵守法律、法规、规章和有关方针、政策的规定，符合有关贷款组织的合法要求，保证招标文件的合法性是编制和审定招标文件必须遵循的一个根本原则。

②真实可靠、完整统一、具体明确、诚实信用。

③适当分标。项目分标是指就项目全过程（总承包）中各个阶段的招标，分别编制招标文件，或者就项目全过程招标或各阶段招标中的单位业务、特殊专业业务，分别编制招标文件。

项目分标必须保证项目的完整性、专业性，正确选择分标方案，编制分标项目招标文件，不允许任意肢解项目，一般不能对单位业务再分部、分项招标，编制分部、分项招标文件。

④兼顾招标人和投标人双方利益。招标文件的规定要公平合理，不能不恰当地将招标人的风险转移给投标人。

【思政案例】

物流运作的业务要做到100%亲自管理并不现实，从社会分工的专业化角度来看，我们也应当把市场上做得比自管更好、成本更优的部分业务外包出去，专注于自己的优势业务，才能打造核心竞争力。无论是外包运输业务、仓租业务、装卸业务还是其他的物流业务，招投标是当前市场上用得最普遍的合作伙伴选择方式。尽管很多人都对招投标方式颇有微词，甚至每个人都能列举它的种种“罪状”，但不可否认的是招投标的地位依然难以撼动。

既然不能全面取代招投标，那么我们就要主动适应它，掌握招投标的规律，甚至优化、改造其中的流程，扬长避短方能达成选出正确合作伙伴的目标。

A公司新上任了一位物流总监，急需业绩表现的总监瞄准了即将到期的运输合同，于是要求负责招标的物流经理引入更多竞争者，誓把价格压下来。物流经理回顾了一轮现有承运商的KPI，发现运作都还不错，临时搜罗一圈市场上知名度比较大的几家物流公司，感觉适合自己业务的也很少，只好挑了两家觉得比较靠谱的，再加上物流总监介绍的几家，跟现有承运商一同进行招标。

结果呢？大家都不满意：知名度大的公司成本没有优势，全部落标；现有承运商成本也都下降了一些，但运作质量最好的几家因降幅小而出局了；物流总监介绍的供应商有两家中标，成本降到位了但进来后发现运作复杂度超出之前的经验，要求涨价的申请被公司拒绝后一直提供着与低水平成本相对应的低水平服务。

通过思政案例的学习，增强学生的职业素质教育和规范管理，启迪广大学生精准选择须以大量筛选为前提。正如选拔人才一样，百里挑一跟万里挑一最终挑选出来的差异可能是秀才与状元的差别。一本物流公司名册、一份同行的供应商名单、一个标杆企业清单、定期更新的企业排名、打听到的各公司口碑……手中有粮，心里不慌，有了这堆“大”数据，从里面挖出精准匹配自己业务特性的供应商才能更加容易。

【实例4-1】

某公司物流运输服务项目的招标公告

一、招标项目名称

（1）从南京—马鞍山—溧水—溧阳—金坛—句容；南京—丹阳—镇江—扬中—扬州—仪征的产品运输服务。（注：两条线路按单双号循环运输）

（2）物流服务商可以对其中一条线或多条线进行投标。

二、投标资格要求

（1）各种证件齐全。

（2）本次招标不接受多家单位联合投标。

三、其他事项

投标人报名时必须携带《公司营业执照》《税务登记证》《组织机构代码证》、相关运输资质证明复印件及公司简介，以上文件需加盖公章。

四、招标说明

运输方式：公路运输。

运输时间：全年。

产品：食品。

车辆要求：冷藏车。

五、时间安排

（1）招标时间：2008 年 7 月 2 日起，9：00—11：00、14：00—17：00（节假日除外）。

（2）投标截止时间：2008 年 8 月 5 日下午 17：00。

2. 招投标程序与内容

（1）招标程序如图 4－5 所示。

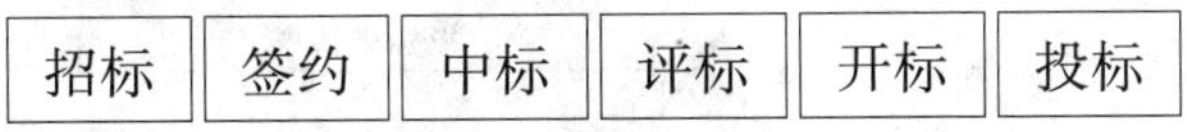

图 4－5　招标程序

（2）内容。

招标内容如图 4－6 所示。

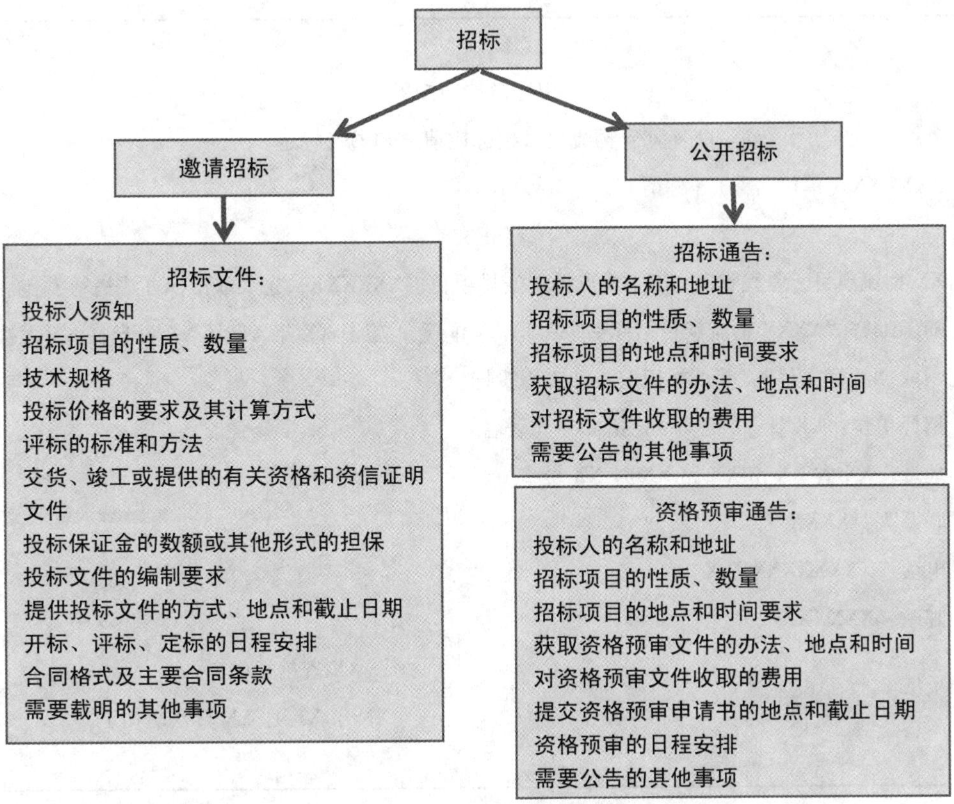

图 4－6　招标内容图解

投标文书如图4－7所示。

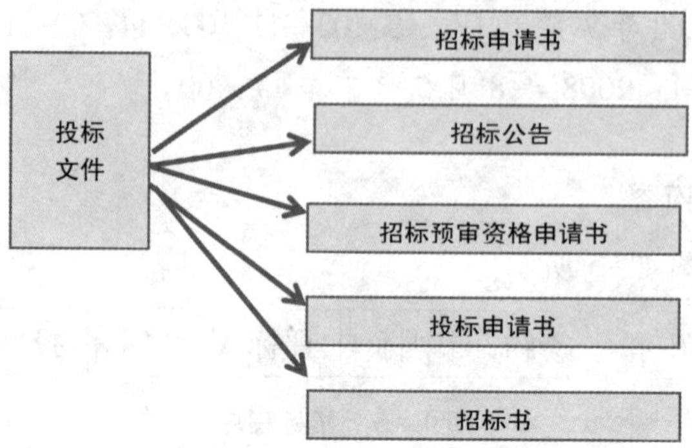

图4－7　投标文件

招标邀请通知书如图4－8所示。

招标邀请通知书

＊＊＊物流项目招标邀请通知书（标题）

XXXXXX（单位名称）（称谓）

（正文）

XX物流项目，是我省XX年度重点计划安排项目，XXXXXX，先采取招标办法进行发包。

随函邮寄“XXXX物流项目招标书”一份。如同意，望于XX年XX月XX日光临XX大楼XX房间领取“招标文件”，并请按规定参加工程投标。

招标单位：XX省XX厅XX处招标办（署名）

地址：XX省XX市XX路XX号XX楼

联系人：XXXX

电话：XXXXXXXXXXX

邮政：XXXXXX

XX省招标中心

XX年XX月XX日（署时）

图4－8　招标邀请通知书

（七）物流项目招标标底

1. 招标标底概述

（1）概念。任何一个招标项目，招标人都有一定的招标意图，而招标人要做到对项目质量、期限、价金、措施等心中有数，对招标的实质性交易条件有一个最起码的交易的“底牌”，即标底。

（2）招标标底文件的组成。招标标底文件是对一系列反映招标人对招标项目交易预期控制要求的文字说明、数据、指标、图表的统称，是有关标底的定性要求和定量要求的各种书面表达形式。其核心内容是一系列数据指标。

（3）招标标底的作用。

①标底是控制、核实预期投资的重要手段。招标人事先编制一个标底，就可以减少在选择物流项目承包商时的盲目性，有效地控制项目投资或费用总额，也有利于在预期投资的范围内，促使项目承包商保证物流项目运营质量。

②标底是衡量投标报价的主要尺度之一。在物流项目招标投标中，评标定标的依据是多方面的，但其中一个重要依据就是标底。没有标底，招标人对项目中标的要求和对投标文件的评价，就心中无数。

2. 招标标底的编制

1）招标标底的编制依据。

（1）国家公布的统一项目划分、统一计量单位、统一计算规则。

（2）招标文件，包括招标纪要等。

（3）招标人提供的有相应资质物流企业的运营方案及相关说明。

（4）项目定额和国家、行业、地方规定的标准规范。

（5）市场价格和地区预算材料价格。

（6）经政府批准的取费标准和其他特殊要求。

2）招标标底的编制原则。

（1）标底价格应尽量与市场的实际变化相吻合。

（2）按物流项目类别计价。

（3）一个招标项目只编制一个标底。

（4）编审分离和回避。

3）标底编制的方法。

综合单价方法编制标底即用物流项目业务量清单法编制标底，是综合考虑单位项目量的直接费、间接费、有关文件规定的调价、材料差价、利润、税金、风险金等一切费用，并据此确定项目量清单的单价与合价的方法。

4）招标标底的编制步骤。

（1）确定标底价格计价内容及计价方法；编制总说明、物流项目运营方案或运营组织设计。

（2）确定运营材料的市场价格。

（3）确定物流项目运营周期内人工、材料、设备、机械台班价格波动的风险系数。

（4）确定物流项目运营方案或运营组织设计中的计费内容。

【资料卡】

扫描二维码，了解招标标底的审定内容都有哪些。

三、物流项目投标

（一）投标文件概述

1. 概念

投标文件是项目投标人单方面阐述自己响应招标人提出愿意订立合同的意思表示，是投标人确定、修改和解释有关投标事项的各种书面表达形式的统称。

2. 投标文件类型

（1）商务文件：投标保函、投标人的授权书及证明文件、联合体投标提供的联合协议、投标人所代表的公司的资信证明等。

（2）技术文件：全部施工组织设计内容，用以评价投标人的技术实力和经验。技术复杂的项目对技术文件的编写内容及格式均有详细要求。

（3）价格文件：全部价格文件必须完全按照招标文件的规定格式编制。

3. 投标文件的基本内容

（1）开标一览表。

（2）投标函。

（3）投标函附录。

（4）投标保证金。

（5）投标报价单。

（6）法定代表人资格证明书。

（7）授权委托书。

（8）具有标价的物流项目业务量清单与报价表。

（9）辅助资料表。

（10）资格审查表（资格预审的不采用）。

（11）对招标文件中的合同协议条款内容的确认和响应。

（12）项目运营组织设计。

（13）招标文件规定提交的其他资料。

4. 编制投标文件的步骤

（1）熟悉招标文件、资料，对文件、资料有不清楚、不理解的地方，可以用书面或口头方式向招标人询问、澄清。

（2）参加招标人项目现场情况介绍和答疑会。

（3）调查当地材料供应和价格情况。

（4）了解交通运输条件和有关事项。

（5）编制运营组织方案。

（6）编制或套用投标单价。

（7）计算取费标准或确定采用取费标准。

（8）计算投标造价。

（9）核对调整投标造价。

（10）确定投标报价。

【资料卡】

投标文件编制要求

（1）语言约定。

（2）投标保证金。

（3）投标文件的有效期。

（4）投标文件的签署及规定。

（5）投标预备会。

（6）投标文件的密封与标志。

（7）投标截止日期。

（8）投标文件的修改与撤回。

（9）质量保证。

（10）索赔。

（11）税费。

（12）仲裁。

5. 编制投标文件注意事项

（1）投标人编制投标文件时必须使用招标文件提供的投标文件表格格式，但表格可以按同样格式扩展。

（2）应当编制的投标文件“正本”仅一份，“副本”则按照招标文件前附表所述的份数提供，同时要明确标明“投标文件正本”和“投标文件副本”字样。投标文件正本和副本如有不一致之处，以正本为准。

（3）投标文件正本与副本均应使用不能擦去的墨水打印或书写，各种投标文件的填写都要字迹清晰、端正，补充设计图纸要整洁、美观。

（4）所有投标文件均由投标人的法定代表人签署、加盖印鉴，并加盖法人单位公章。

（5）填报投标文件应反复校核，保证分项和汇总计算均无错误。全套投标文件均应无涂改和行间插字，除非这些删改是根据招标人的要求进行的，或者是投标人造成的必须修改的错误。修改处应由投标文件签字人签字证明并加盖印鉴。

（6）如招标文件规定投标保证金为合同总价的某百分比时，开投标保函不要太早，以防泄露己方报价。

（7）投标人应将投标文件的正本和每份副本分别密封在内层包封，再密封在一个外层包封中，并在内包封上正确标明“投标文件正本”和“投标文件副本”。内层和外层包封都应写明招标人名称和地址、合同名称、项目名称、招标编号，并注明开标时间以前不得开封。

（二）物流项目投标内容

（1）申报资格审查。

（2）购领招标文件。

（3）组织投标班子，委托投标代理人。

（4）参加现场踏勘和投标预备会。

（5）编制和递交投标文件。

（6）出席开标会议，参加评标期间的澄清会谈。

（7）接受中标通知书，签订合同。

【实例4－2】

物流项目投标书的编制

招标书

编号：13040416F01

生效期：2004.10.15

致：（招标方）

按照XXXX项目的招标，正式授权的下述签字人（姓名和职务）XX代表投标者（投标者名称和地址），提交下列文件正本1份，副本X份。

（1）投标价格表。

（2）资质证明文件。

（3）招标书要求投标者交付的一切文件。

签字人兹宣布并同意下列各点：

（1）投标者根据招标文件规定执行合同的责任和义务。

（2）投标者已详细审查了全部的招标文件，包括修改文件（如果有的话）和所有供参阅的资料及有关附件。投标者完全知道必须放弃在这方面提出含糊不清或误解的一切权利。

（3）投标自开标之日起XX个日历日内有效。

（4）提供招标者可能要求的与投标有关的任何数据或资料。

（5.1）作为投标单位，我们保证遵守商业秘密，不以其他形式在任何时间对外泄露有关本次招标的内容，否则愿承担5万元违约责任。

（5.2）投标方知道并承诺同意如不正式签订合同，本次招标结果对双方无任何约束力。

（5.3）投标方同意双方合同须经A集团法律事务中心审核后方有效，否则即使招标单位已签字盖章，招标单位仍有权对有关合同条款予以变更，投标方愿接受本条款约束，并同意有关纠纷由招标方所在地有管辖权的法院管辖。

（6）有关本投标的所有正式通讯应致：

地址：XXXXXXXX

电话：XXXXXXXX

传真：XXXXXXXX

电子邮件（E－mail）：

代表姓名：XXX

XXXXXXXX（投标者名称）

XXXXXXXX（地址）

（公章）

附：航线运价投（招）标书（编号：XXXXX）

图4－9　招标书

（三）物流项目投标流程（见图4－10）

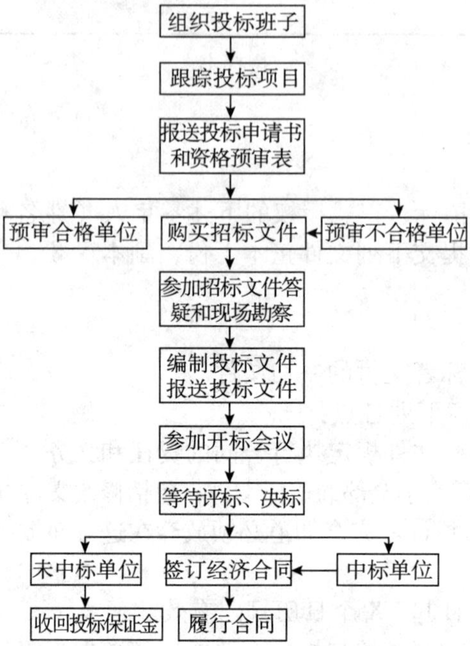

图4－10　物流项目投标流程

（五）物流项目投标报价

1. 投标报价

投标报价是按投标人根据招标文件的内容要求、项目技术要求，按照自己制定的运营方案和采取的技术措施，结合自己运输组织管理水平，制定的某项投标项目的总估价。投标报价是投标须知中对投标价格的构成、采用方式和投标货币等问题的说明。

2. 投标报价组成

（1）直接运营费。

（2）间接费。

（3）计划利润。

（4）税金。

（5）不可预见费。

3. 投标报价策略

（1）先亏后盈策略。

（2）低价保本策略。

（3）低价索赔策略。

活页任务单

任务情境4－2：招标书撰写

一、任务描述

目前公司发展非常迅速，客户量庞大，公司需要将物流服务委托第三方公司，如何有效的筛选物流企业资质、服务价格、服务质量，从而保障公司业务的发展。根据【项目引入】中的案例，编制物流招标公告。

二、实施工具

略

三、实施方法

略

四、实施步骤

步骤一：编辑自身服务需求。

需要分析自身的物流服务需求，并明确地表达出来。招标书的编制对于招标能否成功至关重要。一般情况下，招标书主要涉及企业自身情况和产品生产现状，以及对物流服务各个环节的要求，如货物运输、仓储控制、配送时效等，有的还可能涉及产品包装和流通加工等环节。

步骤二：编制物流项目招标书。

大体上说，编制物流项目招标书一般应包括如下几个部分。

1. 招标邀请书、投标人须知。
2. 招标方的企业介绍和发展历程。
3. 招标方具体的物流服务需求，越详细越好。
4. 物流服务的详细操作要求、操作流程等。
5. 物流服务费用的构成。
6. 对投标书的要求和招标组织情况。
7. 物流服务招标范围和不在招标范围的说明。
8. 计划的招标程序和时间安排。

五、考核与评价

任务实施评价表

考核项目	考核要求	分值	得分			备注
			自我评分	组间评分	教师评分	
编辑服务需求	信息全面、有效，正确表达需求内容	30				
物流项目招标公告撰写	能够正确说明招标的需求内容，严格规范招标规则，对投标方要求阐述清楚、准确	70				

六、技能拓展

请根据本案例中提供的招标文件，尝试撰写弃标书。

任务三　物流运输项目招投标实施

项目引入

某包装公司物流服务项目招标公告

一、招标项目名称

1. 某包装有限公司从郑州到全国各地的产品运输服务。

2. 物流服务商可以对其中一条线或多条线进行投标。

二、投标资格要求

1. 投标人注册资本不得少于100万元，各种证件齐全。

2. 本次招标不接受多家单位联合投标。

三、其他事项

投标人报名时必须携带《公司营业执照》《税务登记证》《组织机构代码证》、相关运输资质证明复印件及公司简介，以上文件需加盖公章。

四、招标说明

运输方式：公路运输。

运输时间：全年。

产品：纸箱。

车辆要求：高栏车、平板车、半挂车。

运输金额：1000万元/年。

注：报价以车为单位。

五、时间安排

1. 招标时间：2008年7月1日起，9：00—11：00、14：00—17：00（节假日除外）。

2. 投标截止时间：2008年8月1日17：00。

项目思考

目前某包装纸箱厂发展迅速，业务订单源源不断，物流发货需求激增，而如何寻找到服务好、价格适中的物流企业进行合作，摆在包装纸箱厂面前的三个困惑一直困扰的企业。

困惑 1：如何在市场上找到与我司最匹配的运力资源？

最好的≠最匹配的。大型的第三方物流公司服务好，线路覆盖也较为全面，但价格往往也比较贵；而引入新的中小型的物流公司，虽然能有一定的价格优势，但可能增加操作成本和操作风险。

困惑 2：如何确保招标过程的合规性？

随着管理层对于招标合规性的重视程度与日俱增，在传统的线下招投标模式下，如何确保招标结果的公平、公正、透明？如何向管理层和公司内部的监管部门证明从最初的承运商资质评审到最终比标评标、合同生成及签署，这整个过程的合规性符合管理要求？

困惑 3：如何评估招标后的结果？

招标后的运价在市场上处于什么水平？与公司的竞争对手相比较，招标后的运价是高是低？如果不能了解这些信息，就很难评估招标结果是否有达到预期的目的。

身边的事

扫描二维码，查看常州美孚润滑油经销公司物流服务项目招标公告。

知识研修

一、物流运输项目

（一）物流运输项目的特点

1. 运输业特征

运输业者所提供的劳动不是去制造物质产品，而是通过提供服务直接去满足人们的某种需要。

2. 运输组织

物流运输项目组织基本上可以归纳为 3 个方面，即承运人、货主（也称托运人或收货人）和货运代理人。这三个方面构成了物流运输项目运作的组织主题结构。

（二）运输与物流的关系

（1）运输是物流最重要的功能之一。

（2）运输只有和物流的其他环节紧密配合、协同合作，并以实现整个物流活动的总体目标为目的。

【资料卡】

扫描二维码了解并学习运输项目与国民经济发展的关系及物流运输业的战略定位。

二、物流运输项目服务商

（一）物流运输项目服务商的评价

1. 国外运输服务商评价指标体系

对运输服务商评价研究较多的指标有运输成本、运输时间、可靠性、能力与可用性以及安全性等。

2. 国内运输服务商评价指标体系

国内专门对运输服务商评价与选择方面的研究很少，目前还没有人对符合我国实际的运输商评价指标体系进行深入研究。

（二）物流运输项目服务商选择的过程

1. 发出建议书需求

根据企业总体战略，确定物流运输外包项目的具体需求和衡量指标，并向候选的物流运输服务商发出建议书需求。

2. 确定服务商

根据各家有合作意向的物流运输服务商的反馈并结合调查表综合评价其能力，选定合作伙伴。

（三）物流运输项目服务商选择的方法

1. 招标法

当市场上的承运人较多，竞争激烈时，可采用招标法来选择适当的物流运输项目服务商。

2. 协商选择法

如果合适的物流运输服务商较多，企业难以抉择时，也可以根据实际情况采用协商选择的方法，即由企业先选出比较有竞争优势的几个运输服务商，同他们分别进行协商，再确定适当的服务商。

3. 经验判断法

经验判断法常用于企业的运输业务不是很重要而进行服务商选择时，是根据征询和调查所得的资料并结合人的分析判断，对服务商进行分析、评价的一种方法。

4. 质量认证——ISO 9000 系列标准

ISO 9000 是一整套有关质量管理和质量保证的国际标准，它要求企业记录质量控制系统的每一步，这样就能够正确识别引起质量错误的原因并加以更正。

三、物流运输项目招标

（一）物流运输项目招标程序

1. 组织现场考察

物流业主或招标人对物流运输项目投标申请人进行资格预审后，写出资格预审报告，经有关方面审查同意，即可向合格的承运商发出投标邀请信。

2. 标前会议

承运人在研究了招标文件并考察现场后，对投标项目的全貌已有所了解，如对招标文件及现场尚有疑问，可在标前会议上及时提出。

3. 开标

在招标文件中规定了投标截止日期及开标的时间、地点，如有更改，招标单位应及时通知各投标人。开标一般在投标截止日或之后一两天内进行。

（二）物流运输项目招标平台

物流运输项目招标平台的建立也为制造商提供了一个寻找替代承运商的方案。例如，当运输问题发生在一个承运商身上时，运用招标平台能及时地发现一个可代替的承运商。选择可代替的承运商是基于业主所预先制定的挑选标准。

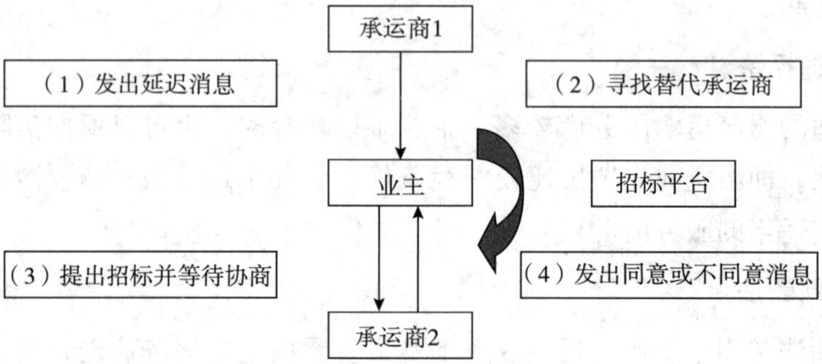

图4－11　业主通过招标平台寻找代替承运商流程

（三）运输项目招标中运输合同设计

1. 物流运输合同概念

物流运输合同是提供劳务的合同，劳务是一种行为，因此，运输合同的标的是行为。从事运输活动主要以营利为目的，因此运输行为也可以说是一种交易行为。既然是交易，就要遵从一定的规则，这个规则就是法律规定。

2. 运输合同的内容

（1）物流运输合同特有的内容。根据物流运输项目独有的特点和属性，物流运输项目的运输合同具有其独特性。运费是运输合同中最核心的内容。

（2）一般合同应具备的内容。

①当事人的名称和住所。

②履行的地点。

③违约责任。

④解决争议的方法。

（四）物流运输项目招标文件的编制

物流运输项目招标文件需要有以下一些内容：招标公告或投标邀请、投标人须知、合同条款、合同格式、投标文件格式、投标资料表、合同条款资料表、运输需求一览表及服务规格和附件。

1. 招标公告或投标邀请

在运输项目的招标公告中，首先要将招标项目的名称、规模以及服务参数说明，接着要说明本次招标对招标方资格的要求，包括对企业资质及其所达到的行业标准等，然后对如何获取招标文件及答疑会的时间、地点进行说明，最后介绍投标文件的递交。

2. 投标人须知

投标人须知和合同条款是招标文件中最核心的部分。

（1）运输项目的确定和资金来源，即对本次招标运输项目的确定以及用什么资金来支付招标运输项目。

（2）本次招标的组织形式，即注明是采用自行招标还是代理招标的形式的哪一种。

（3）本次的招标方式，应注明是采用公开招标还是邀请招标。

（4）对投标方运输设施、设备及服务的要求，这都是由运输项目本身以及运输业主的客户所决定的，不同运输项目对运输堆场（停车场、码头等）及运输工具（车辆、船舶等）的要求都不相同，不同的客户对运输服务质量的要去也不一致，比如运输时间、运输的安全性、可达性等。

（5）投标费用，即说明本次投标所产生的一切费用由谁承担，一般情况下，投标费用由投标单位自行承担。

（6）招标文件，指的是招标方要求投标方对招标文件中的部分或全部内容进行响应。

（7）招标文件的澄清，即投标人如何要求招标方对招标文件进行澄清，以及招标方如何回应。

（8）招标文件的修改，招标方可在投标截止日期前对招标文件进行修改，并将修改结果告知投标方。

（9）投标文件的编写，即招标方告知投标方需在投标文件中对招标文件做出实质性响应，以及投标文件的过失可能产生的后果。

（10）投标文件的构成，详细点明招标方所需的投标文件（各种资质证明材料、运输方案、投标保证金等）。

（11）关于优惠，这是针对个别项目招标所涵盖的内容。

（12）投标报价，招标方需要投标方在投标报价中列出本运输项目执行过程中所产生的费用以及明确对投标方报价的要求。

（13）投标货币，即本次招标所采用的交易货币。

（14）证明投标人合格和资格的文件，即招标方要去投标人出示的可以证明该投标人有能力完成此次运输项目的材料，基本包括财务、技术、服务能力、应急能力等。

（15）证明服务的和合格性和符合招标文件规定的文件，招标方根据本次项目所需要投标人有哪些资源支撑，需要进行哪些专用性投资等。

（16）投标保证金，是招标方促使投标方按照正常投标程序参与项目投标的必要限制。

（17）投标文件的有效期，是对投标文件法律效力时间性的约束，也是招标人对投标人的限制。

（18）投标文件的式样和签署，招标方对投标文件的格式进行了规定，说明了什么样的投标文件才是合格的投标文件。

（19）投标文件的密封盒标记，对投标文件应如何密封以及如何在投标文件封面记性标记作了说明。

（20）投标截止期，需明确标示投标截止的最后期限。

（21）迟交的投标文件，招标方将明确对迟交的投标文件的处理意见。

（22）投标文件的修改和撤回，招标方对投标文件如果需要修改和撤回的情况进行了说明。

（23）开标，招标方就开标程序及需注意的事项进行说明。

（24）评标由依法组建的评标委员会进行。

（25）投标文件的澄清，由招标委员会组织对投标文件进行澄清。

（26）投标文件的初审，评标委员会将对投标文件进行初步审查，以确定剔除明显不符合招标要求的投标文件。

（27）投标的评价。

（28）评标方法，招标方应在招标文件中明确说明本次招标采用何种评标方法。

（29）关于划分标段，招标方就本次招标是整体合同还是单项合同进行说明。

（30）与招标人和评标委员会的接触。

（31）与投标人的接触。

（32）资格后审，对投标人资格进行最后的审查。

（33）中标通知书，在确定中标方后，招标方向中标人发出中标通知书。

（34）签订书面合同，招标人和中标人在一定期限内签订书面合同。

（35）履约保证金，招标人要求中标人对履行项目交纳保证金。

（36）中标服务费，投标人中标后，需向招标代理机构交纳中标服务费。

3. 合同条款

合同条款是招标书中很重要的一部分。合同条款从法律上规定了招标方和中标方在履行本次招标项目中的权利义务，还对履行项目过程中的各个细节进行了约束。

（1）定义，对合同中所出现的一些属于进行加解释。

（2）适用性，对本合同的适用范围进行了界定。

（3）原产地，对所提供运输服务合法性的认可。

（4）标准，为完成招标项目所提供的所有资源支持达到的标准。

（5）使用合同文件和资料，招标方要求投标方对使用的合同文件和资料进行保密。

（6）履约保证金，中标方应在规定的时间内向招标方交纳对完成履约的保证金。

（7）检验和测试，物流运输业主有权对中标承运人所提供的运输服务质量进行检验和测试，以评价中标承运人是否能够满足物流运输业主的运输需求。

（8）装运标记，运输业主对中标承运人在装载上的要求。

（9）装运条件，运输业主要求中标承运人在何种适宜的条件下装运。

（10）交货和单据，运输业主要求中标承运人如何交货及单据方面的细节。

（11）保险，中标承运人需对运输标的进行适当保险，以规避运输过程中可能出现的风险。

（12）运输。

（13）伴随服务，运输业主要求中标承运人在运输过程中提供一些附件的服务。

（14）保证，中标承运人需向运输业主保证完成此次招标项目，且如出现意外中标承运人保证有办法弥补。

（15）索赔，如在履约过程中，中标承运人的某些服务不能使运输业主满意，运输业主有权根据运输合同向承运人提出索赔。

（16）分包，中标承运人对中标运输项目进行分包必须按照分包合同进行。

（17）误期赔偿费，运输时间对于运输业主来说是个相对重要的因素，因此，中标承运人将其误期运输给予运输业主赔偿。

（18）违约终止合同，招标方在招标书中列出在何种情况下会终止本次运输合同。

（19）不可抗力，招标方应在招标文件中说明不可抗力，并提出合同双方应如何应对不可抗力。

（20）争端的解决，当运输合同双方发生争端时，一般通过协商解决，如在一定期限内仍不能解决的，交由仲裁机构裁决。

（21）合同生效及其他，就运输合同如何生效及哪些内容属运输合同中的一部分。运输合同从法律上保障了本次招标项目的顺利执行，是物流运输项目招标走向规范、走向长效的很重要的基础。

4. 招标文件格式

投标文件格式指的是投标方需按照招标方（运输业主）所要求的文件格式准备投标材料。

四、物流运输项目投标

（一）物流运输项目投标程序（见图4-12）

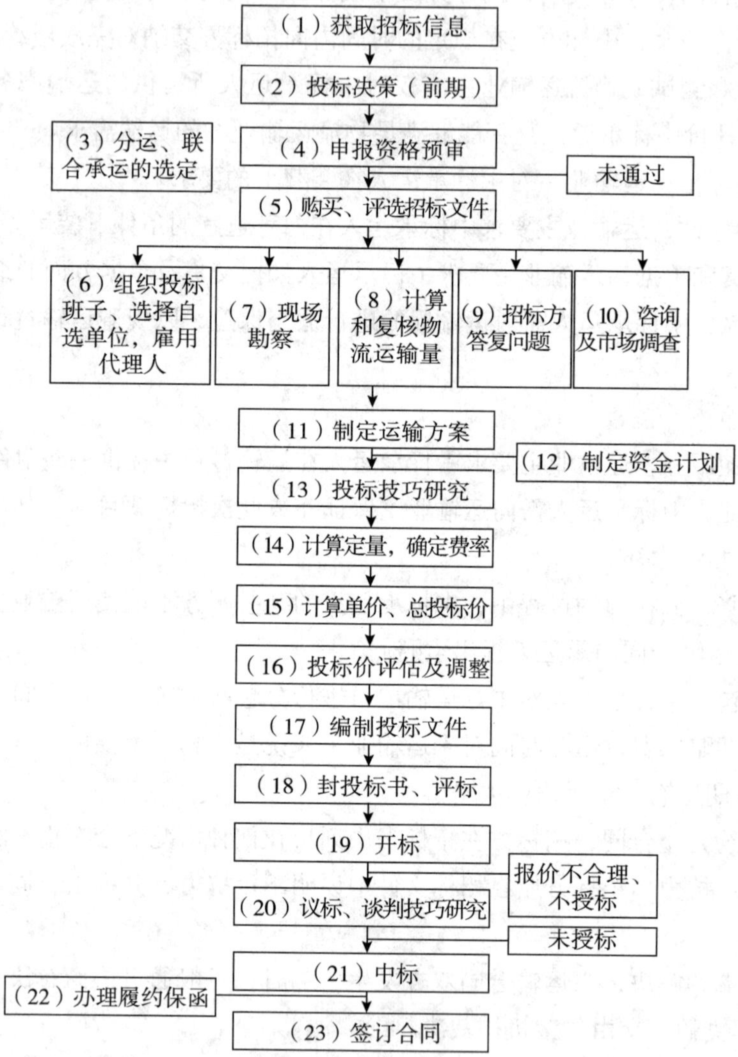

图4-12　投标程序

（1）人员组成。

（2）投标组织的建立。

（3）投标的市场调查。

（4）研究招标文件。

（5）现场调查与考察、标签会议。

（6）投标文件的编制。

（7）投标文件的递交。

（二）物流运输方案设计

在进行物流运输项目投标时，运输方案的设计对于赢得客户，取得投标的成功是相当重要的。在设计物流运输服务方案时，有许多要考虑的因素，包括运输设备的类型与数量、后方堆场与停车场规模、运输线路、物流管理的技术等。

（三）物流运输项目投标标价的编制

物流运输项目标价与物流运输项目的成本紧密相关，物流运输项目的成本则根据物流运输项日方案制定的内容决定。

（四）物流运输项目投标书的编制

物流运输项目投标书的编制是投标工作中一项重要的内容。在投标书中，应给招标方招标书中的内容以积极的响应、运输方案的设计以及对物流运输业主的承诺。招投标理论在物流运输领域的应用属于一个全新的尝试，现在并没有形成一套适用而规范的投标文件范本。

【思政案例】

老张是一家物流公司的总经理，两个月前接到客户 B 的招标书，他仔细阅读了客户关于供应商选择的条件，从注册资金、营业额，到现有客户匹配、自有资源等有十条之多，他很自信全都符合。客户确实也通过了他的资格认证并邀请他进入了电子竞标环节，最关键的是电子竞标时他的排名是第一。

结果左等右等却等不来中标通知，老张忍不住打电话去问客户 B，得知中标的是其他竞争对手，他很气愤，认为客户 B 不公正。而客户 B 却解释说价格不是唯一选拔标准，而那十条供应商选择条件也并非准入门槛，而是分不同权重的考核依据，老张的其中两条虽达标但分数不是很高，而权重又非常大，所以算上竞标价格的总分也只能排在后面。老张很失望，当然他也不会郁积在心里，不多久，整个物流市场上客户 B 的口碑都变差了。

社会主义法治国家建设深入推进，全面依法治国总体格局基本形成，中国特色社会主义法治体系加快建设，司法体制改革取得重大进展，社会公平正义保障更为坚实，法治中国建设开创新局面。

通过思政案例的学习，一方面提升学生的法律意识，遵纪守法；另一方面增强学生的职业素质教育，培养学生养成诚实守信、规范管理。招标流程和标准要透明。招标方从合作地位上虽说比乙方要强得多，但不意味着可以强买强卖。物流与采购部门须提前设定好供应商的准入条件、设计好评估模板，并在邀标后让潜在供应商参加招标澄清会，将接下来要进行的流程、时间节点、评估标准、考察重点和竞价方式明确告知对方。只有基于同样的标准、遵守同一个流程、完成充足的准备，才能让胜出者光荣、让落败者心服。

活页任务单

任务情境 4-3：物流运输项目招投标实施
一、任务描述 一家电器制造公司在其2005年度的物流项目招标中提出：该公司从顺德、成都、营口发往全国各大中城市的运输；物流服务提供商可对物流项目其中任何一条或多条线进行投标；物流项目的投标人注册资本不得少于人民币100万元；所购买招标文件包括招标邀请函、标书；物流项目的招标文件售价每份2000元；对于进入第二轮投标方的购标书款将全额退回；物流投标截止时间2005年10月5日。根据案例进行招标书的撰写，以保证招标工作的顺利进行，更好地协助投标人做好投标准备工作。
二、实施工具 略
三、实施方法 略
四、实施步骤 步骤一：编辑自身服务需求。 1. 项目名称。 2. 项目范围。 3. 招标目的。 4. 项目预算。 步骤二：关于“标的”的说明。 1. 标的所包括的具体目的地、产品、规格（尺寸）、数量运输要求等。 2. 标的的招标数量为年预计运输量，实际运输量根据市场情况增减，具体数据以公司实际发货量为准，文件中数据提供参考。 3. 各标的独立评标和确标。 4. 投标人可以自主选择一个或多个标的同时进行投标。 5. 运输服务质量标准和合作要求。 步骤三：招标文件。 步骤四：招标文件领取。 步骤五：投标文件。

续表

五、考核与评价

任务实施评价表

考核项目	考核要求	分值	得分			备注
			自我评分	组间评分	教师评分	
编辑服务需求	信息全面、有效，正确表达需求内容。	20				
标的说明	表达清晰，条件说明全面，核算准确	20				
物流项目招标书撰写	能够正确说明招标的需求内容，严格规范招标规则，对投标方要求阐述清楚、准确	60				

六、技能拓展

请根据所查找案例的招标文件，尝试撰写投标书。

项目小结

长期以来我国计划经济体制下都是采用“大而全”、“小而全”、“肥水不流外人田”等等自营物流运行模式，但实业界逐步认同了现代企业应该首先找到自己在价值链中的合理位置，然后专注发展自己的核心竞争力，才能取得效益最大化，因而现代企业将自己的非核心物流业务外包已经形成一种趋势。制造商为了获得在生产经营过程中所需的物料，如原材料、零部件等作为生产的投入，大规模向供应商进行采购，这一活动伴随着大量的物流活动。近年来，工商企业为了专注于自身的核心业务纷纷将采购物流作业通过招标的方式外包出去，从而为物流企业提供了大量的市场契机。为适应这一变化，物流实业界在此方面已经有一些探索，如为物流项目编制招投标书、制定合同条件和合同书等等。此外，物流企业为了抓住市场机遇，在竞标中击败竞争对手是至关重要的，因此对于物流企业而言，科学合理的投标决策是赢得采购物流项目，提高企业收益的关键。

项目五　物流客户成交

项目概述

什么是成交？成交就是与客户达成交易。物流客服人员拜访客户的目的，不是陪客户说闲话、陪客户解闷、而是为了与客户达成交易。如果说战争的目的在于赢得胜利的话，那么套用这句话物流客户开发的目的，就是要与客户达成交易。成交是物流客户开发过程的后续环节。而寻找客户、接近客户、与客户洽谈、处理客户的异议等阶段，都是为了在最后能达成交易并与客户建立起一种长久的关系。这就需要物流客服人员在向客户销售物流产品和服务的同时，识别成交的信号，掌握诱导客户成交的方法和技巧，了解物流合同的基本格式。

项目目标

知识目标：

（1）了解物流客户成交的主要障碍。

（2）掌握引导物流客户成交方法。

（3）了解物流客户时机的选择。

（4）明晰物流合同的基本格式和内容。

能力目标：

（1）能够分清物流客户成交的信号。

（2）正确运用引导物流客户成交的方法。

（3）学会制定物流合同。

素质目标：

（1）具有组织协调能力、归纳总结能力。

（2）养成知法守法习惯，认真履行法律责任。

（3）能有理有据地说服他人。

（4）善于发挥团队精神，并能较好地控制个人情绪。

思政目标：

（1）提升学生的创新思维和创新意识。

（2）培养学生正确的服务观。

任务一　识别成交信号

项目引入

王伟是哈尔滨北方物流有限公司的物流客服人员，他非常勤奋，沟通能力也相当不错。前不久，公司推出了一种新的物流服务产品，较之过去的有很多性能上的优势，价格也不算高。王伟立刻联系了他的几个老客户，这些老客户们都对该物流服务产品产生了浓厚的兴趣。

此时，有一家企业正好需要这种物流服务，采购部主任对王伟的销售表现得十分热情，反复向小王咨询有关情况。王伟详细、耐心地向他解答，对方频频点头。双方聊了两个多小时，十分愉快，但是王伟并没有向对方索要订单。他想，对方还没有对自己的产品了解透彻，应该多接触几次再下单。

几天之后，他再次和对方联系，同时向对方介绍了一些上次所遗漏的优点，对方很是高兴，就价格问题和他仔细商谈了一番，并表示一定会购进。这之后，对方多次与王伟联络，显得非常有诚意。

为了进一步巩固客户的好感，王伟一次又一次地与对方接触，并逐步和对方的主要负责人建立起了良好的关系。他想："这笔单子已经是十拿九稳的了。"然而，一个星期后，对方的热情却慢慢地降低了，再后来，对方还发现了他们产品的几个小问题。这样拖了近一个月后，这笔到手的单子就这样黄了。

项目思考

1. 试分析王伟这次销售失败的原因是什么？

2. 王伟应该如何识别和捕捉各种成交，从而顺利促成交易？

身边的事

扫描二维码思考如何成功识别客户的"秋波"。

知识研修

一、成交的障碍

所谓成交是指与物流客户成交的行动过程。只有客户购买了物流产品或服务，才算买卖双方最后达成交易。成交的特点是物流客户采取购买行动，没有购买行动的积极反应不能算作成交，没有行动的接受建议也不是成交。成交是整个销售过程中最重要的一环，气氛往往比较紧张，在客户存在需求而且具有足够的购买力和购买决策权的前提下，有些物流客服人员可能仍然无法说服客户采取购买行动。还取决于物流客服人员是否了解影响成交的其他因素，能否消除成交的障碍。成交的障碍来自客户和物流客服人员两方面。来自客户方面的成交障碍主要是客户对购买决策的修正、推迟、避免行为，来自物流客服人员方面的成交障碍主要是态度不正确、洽谈不充分、技巧不熟练。

（一）客户的修正、推迟、避免行为

在成交阶段，客户常常受其风险意识的影响，修正、推迟已做出的购买决策，或者避免

做出购买决策，从而使物流客服人员的努力付诸东流。在客户的潜意识里，任何购买都有一定程度的风险，因为无法确定购买行动的后果如何。风险的大小因投入金钱的多少、商品属性的不确定程度和客户的自信程度而定。投入的金钱越多，了解商品属性越困难，客户自信程度越低，客户的风险意识越强。为了降低风险或回避风险，客户很自然地要修正、推迟、避免购买决策，从而导致交易难以达成。要降低客户的风险意识，要求物流客服人员有极大的耐心，要求物流客服人员谙熟客户的心理和促进成交的方法。

（二）物流客服人员不正确的心理态度

1. 物流客服人员的畏难心理

物流客服人员对成交的困难估计过高，总是担心无法成交。这种不自信的态度常常使物流客服人员不能表现出正常的工作能力，导致错误的推销行为，也可能使物流客服人员害怕成交，不敢主动采取促进成交的行动。

2. 急于成交

物流客服人员过早地要求客户采取购买行动也是导致成交失败的原因之一。这种

急躁情绪可能使客户感到不被尊重，可能使客户讨厌物流客服人员，还可能使客户对物流产品或服务的质量产生怀疑。

3. 不恰当的态度

有的物流客服人员看到客户准备采取购买行动，表现得过于兴奋和激动，造成客户无端的怀疑和抵触，使即将到达终点的推销过程不得不重新回到起点。

4. 面谈过程没有充分展开

如果洽谈过程过于匆忙，物流客服人员就难免遗漏推销要点，客户也不可能真正了解物流产品及购买物流产品的好处。而没有对物流产品特征与利益的充分了解，客户很难采取购买行为为此，一些物流企业要求物流客服人员实行所谓“标准式”面谈，即要物流客服人员按照企业制定的标准谈话程序、内容、方式、时间向客户介绍产品，防止物流客服人员因种种原因压缩面谈的内容和时间。还有一种情况是，客户没有给物流客服人员充分时间为面谈做准备，或者留给物流客服人员介绍产品的时间太短。这时，与其匆忙上阵，不如推迟面谈，另择适当时间。因为，推迟面谈并不意味着一定会失去客户，而一次糟糕的面谈却很可能使客户不愿再给物流客服人员机会。

5. 成交方法不恰当

促进成交是整个推销过程中最具挑战性的环节，需要物流客服人员掌握特定的策略与技巧。只有经过大量的实践，物流客服人员才能熟练使用这些策略和技巧。

二、成交的原则

在成交时，物流客服人员不仅要继续接近和说服客户，而且要采取有效措施帮助客户做出最后的选择，克服障碍，促成交易并完成一定的成交手续。物流客服人员在进行推销成交时应遵循以下基本原则。

（一）互利互惠的原则

互利互惠原则中的“利”是指利益，“惠”指给予或得到好处，概括起来指交易双方彼此要为对方提供利益和好处。因此，在推销成交活动中，买卖双方是按“自愿让渡”的原则进行的，物流客服人员不能强迫客户购买，而推销一旦成交，彼此要为对方提供利益和好处。

推销成交最忌讳的就是交易只对一方有利，而另一方没有利益或得不偿失，甚至受到伤害（时间损失、体力损失、精力损失、财力损失等）。例如，在卖方的暴力威逼或花言巧语欺骗下，客户买下了伪劣产品，这种推销成交就不是互利互惠和平等的行为。又如，欺行霸市、强买强卖、缺斤短两、以次充好、以假乱真等，都不符合互利互惠原则。

互利互惠是买卖双方达成交易的基础，因为商品交易是买卖双方自主自愿的行为，如果一方感到交易对他不利，就难以成交。这也是交易行为与慈善行为、馈赠行为的本质区别。

贯彻互利互惠的原则应该做到以下几点。

（1）对企业没有利益的买卖不能做，对客户没有利益的买卖更不能做。只对客户有利的成交是人员难以接受的，物流客服人员如果不能从交易中获利，就难以维持生计、发展事业、实现其自身的价值。反之，只对企业有利而对客户不利的交易也是不应该做的，因为，这不仅有悖于物流客服人员的职业道德，还会使物流客服人员失去大量的客户，造成经济上的巨大损失。所以，对企业没有利益的买卖不能做，对客户没有利益的买卖就更不能做。

（2）要明确交易给双方带来的利益。一笔买卖成交能给双方带来的利益似乎是很明显的，但很多时候我们对一些本来存在的利益视而不见。同一种物流产品给客户带来的利益可以是物质上的也可以是精神上的；可能对甲无用但对乙用处极大；也可能甲看重其物质利益而乙看重其精神享受。当然，不同的物流产品给客户带来的利益不同，不同的客户对物流产品的选择也各不相同，这就要求物流客服人员首先要熟悉物流产品的自然属性和社会属性，其次要熟悉客户的共同心理需求和特殊心理需求。

（3）充分展示物流产品或服务能给客户带来的利益，是说服客户成交的主要途径。在交易中，客户最注重的是自身的利益，所以物流客服人员充分向客户展示商品或服务给他们带来的利益，是说服客户购买的主要途径。这种利益展示做得越充分、越具体，客户被说服的可能性就越大。

（4）找出成交双方利益分配的最佳点。公平合理的交易是双方都能获得好处，但获得好处的多少不一定是相等的，因此互利互惠也不等于双方均利均惠。成功的物流客服人员总是在保证客户满意的前提下，争取自己的最大利益。如何分配双方的利益，寻找到双方利益分配的最佳点，这是物流客服人员要为推销成交做的最后一项重要工作。解决以上问题，要靠物流客服人员对物流产品、市场及客户心理的把握，靠他们娴熟的推销技巧。如果一个物流客服人员自己获得了很大的利益，但损害了客户的利益；或者本来对方得到三分利益就能满足，物流客服人员却给了他四分、五分，这都不算成功的成交。

（二）转变客户使用价值观念的原则

1. 转变客户的使用价值观念

使用价值是指物流产品或服务的有用性，观念是指人的思想意识或认识。转变客户使用价值观念，就是转变客户对物流产品或服务有用性的认识，向他们推销正确的消费理念。前面讲到，物流客服人员推销的物流产品或服务必须能给客户带来利益和好处，客户才可能购买。但能给客户带来利益和好处的物流产品或服务，他就一定购买吗？不一定。这是因为消费者是否购买某一物流产品或服务，除了经济因素以外，还有对物流产品或服务使用价值即物流产品或服务有用性的认识问题。

【实例5－1】

“味道好极了”是雀巢速溶咖啡的一句著名的广告词，在中国家喻户晓，妇孺皆知。速溶咖啡以物美价廉、省时省力而受到现代人的欢迎。但是速溶咖啡在刚上市时却遭到市场的冷遇，公司为查明被冷落的真正原因，调查了一些家庭主妇。原来这些家庭主妇不买速溶咖啡不是因为它口味不好，而是因为如果买了省时、省力、一冲即可的速溶咖啡后，怕自己的先生怪自己懒惰，是个不合格的家庭主妇。可见，是客户对商品有用性的认识即客户的观念出了问题，才导致了他们拒绝购买的行为。因此，转变客户的观念，千方百计使客户形成对商品使用价值的正确认识，才能说服他们购买商品。

推销专家海因茨.M·戈德曼曾告诫说：“你不要单纯推销具体的商品，更重要的是推销商品的使用价值观念。”

2. 推销物流产品或服务的使用价值

在推销物流产品或服务的使用价值时，应该做到以下几点：广泛深入发掘产品的使用价值。任何一种产品的效用都是多方面的。例如，窗帘既能遮挡人的视线，又能装饰美化房间，还能象征主人的身份、地位等。作为物流客服人员，要尽量发掘物流产品的功能，把它展示在客户的面前。物流客服人员发掘产品的功能和效用越多，说服客户的机会就越多，帮助客户形成正确使用价值观念的可能性就越大。认真深入地了解客户。物流客服人员要认真深入地了解客户的需要，了解客户的产品知识和消费心理，特别是他们的习惯心理等，然后进行有的放矢地说服工作。找准物流产品的使用价值与客户需要的最佳结合点。一种物流产品或服务有多种属性和功能，不同的消费者选择其不同的功能或属性。例如，同样是快递业务，有的客户看重它的速度，有人看重它的服务质量，有人看重它的运输方式，有人看重它的价格等。如果物流客服人员能把客户最喜欢的物流产品或服务属性展示在他们面前，就能帮助他们形成对购买有利的使用价值观念。因此，物流客服人员要学会找准商品的使用价值与不同客户需要的最佳结合点，这对推销成交至关重要。

（三）与客户建立良好人际关系的原则

买卖双方既是一种经济利益的交换关系，又是一种人际交往关系。物流客服人员要想把物流产品或服务推销给客户，从中盈利，必须首先与他们建立良好的人际关系。所谓与客户建立良好人际关系的原则是指物流客服人员在推介物流产品或服务时，必须与客户建立起和谐的人际关系，这种关系不仅是经济的、利益的，还是无私的和富于感情的；不能是假装的、虚伪的，而是真诚的、坦率的；不是短期的、权宜的，而是长期的、发展的；是互利互惠的、双方都感到满意的关系。世界成功的推销家，无一不是建立在良好人际关系基础上的。

（四）尊重客户的原则

尊重客户是指尊重客户的人格，重视他们的利益，满足他们的需要，使客户认为他在物流客服人员的心目中有分量、有地位。那么应该怎样尊重客户呢？首先要尊重客户的人格。人格是一个人在其先天生理素质的基础上，在一定社会历史条件下，通过社会交往而逐渐形成的稳定的心理特点的总和。由于人的先天生理素质、所处的社会地位、所从事的社会实践活动等不同，因此人的个性及人格特点也各不相同。每位客户都有自己的人格特征和个性特点。物流客服人员在推销物流产品时一定要注意这一点，并根据客户个性推销产品，如果忽视了他们的个性特点，他就会感到物流客服人员没有尊重他的人格。其次要尊重客户的身份地位。一个物流客服人员如果在一个公司的传达室问一位经理："您是这里的门卫吗?"这位经理一定感到很不愉快，他认为你低估了他的身份地位。所以物流客服人员首先要搞清楚推销对象的身份地位后再进行推销活动。最后要尊重客户的权利。客户有了解、认识、挑选、做出购买决策的权利，也有不做出购买决策的权利。如果客户在反复询问、挑选物流产品或服务时，物流客服人员表现出不耐烦甚至拒绝，他会认为你侵犯了他的权力。关于如何把握尊重客户的原则，物流客服人员可从以下几个方面做起。

（1）进行换位思考。所谓换位思考，就是从客户的立场、角度来认识和思考问题，只有这样才能真正做到理解客户和尊重客户。

（2）不要左右客户。物流客服人员在推销的过程中可以向客户介绍商品、提出建议等，但买与不买由客户自己决定，这是对客户权力的尊重。

（3）善于赞美客户。赞美客户是物流客服人员表达对客户尊重的最有效方式。适时做必要的赞美和恰到好处的奉承，可以使客户感到自身价值的升值，使他们被尊重的心理得到极大的满足。

【实例5－2】

女作家威尔逊有一个精通雕刻的男仆，他最崇拜雕刻家鲍格伦。有一天，鲍格伦到威尔逊家做客，男仆因为兴奋过度，在端酒时竟把整杯酒泼到鲍格伦身上。男仆窘态毕露，一面赶紧用餐巾替鲍格伦擦拭，一面解释说："真抱歉，我服侍平凡一点的人总是好好的。"鲍格伦笑着对男仆说："我这一辈子，还没受到过这样的崇拜。"男仆真诚的赞美，不但使鲍格伦高兴万分，而且也给自己解了围。

(4) 注意客户关心的事情。客户关心的事情往往与其利益和情感紧密地联系在一起。如果物流客服人员对客户关心的事情不能及时予以注意，会使客户感到你缺乏同情心，不尊重他的感情。

三、成交的信号

成交是物流客户开发工作的根本目标，一个优秀的物流客服人员应该具有明确的推销目的，要千方百计地促成交易。要想有效地促成交易，必须密切地注意成交信号。然而，有时客户发出的成交信号是稍纵即逝的，需要物流客服人员及时捕捉。当成交机会还没有到来的时候，需要物流客服人员耐心地等待机会，随时捕捉机会；当成交机会已经出现的时候，则要及时抓住机会，善于利用机会。成交机会一般出现在客户发出购买信号的时候。有经验的物流客服人员特别善于捕捉客户透露出来的每一个有关的信息，并把它作为促成交易的线索，勇敢地向客户提出销售建议，使自己的推销活动趋向成功。而这些购买信号对促成物流客服人员与客户之间的交易发挥了重大的作用，作为物流客服人员对成交信号应具有高度的敏感性和捕捉能力。

（一）成交信号的识别

1. 成交信号

所谓信号是指用来传递信息的动作、表情、言行等可以观察到的外部行为表现。成交信号则是指客户在接受物流客服人员的劝说之后，有意无意地表现出来的各种成交意向善于捕捉成交信息，是成功物流客服人员应该具备的重要能力之一。

2. 成交信号的识别

客户发出成交信号的表现形式往往是复杂多样的，一般可以把它们分为表情信号、语言信号和行为信号。物流客服人员可以通过察言观色，根据客户的面部表情、语言、动作、行为等的变化来判断和识别客户的成交意向。

（1）表情信号识别法。所谓表情信号识别法，是指通过观察客户的面部表情来判断和识别客户成交意向的方法。人的内在心理活动，包括其深层的心理活动总是要通过其外部行为表现出来的，特别是通过其面部表情表现出来。哲学家狄德罗在其著名的《绘画论》中指出："一个人心灵的每一个活动都表现在他的脸上，刻画得很清晰，很明显……"同样，通过物流客服人员的有效劝说之后，客户的成交意向也会在面部表情上反映出来，物流客服人员可以从客户的表情上获得成交信号。

①目光。人的眼睛最富于表情，从一个人的眼睛中，往往能窥见其内心世界。如果一个人目不转睛地盯着看一个人，说明他对这个人感兴趣，或者对他已有几分爱意。同样，通过物流客服人员有效地推销和劝说之后，使客户的目光集中到某一物流产品或服务的广告、物流产品说明书时，说明他对这个物流产品已发生兴趣，或者产生想购买的意向。

②笑容。通过物流客服人员彬彬有礼、实事求是地介绍物流产品或服务后，客户的脸上露出赞许的微笑时，暗示客户有购买的意向。

③凝视。当客户听了物流客服人员的介绍后，目光凝视某一物流产品并默默地进行盘算时，暗示客户已有心动意向。

④态度转变。客户开始对物流客服人员及产品表情冷漠、态度冷漠、言辞生硬、拒绝接受，但是经过物流客服人员的产品介绍之后，客户面部表情"由阴转晴"，面露微笑，态度也逐渐好转，这说明客户已开始注意物流产品并对产品产生了一定的兴趣，暗示着客户有成交的意向。

（2）语言信号识别法。语言信号识别法，就是通过客户的言谈话语来判断和识别客户成交意向的方法。

客户的言谈是判断和识别其成交信号的最直接的表现形式，如赞许的言辞、贬斥的言辞、提出要求、有意压价、询问购买有关问题等。客户的话语则是判断识别他们成交信号的间接的表现形式，以此可以了解客户的成交意向。古人云："凡音之起，由人心生也。"说明客户的言谈话语能反映其心理状态。物流客服人员应能从客户有意无意流露出的赞叹、喜欢、夸奖、信任、请教、询问等多种多样的言谈话语中，捕捉到他们的成交信号。

①客户的询问。有时客户的成交信号是通过直接向物流客服人员的询问表达出来的。客户通过询问交货时间（你们公司什么时候能交货）、付款条件（贵公司对付款有什么限制吗）、交货方式（贵公司是一次交货还是分期交货）、产品质量（对该产品的质量贵公司有什么保证措施）等具体事宜，说明他们有购买意向，这是一种明显的成

交信号。

②客户的措辞。有时客户的购买信号表现得很微妙，他们可以通过某些措辞将购买信号传递给物流客服人员。例如说“这种服务确实很好！”“不错！我很喜欢这款物流软件的界面。”“这个物流设计方案很符合我们的需要。”等。客户将对物流产品或服务的兴趣、购买的信号隐藏在他们的措辞中，物流客服人员要训练自己的敏感能力，从言谈话语中找出他们的真实感受，促成与客户的交易。

③客户提出问题。客户会提出物流产品价格问题，如客户询问新旧物流产品比价问题；与竞争产品之间的价格差异问题；物流产品的成本价格问题；希望把价格定得更确切一点等等，这往往表明客户已很现实地考虑到要进入购买阶段了。客户也会对物流产品或服务的保险、及时性等问题提出具体要求，尽管他们有时会把这些问题当作异议提出来，这恰恰说明客户对该物流产品已有了深入的了解、一定的考虑和更具体的要求，这表明了他们要求。

成交的意向。客户还会提出售后服务问题，当客户提出能否上门服务以及如果在仓储期内是否负责搬送等问题时，说明客户已经在考虑购买物流产品以后的问题了，这是一种明显的成交信号。

④客户对产品提出异议。客户对物流产品或服务提出的异议包括以下几方面。

有多少客户接受该种物流服务？客户的反馈如何？

这种物流服务能保证储存或运送货物的安全吗？如若达不到承诺的质量标准怎样退款？

以上这些问题都是以疑问、反问和异议的形式提出来的，但这又是客户真正想购买时所发出的一些信号。

（3）行为信号识别法。所谓行为信号识别法就是通过观察客户体态、行为表现来判断和识别客户的成交意向的方法。物流客服人员对客户不但要听其言，还要观其行。客户的购买意向还会通过体态、行为反映出来，客户的不同行为是他们不同心理状态的反映。例如客户不由自主地点头称是；身体自然前倾；都是发出的购买行为信号。具体表现为：

①客户听了物流客服人员的说明或介绍后频频点头，是同意的信号。

②客户表现得很轻松，并能专心倾听物流客服人员的说明和介绍，是对你和你的物流产品有好感的信号。

③客户专心研究有关资料，脸上显露出高兴的神情，是一种明显的成交信号。

④客户接受重复约见。客户通常是不愿意重复接见一位无望成交的推销人员的，如果客户乐于接受物流客服人员的重复约见或主动提出会面时间，就暗示客户有成交意向。

⑤在面谈过程中，客户会主动向物流客服人员介绍该企业负责采购的人员及其他有关人员，如果介绍的是企业高层决策者，表明他们已经做出初步的购买决定，一些

具体事宜待有关人员进一步谈判，这是一种明显的成交信号。

⑥其他成交的行为信号：客户认真地阅读推销资料；客户比较各项交易条件；客户有意杀价；客户担心物流保险费用高或配送过程难控制；客户开始拿出支票或信用卡准备签字。

总之，客户的购买信号掩藏在客户的面部表情、语言、动作、行为的背后，物流客服人员要学会细心观察和用心体验，善于及时准确地捕捉到以上成交信号，抓住合适的机会达成交易。

常见的客户要成交的
五种信号动画

【资料卡】

客户的成交信号

对产品给予肯定的评价；用手触摸产品；询问产品的使用感、价格、安装或送货的情况；声调变得更加积极、肯定；表情由不安、防御转为高兴；放松玩一支笔或询问订单号；询问使用该产品的其他客户的名字；检查或试用产品。

【思政案例】

中国台湾企业家王永庆卖米的创新方法

王永庆早年因家贫读不起书，只好去做买卖。1932年，15岁的王永庆到嘉义开一家米店。当时，嘉义已有米店近30家，竞争异常激烈。当时仅有200元资金的王永庆，只能在一条偏僻的巷子里租一个小铺面。他的米店开得最晚、规模最小，没有任何优势，开张时，生意冷清。当时，王永庆的米店因规模小、资金少，没法做大宗买卖，也没办法搞零售。那些地段好的老字号米店在经营批发的同时，也兼做零售，没有人愿意到地处偏僻的米店买米。即使王永庆背着米挨家挨户去推销，效果也不太好。王永庆觉得要让米店在市场上立足，自己就必须转变思路，必须有一些别人没做到或做不到的优势才行。很快，王永庆从提高米的质量和服务上找到了切入点。他决定在产品质量和服务上进行创新，以此来改变那些旧有的习惯，吸引顾客关注自己的店面。当时的台湾，农业技术落后，稻谷收割后都铺放在马路上晒干，然后脱粒，这就使一些杂物掺杂在米中。用户在做米饭前，都要淘米，用起来很不便，但买卖双方对此都习以为常。王永庆从这一司空见惯的现象中发现了商机。他带领两个弟弟一起动手，不怕麻烦，一点一点地将夹杂在米里的秕糠、沙石之类的杂物拣出来，然后再出售。这样，王永庆米店卖的米的质量就要高一个档次，因而深受顾客好评。有了信誉，米店的生意日渐红火起来。同时，王永庆也进一步改善服务。当时，用户都是自己买米、自己运送，这对于年轻人来说不算什么，但对于一些上了年纪的老人，就是很麻烦的事。王永庆注意到这一点，于是打破常规，主动送货上门。这一方便顾客的服务措施，很快为他赢得了市场。每次给新顾客送米，王永庆都细心记下这户人家米缸的容量，并且问明这家有多少人吃饭，有多少大人、多少小孩，每人饭量如何，据此估计该户人家下次买米的大概时间，记在本子上。到时候，不等顾客上门，他就主动将相应数量的米送达客户家里。在送米的过程中，王永庆还了解到，当地居民大多数以打工为生，生活并不富裕，许多家庭还未到发薪日，就已囊中羞涩。由于王永庆主动送货上门，要货到收款，有时碰上顾客手头紧，一时拿不出钱，会弄得大家很尴尬。为解决这一问题，王永庆采取按时送米，不及时收钱，而是约定到发薪之日再上门收钱的办法，极大地方便了顾客。同样是卖米，为什么王永庆能将生意做到这种境界呢？关键在于他敢于创新，王永庆通过提高产品质量，创新服务，改变收款方式，使自己的米店一下子成为当地最受欢迎的米店。只要是符合顾客需要的创新，一定能够受到顾客的欢迎，从而最大限度地保证企业的经济效益。我们应该明白的是：在如今技术高度发展、产品趋同的形势中，必须坚持守正创新。我们从事的是前无古人的伟大事业，守正才能不迷失方向、不犯颠覆性错误，创新才能把握时代、引领时代。我们要以科学的态度对待科学、以真理的精神追求真理，作为一名物流客服人员更应该用心研究和观察顾客，坚持马克思主义基本原理不动摇，坚持党的全面领导不动摇，坚持中国特色社会主义不动摇，紧跟时代步伐，顺应实践发展，敢于创新服务，把方便给予他人，把利益给予他人，把温暖给予他人，把服务给予他人，以满腔热忱对待一切新生事物，不断拓展认识的广度和深度，敢于说前人没有说过的新话，敢于干前人没有干过的事情，以新的理论指导新的实践，才能塑造出企业独特的魅力，赢得顾客心。

四、达成交易的条件

物流客服人员在推销物流产品和服务时能否与客户达成交易，需要具备一定的条件，这条件既包括物流客服人员本身的条件，又包括客户方面的因素，开发物流客户的成败与条件成正比例关系。

（一）物流客服人员应具备的条件

1. 熟悉物流产品或服务知识

物流客服人员如果想成功地向客户介绍物流产品，必须先对物流产品和服务有深入的认识和了解，才能向客户介绍说明物流产品的特性与优点，在客户提出疑问时不至于张口结舌，一问三不知。作为物流客服人员应该熟知以下几方面产品知识：物流产品或服务的种类与历史；物流产品或服务的产生渊源；物流产品或服务的特点；物流产品或服务能带给客户的利益；物流产品或服务产品的价格；售后服务；与竞争物流产品或服务优缺点的比较。

2. 熟悉客户

古代军事家孙子说："知己知彼，百战不殆。"熟知物流产品知识是知己，而熟悉客户的各方面情况就做到了知彼。

3. 做好心理上的准备

物流客服人员在推销物流产品或服务之前，应该做好两手心理准备：一是做最好的准备；二是做最坏的打算。如果推销顺利，是意外的收获；但如果推销不顺，也能泰然处之。作为物流产品或服务人员，应该做好以下三方面的心理准备。

（1）遭到拒绝的心理准备。物流产品或服务人员访问的对象可能通情达理，也可能相反。因此，如果碰到了不通情达理的对象，即使你有了万全准备，遭到拒绝和不礼貌也是很自然的现象。此外，即使对方是通情达理的人，碰巧他情绪不佳，也会变得不可理喻，这时物流客服人员可能莫名其妙地成了客户的出气筒。遇到这些情况不能气馁。

（2）推销失败的心理准备。根据某物流公司的统计，他们访问 6 位客户之后，会取得一分订单，成交率是 17%。换句话说，物流客服人员每拜访 6 次客户，其中 5 次可能失败。假如物流客服人员在推销之前没有承受失败的心理准备，在遭遇失败之后，必定会经不起挫折，会自怨自艾而畏缩不前。但是，物流客服人员如果有心理准备的话，他一定不会在意失败，反而会感谢这 5 次失败。毕竟失败是成功之母，成功的敲门砖。

（3）预演推荐内容的准备。为了加强心理准备，最好在之前进行推荐预演，假想客户可能提出的问题，并给予解答。客户可能提出以下问题：

请问有何贵干？

听说同类 X 物流产品很好，你们的物流产品能跟人家相比吗？

你们的物流产品有什么特色呢？

物流产品能给我带来什么好处？

价格太贵了，你们最多能打几折？

你们售后服务有什么保障措施？

（二）客户应具备的条件

1. 客户对介绍的物流产品已经有了一个全面了解（包括物流产品价格、性能等方面）

客户一般不会在自己还不完全了解产品时就接受推销建议，因此，使客户对推销物流产品有全面的了解，也是决定能否进入成交阶段的基础。物流客服人员可以通过提问的方法来检查客户是否了解该产品，是否愿意成交。如果客户还不了解产品，他自然会毫不客气地拒绝成交建议。

2. 客户对所面对的物流客服人员及其所代表的公司有信任感和依赖感

能否让客户对他所面对的物流客服人员以及物流客服人员所代表的公司有信任感甚至依赖感，这是达成交易的一个必不可少的条件。没有这种信任感，不管推销物流产品多么吸引人；客户都会拒绝成交，因为客户考虑更多的是购买产品后的效果，如果物流客服人员不能给客户一个可靠的信誉保证，客户不会轻易地签订购买协议。

3. 客户对物流产品或服务产生兴趣和购买欲望

客户只有先对物流产品或服务发生兴趣，产生购买欲望，才能引导他们与物流客服人员达成交易。要想使客户对推销物流产品发生兴趣、产生购买欲望，物流客服人员的工作重心应放在推销说明和演示上。

活页任务单

任务情境 5-1：识别成交信号
一、任务描述 “项目引入”案例中王伟是哈尔滨北方物流有限公司的物流客服人员，试分析王伟此次销售失败的原因是什么？王伟应如何识别和捕捉各种成交信号，从而顺利促成交易？（参考实施步骤）
二、实施工具 略
三、实施方法 收集信息、观察分析、语言技巧、分组角色扮演

续表

四、实施步骤

步骤一：从客户的外表和购买行为入手，分析客户的需求。

在推介物流产品和服务的过程中，王伟不断向有经验的物流客服人员请教如何来准确分析客户的购买行为特点，判断客户的需求与购买动机。王伟还总结了工作中的经验体会，包括购买动机类型，购买行为特点，购买者类型，适合推荐的几种物流服务。如针对企业各大订单量较大的散单客户、有签回单、等通知派送等业务。

步骤二：从客户的语言、动作、表情、事态信号入手，识别、判断客户的成交信号。

王伟针对不同消费者推荐不同产品的销售宗旨，并用心观察每一位光临的客户。他对客户的年龄、性别、打扮、言谈、表情等特征仔细观察，不漏过每个细节，迅速判断他们的身份、需求及购买动机，从而适时地对其进行对口物流产品介绍，并及时捕捉客户的各种成交信号，识别客户的成交意图．不失时机地促成双方的交易。主要从语言、动作、表情、事态信号入手，识别、判断客户的成交信号表情。注意客户在不同的购买阶段所表现出来的主要反应参照表5－1。

表5－1　不同的购买阶段所表现出来的主要反应

客户处于注意阶段的主要反应	注视物流客服人员；注视物流产品、产品说明书及相关资料；较专心听取物流客服员的介绍；倾听其他客户的询问
客户处于产生兴趣以及兴趣发展阶段的主要反应	向物流客服人员提出询问；翻阅产品说明书及推销资料；询问产品价格；对推销示范、演示极为关注；以客户身份提出质疑；询问产品本身以外的有关问题；以较积极的态度倾听物流客服人员的介绍或回答。
客户处于权衡利弊及做出购买决策前夕的主要反应	比较同类产品的质量与价格；以不相信的口吻批评物流产品的某些方面；询问或请教物流产品的使用方法；担心购买后的有关问题；提出有关购买的直接异议；重阅产品说明书或有关推销资料，并不断地向物流客服员问询或质疑；打听有关付款、交货、服务、包装、运输等方面的细节问题
客户做出购买决策时的一般表现	催促交货时间及购后其他细节；主动要订货单；主动起身向推销方握手并寒暄；宣布订购，签订合同；掏钱、付款

在实际的实施过程中，物流客服人员发现客户往往不愿明确表示成交意向，更不愿主动提出成交。但是客户的成交意向总会通过各种方式表现出来。物流客服人员应当能察言观色，分析和判断客户的需求、购买动机和购买行为特点，及时发现、识别和利用客户表现出来的各种成交信号，准确捕捉客户的各种成交信号，识别客户的成交意图，不失时机地促成双方的交易。

续表

五、考核与评价

任务实施评价表

考核项目	考核要求	分值	得分			备注
			自我评分	组间评分	教师评分	
别成交信号	表情自然、得体，语速适当，吐词清晰，声音有一定感染力	20				
	能够在规定时间模拟 3 种以上成交信号	20				
	能够在规定时间完成 3 种以上成交信号的识别	20				
	有一定的推销效果。	10				
	团队合作效果好	10				
	形式新颖，模拟真实	10				
	礼仪得当	10				

六、技能拓展

怎样向客户提出成交

一天两个仓储客户开发人员坐在一起聊天，交流销售经验。其中一位说："最令我感到为难的是，当我意识到我应该向客户问一下是否需要推介的仓储产品或服务时，心里总是犹豫不决，不好意思开口。假如客户回答'不'的时候，那整个业务活动不就宣布彻底失败了吗？正因为如此，我总是尽量等客户自己决定。另一个客户开发人员回答说："你那种做法是不正确的，客户迟早会做出购买决定的，如果等，那需要等很长时间啊。另外，客户推迟做出决定是很平常的事。"经过一段时间的讨论，他们终于取得了一致的看法。

问题：你知道他们的一致看法是什么吗？为什么？

任务二　引导物流客户成交方法

项目引入

李乐在一家物流公司从事调拨工作，在轮岗过程中，李乐被调到该公司的客户开发部门从事物流产品和服务的销售工作。他在销售过程中虚心向同行请教，很快适应了这个新的岗位。他善于识别和捕捉成交信号，但在促成客户做出购买决定时还会遇到一些困难。他发现顾客虽然有了成交的意向，但与下决心购买仍有一段距离。

项目思考

李乐如何根据不同的情况，选择适当的成交方法，缩小这一段距离，挺高成交的效率呢？

身边的事

扫描二维码，思考B店的服务员是用什么样的方法来吸引顾客的。

知识研修

在推销洽谈的最后阶段，物流客服人员应该密切注意成交信号，做好成交的准备，同时还要学会运用不同的技巧和成交方法。由于物流客服人员推荐的物流产品不同、对象不同、所处的社会环境和条件都各不相同，因而采取的方法也应该有所不同，应该针对具体情况运用相应的推销方法和技巧，这是促使推荐达到成交目的重要一步。所谓成交方法是指在最后成交过程中，物流客服人员抓住适当的时机，启发客户做出购买决定、促成客户购买的推销技术和技巧。常见的方法主要有：请求成交法、假定成交法、选择成交法、小点成交法及其他成交法。

一、请求成交法

请求成交法是指在最后成交阶段，根据客户发出的成交信号，物流客服人员适时地直接要求客户购买推荐物流产品或服务的一种成交技术。这种方法直接而简单，是物流客服人员常用的方法。

在推荐过程中，由于物流客服人员采用恰当的推销策略并运用其他有效方法吸引了客户对物流产品的注意力，使客户产生了购买动机，客户认为所推荐的物流产品确实符合他们的需要，这时物流客服人员提出成交的要求，达成交易，是水到渠成、顺理成章的事情。因此，这种方法使用起来较为自然，效果也最好。请求成交法体现了物流客服人员的积极主动精神。当然，这种积极主动精神是以物流客服人员坚定的自信心为基础的。下面分析一些实例。

（1）“赵经理，既然您对我们的产品的销售前景和利润充满信心，您看我们现在是不是可以签订合作协议，怎么样？”一般来说，当洽谈中各种主要问题都已基本解决时，物流客服人员就应该及时提出成交的要求。

（2）“钱厂长，您既然没有什么不满意的地方了，就请您在这里签个字吧。”在洽谈中，物流客服人员进行介绍、说明、演示、重点提示，以期引起客户的购买反映，在客户没有提出异议，也没有明确地提出购买时，物流客服人员应该主动地向客户提出成交要求。

（3）“孙主任，谈了大半天，您也很忙，我也该告辞了，您要求什么时间开始发货？”在客户的心里已经做出了购买决定，只是久久不愿主动开口时，为节省时间，增强客户的购买信心，物流客服人员应该适当施加成交压力，直接要求成交。

（4）“李科长，既然这个物流软件这么适合您的系统，您还是早些买下吧！”当物流客服人员妥善地处理了客户提出的质量和价格异议后，也就排除了成交的障碍，物流客服人员应抓住这一有利时机，立刻向客户提出成交要求。

使用这种请求成交方法应该注意的是：要把握好请求成交的时机，要在客户已下定购买决心时，及时请求；物流客服人员要保持自然成交的态度，要不慌不忙，做到主动但不激动、请求但不央求，也不能过多地向客户施加压力；在请求成交时，物流客服人员要注意自己的言辞和态度，语气要和缓，用词要适当，表达要简练明确，态度要从容，恳切，使客户产生信任感，这样才能收到较好的请求效果。

请求成交法的主要优点是：可以有效地促使客户立即作出购买反映，达成交易；可以充分利用各种成交的机会，发现客户有成交意向，便可立即提出成交要求；可以节省时间，提高推销效率，体现了灵活机动、主动进取的现代推销精神。因此，该方法是物流客服人员经常选用的基本成交技术之一，具有广泛的用途。

请求成交法的缺点是：如果物流客服人员把握不好成交的时机，盲目要求成交，就可能产生成交高压，破坏成交气氛，造成客户有意或无意地抵制成交的后果和被动局面。

二、假定成交法

所谓假定成交法是指物流客服人员假定客户已经接受他的推销建议，直接要求客户购买其推销物流产品的一种成交技术。这是一种基本的成交技术。

假定成交法建立在“客户会购买”的肯定假设基础之上，物流客服人员以此为出发点，逐步展开各种推销方法，一旦获得进展，就可以向客户提出成交请求。由于这种方法是建立在肯定“客户会买”的基本假设基础之上的，因而物流客服人员认为客户具备了“有心购买”“有钱购买”和“有权决定”三个有利的成交条件，这样就更坚定了物流客服人员对客户成交的信心。同时，物流客服人员的自信心又会增强客户的购买信心，缓解客户的心理疑虑，增强他们的购买意识。由于购销双方的相互信任，最终可促成交易成功。

下面我们结合实例进行分析说明。

（1）“张科长，我们讨论的确实是一项互利互惠的方案吧？”“的确如此。”“既然如此，张科长，就这么定了，我们马上准备签约！”物流客服人员看准了成交时机，假定客户已经同意购买，用的是假定成交法提出成交的要求。

（2）“王经理，这个月需要送50吨化肥对吧？”物流客服人员假定客户这个月要接受他的物流服务，如果王经理确认，就暗示已经成交。一般情况下，对购买频率高的老客户，可以采取直接假定成交，直接要求客户采取购买行动。

（3）“李厂长，我用一下您的电话，通知单位立即给您发货。”如果厂长允许物流客服人员借用电话通知对方发货，就意味着他已经决定购买他的产品了。

以上都是运用语言假设暗示同意成交的例子。

（4）客户：“是的，我们也认为这样的价格比较合理。”这时，物流客服人员马上从提包中掏出笔和合同书，示意客户在合同上签字。

以上方法，物流客服人员不是用语言说服，而是用行动假设暗示成交。

（5）“赵科长，这是订单……”物流客服人员看准成交信号和机会，拿出订单，摆开一副签订合同的架势，直接要求客户采取购买行动。

（6）客户：“这样的价格比较公平合理，让人能够接受。”这时，物流客服人员马上拿出笔和合同书说：“您只要签上字，我们就可以送货了。”

以上5、6采取的是用语言和行动混合假设暗示同意成交的方法。

假定成交法有优点也有缺点。优点是节省时间，提高推销的效率；可以适当减轻客户的成交压力。因为假定成交不是明示成交，而是暗示成交，可以把推销提示转化为购买提示，把客户的成交信号（成交意向）直接转化为成交行动，从而促成交易。假定成交方法是最基本的成交技术之一，具有广泛的用途，同时还是其他各种成交技术的基础。例如选择成交法、小点成交法等都是以假定成交法为基础的。

这种成交方法的缺点是：可能对客户产生成交压力，破坏成交气氛；不利于进一步处理有关的客户异议；这种推销方法是物流客服人员把客户的暗示反映当作明示反映、把成交的信号当作成交的行为，因此，如果物流客服人员把握不准成交的机会，就会引起客户的反感，反而会阻碍成交。

三、选择成交法

选择成交法是指物流客服人员直接向客户提供一些可供他们选择的购买决策方案，并且要求客户立即选择其中一种的成交技术。

选择成交法是对假定成交法的应用和发展，物流客服人员假定客户要购买他所推销的产品，设想客户在购买时的不同选择，为客户提供一些符合客户需要的、与他们的需要相适应的选择方案，这样更有利于客户顺利做出购买决策，尽快成交。在实际推销工作中，这种选择成交法用途广泛，具有很好的成交效果。下面结合事例进行分析说明。

（1）“何时送货？是下周一，还是下周二?”这是给客户的两种选择，促使客户在两个方案中决定一种，从而可以有效地防止客户的其他选择。

（2）物流客服人员问：“我们为你们制定了两套物流方案，您是选择 A 方案还是 B 方案?”物流客服人员在使用选择成交法时，要根据客户的购买动机、行为反映和实际情况，看准成交的时机，提出适当的选择方案，不是让客户在买与不买之间选择，而是把客户的选择限定在成交范围之内，在不同的数量、规格、款式、颜色、包装等方面进行选择。这种方法似乎是由客户自己做出购买决策，实际上物流客服人员已用假定的方式帮助客户做出决策，仅给客户一定的选择权，但又没有强加于人的感觉。这种方法可以减轻客户购买时的心理负担，在一种良好的气氛中促使客户成交；同时，物流客服人员帮助客户选择商品，可以较快地完成交易。

物流客服人员在使用选择成交法时要自然得体，既要主动热情，又不能操之过急，不要让客户有“受人支配”的感觉。最关键的一点是物流客服人员要把握好客户的购买意向，为客户提供适合他们需要的选择方案。

选择成交法也是物流客服人员经常使用的一种推销技巧，它具有广泛的用途，成功地将选择提示原理运用于整个客户开发过程，给客户选择权仅是一种有效的推销手段（使客户难以全部拒绝成交选择方案），物流客服人员可以利用这一手段达到自己特定的目的。

四、小点成交法

小点成交法是物流客服人员利用成交小点来间接地促成大的交易的一种成交技术。

小点即指较小的成交问题或次要的问题。物流客服人员通过小的成交问题和次要问题的解决，逐步过渡到大的交易。一般来说，从客户的购买心理看，在进行重大购买和成交决策时心理压力大，因而比较慎重和敏感，缺乏购买信心，不会轻易做出明确的决策。而在处理较小的成交问题时则心理压力小，购买信心强，能较为果断和明确地做出购买决策。小点成交法正是利用了客户的这一成交心理活动的规律，避免直接提出重大的和客户比较敏感的成交问题，而是先从小的和客户不太敏感的成交问题入手，先小点成交，再大点成交；先就成交活动的具体条件和具体内容达成协议，再就成交活动本身与客户达成协议；先在没有争议或不会引起争议的问题上达成协议，最终促进现实交易的成功。让我们用案例进行分析和说明。

（1）“张经理，这批货的运费够便宜的吧？如果没有其他问题的话，我们明天就给您送货。”物流客服人员向水果店推销低于一般市场价格的水果运费，推销人员知道在价格问题上不会引起争议。因此，先从不会引起争议的次要问题入手，争取客户购买。

（2）“赵厂长，设备安装和修理的问题由我们负责，如果没有其他要求，我们就这样定下来了。”物流客服人员没有直接提示重大的问题，而是先提出设备安装、修理等售后服务的小问题，先促成小点成交，再假定大点成交。在这种情况下，只要赵厂长接受了小点成交条件，物流客服人员就可以假定客户已决定购买他的产品，最终促使交易成功。

（3）“钱科长，您不必担心交货的时间问题，我们保证按期送到，您看怎么样？”物流客服人员抓住有利成交时机，直接把成交信号转化为小点问题，这样既可以消除客户的疑虑，又可以有效地促使客户自动成交。

（4）在洽谈过程中，客户提出资金紧张，物流客服人员便机智地说：“这个问题不大，对于你们这样历来讲信誉的企业，我们可以让你们分期付款。怎么样，明天我们就可以发货了吧？”“孙厂长，关于付款方式问题，可以根据实际情况来定，支付现金和转账支票都可以，您就决定吧。”以上两个例子都是物流客服人员看准成交时机，把成交信号转化为小点问题，使客户的成交注意力集中在小点问题上，又把成交小点和成交选择结合起来，促成小点成交，假定大点成交，最终促成交易。

小点成交法是以假定成交法为基础的，物流客服人员假定只要小点成交，就能大点成交。小点成交是一种试探性的成交，要求物流客服人员想方设法直接促成小点成交，间接促成大点成交。物流客服人员要善于捕捉和利用各种成交信号，并直接把信号转化为成交小点，努力促成小点成交后，再把小点成交转化为大点成交信号，假定大点成交，最终达到成功交易。

小点成交法的优点在于它采取了先易后难、逐步推进的方法，避免直接提出成交的敏感性问题，有利于减轻客户成交的心理压力，同时由物流客服人员掌握主动权，既可以主动进攻，又可以为自己留有退路，非常灵活。

小点成交法的缺点是有可能分散客户的注意力，引起客户的误会，产生纠纷，使客户失去购买信心，因此物流客服人员不要盲目地进行成交尝试，乱用小点成交法。

物流客服人员在运用小点成交法时，要了解客户的购买意向，选择适当的小点，创造出良好的成交气氛；同时还要把小点与大点结合起来，先小点，后大点，以小点促大点成交。

五、其他成交法

以上介绍了物流客服人员经常使用的最基本的成交方法，除此之外，还有一些其他方法。

（一）从众成交法

从众成交法是指物流客服人员利用客户的从众心理来促使客户立刻购买物流产品的方法。

所谓从众心理是指人们追求和多数人行为相一致的心理，是一种普遍的社会心理现象。客户的购买活动既是一种个体行为，也是一种社会行为；既要受到客户个体购买动机的支配，又要受到购买环境的影响和制约。个人的认识水平和社会环境的压力是产生从众心理和行为的基本原因。物流客服人员可以利用客户的从众心理，利用周围环境和一部分客户对另一部分客户的影响促成交易。

“王经理，我们物流公司的速递业务受到了客户的普遍好评，信誉好，大多数企业都和我公司签约，您看这是几天来的订单，有全国十几个省、市、自治区来的订单，还有国外的订单……”物流客服人员的语言，都是在利用客户的从众心理，促使客户尽快做出购买决策。

从众成交法的优点是，如果能创造出一种有利的购买环境，就可以省去许多推销环节，简化劝说的内容，利用客户之间的相互影响，有效地说服客户。

这种成交方法的缺点是不利于物流客服人员准确地传递推销信息，缺乏劝说成交的针对性。这种方法也只适用对从众心理较强的客户进行成交诱导，对那些自我认知意识较强的客户难以奏效。物流客服人员使用这种方法时，要注意把握客户的购买心态，针对客户的从众动机进行积极诱导，要合理地利用客户的相互影响，绝不能采取欺骗手段引诱客户。

（二）相关群体法

这是物流客服人员利用对客户购买有重要影响的群体促成交易的方法。

这里的群体是指对个人的购买起重要影响作用的组织和团体。在社会生活中，每个人都从属于某个群体，或从属于某一职业群体：工人、农民、教师、医生、文艺界、机关工作人员等；或从属于某一年龄群体：儿童、少年、青年、中年、老年等；或其他群体；群体对个体的影响非常大。物流客服人员可以对有明显趋于某一群体消费行为模式的客户施加群体影响，促成客户购买。请看实例：

某物流客服人员对青年人说："许多青年人都喜欢这种上门送花的形式，只需要付很少的运费，会让对方感到非常浪漫。"

相关群体法有效地利用了人们对所在群体的趋同心理，能有效地促进其购买行为，减少了物流客服人员程序化的劝说，有利于突出物流产品或服务的特点，满足客户相应的心理需要。物流客服人员在运用相关群体成交法时，要注意对客户所属群体的了解，针对客户相关的群体突出介绍推销物流产品的相应特点，并表示出对该群体的好感和赞美。

（三）机会成交法

机会成交法是物流客服人员通过向客户提示最后成交机会，促使客户立即购买物流产品或服务的一种成交方法。这种方法的实质是物流客服人员通过提示成交机会，限制成交内容、成交条件和成交时间，利用机会心理效应，增强成交的说服力。请看实例：

（1）"这是我们特价的最后一天，明天我们将调回原价。"

（2）"这栋库房已经有3位客户看过了，如果不能及时决定的话，我们没办法给您预留。"

以上是物流客服人员在使用机会成交法推销自己的物流产品或服务。实际上，客户不可能注意所有的成交机会，而只注重重要的机会。机会成交法恰恰是在强调购买机会的重要性，刺激客户的购买动机和心理，激发其购买欲望，促成交易的实现。

（四）提示成交法

这种方法是物流客服人员通过对推销产品的优点及购买后的利益进行概括和强调，促使客户做出购买决定的一种成交方法。

为了引起客户对产品的注意，激发其对产品的兴趣，物流客服人员往往在洽谈一开始就不断地向客户介绍产品的优点和利益，如果能引起客户对产品的浓厚兴趣，物流客服人员再采用提示成交法促使客户做出购买决定。物流客服人员可以把产品的优点和缺点分别进行分析对比，并运用补偿的方法，在说明产品优点的同时向客户指出这些优点可有效地弥补客户的担心，以此强化客户的购买心理。请看实例：

（1）"这是新推出的物流服务，具备高效率、高水平的特点。"

(2)“我们一起实事求是地分析了这种物流产品的优点和缺点，客观地说，任何物流产品都不会十全十美，这种商品的优点大于缺点，值得您信赖。”

使用提示成交法，实际上是对推销要点的重复，因为某些推销的要点只说一次，可能不会引起客户的足够重视和充分理解，所以需要在最后反复提示和强调，加深客户对物流产品的印象，以促使客户购买物流产品。在运用提示成交法时，要求物流客服人员对物流产品的优点和缺点有充分的了解，并且在事前要做好必要的准备，做到胸有成竹。

(五) 特定成交法

特定成交法是物流客服人员利用产品特点和客户特性的巧妙结合促成交易的方法。

每个人都有自己的特性。当客观事物与人的特性相吻合时，往往会引起人们的认同感，对它有很高的接纳性。特定成交法正是利用人的这种心理，把特别的商品推销给特别的客户。请看实例：

“这种每次签单、月结的服务是特意留给您这样的大客户的，这样才能方便您大批量发货或收货，节约时间。”

特定成交法从客户固有的特性出发，把符合消费者个性的商品推销给消费者，这样既满足了客户的心理需要，又提高了他们对商品的认同感。物流客服人员在运用特定成交法时，必须注意准确地把握客户的特性的物流产品推介给他们，才能达到较好的效果。

【思政案例】

服务做好，销售才更好做

销售不仅仅是将产品卖给客户的过程，也是卖方向买方提供服务的过程，从这一角度讲，销售也可以看成是卖家卖服务的过程。

1. 周到的服务是最好的推销

良好周到的服务就是最好的推销，为客户服务越周到，越能讨得客户的欢心。一方面会增加客户对产品的信心，另一方面还会吸引客户第二次消费与主动推荐。从而为自己赢得更多发展机会。

2. 用语言展现服务热情

通过售后服务来增加潜在客户的购买信心，售后服务开展得好，不但会令现在的用户满意，增加他们的购买信心，而且还会带来潜在的客户。它可以提升客户的购买信心，而且还会带来潜在的客户，增强对产品和销售员的认同和好感，从而帮助销售取得成功。

3. 让顾客成为产品行家

销售人员要对销售产品建立起充分的信心，要尽可能多地了解产品情况，包括了解产品的类型、规格、性能、操作方法等，只有当你全面了解、掌握了所推销产品情况，你才有可能教好你的客户，也才能为说服客户增加把握，增强自信心。

4. 利用好客户的趋利心

客户是一个精明的买家，他在采购方面有很强的避害意识。这时如果提供给他所需要又良好的产品，同时又给他非常诱人的价格。这样就满足了他的避害心理，增加了他的购买意向，多数客户都会做出购买决定的。

作为物流客服人员，一定要增强服务观念和提升服务水平，树立起正确的服务观。

活页任务单

任务情境5－2：引导物流客户成交方法
一、任务描述 “项目引入”案例中，李乐作为物流公司的客户开发人员，主要从事物流产品和服务的销售推广。他在销售过程中如何根据不同的情况，选择适当的成交方法，提高成交的效率呢？（参考实施步骤）
二、实施工具 电话、信函、网络等
三、实施方法 资料分析法、分组角色扮演
四、实施步骤 李乐仔细分析和洞察客户不同的购买动机和购买行为特点，把客户分成新老客户、企事业组织和家庭个人客户等不同类型，视不同情况选择合适的成交方法，灵活地促成交易。 步骤一：采用合适的成交方法吸引老客户。 针对老客户，因相互之间打过交道，所以可以采用请求成交法、优惠成交法等直截了当的方法促成交易。李乐通过收集整理客户的各种信息资料，掌握了一批重要老客户的基本情况。前几日物流公司刚推出了代收款业务，李乐马上想到他的一个老客户——开网店王经理曾抱怨过很多人没有网络银行，又不放心打款，损失了一批客户。 李乐于是打了个电话给王经理，说道：“王经理，您好，近来生意可好啊？这次我们推出代收款业务，正适合您这样的公司货到付款使用，效果保证不错，老客户嘛，手续费肯定比别人优惠啦，您什么时候有时间，我给您介绍一下？”王经理说：“好啊，我正想开通这项业务，你现在就介绍一下吧。”

续表

步骤二：运用合适的成交方法开发企事业新客户。

对于要开发的新的组织客户，因为以往没有密切的联系，所以可以将多种成交方法交叉使用，但应以客户利益最大化为主，以便保证客户满意度，保持长期关系。李乐通过老客户的介绍，准备开发一些新客户。李乐针对不同客户的心理，就综合使用了异议成交法、优惠成交法、假定成交法等，促成了交易。

步骤三：综合运用多种成交法针对家庭个人新客户。

对于要开发的新的消费者，其成交方法的选用同新的组织客户基本相同。针对家庭个人新客户也交叉使用了多种成交方法。有一次一个中年人要配送一台电脑去南京。李乐询问了他的配送要求，重点给他介绍了几种配送方案，那位中年人仔细研究了服务方案，但还没有表态想要哪个，看得出心里有些拿不定主意，李乐给他提供了建议：“您要是想选速度快的，航空运输不错。价格优惠的，但速度慢些，还是公路运输?”中年人思考了下说：“就航空运输吧，明天就能发货吗?价格还能优惠吗?”李乐回答道：“明天发货没问题，价格已是最优惠的了，您真心想买的话我可以给您会员价。”这里李乐就综合使用了选择成交法、优惠成交法、保证成交法等，促成了交易。

李乐在推荐物流产品和服务的过程中，灵活运用了多种成交方法，成功地留住了一批老客户，又吸引、发展了大量的新客户，销售业绩屡创新高。

对于李乐来说，客户达成购买才是最后的成功。这最后一步的实现取决于他是否真正掌握并灵活运用成交的基本策略和方法。对于李乐来说，需要明确的问题是：在什么时候，以什么方式把握住成交的良机，才能更好地促成交易。

五、考核与评价

任务实施评价表

考核项目	考核要求	分值	得分			备注
			自我评分	组间评分	教师评分	
物流客户成交方法	表情自然、得体，语速适当，吐词清晰，声音有一定感染力	20				
	设计推销方案合理	20				
	能够结合具体推销活动采用3种以上的成交方法	20				
	有一定的推销效果。	20				
	团队合作效果好	10				
	形式新颖，模拟真实	10				
	礼仪得当	10				

续表

<table><tr><td>
六、技能拓展
推销员老黄带着小张前去拜访省委的一位姓郑的处长，推销中英文计算机记事本，小张开始向郑处长详细地介绍商品，并拿出样品向他做了一番演示，郑处长接过计算机记事本摆弄一番，说："这东西很不错。这样，我现在还有一点事情，过几天我给你打电话。"十分显然，这是客户在委婉地拒绝。小张只好抱着万分之一的希望对处长说："那我等您的电话吧。"
老黄在旁边仔细地观察着这一幕，这时他站起来，走到郑处长的办公桌前，问道；"郑处长，使用计算机记事本很方便，您说对吗？"
郑处长点点头说："是很方便，但我今天有点事情，改天再谈吧。"
老黄接着说："省计委的几位处长都买了这种记事本，他们都感到使用起来很方便。"
郑处长马上问："是吗？"
老黄接着说："是的，而且这种产品目前是在试销，价格是优惠的，试销期以后，价格就会上涨 10%，这么好的产品，您为什么不马上就买呢？"
郑处长默默地看着老黄，终于点点头说："好吧，我买一台。"
回到公司后，老黄对小张说："推销工作是一个以业绩定输赢、以成败论英雄的工作，推销员应该熟练地运用推销技巧，促使客户下定购买的决心。"
问题：
1. 小张的行为说明了什么？
2. 老黄在推销活动中使用了什么推销技巧和方法？
</td></tr></table>

任务三　订立物流合同

项目引入

王伟是哈尔滨北方物流有限公司的物流客服人员，因工作业绩突出，被提拔为物流公司客服负责人。王伟上任后，拟定了销售目标和销售计划，并与订单量较大客户进行了洽谈，目前正是春耕的时候，东农科技有限公司需要大批量发化肥，以满足农民的需要，这时就需要订立相关的运输合同。王伟代表物流公司与东农科技有限公司进行了洽谈，该公司需要化肥配送全省 33 个经销商点。王伟要如何订立这份买卖合同呢？

项目思考

王伟要如何订立这份买卖合同呢？物流合同包括那几种？具体内容又是什么？

身边的事

扫描二维码，查看相关案例并思考合同订立过程中如何防范风险。

知识研修

物流客服人员经过漫长的艰苦的讨价还价的过程，终于到了最后的步骤，应及时把双方成交的意愿以书面形式固定下来，并签字认可．客户仍然要保持耐心，与对方逐一确认谈判成果，并记录成文，取得对方书面承诺。在物流合同中主要包括仓储、运输等合同这里主要介绍仓储合同和运输合同两大类。

一、仓储合同

（一）仓储保管合同的内容

（1）储存物资的名称和类别。

（2）储存物资的数量、质量和包装。

（3）物资验收的内容、标准、方法和时间要求。《经济合同法》中强调，“存货方应当向保管方提供必要的物资验收资料，否则，发生物资品种、数量、质量不符合合同规定时，保管方不承担赔偿责任”。

（4）物资的保管条件和保管要求。对危险品必须说明其性质、性能。

（5）物资的储存计划和出入库手续、时间和储存地点。

（6）保管损耗的标准和损耗的处理。

（7）计费项目、标准、结算方式、开户银行账号。

（8）责任划分和违约处理。

（9）变更（修改）和解除合同的程序及期限。

（10）合同的有效期限。

（11）其他有关约定事项。

（二）合同双方的权利和义务

仓储保管合同的签订使双方的关系成为一种法律关系，受国家法律的保护，一经签订，任何一方不得违约，否则将承担相应的经济责任。

【资料卡】

仓储合同中常见的欺诈形式

（1）利用合同骗取货物。

（2）利用货物检查进行欺诈。

（3）第三人伪造、变更合同来欺骗保管人

（4）利用合同条款进行欺诈。

（5）骗取违约金。

（6）骗取定金或担保物。

1. 保管方的义务和存货方的权利

（1）保证物资完好无损。对保管的物资不得丢失、破损、变质、降质，除非因无法防止的自然耗损、降质，符合合同规定指标的，保管方可免除责任。

（2）对库场因物资保管而配备的设备，保管方有义务加以维修，保证物资不受其损害。

（3）在由保管方负责对物资进行搬运、看护和技术检验时，保管方应及时委派有关人员进行该项工作。

（4）保管方对自己的保管义务不得转让，在正常情况下，未经存货方同意，保管方不得委托第三方对货物代为保管。

（5）保管方不得使用保管的物资，其不对此物资享有所有权和使用权。

（6）保管方应做好入库的验收和接收工作，并办妥各种入库凭证手续，配合存货方做好物资的入库和交接工作。

（7）对危险品和易腐物资，如不按规定操作和妥善保管而造成毁损，则由保管方承担赔偿责任。

（8）一旦接受存货方的储存要求，保管方应按时接受物资入库场，如由于保管方的责任造成部分或全部物资不能按时入库的，保管方应承担违约责任。

2. 存货方的义务和保管方的权利

（1）存货方对入库的物资数量、质量、规格和包装应与合同规定内容相符，保管方做好物资入库的交接工作。

(2) 按合同规定的时间提取委托保管的物资，如未能按时提取物资，则应交付延期提货的保管费。

(3) 按合同规定的条件支付仓储保管费。

(4) 存货方应向保管方提供必要的物资验收资料，如没有提供必要的验收资料则无法对入库的物资进行验收，在这种情况下发生的物资灭失、损害，保管方不赔偿责任。

(5) 对危险物资的储存，存货方必须提供有关此类物资的性质、注意事项、预防措施以及采取的方法等。

(6) 如保管方已经接受存货方存货的要求，但在履行保管合同时，由于保管方的原因造成退仓、不能入库时，保管方应按合同规定赔偿存货方的运费并支付违约金。

(7) 凡由保管方负责发运的物资，则必须按期发货。如保管方不能按期发货，应赔偿存货方逾期交货的损失，如错发到货地点，除按合同规定无偿运到规定的到货地点外，还应赔偿存货方因此而造成的实际损失。一般包括以下几个方面。

①物资的短少、损坏和灭失。

②因不能按时运达合同规定的地点，造成存货方未按期取货而所造成的生产、经营的损失。

③因没有按合同规定的时间将货运至存货方指定的地点，致使存货方因违反他人合同而引起的损失。

(三) 仓储保管合同的特点

(1) 仓储保管合同属于一种诺成性的合同，即只要双方当事人意思表示一致合同即可成立。

(2) 经双方商定后以书面形式订立。

(3) 存货方从保管方处取回物资时，应向保管方支付仓储保管费用。

(4) 物资的灭失、损坏是由于保管方没有履行保管合同所致，则应由保管方负责赔偿。

(5) 仓储保管合同要求双方严格遵守货物存储期限的规定，对仓储的物资可按合同的规定分批存储或提取。

(四) 签订仓储保管合同的步骤

仓储保管合同的订立应符合我国《经济合同法》和《仓储保管合同实施细则》的有关规定以及国家的其他法律、法规，贯彻平等互利、协调一致、等价有偿的原则。

由双方的法定代表或授权的经办人签字，单位盖公章或合同专用章，合同即告成立。如法人代表授权本单位经办人员代理签订合同，应事先出具本单位的委托证明，也可由主管企业授权经办人以企业的名义对外签订合同。

（1）邀约：由委托方向保管方提出订立仓储保管合同的建议和要求。

（2）验资：企业法人代表（或委托法人）之间签订合同应出示有关证明法人资格的材料和资信证明。

（3）洽约：由法人授权的业务人员对邀约方提出的合同条款逐条当面商定。

（4）审约：由有经验的专门人员审查合同条款是否符合法律、政策的规定，权力是否平等，条款是否严密，以防责任不明和签订出“不平等条款”。

（5）定约：双方的法人代表（或授权的委托人）应在仓储保管合同文本上签字，并加盖公章或合同章。签章后合同即生效。

（6）履约：即对合同的履行。在履行合同时，各方承担各自的义务，并享有各自的权利。

（五）仓储合同解除的条件

（1）事后协议解除合同。

（2）约定解除合同。

（3）因不可抗拒力致使解除合同。

（4）一方当事人违约致使解除合同。

（5）一方当事人延迟履行义务致使解除合同。

二、水路货物运输合同

（一）水路货物运输合同的概念

水路货物运输合同是指水路运输企业或者经过交通主管部门审查批准，持有营业执照的个体（联户）船民与利用水路运输货物的托运方之间达成的有关水路运送货物的权利和义务的协议。这里所说的水路货物运输合同专指在我国沿海、沿江、湖泊以及其他通航水域中一切营业性的货物运输，而不包括国际海洋货物运输。

（二）水路货物运输合同的形式及主要内容

1. 水路货物运输合同的形式

水路货物运输合同除短途驳运摆渡零星货物等双方当事人可即时清结者之外，应当采用书面形式。水路货物运输往往涉及大宗、长期货物运输，所以对特定范围的重点物资、联运物资、外贸物资等，要由交通主管部门综合平衡运输计划，这时承运人必须服从国家的计划管理。大宗、长期货物运输，可按月签订运输合同，对其他按规定必须提送月度托运计划的货物，经承运人和托运人协商同意，可以按月签订货物运输合同或以货物运单作为货物运输合同。零星货物运输和计划外的整批货物运输以货物运单作为运输合同。

2. 水路货物运输合同的主要内容

按月度签订的货物运输合同，应具有下列基本内容。

（1）货物名称。

（2）托运人和收货人名称。

（3）起运港和到达港，海江河联运的还应当载明换装港。

（4）货物的重量，按体积计费的货物应载明体积。

（5）违约责任。

（6）特约条款。

3. 水路货物运单的主要内容

（1）货物名称。

（2）重量、件数、按体积计费的货物应载明体积。

（3）包装。

（4）运输标志。

（5）起运港和到达港，海江河联运货物应载明换装港。

（6）托运人和收货人名称及其详细地址。

（7）运费、港口费和其他费用及其结算方式。

（8）承运日期。

（9）运到期限（规定期限或商定期限）。

（10）货物价值。

（11）双方商定的其他事项。

（三）签订水路货物运输合同条款时应注意的问题

1. 水路货物运输的类别

水路货物运输分为整批、零星和集装箱运输。一张运单的重量满 30 吨或体积满 34 立方米，按整批货物托运，不足此数的按零星货物托运。使用集装箱运输的货物，每张运单至少一箱；但按“港到港”方式办理的集装箱运输，可以办理两个以上收货人的拼箱运输；危险物和易污染、损坏的货物，不能使用通用集装箱运输。

2. 每单运输的要求

按一张运单托运的货物，运输条件必须相同，即发货人、收货人、起运港、换装港、到达港等都相同。易碎、易腐、流质货物、危险货物与普通货物，以及性质不同运输条件不同，不能混装的货物，不能用一张运单托运。

3. 货物运到期限的规定

货物运到期限的计算，从货物承运次日起至抵到达港卸船时止。其间包括：起运港发送时间5天；每一换装港的换装时间7天；运输时间按各线运价里程除以规定的运输速度计算，不足一天的按一天计算；因自然灾害、水上救助、等候通过船闸等原因所耽误时间不计算在内。

4. 运输计划的提出、执行、变更、补充

水路货物运输实行计划运输的，应及时提出运输计划。大宗货物、长期货物以及全月累计托运量满100吨的零星货物，托运人应于每月13日前，向起运港提出下月货物托运计划。超过500千克的剧毒品、压缩气体和液化气体、一级危险货物，应提出月度托运计划。放射性物品，爆炸品、拖带浮物、笨重长大货物，无论数量多少，均应提出月度计划。起运港应于当月28日前将核定的下月度运输计划通知发货人。

对已进入港口的货物，由于承运人的原因，当月未运出的，港口应在次月优先发运，发货人再办理托运计划手续。

救灾、抢险、政府指令急运的物资，不受计划限制。遇有特殊情况、如自然灾害、港口堵塞、航道限制，或收货人可提出要求，承运人可采取停装、限装措施。

托运人因故需变更运输计划或计划外运输时，应向起运港提出货运变更计划表或补充计划表。运输计划只能变更一次，补充计划不办理变更。

5. 提交运单的要求

托运的货物必须与货物运单记载的品名相符，托运人应如实填报货物的有关情况，货物运单要填写清楚，收货人的地址要真实确切，填写的发货符号要与货件上标明的相符，不得省略；货物名称要写具体的品名，如品名过繁，不能写完，可填写运价分级表规定的概括名称。文物，稀有、珍贵物品，尖端、精密仪器，应单独提交运单。单件货物的价值在5000元以上的药材、百货、工艺美术品等，应在提交运单时详列品名。根据中央及省（市、自治区）规定禁运、限运以及需办理海关、检疫、卫生、公安等各项手续的货物和应随附有证明文件的货物，托运人应将文件随运单同时提出，并在运单内注明文件名称。

6. 运输货物重量和体积的确定

起运港具备符合国家规定的计量手段，托运人应按起运港核定的数据确定货物重量；托运人整船散装货物确定重量有困难时，可以要求承运人提供船舶水尺计量数，作为托运人确定的重量。按照规定实行重量和体积择大计费的货物，应填写货物的重量和体积。笨重长大货物，还应列出单件货物的重量和体积（长、宽、高），还应在货件上标明。

7. 运输货物的包装、运输标志

需要包装的货物，必须按照国家或主管部门规定的标准包装；没有统一规定包装标准的，应在保证运输安全和货物质量的原则下进行包装；需要随附备用包装的，应提供备用包装。

按件托运的货物，托运人应在货件两端涂刷、粘贴运输标志，不易涂刷、粘贴的应拴挂运输标志。运输标志内容包括：运输号码（或发货符号），到达港、收货人，货物总件数，起运港。在某些直达航线和一条龙运输线上，也可采用包括到达港、收货人和发货符号的“一标三用”的简明标志。运输标志用钢笔、毛笔填写，字迹应明显、清楚、不易褪色。使用集装箱运输的货物，免制运输标志，但应在运单“发货符号”栏内注明集装箱号。托运人应根据货物性质按照国家规定，在货物包装上制作包装储运指示标志（防潮、易碎、不得倒置等）

8. 货物托运的注意事项

托运人自行决定是否投保货物运输险，但国家规定必须保险的货物，托运人应在托运时投保货物运输险；实行保价运输的个人生活用品，应提出货物清单，逐项声明价格，并按声明价格支付规定的保价费；承运人应按运输计划确定的船的品种派船运输，在装运前，由发货人验舱，合格后方可装运；托运人托运易腐货物和有生动、植物，应在货物运单内注明容许的运到期限和运输要求。起运港应认真审查，如同意承运，应尽快配船装运，到达港应尽快卸船交付；须使用冷藏装运的易腐货物，托运人和承运人应在提送、平衡月度托运计划时确定，并同时商定冷藏温度；承运人在航行中对承运的有生命动、植物应保证所需淡水供应，所供淡水，江河运输免费，海上运输照章收费。运输有生动物所需饲料由托运人自备，免费运输。

按照货物属性或双方商定需要押运的货物，托运人须派人随船押运。押运人数由承运人确定，托运人应在运单内注明押运人员的姓名和证件，押运人员应遵守船舶的有关规定。押运人员随货乘坐货轮、货驳、按五等舱位购票，乘坐客货班轮按所乘舱位购票。

9. 货物的承运、交付和提货

托运人按照起运港签认的货物运单，按指定的日期和地点将货物集中进港。起运港按运单认真验收。起运港对货物验收完毕（托运人自行装船的，货物装船完毕）在运单上加盖港口日期戳时即为承运。

货物到达港口后，由到达港指定卸货地点，并向收货人及时发出到货通知，在货票内注明通知时间。单位提货，提货人应在提货单上签章并加盖公章（或凭单位介绍信），个人提货，凭个人身份证或其他证件，并在提货单上签章。

收货人应及时组织提货，并在收货时验收货物，付清港口费用和按规定由收货人支付的运费、托运人少缴的费用以及中途垫款。由收货人自理卸船的货物，应在规定的时间内完成卸船作业，将船舱、甲板打扫干净；对装运污秽货物，有毒害性货物的，应负责洗刷、消毒，使船舱恢复正常清洁状态。从到达港发出到货通知的次日起，经过催提、查找，满 30 天（个人托运的生活用品和搬家货物满 60 天）仍无人提货、拒绝提货或超期不提的货物，港口可按无法交付货物处理；对拒提或超期不提的货物，也可以转栈，并按规定计收转栈费和货物保管费；对性质不宜保管的货物，由港口及时适当处理。

10. 水路货物运输合同的变更和解除

变更和解除水路货物运输合同应当遵循法律的规定，符合法定的条件。

（1）变更和解除水路货物运输合同的程序。托运人要求变更运输时，应征得承运人同意后，提出货物变更运输要求书并随附领货凭证或其他有效证件。

由于承运人原因，要求变更运输时，必须征得托运人同意。未经同意不得擅自变更。因航道障碍、海损事故、自然灾害，货物不能抵原来到达港，或执行国家命令变更运输时，承运人可以改变到其他港口卸货，并及时通知托运人提出处理意见。变更运输后的运输费用，由变更后的到达港向收货人按实结算。

（2）变更和解除水路货物运输合同的形式。变更或解除月度货物运输应当采用书面形式（包括文书、电报或变更计划表等），必须在货物发送前，由要求变更或解除的一方向对方提出。月度货物运输合同只能变更一次。

（3）允许变更和解除的范围。有下述情形之一的月度货物运输合同允许变更或解除。

由于不可抗力使运输合同无法履行；订立运输合同所依据的国家计划被变更或取消；合同当事人一方违约，使合同履行成为不必要或不可能；因合同当事人一方关闭、停产、转产而确定无法履行合同；在不损害国家利益和不影响国家计划的前提下，经当事人双方协商同意；以货物运单作为运输合同的，变更或解除运输合同应注意以下问题。货物发运前，承运人或托运人征得对方同意，可以解除运输合同。托运人提出解除合同的，应付给承运人已发生的港口费用和船舶待时费用；承运人提出解除合同的，应退还已收的运输费，并付给托运人已发生的货物进港短途搬运费。

货物发运后，承运人或托运人征得对方同意，可以变更货物的到达港和收货人。同一运单的货物只能变更一次，但不得变更其中的一部分。变更指令性运输计划内的货物，除必须征得对方同意外，还必须报下达该计划的主管部门核准。由于自然灾害、海损事故、航道、船闸障碍、执行政府命令或军事行动，货物不能运抵到达港时，承运人可以到就近港口运货，并及时通知托运人或收货人提出处理意见。合同中订有变更条款的，应按双方的变更条款办理。

二、公路货物运输合同

（一）公路货物运输合同的概念、特点

公路货物运输合同是指汽车承运人与托运人之间签订的明确相互权利关系的协议，公路货物运输合同除具有一般货运合同的特点外，还有下列几个特点。

（1）承运人必须是经过国务院交通行政主管部门批准并持有运输经营许可证的单位和个人，国家交通行政主管部门必须对运输工具、司机进行管理，明确职责，以确保货物运输的安全。

（2）具有门到门的优势和特点。公路汽车货物运输合同可以是全程运输合同，即交由公路承运人通过不同的运输工具一次完成运输的全过程。

（3）承运人的许多义务是强制性的，如定期检修车辆，确保车辆处于适运状态；运费的计算和收取必须按照有关部门的规定，不得乱收费等。

（二）合同应包括的主要内容

（1）货物的名称、性质、体积、数量及包装标准。

（2）货物起运和到达地点、运距、收发货人名称及详细地址。

（3）运输质量及安全要求。

（4）货物装卸责任和方法。

（5）货物的交接手续。

（6）批量货物运输起止日期。

（7）年、季、月度合同的运输计划（文书、表式、电报）提送期限和运输计划的最大限量。

（8）运杂费计算标准及结算方式。

（9）变更、解除合同的期限。

（10）违约责任。

（11）双方商定的其他条款。

（三）合同签订后，双方应履行的义务。

合同签订后，双方应按合同规定履行各自的义务。

1. 托运方的义务

（1）按合同约定的时间准备好货物，在货物起运期内及时发货、收货，所装货物符合合同签订内容，装卸地点、货场具备承运方正常通车条件。

（2）负责装卸时，应准备相应的劳力和装卸机具，按约定时间和质量要求搞好装卸。

（3）装运散装货物，应提供计量设备，按规定标准装卸。需要包装的货物，必须符合国家或国家主管部门规定的包装标准；国家未规定包装标准的货物，应在保证运输安全的原则下进行包装。

（4）托运超限货物，应事先向承运方提供货物说明书，需要特殊加固车厢时，应负担所需费用。

2. 承运方的义务

（1）按合同规定的期限、数量和起止点，合理调派车辆，完成运输任务。

（2）负责装卸时，应严格遵守作业规程和装载标准，保证装卸质量。

（3）实行责任运输。安排装货的车辆，货箱要完整清洁，货物要捆扎牢固，运输途中要定时检查，发现异常情况，及时采取措施，保证运输质量。

（4）装运鲜活、易腐等有特殊要求的货物，应承担专门约定的义务。

活页任务单

任务情境 5－3：订立物流合同
一、任务描述 针对“项目引入”的案例，王伟作为哈尔滨北方物流有限公司的客服负责人，代表物流公司与东农科技有限公司进行了洽谈。通过洽谈，王伟了解到该公司需要将化肥配送全省 33 个经销商点。王伟要如何订立这份运输合同呢？（参考实施步骤）
二、实施工具 略
三、实施方法 分组编制合同

续表

四、实施步骤

步骤一

王伟在订立运输合同前了解和熟悉了《合同法》中关于公路运输合同的相关规定，掌握了合同范本的格式和内容，并认真审查了对方的主体身份和履约能力，在订立合同时仔细推敲合同措辞，不断完善和加强自我保护意识和技能。

步骤二

王伟代表哈尔滨北方物流公司与进行了洽谈，双方达成了一致意见，于2月26日签订了负责配送化肥的合同。约定主要采取公路运输．根据距离远近，每吨运费价格50～200元不等。总计运费约21万元。先支付定金1万元，并在5月1日收货、验货后10日内付清20万元余款。

扫描二维码查看合同的具体格式内容。

本合同正本一式两份，合同双方各执一份；合同副本一式两份。

王伟作为部门负责人，有权决定100万元以下合同的订立。他要熟悉物流行业的业务情况，具备一定的业务能力及素质，才能切实保护企业和自己的利益。王伟应掌握和熟悉运输合同的内容和基本格式，订立合同的原则，合同条款的审查方法，从而避免运输合同的漏洞和欺诈行为。

五、考核与评价

任务实施评价表

考核项目	考核要求	分值	得分			备注
			自我评分	组间评分	教师评分	
制定运输合同	掌握运输合同的内容	30				
	合同内容详细具体	20				
	双方的权利义务明确	30				
	能够有效地避免合同的漏洞和欺诈行为	20				

续表

六、技能拓展 **仓储合同与合同违约** 某汽车装配厂从国外进口一批批车零件，准备在国内组装，销售。2004年3月5日，与某仓储公司签订了一份仓储合同。合同约定：仓储公司提供仓库保管汽车配件，期限共为10个月，从2004年4月15日起到2005年2月15日止，保管仓储费为5万元。双方对储存物品的数量、种类、验收方式、入库、出库时间和具体方式、手续等作了约定。还约定任何一方有违约行为，要承担违约责任，违约金为总额的20%。合同签订后，仓储公司开始为履行合同做准备，清理了合同约定的仓库，并且从此拒绝了其他仓储人的仓储要求。2004年3月27日，仓储公司通知装配厂已经清理好仓库，可以开始送货入库。但装配厂表示已找到更便宜的仓库，如果仓储公司能降低仓储费的话，就送货仓储。仓储公司不同意，装配厂明确表示不需要对方的仓库。4月2日仓储公司再次要求配装厂履行合同，配装厂再次拒绝。4月5日，仓储公司向法院起诉，要求汽车配装厂承担违约责任，支付违约金，并且支付仓储费。汽车装配厂答辩合同未履行，因而不存在违约的问题。 实训要求：根据该仓储公司的实际情况，为其制定一份合理合法的仓储合同。 要求：双方的权利义务明确；合同内容详细具体；违约责任等条款齐全。

项目小结

在物流客户开发洽谈过程中物流客服人员若能游刃有余地运用诱导客户成交的技巧让客户产生新的理解和认识最后就能让客户自己做出购买的决定。物流客服人员在与客户交往达成交易的过程中在密切注意成交信号（语言信号、行为信号、表情信号）、灵活机动、摆正成交态度、利用最后成交机会、创造成交环境、帮助客户权衡利弊和留有一定成交余地是促进成交的基本策略。采取请求成交法、假定成交、小点成交、选择成交、从众成交等十几种方法，促进成交，并订立物流合同。

项目六　处理物流客户异议与投诉

项目概述

从接近客户、物流状况调查、服务介绍说明、提出物流服务建议书到签约的每一个销售步骤，客户都有可能提出异议，愈是懂得异议处理的技巧，你愈能冷静、坦然地化解客户的异议，每化解一个异议，就摒除你与客户一个障碍，成功就更近一步。请牢记——物流销售是从客户的拒绝开始。多数新加入销售行列的销售人员，对异议都抱着负面的看法，对太多的异议感到挫折与恐惧，但是对一位有经验的销售人员而言，他却能从另外一个角度来体会异议，揭露出另一层含意。

（1）从客户提出的异议，让你能判断客户是否有需要。

（2）从客户提出的异议，让你能了解客户对你的建议书接受的程度，而能迅速修正你的物流销售战术。

（3）从客户提出的异议，让您能获得更多的物流客户信息。

物流客户开发即物流产品销售本质上是一种沟通，是销售者与客户的双向交流，通过开场切入、引发兴趣、产品说明、异议处理等流程，最终双方达成一致。

在已经签好约的客户中，我们在履约过程中或许也会面临客户出现异议，这种异议多数表现为不满意进而出现投诉现象。物流客户服务工作中应该力争做到服务无差错，但人非圣贤，孰能无过！关键是怎样能接收和处理客户的投诉。海陆空专业物流运输大型货运代理企业，因其特殊性决定了在日常业务操作中会有客户投诉，如何处理好客户投诉并将投诉转为营销活动，也就是我们通常所说的危机公关，自然也就成为大家共同关注的话题。

那么在物流客户开发与管理过程中，面临客户可能产生的异议与投诉，我们客户服务人员如何来完善我们的工作，正视客户的异议与投诉，使他们的问题能够及时妥善的解决，让他们更忠诚于我们的企业呢？

项目目标

知识目标：

（1）了解物流客户异议的含义。

（2）了解物流客户异议产生的原因和类型。

（3）掌握处理异议的方法。

（4）了解物流客户投诉的原因及心理，掌握物流客户投诉的处理形式及处理流程。

能力目标：

（1）学会分析物流客户异议的成因，并划分客户异议的类型。

（2）学会灵活的处理异议的方法。

（3）掌握处理客户投诉时的应对技巧。

素质目标：

（1）学生应树立职业意识，拥有良好的服务态度和主动服务意识。

（2）学生应注重礼仪礼节。具有较好的心理素质、沟通策略水平，能够灵活地处理投诉和异议过程中出现的各种问题。

（3）具有严谨态度、爱岗敬业、团队合作、勇于创新的精神，具备良好的职业道德。

思政目标：

（1）进行爱国主义教育，增强学生物流强国的国家使命感、民族自豪感和社会责任感。

（2）增强学生的职业素质教育，使学生增强忧患意识与危机意识。

（3）弘扬爱岗敬业精神，形成敬业、明礼、诚信、守法的工作作风。

任务一　物流客户开发过程中异议的成因及处理

项目引入

TT 货运公司的 A、B 两名物流客服人员分别有一票 FOB 条款的货物，均配载在 D 轮从青岛经釜山转船前往纽约的航次上。开船后第二天，D 轮在釜山港与另一艘船相撞，造成部分货物损失。接到船东的通知后，两位物流客服员的解决方法如下。

A 客服员：马上向客户催收运杂费，收到费用后才告诉客户有关船损一事。

B 客服员：马上通知客户事故情况并询问该票货物是否已投保，积极协调承运人查询货物是否受损并及时向客户反馈。待问题解决后才向客户收费。

结果：

B 的客户事后给该公司写来了感谢信，并扩大了双方的合作范围。

A 的客户货物最终没有损失，但在知道真相后，对 A 及其公司表示不满，并提出种种质疑：为何事发后，没能第一时间告知客户事件原委？TT 货运公司的物流业务是否只注重利益而忽视客户及其货物的安全等，并表示要终止合作。

项目思考

（1）物流客户提出异议的原因何在？

（2）处理物流客户异议时，应遵循哪些原则？

（3）面对物流客户提出异议时，可以采用何种策略进行处理？

身边的事

扫描二维码，思考如何恰当地处理异议来促成交易的达成。

知识研修

一、客户异议概述

在开发物流客户过程中，客户对物流客服人员所做的各种推销努力和传递的各种推销信息，会有不同的反应：或积极响应同意购买推销物流产品，或迟疑观望，甚至拒绝购买，并且会提出各种异议或怨言。这种被客户用来作为拒绝购买理由的各种问题、意见和看法就是客户异议。但在实际销售活动中，马上会同意购买推销物流产品或服务的客户较为少见。据美国有关机构的一项调查资料表明：和气的，好说话的，几乎完全不拒绝的客户只占推销成功率的 15%。对于客户异议，若不妥善处理，会使物流客服人员的推销工作前功尽弃或彻底地失去客户。因此，物流客服人员只有正确认识和对待客户异议，以冷静、豁达的态度对待它，认真分析异议产生的原因，采取灵活的策略和方法，有效地加以处理和转化，才能最终说服客户，达成推销目标。

二、正确看待客户异议

毋庸置疑，客户异议是开发客户的障碍。多数新加入推销行列者，对客户异议都抱着负面的看法，对大多的客户异议感到挫折与恐惧；但是对一位有经验的物流客服人员而言，他却能从另外一个角度来体会异议，揭示出另一层含义：从客户异议中能获得更多的信息，从而能迅速地修正自己的战术，妥善地处理客户的异议，进而取得开发客户的成功。要处理好客户异议，首先要对其有正确的看法与态度。

（一）客户异议是推销活动过程中的必然现象

物流客服人员与客户分别代表着不同的利益主体，当客户用自己的利益标准去衡量物流客服人员的推销意向时，必然会产生赞同或否定的反应。可见，客户提出异议是推销介绍的必然结果，是客户开发过程中必然会出现的现象。一些成功的物流客服人员甚至认为，客户提出异议，正是洽谈的目的与追求的效果。因为，只有当客户开口说话，提出反对购买的理由时，物流客服人员才有可能进行针对性的介绍与解释，才是开发客户活动的真正开始。因此，作为物流客服人员，不要害怕客户提反对意见，而应欢迎并理解客户异议，虚心听取客户的不同意见、看法，认真分析客户异议的根源，并以此作为检验自身推销活动优劣的参考依据之一。

（二）客户异议既是推销的障碍，也是成交的前奏与信号

客户异议，固然为进一步开发设立了障碍，但是，如果没有这些障碍的出现，物流客服人员始终只能唱“独角戏”。客户一旦提出异议，开发客户便进入了物流客服人员与客户的双向沟通阶段。它表明，已向成交又跨进了一步，使客户开发有了进一步发展的基础。那些对物流客服人员的推销介绍不发表意见和看法，甚至是没有反应的客户，是对推销活动不感兴趣、无购买意向的客户。物流客服人员应该充分利用客户提出异议这一契机，及时给客户以满意的答复，策略地使客户加深对推销物流产品的认识，改变客户原来的看法。所以说，对于客户异议，物流客服人员既要看到其对推销工作的障碍性，也应看到它为最后的成交提供的机会。

【实例6－1】

快递业这两年由于网络购物的迅猛发展，销量、利润也由此连年增加，但因报纸披露了因电视购物、电话订购和网购等发出的商品货不对板甚至诈骗引发的代收货款

方面的投诉，由于快递公司对销售方的诚信度了解不深，以及拒绝验货等原因，频频有消费者反映上当受骗，出现纠纷后，消费者又无法联系到销售方协商解决，于是矛盾就自然转到了快递公司身上。事件曝光后，尽管相关人员多方解释，但由于消费者难以消除疑虑，代收货款业务直线下降。

真实的客户异议是对产品或服务本身的不认可，异议一旦产生就很难消除。但是作为物流客服人员应该把异议作为一次成交的契机，尽己所能改变客户原来的看法，尤其是偏见，给客户满意的答复。

三、物流客户异议的类型

在了解客户异议的基本含义的基础上，如果能够了解客户异议的类型有助于物流客服人员选择有效的异议处理方法。异议的主要类型如下。

（一）按异议针对的内容划分

（1）需求异议。客户自认为他根本不需要推销的物流产品和服务而产生的异议。

（2）支付能力异议。客户认为他支付不起购买物流产品或服务所付的款额。

（3）权力异议。客户表示无权对购买行为做出决策的异议。

（4）质量异议。客户对物流产品或服务质量不满而提出的异议。

（5）价格异议。客户认为物流产品或服务价格过高或过低而提出的异议。

（6）信用异议。客户认为物流客服人员的信用度低，或者对物流客服人员所代表的企业的信用度表示怀疑的异议。

（7）交货期异议。客户对物流客服人员能否按照合同要求的各项内容在限定时间内交割货物表示怀疑的异议。

（8）物流客服人员异议。客户认为不应该向某个物流客服人员购买物流产品或服务的异议。

（9）服务异议。客户对购买物流产品或服务后能否得到安全、及时、准确的运输、配送等售前、售后的服务项目或对物流客服人员承诺的服务项目能否落实所持的异议。

（10）购买时间异议。客户认为现在不是最佳购买时间而想推迟购买的异议。

（11）利益异议。客户对购买产品后能否为自己带来利益以及利益的多少表示怀疑而产生的异议。

（12）政策异议。客户对购买行为是否符合政策要求所提出的异议，客户担心一旦购买行为被确认违反政策法规，将被追究。

（二）按异议的性质划分

按照物流客户异议的性质或是否反映客户的真实想法可划分为真实异议和虚假异议。

虚假异议是客户为掩饰想法或者拒绝物流客服人员及产品的一种借口；真实异议才是物流客服人员所要了解的各种发自客户内心的意见。

四、物流客户异议的根源

物流客户异议的根源是多种多样的，从分类上看，客户异议根源既有必然因素又有偶然因素，既有可控因素又有不可控因素，既有主观因素又有客观因素，既有来自客户方面的因素又有来自推销方面的因素。既有客户愿意说明的原因，又有客户不愿说明、不想让他人知道或者连客户也搞不清楚、说不明白的原因。由于引起客户异议的各种原因之间互相联系、互相影响，使异议变得更为复杂和难以捉摸。下面从两个方面列出物流客户异议的根源。

（一）客户方面的原因

（1）客户没有认识与发现自己的需要。

（2）客户缺乏支付能力。有的客户不愿承认自己缺乏支付能力，而以其他种种理由拒绝购买，影响物流客服人员的判断。

（3）客户没有决策能力。客户往往不愿承认这一点，因此，物流客服人员在对客户资格审查阶段，应对客户的需求、支付能力和决策能力进行严格的评估。（如果客户所持异议根源于以上三个原因，就说明物流客服人员原先所掌握资料有误。）

（4）拒绝改变。大多数的人对改变都会产生抵抗，销售人员的工作，具有带给客户改变的含意。例如从目前使用的A公司转成B公司，就是要让您的客户改变目前的状况。大多数客户在长期的生产生活过程中，往往与某些物流客服人员所代表的企业形成比较固定的购销合作关系。当物流客服人员不能令客户相信他会得到更多的利益时，客户是不愿轻易舍弃老关系的。

（5）客户的自我表现。有的客户因个性所致，喜欢通过反对与批驳物流客服人员来表现自己，他们借以显示自己的多识、高明、聪明、关系广、消息灵、有办法……物流客服人员应以耐心、包容的态度对待客户异议。

（6）客户的无知。很多客户不是物流产品和服务的行家，而且一般人在高新科技和手段面前都会显得比较无知，由此产生诸多异议。对此，物流客服人员不仅应熟知物流产品和服务，而且应掌握各种展示与讲解方式，能以各种有效形式和深入浅出的语言向客户介绍物流产品和服务。

（7）客户的购买经验与成见。客户在购买活动中都积累了一定的经验，既有成功购买的经验，失败购买留下的教训。客户的经验不总是合理和正确的，当推销活动与客户的购买经验不符时，客户提出购买异议。物流客服人员只有在转变客户的认识与态度后，才有可能对物流产品或服务进行有效的推销。

（8）其他的偶然因素。在推销过程中也会遇到来自客户的无法预知的偶然因素导致的异议，如购买时心绪不良、工作不顺利等，都会导致异议。

【资料卡】

辨别三类不同的异议

1. 真实的异议

客户表达目前没有需要或对您的产品不满意或对您的产品抱有偏见，例如：从朋友处听到您公司提供的服务容易出问题。

2. 假的异议

假的异议又分为两种。

（1）指客户用借口、敷衍的方式应付客户开发人员，目的是不想诚意地和物流销售人员会谈，不想真心介入物流销售的活动。

（2）客户提出很多异议，但这些异议并不是他们真正在意的地方，如“你们公司是个国有企业，已经没有竞争力了”“你们的公司名字不够响亮”……虽然听起来是一项异议，但不是客户真正的异议。

3. 隐藏的异议

隐藏的异议指客户并不把真正的异议提出，而是提出各种真的异议或假的异议；目的是要借此假象达成隐藏异议解决的有利环境，例如客户希望降价，但却提出其他如品质、响应速度、公司规模等，以降低服务的价值，而达成降价的目的。

【实例6－2】

扫描二维码，查看“吃过亏”的客户的回答。

【实例6-3】

扫描二维码，思考意外事件对推销有怎样的影响。

（二）推销方面的原因

（1）物流产品或服务的质量不能满足客户的要求。

（2）物流产品或服务的定价策略失误。

（3）物流企业或物流客服人员以往的销售信誉不佳。

（4）物流推销服务质量不高。

（5）物流推销信息匮乏。物流客服人员没有让客户获得足够的信息，使客户感到难以决策。

（6）物流推销证据不足。物流客服人员没有向客户提供足够的具有说服力的证据，使客户半信半疑而产生异议。

（7）物流销售人员本身的情况。销售人员无法赢得物流客户关键人的好感，物流销售人员的举止态度让客户产生反感；对物流服务做了夸大不实的陈述；使用过多的物流专业术语；对客户的物流现状调查不正确；与客户不当的沟通；姿态过高，处处让物流客户关键人词穷。

【实例6-4】

扫描二维码，学会尊重客户异议，进行针对性的推销。

客户异议是推销活动过程中必然出现的现象。一些成功的物流客服人员认为，客户提出异议正是推销的目的和效果。一旦客户提出了真实异议，推销就进入到双向沟通阶段，物流客服人员才有可能进行有针对性的介绍。只要客户提出的不是拒绝性异议和明显的托词，就表明客户已经开始对产品发生兴趣。因此，物流客服人员应尊重客户异议并认真对待客户提出的各种意见。

五、处理物流客户异议的原则与策略

（一）处理物流客户异议的原则

1. 尊重客户异议

客户对推销活动产生疑问、抱怨和否定态度，总是有一定原因的，即便是客户对物美价廉的产品和优惠的交易条件缺乏了解而提出异议，也正说明了推销活动还存在不足之处。同时，能否尊重客户异议，也是物流客服人员是否具有良好素质与修养的一个体现。只有尊重客户异议，才能在此基础上做好转化工作。要知道，客户之所以购买推销品，并非完全是出于理智，在许多情况下是出于感情。尊重客户异议应具体地体现在物流客服人员的言谈举止中。

首先，不论客户的异议有无道理和事实依据，物流客服人员都应以诚挚的态度与语言表示欢迎。这不仅使客户感到物流客服人员具有谦虚的品德以及对自己所推销的物流产品的自信心，还使客户感到自己的不同看法受到了充分的重视。

其次，尊重客户异议，要求物流客服人员认真地倾听客户异议，创造良好的气氛，让客户畅所欲言，充分发表意见，不要轻易打断客户的讲话。使客户感到你很重视并在考虑他的意见。在心理学上称为“排除不满”或“感情净化”。同时，你只有听清楚客户的意见，才能有针对性地做出处理；再者，物流客服人员对客户的尊重，也是对自己的尊重，让客户感到你对他的尊重。这样，在进行客户异议处理时，客户会更容易接受你的观点，乐于听你的解释。

最后，物流销售人员要给客户留“面子”。客户的意见无论是对是错、是深刻还是幼稚，物流销售人员都不能表现出轻视的样子，如不耐烦、轻蔑、走神、东张西望、绷着脸、耷拉着头等。物流销售人员要双眼正视客户，面部略带微笑，表现出全神贯注的样子。并且，销售人员不能语气生硬地对客户说：“您错了”“连这您也不懂”；也不能显得比客户知道得更多：“让我给您解释一下……”“您没搞懂我说的意思，我是说……”这些说法明显地抬高了自己，贬低了客户，会挫伤客户的自尊心。

【资料卡】

快递公司揽投员解答客户异议的技巧

揽投员一声热情的问候，一句规范的用语，一次得体的对答，都会为速递物流公司品牌形象加分。因此，揽投员的服务就是要解决客户的问题，解答客户异议的能力也是一名揽投员必备的能力。客户对我们提出异议是十分正常的现象，不要害怕，俗话说挑货才是买货人，处理客户的异议既是挑战也是机会，如果我们能让客户得到一个满意的答复，就意味着我们为企业留住了这个客户。

举例来说，当客户对揽投员的服务有抱怨时，建议揽投员回答："给您添麻烦了，对于给您造成的不便，我表示歉意。"当客户对公司的一些服务产生异议时，建议揽投员回答："您的意见非常好，我会记录下来，将您的意见汇报给公司，谢谢您！"当客户给速递物流提出建议时，建议揽投员回答："您说得太好了，我们很乐意接受您提出的宝贵意见，非常希望您能继续关注我们。"

【实例6－5】

扫描二维码，学会给予客户充分的倾听。

希望得到他人的尊重，是每一个人内心的真实要求，你的客户也不例外。所以，处理客户异议的前提是，给予客户充分的倾听和尊重。

2. 强调客户受益

客户对推销活动提出各种形式的异议，其中一个主要的原因是担心交易过程中所要付出的未知的价值风险。但在当今的市场经济中，无风险的市场与不付出机会成本的购买是不存在的。因此，物流客服人员对客户异议的处理应从积极的方面入手，真正做到从客户的立场出发，理解客户的困惑，了解客户的问题，为客户提供帮助，满足客户的需求和利益要求，充分说明客户所能获得的利益及其程度。这是物流客服人员是否能说服客户，促进客户异议转化的关键。

从客户的立场出发看待客户异议，设身处地地为客户着想，通过这种换位思考，可以进一步增进与客户的感情，缩小与客户的心理距离，有利于正确对待和处理客户异议，达到成交的目的。

3. 认真分析客户异议，及时做出反应

在客户发表异议的时候，物流客服人员应耐心地听与看，并认真地分析客户异议是真实有效的，还是虚假无效的，以便区别对待。而对客户提出的异议无论是真实的，还是虚假的，物流客服人员都应及时做出反应。因为，客户对推销活动的不同意见与看法，甚至抱怨，都希望得到物流客服人员的反应。如果物流客服人员对其异议反应迟钝，客户难免会产生诸如：物流客服人员无法答复，忘掉了，不重视客户等想法。

所以，物流客服人员应该在客户发表异议之后，及时做出反应，如“你刚才讲的意思是不是……”即使是打算对客户虚假的、无效的异议采取不理睬的方法进行处理，也应及时做出反应，如“您的意思我理解”等，然后再选择时机进行处理。

【实例 6－6】

一位物流公司客服人员刚刚走进某公司经理室，没说两句话，就见李经理一边拍桌子，一边大声地说：“你们这些业务员，就知道求我们给你们订单、给回扣啊！为什么不想办法提高物流产品和服务质量呢？你们老是拿些不对路的服务来这里对付！你们都走！”这位物流客服人员尽管听得莫名其妙、脸红心跳，但没有像别的物流客服人员那样悄悄走开。他一边默默地听李经理发脾气，一边仔细地分析。后来，他知道经理的意见与他没有关系，但是他希望了解这位经理，他一直硬着头皮在听。后来，经理在临出门时，握着这位物流客服人员的手说：“只有你留下来了，找个时间，我们好好谈谈。”他的态度为自己赢得了信任和青睐。

真实的客户异议一定是事出有因的，作为物流客服人员同样需要耐心和毅力，认真对待客户异议，及时作出判断和反应，方能成为一名优秀的物流客服人员。

4. 彻底消除真实的客户异议

坚持彻底消除物流客户真实的异议是指对那些真实的、有效的客户异议坚持全部消除，不拖泥带水。因为，在实际推销活动中，只要客户还存在一点真实的异议，就会成为影响甚至是阻碍客户实施购买行动的障碍。

为此，要想彻底地消除客户的异议，物流客服人员需从以下几个方面去做。

（1）科学地预测客户异议。“不打无准备之仗”，这是军事家取胜的一条基本原则。同样，这也是物流客服人员战胜客户拒绝应遵循的基本原则。为了有效地处理客户异议，物流客服人员在推销准备阶段，不仅要有应对客户异议的心理准备，而且要根据自己以往的经验和了解到的客户情况，预测客户可能提出的异议，并设计响应处理异议的方法与对策，做好处理客户异议的准备工作。

（2）去分别征求同事、推销负责人、朋友甚至是关系较为密切的客户的意见，从中得到有益的启示，完善处理异议的方法。

（3）最后，通过综合分析、比较、选择，物流客服人员将白纸上记录的最好的处理客户异议的方法挑选出来，并据此与同事们进行模拟训练：一个扮客户，一个扮物流客服人员，直至熟练地掌握这些处理方法。

（4）另外，在此基础上，物流客服人员要根据日常推销工作的实际情况以及自己积累的经验，经常地、不断地对这张表格进行补充、修改，如：补充新的客户异议及其处理方法；淘汰推销实践中证明是无效的处理方法。这样，充分地做好处理客户异议的准备工作，使物流客服人员有备无患地去访问客户，胸有成竹地排除各种客户异议，顺利地开展推销工作。

5. 反复询问、观察客户对异议处理的态度和表现

在处理物流客户异议的过程中，物流客服人员在处理了一个客户异议后，都应该再次询问客户的态度及认识。客户仍存在异议时，应继续处理消除，并且留意客户的前后表现，观察其在异议处理前后的变化，以捕捉客户的购买信号，适时促进交易的达成。

6. 永不争辩

争辩是物流销售的第一大忌。客户的购买决策既受理智的控制，也受情感的影响。不管客户如何批评我们，物流销售人员永远不要与客户争辩，因为，争辩不是说服客户的好方法，一句销售行话是：“占争论的便宜越多，吃销售的亏越大！”所以在物流产品推销的过程中，如果物流客服人员因为客户的异议而与客户争吵，即使争吵“得胜”，也会因此而失掉成交的机会。

据一份统计资料表明：在导致推销失败的2461个例子中，发现由于销售人员与客户争辩而导致推销失败的例子占第一位。正如俗话所说“口头争论占上风，得罪买主一场空”。因此，面对客户的异议，物流客服人员都应本着“客户总是有理的”思想，奉行“永不争辩”的原则，避免与客户争吵，“真理愈辩愈明”的观念在推销上是不一定行得通的。因为物流客服人员的目的不是在于弄清谁是谁非，而是要将产品成功地推销出去。

【实例6－7】

扫描二维码，参考“辩论的胜者，推销的败者”谈谈你的感受。

（二）处理物流客户异议的策略

1. 客户异议处理的时机策略

物流客服人员选择适当的时机处理客户异议是十分重要的。美国通过对几千名销售人员的研究，发现好的销售人员所遇到的客户严重反对的机会只是差的销售人员的1/10。这是因为，优秀的销售人员对客户提出的异议不仅能给予一个比较圆满的答复，而且能选择恰当的时机进行答复。懂得在何时回答客户异议的销售人员会取得更大的成绩。一般情况下，答复客户异议的时机大致有四种情况。

（1）提前处理。物流客服人员为了在处理客户异议的过程中能够争取主动，先发制人，避免因纠正或反驳客户的看法、意见而与之发生争执，有经验的物流客服人员事先一般会预测客户会在推销活动中提出什么问题，会有哪种异议，以便在推销活动中主动提出来并妥善予以解决。所以，当物流客服人员察觉到客户可能会马上提出某种异议时，应明智地抢在客户前面将问题先提出来，这是处理异议的最佳时机选择。另外，在作推销介绍时，在向客户对推销品的特点和优势进行介绍的同时，也适当地向客户说明该物流产品和服务的不足之处。这样，会使客户感到物流客服人员真诚的推销态度，从而赢得客户的信任，有利于推销活动的进一步进行。

【实例6－8】

扫描二维码，谈谈你对“争取主动，先发制人”策略的认识。

（2）即时处理。在推销过程中，对客户而言，都希望物流客服人员能够尊重和听取自己的意见，不回避问题，并做出满意的答复。对此，物流客服人员应视具体情况，及时理解客户提出的各种问题、意见、抱怨等，甚至是虚假的、无效的异议，以及时排除推销障碍，促进交易的顺利达成。要做到这一点，要求物流客服人员具有丰富的知识，敏捷的思维，灵活应变的能力，善辩的口才和一定的临场经验。

（3）推迟处理。在服务过程中，物流客服人员对于客户的某些异议不作及时回答可能会危及整笔交易，而对有些异议，物流客服人员如果不量力而行，企图立即作出答复，则可能会葬送整笔交易。因此，对于客户提出的某些异议，如果物流客服人员认为不适合马上回答的，可采用延迟回答的办法加以解决。

在推销过程中，对于下列几种情况，物流客服人员可以延迟处理客户的异议。

①如果物流客服人员不能当即给客户一个满意的答复，应当暂时搁下，推迟处理。在现代推销活动中，推销物流产品和服务的技术含量不断提高，所涉及的相关领域不断扩大，而作为物流客服人员不可能面面俱到，样样精通。当客户提出了涉及复杂的技术细节而物流客服人员又回答不了的异议时，就需要请有关的技术人员来解答，这样的回答才具有更强的说服力；另外，对于那些马上答复没有足够把握的客户异议，物流客服人员也要延迟处理，以便给自己留出更多的时间来进行思考，筛选出最佳的处理方案。

②如果物流客服人员认为马上答复客户的异议会影响你阐明推销要点或影响你的推销方案的实施，最好不要马上回答，应推迟处理。

③如果物流客服人员认为没有必要当即反驳客户异议，可以推迟答复。这样做的目的是为了尽量避免同客户发生冲突，也是为了不使客户认为物流客服人员对他的观点总是持否定态度，还可以是物流客服人员出于策略上的考虑，有意等待适当时机再予以答复。

④如果客户提出的异议有可能会随着业务洽谈的进行而逐渐减少或消除，物流客服人员可以不马上处理客户异议。这样，既可以减少不必要的争执，又可以节省时间，体现了物流客服人员在安排推销策略上的高明之处。

⑤如果客户的异议与物流客服人员将要谈到某个问题有关，可以不即刻回答。可以说："请稍等一下，下面我将要谈到的问题会说明这一点的。"总之，延迟处理客户异议要求物流客服人员先对客户的异议加以辨析，然后再适时答复，这不失为一种有效处理客户异议的策略和方法。

（4）不予处理。在推销工作中，物流客服人员对于诸如：无法回答的奇谈怪论；不堪一击的肤浅见解、废话、戏言等无效的异议，物流客服人员可以不予理睬，或者用简单的方法应付过去。因为即使让客户正确也不会影响推销工作，根本没有反驳的必要。另外，如果客户异议不是真正的反对意见，而只不过是一种自我表现时，物流客服人员最好也不要予以反驳，因为让客户正确比否定客户更有利于推销工作的开展。

2. 价格异议的处理策略

由于价格总是直接涉及客户的实际利益，决定了购买者的初始成本；同时，在产品成本既定的情况下，价格的高低也决定了企业经济效益的好坏，价格往往成为推销活动中买卖双方讨论的主要议题。因此，物流客服人员能否妥善处理价格异议，直接关系到交易的成败。

处理价格异议的基本策略如下。

（1）科学定价。对于企业而言，制订一个科学合理的产品价格是处理价格异议的基础。而对于物流客服人员来说，配合本单位的有关价格决策部门，为推销物流产品和服务制定适宜的价格，对处理客户的价格异议是非常有好处的。

（2）比较优势。一分钱一分货，高价格代表产品的高品质或高品位。面对客户价格高的异议，物流客服人员在向客户介绍推销物流产品和服务时，应坚持强调推销物流产品和服务的比较优势，即推销物流产品和服务的长处与同类产品的短处相比，使其比较优势更为突出，使客户意识到：相对而言，推销物流产品的价格是合理的，低廉的，是物有所值的。

【实例 6－9】

扫描二维码，结合案例谈谈你对“从产品品质入手，处理价格异议”的认识。

【实例 6－10】

客户：我在别的物流公司咨询过一模一样的服务，普通货物按重量每公斤收费才15 元，你们怎么要 18 元？

物流客服人员：当然需要 18 元，从表面上看两家公司的服务极为相像。但是您再仔细想想，我们公司的服务是 24 小时的，并且货物的每一步运输进程，你都可以在网上查询清楚……他家的服务哪能与我们的相提并论呢？

当客户提出价格异议时，物流客服人员应从产品和服务本身的品质入手，加以解疑，使客户觉得物有所值。

（3）分解费用，缩小标价单位。对客户而言，虽然将推销物流产品和服务的费用、标价进行分解和缩小，较之以前来说，与不缩小时的付出是一样的，但其心理感受是大不相同的。因此，在推销环境允许的情况下，物流客服人员可以把推销品的费用进行分解；也可以将推销品的标价单位尽可能缩小，以减少价格昂贵对客户的心理冲击，使客户产生“所费不多”的便宜的感觉。如改“吨”为“公斤”；改“米”为“厘米”；改“年”为“月”“日”“时”等。

【实例6－11】

扫描二维码，结合案例谈谈你对“缩小计价单位，处理价格异议”的理解。

缩小计价单位是一种针对客户心理采取的定价策略，在实践当中非常有效。

（4）时间分解法。在推销一些高价格物流产品如大型物流设备时，对于客户的价格异议，物流客服人员可以采用时间分解法，即将推销物流产品的价格按使用的时间进行分解，这样就使客户感觉在一个单位时间里的花费显得很少了。

【实例6－12】

扫描二维码，结合案例学习利用时间分解法处理价格异议。

时间分解法的宗旨就是将物流产品或服务的整体价格细分为细小的单位，从而打消了客户心理上的排斥感。

（5）增值法。面对客户的价格异议，物流客服人员可以针对人们“少花钱，多办事”的心理，从多投资、多获利的角度来开导客户，帮助客户认清投资该项产品的益处所在，以化解客户的价格异议。

（6）酌情让步策略。在交易的过程中，虽然推销方不能轻易地作出让步，如果物流客服人员感到：在适当的范围内调整推销品的价格，能使买方增加购买的数量，或者在一个相对较长的时期内重复购买，进行适当的酌情让步是可以的，以有效地解决价格纷争。只是在让步的时候要注意：不做无意义的让步，让步必有回报；一次让步幅度不宜过大，让步节奏不宜太快；让步要适时、适度，不做同幅度的让步；避免单方面让步，争取以己方较小的让步换取对方较大的让步；尽量在次要问题上让步，少在重大问题上让步。

（7）价值成本法。价值成本法是指企业根据顾客在接受服务过程中获得的体验收益和付出的成本之差来找出该项服务中的薄弱环节并加以改进的方法。价值成本法用最简单的方法量化了顾客对每一关键时刻点的体验及其与整体服务体验的关系，给企业衡量顾客体验价值提供了一个可测量的工具。

价值成本法解决价格异议动画

【实例 6－13】

物流咨询公司的销售顾问到一家公司准备签协议，总经理这样说，“我不知道为什么你们公司派了三个顾问师替我们改善库存及采购系统，两个月的时间共需要 100 万元的费用，相当于每人一个月差不多 20 万元了，我都可以……我可以花这个钱请好几个厂长。”

他认为价格很高，产生了反对意见，顾问怎么讲呢？“报告总经理，根据贵企业提供的每个月的库存，每个资料，其金额为 6000 万元，由于生产数量逐年增长，库存的金额也在逐渐地上升。我们顾问只花两个星期对贵厂的采购作业流程、生产的流程、现场生产作业的所有状况做了详细了解，并制定改善方案，贵公司在半年以后库存的金额会下降到 3000 万元，你的利息每年可以下降 300 万元，你节省的费用足以支付我们顾问的费用。”

总经理说：“话虽不错，你怎么能够保证将库存降到 3000 万元呢?”

销售人员说：“要做到库存的降低，采购作业方式要改善，交货期间、交货品质安排生产作业方式也要调整更改。库存金额的降低，只是最后显现的一种结果，因此你要同意签下这份合同，你每个星期都会收到一份报告，报告上会告诉你我们本星期会完成哪些事项，以及我们上星期完成的状况，这时您可以监视我们的绩效，我们会让您清楚看出您投入的每一分钱都能够确实得到回报，若您认为不值得，您完全可以中止付款。因此您可以通过评估得出，您支付给本企业的顾问费都是从您省下来的费用中拨出来的，事实上您根本就不需要多支付任何额外的费用，却能够达成提升工厂管理品质的目的。总经理，我诚恳地建议您，这的确是值得一试的事情，如果您现在就签这份协议，我可以安排一个半月以后开始这个项目。”

销售人员进行的就是价值成本说明，也叫作价值成本分析。当你的销售的确是能够为客户改善工作效率、增加收入或者是降低成本时，你就可以选择“价值成本法”。

3. 需求异议的处理策略

在推销过程中，客户提出需求异议，通常有三种表现。

一是对推销品的需求缺乏认识或认识不足。对此，物流客服人员可以采用需求启迪法，帮助其转变观念，提高对推销品的正确认识，替客户发现在推销品方面的需求，并使其产生对推销品的购买欲望，促成客户购买行为的实现。

二是客户的需求发生了变化。这往往是由不可测因素引起的，物流客服人员也往往是难以预料。这要求物流客服人员要掌握对推销环境的观察、分析与判断，密切关注客户及有关方面的动态，提高自己对客户需求状况变化的预测能力，捕捉到更多的推销机会。

三是客户以此作为拒绝购买的借口。对此种情况，物流客服人员要认真分析客户异议的真伪性，设法了解其异议根源及背景，然后再采取相应的方法与策略予以化解。

【实例6－14】

扫描二维码，结合案例学习需求异议的处理策略。

4. 财力异议的处理策略

在推销过程中，针对客户提出的财力异议，物流客服人员应根据具体情况，认真分析其异议的根源，并采取以下对策进行处理。

（1）降低客户的需求欲望，让客户量力而行。客户的财力异议在一些情况下，可能是由于客户是爱虚荣、攀比、追求新潮、崇尚名牌等心理因素使其需求欲望超过了自身的经济条件所造成的。物流客服人员要针对这种情况，帮助客户树立正确的消费观念，认清自己的需求状况及经济条件，适当地降低客户的需求欲望，如建议客户采取减少购买量或分期分批购买推销品等方法，使其与客户自身的支付能力相符合，抛弃那些不切实际的消费观。借此，物流客服人员就可以向客户推荐客户既支付得起货款又能满足需求的产品。

（2）采取分期付款或延期付款的方法来化解。在物流客服人员采取降低客户需求欲望的方法仍然解决不了客户财力异议的实际问题时，可以采用以下方法来解决。

一种方法是，如果客户一次支付货款确实有困难的，物流客服人员可以考虑对其采取分期付款的方法来解决客户的支付问题；另一种方法是，虽然客户在短期内支付货款有些不足，但是如果在短期内能够筹措所需资金，则可采取延期付款的方法，以消除客户的财力异议。当然，需要注意的是，在对客户采取分期付款与延期付款的方法来处理客户的财力异议时，物流客服人员一定要注意客户的信用状况，必要时实施客户信用状况调查，如果客户信誉欠佳，则不宜采用这两种方法来处理客户的财力异议。

5. 购买时间异议的处理策略

推销过程中关于客户购买时间的异议，主要表现为：客户优柔寡断、举棋不定所致；客户拒绝购买的一种借口；当然也不排除客户确实存在一定的实际困难，客户的最佳的购买时机尚未到来等。对此异议，不论客户是出于何种理由，物流客服人员都要以积极的态度来处理它。

【实例6－15】

物流客服员："胡厂长，如果你们厂的每单货物都配上我公司的物流信息控制系统，那你厂产品的货物运输安全率将由现在的85%上升到98%以上，全年至少可以节省支出5万元。所以你晚一天购买，就意味着你每天要白白扔掉140元钱啊！胡厂长，当断不断，必受损失呀！"面对每天140元钱的无谓损失，胡厂长感到确实不能再犹豫了。

在客户犹豫不决的时候，帮客户算一笔"明白账"，利用"时间"和"利益"相刺激，往往也是排除异议的有效办法。

6. 产品异议的处理策略

（1）产品知识教育。在日常推销工作中，由于一些客户缺乏相应的产品知识，尤其是对新产品的相关知识更是知道甚少。当物流客服人员向这些客户进行推销时，很多客户往往会对推销品或服务的质量、品种等方面提出反对意见。对此，物流客服人员应在自身掌握丰富的产品知识的基础上，对客户进行产品知识教育，帮助客户掌握有关产品方面的相关知识和技术，以化解客户的异议。

【实例6－16】

扫描二维码，结合案例学会排除客户由于产品知识不足产生的争议。

通过产品知识的宣传和讲解能够很好地排除客户由于产品知识不足产生的异议。

（2）举证劝诱。面对客户的产品异议，如果物流客服人员能够拿出诸如：有关知名人士对推销产品购买与消费的赞誉；有关职能与权威部门出具的正面的文字、图片、音像等方面的证据；可以作为正面证据的典型事例与个案等证据资料，对有效地化解客户异议是非常好的。因为，客户对这些比较权威、比较正规的材料一般是深信不疑的，容易消除其对推销品提出的异议。所以说，举证劝诱是化解客户产品异议的有力武器。

（3）现场演示，并让客户亲身体验。在物流客服人员的推销介绍过程中，针对客户提出的诸如“你的产品果真如此吗?”“你的产品真的与你说的一模一样?”这样的异议，在条件允许的情况下，物流客服人员可以采取现场演示推销品的方法，将推销品的优势及使用效果等特征活灵活现地展现在客户面前，以证明产品的实际效果，彻底打消客户心中的疑虑，从而不再坚持自己的异议，促使生意尽快成交。

当然，对于一些物流产品和服务来说，即使通过物流客服人员的演示，其性能特点及使用效果的展现力仍然不强。对此，让客户“隔岸观火”是不能使其信服的，还必须让客户接触物流服务，操作一下，让客户对物流产品和服务的各种性能特点有切身的感受，从而对其将深信不疑，客户的产品异议也就容易化解了。

（4）试用试销，提供担保。有些客户常出于个人偏见、习惯或曾经上当受骗等原因，纵使物流客服人员摆出各种证据，客户还是坚持己见，对推销品仍持怀疑态度。在这种情况下，把推销品给客户试用或试销是解决问题的有效途径。如果客户还不放心，可以给予类似这样的担保：“倘若试用效果不好，影响了你们的产品质量，我们将赔偿全部损失。”并就此和客户达成口头或书面协议。至此，客户也就无法再坚持自己的异议了。一般物流产品不采取这种方法。

7. 购买权利异议的处理策略

（1）激将法。对于有权做出购买决定，但又举棋不定的客户，或者客户只是以“不能做主”当作一种借口，物流客服人员适当地运用激将法来处理客户的购买权利异议倒是有一定的效果。应当注意的是，物流客服人员在运用这一方法时，必须注意措辞要掌握分寸，做到既能较好地激发客户积极地购买推销品的情绪，同时又能避免对客户自尊心的伤害。

【实例6－17】

客户：“很抱歉，这件事我可不能做主呀。”

物流客服员：“于主任，别人都说你办事向来敢说敢当，干脆利落。可是你今天的言行怎么……作为营运部的主任，不会连区区两万元的买卖都做不了主吧?”

客户：“什么？你以为我于某人真的做不了主？其实我是想再等一等，看看行情再说。那好，既然你这么说，我就选你们公司了。”

看来物流客服员这一招效果的确不错，不仅使客户在自尊心的驱使下当即作出了购买的决定，还探知了客户异议的“真相”，可谓是“一箭双雕”。

（2）假设退让法。如果物流客服人员探知客户具有定夺这桩交易的大权，但是对方就是不中激将之计，可以推断客户的购买权利异议目的可能意在迫使自己做出某种让步，以获得优惠的交易条件。此时，物流客服人员可以采用假设退让的方法来探询对方的意图。如，“严科长，假如我能给你一些优惠的话，你也不能当家吗?”若对方不直接给予肯定回答，说明他是有权购买的，只是想多得一些好处罢了。比如，“那要看你如何优惠了。”于是，物流客服人员便可以某种优惠条件来取得对方的应允。

（3）探询法。对于确实无权决定购买推销品的人，上述方法都不奏效。物流客服人员也就不必浪费时间与精力继续与之周旋，而应巧妙地从其口中探询出真正的决策者，然后再与之接洽。

【实例 6－18】

物流客服员：“孙主任，既然你确实无权做主，那谁有权呢？是你们的经理吗?”

客户：“他也不行。这笔生意非我们总经理和总经济师两人点头不可。”

物流客服员：“哦，原来这样，孙主任，耽误了你的时间真是对不起呀！多谢啦，再见。”

通过交谈探询了解到真正有购买决定权的人，以便作出下一步的推销决策。

六、处理物流客户异议的方法

（一）直接否定法

直接否定法又称反驳处理法。这种方法是物流客服人员根据较明显的事实与充分的理由直接否定客户异议的方法。物流客服人员采用这种方法给客户直接、明确、不容置疑的否定回答，迅速、有效地输出与客户异议相悖的信息，以加大推销说服的力度和反馈速度，从而达到缩短推销时间、提高推销效率的目的。

直接否定法适用于处理由于客户的误解、成见、信息不足等而导致的有明显错误、漏洞、自相矛盾的异议，不适合处理因个性、情感因素所引起的客户异议。正确地运用直接否定法，以合理而科学的根据反驳客户，可以增强推销论证的说服力，增强客户的购买信心。但这种方法在使用方面也存在一些缺点，比如：容易使客户产生心理压力和抵触情绪，甚至可能伤害客户的自尊，引起客户的反感或激怒客户，造成推销洽谈的紧张气氛，不仅没有化解客户异议，反而使异议成为成交障碍。因此，在运用直接否定法来处理客户异议时，要注意：

（1）反驳客户的异议要站在客户的立场上，有理有据地摆事实、讲道理，要让客户心服口服，而不是强词夺理来压服客户。在说理过程中，要注意给客户提供更多的信息，以新的信息去反驳客户的过时信息，以真实的信息去反驳客户的虚假信息，以科学知识去反驳客户的误解与成见等，使客户解除误会，增进知识，增强购买信心。

（2）应当始终维持良好的推销气氛。在运用反驳法处理客户异议时，物流客服人员应该明白：反驳的只是客户的看法、意见，而绝不是客户的人格，更不是客户的全部。所以，在反驳客户异议的过程中，不仅要关心推销的结果，更要关心客户的情绪与心理承受能力，做到态度友好真挚，用词委婉，语气诚恳，既有效地反驳客户的异议，又不冒犯客户，使客户感到既消除了心中的疑虑，又增加了新的知识，创造良好的交易氛围。

【实例6－19】

扫描二维码，结合案例了解直接否定法的运用。

（二）间接否定法

间接否定法是指物流客服人员根据有关的事实与理由来间接否定客户异议的一种方法。采用这种方法来处理客户异议时，物流客服人员首先承认了客户异议的合理成分，然后用“但是”“不过”“然而”等转折词把话锋一转，对客户异议进行予以婉转否定。这种方法适用于客户因信息不足而产生的片面经验、成见、主观意见，而且客户能自圆其说的情况。在推销实践中，间接否定法较之直接否定法使用得更为广泛。

（三）询问法

询问法又称反问处理法、追问处理法，是指物流客服人员通过对客户的异议提出疑问来处理异议的一种策略和方法。在实际推销活动中，客户异议具有不确定性，令物流客服人员很难分析、判断异议的性质与真实根源，为排除推销障碍增加了困难，也为询问处理法提供了理论依据。运用询问法来处理客户异议，使物流客服人员掌握更多的客户信息，为进一步推销创造了条件；带有请教意义的询问会让客户感到受到尊重或重视，从而愿意配合物流客服人员的工作，使推销保持良好的气氛与人际关系；另外，询问法还使物流客服人员从被动听客户申诉异议变为主动地提出问题与客户共同探讨。但这种方法如果运用不当，可能会引发客户的反感与抵触情绪，或在物流客服人员的多次询问抑或追问下，产生更多的异议，破坏推销气氛，阻碍推销工作的顺利进行。因此，物流客服人员在运用这一方法来处理客户异议时，应注意：对客户的询问应当及时，以了解客户的真实想法，引导客户把产生购买障碍的真正根源讲出来；询问应重点围绕客户的有关异议，对于那些对推销成交无关的、次要的或者是无效的客户异议，则不进行询问，以提高推销效率。追问应适可而止，对于那些不会形成购买障碍的、客户不愿意讲的，或者根本说不清根源的异议，就不要追问，并注意尊重客户。

【实例6－20】

一位物流客服人员向一位铸铁厂运营科长推销一种新型物流服务。

客户异议："这种服务倒是不错，不过我们和 ××厂已有十几年的协作关系，现在要换合作伙伴我可做不了主。"

物流客服人员回答："科长，您真会说话，您做不了主谁能做主?"

通过进一步询问，了解更多的与推销相关的信息。

（四）转化法

转化法亦称利用处理法、反戈处理法，是指物流客服人员利用客户异议中有利于推销成功的因素，并对此进行加工处理，转化为自己观点的一部分去消除客户异议，说服其接受推销。

转化法是一种有效的处理客户异议的方法。这种方法是"以子之矛，攻子之盾"，物流客服人员改变了客户异议的性质和作用，把客户拒绝购买的理由转化为说服客户购买推销品的理由，把客户异议转化为推销提示，把成交的障碍转化为成交的动力，不仅有针对性地转变了客户在最关键问题上的看法，而且使之不再提出新的异议。并且，在这一方法里，物流客服人员直接承认、肯定了客户意见，在此基础上转化客户异议，这样可以保持良好的人际关系和洽谈气氛。

但是，如果这种方法使用的不当，反而会给推销工作带来麻烦。因为，物流客服人员是直接利用客户的异议进行转化处理的，会使客户感到有损自尊，产生一种被人利用、愚弄的感觉，可能会引起客户的反感甚至恼怒，也可能会使客户失望而提出更难解决的异议。

因此，物流客服人员在运用这一方法时应注意：

（1）物流客服人员要真诚地赞美客户异议的积极方面。

（2）物流客服人员必须认真分析与区别对待客户的异议。

（3）向客户传递正确的信息，不能为了推销产品，不负责任地向客户传递虚假信息，误导客户，蒙骗客户。

（五）补偿法

补偿法又称抵销处理法、平衡处理法，是指物流客服人员利用客户异议以外的、能补偿给客户的其他利益对客户异议实行补偿而处理异议的一种方法。在推销实践中，物流客服人员应该承认这样一个事实，那就是：本企业及其推销品并不是尽善尽美的，推销活动也会有疏忽与不妥当之处，与市场上竞争对手的产品相比，也有优劣长短。对此，物流客服人员应当辩证地去看待，尊重事实，不必要回避与躲闪，并客观地看待客户的异议。如果物流客服人员能够充分地说理和实证来证明推销品虽然存在缺点，但优点更多，使客户相信推销品的优点大于缺点，客户会接受物流客服人员的购买建议的。这一方法在推销工作中，是普遍运用的方法，特别是客户理智地提出有效真实的购买异议时。

补偿法的优点在于：物流客服人员能实事求是地承认推销品的不足之处，并能客观地向客户介绍推销品的优点，给客户的感觉是真诚、客观，可以信赖，从而有利于促成交易；另外，物流客服人员并不是反驳或否定客户异议，相反确实予以肯定和补偿，有利于建立和维护购销双方的友好关系。

但这一方法也有其缺点：物流客服人员事先肯定了客户的异议，可能会引发客户对推销品的误会，助长客户对异议的坚持，对购买失去信心；甚至会使客户异议增多，增加推销劝说的难度；还可能会拖延推销时间，降低推销效率。

因此，在运用补偿法时应注意：运用补偿法来处理客户异议的前提是客户得到补偿的利益要大于异议所涉及问题所造成的损失，否则得不偿失的结果反而会动摇客户的购买决心。

【实例6－21】

扫描二维码，结合案例了解直接否定法的运用。

（六）不理睬法或一带而过法

不理睬法或一带而过法亦称装聋作哑处理法、沉默处理法、糊涂处理法，是物流客服人员判明客户所提异议与推销活动以及推销目的无关或无关紧要时而避而不答或一带而过的一种处理客户异议的方法。在推销活动中，对于那些无效的、无关的、虚假的异议，物流客服人员完全可以不予理会。

这种处理法使物流客服人员避免了在一些无关的、无效的异议上浪费时间和精力，以免发生不必要的争论，可以使物流客服人员坚持原来的推销计划、推销策略与推销重点，从而提高推销效率。但是，不理睬法可能会令客户因为自己的异议没有受到应有的重视而不满。应该引起物流客服人员重视的是：有的在物流客服人员看来是无关的、无效的、微不足道的异议，甚至是莫名其妙的异议，有时会成为或者会演变成客户购买的主要障碍。另外，如果这一方法应用不当，亦会忽视客户的有效异议，导致客户异议没有处理好而无法成交。

因此，不理睬法不可滥用，在运用时应注意：即使客户述说的是无效的、虚假的异议，物流客服人员也要尊重客户，耐心的聆听，态度要温和谦恭；在不理睬客户的某一异议时，注意马上找到应该理睬客户的内容，避免客户受到冷落。

【实例 6－22】

一位物流公司的女客服人员到一家公司进行推销。

客户异议：“你们公司怎么会用女推销员？”

物流客服员：“……”（不理睬法）

或者

物流客服员：“男女都一样。这种服务是我公司总结了国外先进的物流管理经验后最新推出的，各项服务指标在国内都是一流的。”（一带而过法）

一带而过可以避开难以回答或无法回答，而又与产品销售没有太多关联的问题。

【资料卡】

扫描二维码，查看编制标准应答语的具体程序。

活页任务单

任务情境6-1：物流客户开发过程中异议的成因及处理
一、任务描述 主题：物流客户异议的成因和处理。 要求：学会分析导入案例中的物流客户异议的成因，并划分客户异议的类型，同时能处理这次客户异议，在此基础上模拟演练处理异议的过程。 准备： （1）班级学生分组，每组人数应不多于5人。 （2）各小组选择不同的物流服务产品如以物流运输或服务为推销对象，完成客户异议的成因分析和处理办法。 （3）将推销中针对每种物流产品，常见的客户异议话语写出来。 流程： （1）各小组力求写出较多的常见异议话语。 （2）分析这些异议的实质和类型以及处理办法。
二、实施工具 问卷、电话、相关软件等。
三、实施方法 访谈法、咨询法等。
四、实施步骤 步骤一：分析物流客户异议成因。 1. 分析异议成因 导入案例中，TT货运公司的客户异议： “为何没能在第一时间通知客户事件原委”这样的异议，很显然，这是客户对物流公司服务质量和服务理念产生了怀疑，而造成这种局面的责任方确实在物流公司一方。 事实上，物流客户提出的异议主要集中在物流产品和服务的价格，以及服务质量方面。这些异议，可能来自客户自己的原因，也可能来自物流客服人员或产品本身，这需要销售人员根据与客户的交流沟通来辨别，可以通过提问，如“为什么您觉得贵呢?”“为什么您说质量不好呢?”来了解客户的真实想法，探究产生异议的真实原因。 2. 区分真假异议 以导入案例中，TT货运公司的客户异议为例，当客户对A销售员提出了“TT货运公司的物流业务是否只注重利益而忽视客户及其货物的安全?”这样的异议，经过分析可以得知，这种异议完全是基于事实本身的真实异议，并非客户凭空捏造。 物流客服人员这时应仔细观察客户提出异议时的神态，并注意异议解答后客户的反应。对于客户提出的价格异议、产品或服务质量异议，也许是真实异议，也有可能是虚假异议。物流客服人员可提出价格上可以优惠，或者再考虑其他物流产品，如果客户没有反应，这些异议很可能就是虚假异议，是客户为了掩盖真实的异议而提出的；若客户有所反应则说明异议是真实异议。常见的客户真假异议如表6-1所示。

续表

表6－1　**真假异议**

客户异议	异议根源	异议类型
“这项物流服务真的……吗”	来自客户本身（对这一物流产品或服务不了解或是一种不想买的借口）； 来自物流客服人员（介绍不清楚）	真实异议：产品或服务的品质
“选择这种物流服务的人多吗？我从没听说过”	来自客户本身（对这一物流服务不了解或是一种不信任）	对物流产品不了解为真实异议；只是借口为虚假异议
“这项物流服务价格有些偏高了”	来自产品（比其他公司贵）； 来自客户（是一种不想买的借口）	接受不了这个价格为真实异议，只是借口为虚假异议
“这项物流产品或服务看起来不够新颖，其他家公司早就在做了”	来自客户（是一种不想买的借口） 来自产品（产品或服务普通，客户不喜欢）	真不喜欢为真实异议，只是借口为虚假异议
“听说贵公司这项服务质量不是很好，客户投诉比较多”	来自客户（是一种不想买的借口） 来自产品（物流产品本身存在缺陷）	虚假异议（如果客户所说的明显与事实不符） 真实异议（客户所说与事实相符，自身需进行改进）
“售后服务好像不太好”	来自客户（是一种不想买的借口） 来自产品和服务（物流服务本身存在问题）	虚假异议（客户所说的明显与事实不符） 真实异议（客户所说与事实相符，自身需进行改进）

3. 划分异议类型

针对客户提问的内容可以将客户异议分为价格异议、产品异议和服务异议等类型。

以项目导入案例中，TT货运公司的客户异议为例，当客户对A销售员提出了“TT货运公司的物流业务是否只注重利益而忽视客户及其货物的安全？”这样的异议，经过分析可以得知，这种异议完全属于针对TT货运公司物流产品和物流服务所提出的产品异议和服务异议。TT货运公司应针对客户异议，反省自身存在的问题，加以改进。

续表

只要客户并没有提出需求异议、购买时间异议、权力异议和财力异议，说明客户有需求，只要成功化解客户的异议，推销是有可能成功的。

步骤二：处理物流客户异议。

1. 把握处理异议的原则

项目导入案例中，TT货运公司的客户异议："为何没能在第一时间通知客户事件原委。"

物流客服人员可以"虽然没有第一时间通知客户，但一直与相关部门保持联系并关注事件处理进展"来逐步打消客户心中对本公司的不满和抱怨。

物流客服人员在推销之前，应做好充分的处理异议的准备工作，认真学习公司的销售手册，并向有经验的销售人员请教，然后将常见的异议编制应答语熟记在心，做到胸中有数。

当应对客户异议时，要仔细倾听客户的意见，采用适当的回答时机回答客户的各种异议。而对于客户的误解、偏见或由于对产品的不了解而没有根据地提出的异议，也始终面带微笑，以非常友好真诚为客户解答异议，不与客户进行争辩。

2. 用技巧化解异议

常用的化解物流客户异议的技巧如表6－2所示。

表6－2　化解物流客户异议的技巧

技巧	内容或步骤	注意事项
认真分析物流客户抱怨	为避免或减少客户抱怨，国外一些老牌企业十分注重在五个层次的服务上下功夫，它们是： 1. 企业希望提供的服务水准 2. 企业能够提供的服务水准 3. 企业应该提供的服务水准 4. 客户感受到的服务水准 5. 客户期望得到的服务水准	这五者之间，任何一个层次未能做好，物流客户的抱怨就会发生。只有认真分析客户抱怨，找出其原因，才能采取有效方法消除客户异议
换位看待物流客户抱怨	1. 要耐心听，不与其争辩 2. 要从客户的角度出发，认真考虑客户异议	当物流客户产生抱怨时，物流客服人员千万不要一味地向客户解释或辩白，这样只会浪费时间和令客户反感。对待客户的抱怨，首先要虚心接受，紧接着应站在客户立场上对这种抱怨做深入的分析

续表

技巧	内容或步骤	注意事项
为物流客户抱怨提供方便	1. 适时撤换当事人	当客户对物流客服人员的服务与沟通不满时，便会产生一种排斥心理，假如物流客服人员继续按照自己的方法向客户解释，客户的不满与愤怒会加剧，在这种情况下，最好的办法是请该物流客服人员暂时回避，找另一位企业人员充当调解人。这位调解人最好是一位有经验、有人缘的高级主管，如商品部经理、公关或市场部经理等。由高级主管出面调解，客户有受重视的感觉，心理上容易得到安慰
	2. 适时改变场所（具体步骤如下所示）	在物流公司销售现场发生的客户抱怨，经常是客户和物流客服人员大声争吵，增派调解人也无法使客户安静下来。更换交谈场所常常是处理客户抱怨的一种有效方法
	（1）语言感召	对客户说："这里太热，我们先到办公室喝点茶，再慢慢谈好吗?"或者说："站着不方便，请到接待室坐下来谈!"
	（2）热情接待	引导客户到办公室坐下，最好倒一杯茶或递一支烟，让客户缓和一下情绪
	（3）交谈前冷处理	调解人可以对客户说："我们正在调查事件的原因，请您先休息一下。"或者"责人马上就来，请您稍候。"然后轻轻关上门让客户一个人留下来休息。要客户独自等待的时间一定要适当，太短的话，客户的情绪未完全缓和下来，容易再度发怒；而时间太长客户又会认为没人理他，可能火气更大，一般以5~10分钟为宜
	（4）进行交谈	估计客户情绪已基本平静下来时，调解人或负责人可进入接待室，对客户说："对不起，让您久等了，我是这儿的经理，我叫XX。"这时的客户可能变得十分理智，也许会主动对调解人说声对不起，刚才我实在太冲动了。"在这种情况下，沟通就十分容易了
	3. 适当改变时间	如果更换调解人员，改变沟通场所，都不能平息客户的怒气时，就应将会谈改天进行。物流公司调解人应对客户说："真是对不起，今天我们的负责人刚巧出去了，他要我们转达他明天到您家中去拜访您。" "今天我们经理太忙，实在抽不出空，您先回去休息，明天我们经理专程到家中拜访您。" 这时千万要记得仔细记下客户的住址、电话，然后按约定派人到客户家中拜访、道歉，直至客户满意为止

续表

项目导入案例中，TT 货运公司的客户异议如下。

当客户质询物流客服人员“为何没能在第一时间通知客户事件原委”，以及“TT 货运公司的物流业务是否只注重利益而忽视客户及其货物的安全？”很显然，此时客户的情绪已非常不满，如果一味地解释和辩白很可能使客户情绪进一步激化。按照上述处理技巧，在耐心听完并认真考虑客户的异议之后可以选择如下处理办法。

（1）更换当事人。为自己开脱是每个人的本能反应，销售员 A 这是很可能会为自己做进一步辩解。此时物流公司另一位德高望重的领导或员工应适时出面，从中调停。

（2）更换处理场所。将客户请进接待室，热情地送上一杯清茶，使客户情绪能够稳定下来，避免事态进一步恶化。然后给客户几分钟冷静和独处的时间。记住“精诚所至，金石为开”的人生哲理。

（3）更换处理时间。客户此时情绪激动，很难做出让步和客观的处理思路。可以选择短期内的其他时间登门处理。但这绝不是缓兵之计，而是平息事态的一种策略。

3. 处理物流客户异议

（1）认真听取客户的异议。

（2）回答客户问题之前，应有短暂的停顿。

（3）要对客户表示理解。

（4）复述客户提出的问题。

（5）回答客户提出的问题。

4. 以项目导入案例为例的处理流程

（1）物流销售员应认真听取客户的抱怨。

（2）针对客户的抱怨，答复之前，可作暂短停顿，以示经过认真思考才作答。

（3）答复客户异议时：

①您的抱怨是有道理的，我们对您的遭遇表示同情和理解。

②这件事情的确是我们销售人员考虑不周，没能第一时间通知您事件原委。

③我们在这几天时刻关注着事件的处理进程和结果，并和有关部门一直保持着联络。

④我们将会尽全力将您的损失降到最低，并真诚希望事件得到圆满解决。

五、考核与评价

任务实施评价表

考核项目	考核要求	分值	得分			备注
			自我评分	组间评分	教师评分	
分析物流客户异议成因	能针对案例中的客户异议进行准确分析，能正确区分真假异议，归纳案例中的异议类型。					
处理物流客户异议	能较好地把握处理异议的原则，充分利用技巧化解异议，与客户达成共识与合作。					
客户沟通过程	熟知自己推销的产品或服务，在应对客户异议时能够应对自如。					
综合表现	学生积极参与实训活动，采集的数据有利于客户异议原因分析，在活动中提出恰当的解决问题的方法及综合表现能力优秀。					

续表

六、技能拓展 案例一 某公司销售部张经理在刚结束的会议上受到了总经理的批评，他认为总经理的批评是不公正的。总经理暗示下个月的业绩再上不去，公司可能会对他采取惩罚措施。张经理感到非常愤怒，同时也为自己的前途担心。这时CC物流公司业务员小王正好去拜访张经理，以下是他们的对话。 小王：张经理，您好！我是CC物流公司的销售主管，我希望能利用几分钟时间介绍一下我们公司的物流产品。 张经理：好了好了，你们的产品没有一点特色，价格又这么贵，我们不需要。 小王：我们的产品与其他公司同类产品相比，有三个特点…… 张经理：我说过，我们不需要，我还有事。 小王：这是我们物流产品和服务获奖的资料。 问题： （1）张经理的异议来自什么原因？属于什么类型？ （2）小王的问题出在哪里，他应该怎么做？ 案例二 刘梦海在看一只名牌手表，他很喜欢。他可以买，只是觉得价格昂贵。 刘梦海：这表看起来不错！ 销售员：您很有眼光！这是劳力士新推出的款式，在中国限量销售。 刘梦海：价格有点贵…… 销售员：名表哪有不贵的呀？戴这种表就是为了显示身份。 刘梦海：我可不这么看，买的是品质，可不是牌子。 销售员：这个牌子就是这个价码，你可以看看别的，那边的便宜。 刘梦海：怎么，你以为我买不起？ 销售员：难道你买了吗？ 刘梦海：你这是什么态度，不可理喻。 问题： （1）这位销售人员在处理客户异议时违背了什么原则？ （2）如果你是这位销售员，你将如何回答客户提出的异议？

任务二　物流客户投诉的处理

项目引入

现代物流被誉为企业的“第三利润源”，有专家预计，杭州市潜在的物流市场达300亿元，因此，不少企业开始瞄上这块蛋糕。但由于客户投诉和纠纷不断增加，个别物流企业缺少有关客户投诉管理办法，同时又没有相关的物流行业规范，使得纠纷难以妥善解决，杭州市物流行业面临一定的信任危机。

2012 年 3 月 17 日，曹先生的 20 件保温材料经由“千一物流”托运至建德，货物是送到了目的地，途中却丢了 3 件。据“千一物流”处理此事的宋先生说，由于驾驶员是新手，在运送途中汽车颠簸导致捆绑绳松动而丢失。为此，曹先生不愿支付运费。而托运企业毫无解决的诚意，他们认为，既然不付运费，双方托运合同就不成立，双方谈赔偿就没有基础。

另一案例中，于女士向杭州市工商局投诉称，2012 年 4 月中旬，她通过上海圆通速递公司杭州分公司邮寄两台打印机，但打印机在途中丢失。在消协调解未果的情况下，双方要通过司法途径解决。于女士的同事说：“物流企业有义务将所托运的物品安全运达目的地，造成货物破损、遗失，物流企业应该承担责任。我们曾碰到类似的情况，一份合同通过快递运送时被快递企业丢失了，对方说，按规定只赔邮寄费的双倍，对于由此带来的其他损失却不愿意承担责任”。“如果你不对托运物品作‘保价’托运，那么，我们只能赔你邮寄费的两倍”。上海圆通速递公司杭州分公司处理此事的赵先生说：“任何物流企业（托运货品时导致货品）遗失是不可避免的。我可以这么说，快递企业整体素质是不太好的。”杭州市工商局发现，综合两个月以来的此类投诉非常多，有关人士指出，物流行业相关规范以及物流企业缺少相应的服务理念和投诉管理机制，成为物流投诉高发、投诉难以解决的主要原因之一。这样就大大降低了物流客户对物流行业的满意度和信任度，也成为我国物流业发展的绊脚石。

从以上案例分析：如果物流企业没有“客户至上”的服务理念，忽视客户的抱怨和投诉，缺少相应的投诉管理机制和解决办法，不能及时地处理解决，其结果会很严重的，给企业带来非常大的危害。那么对于物流企业，应该如何正确系统地看待投诉问题，明确组织内各级工作人员对投诉承担的职责和权限，使投诉得到妥善解决，让投诉管理变成一项增值业务，让不满意的客户变成忠诚的客户呢？

项目思考

我们应该按照什么样的流程对客户的投诉予以处理？如何理解物流客户投诉的心理状态？采用什么样的处理原则对不同的投诉方式进行服务？面对投诉时企业客户服务人员应具备怎样的专业素质？如何让不满意的客户变成企业忠诚的客户呢？

身边的事

扫描二维码，结合快递服务纠纷事件，思考如何处理物流客户投诉。

【思政案例】

时下最流行的网络购物方便快捷，商品价格低廉，越来越多的时尚消费者加入网购行列，在互联网电子商务蓬勃发展的今天，网络购物已经成为最大的市场。通过网络视频，选择自己喜爱的产品，实现不出家门，货物自动上门。然而，网购货物迟迟不到，货到后拆开发现被损坏或丢失及收费不合理……很多人遇到过快递的烦恼。在一些典型的快递服务合同纠纷案例中，主要涉及快递公司在履行服务合同时，自身单方面造成的在物品安全、允诺及时、准确配送等方面违约或者不履行合同附随义务。除了这些反面的例子也有一些让我们感到欣慰的正面解决问题的好案例，比如京东调派各地上千名快递小哥支援上海，就让我们感受到了一方有难八方支援的大无畏精神以及物流人的责任担当。

2022 年上半年，上海疫情爆发以来，物流问题是市民遇到的难题之一，以前最便利的网络购物也变得不再方便，下了单却苦于无人派送，快递员的跑腿费也是水涨船高，网上下单买东西如果不打赏根本没人接单，一些无良的平台任由快递员恶意加价，有媒体报道上海有快递员日赚上万元，其他电商的快递员也纷纷干起了私活，就连京东都遇到了无人送货导致货物爆仓的难题。但是在上海快递业面临这种用工难的问题时，2022 年 4 月 15 日，一条关于京东的新闻在各大微信群被疯狂转发，京东为了缓解上海人荒，从全国各地调派了数千名快递小哥奔赴上海，京东这个举动获网友疯狂点赞。可以看出在解决上海物流难题上，京东无疑给各大快递公司做了一个好榜样，相信上海的物流市场很快就会恢复正常，大家团结起来，才能战胜疫情，等危机过后，大家自会用自己的行动回报那些有责任心的商家和平台。

党的二十大报告指出："江山就是人民，人民就是江山。中国共产党领导人民打江山、守江山，守的是人民的心。"我们所有的物流企业都要牢记总书记的教诲，守护好物流人的责任底线，守护好客户的信任与支持。

知识研修

一、物流客户投诉的内涵及原因分析

不管企业是多么友好、高效地对待客户，仍然会经常产生抱怨。抱怨问题不可小视，它往往体现了企业在经营运作中存在的问题和客户的潜在需求。以客户为导向的服务，能激励客户对企业的信任支持，保持长期的购买关系，传播积极的口碑效应，使企业在市场竞争中处于有利地位。

（一）物流客户投诉的内涵

1. 物流客户投诉的含义

客户投诉是客户将其在接受客户服务过程中所感受到的不满意向有关部门申诉的行为。客户投诉源于客户对商家的产品质量问题，服务态度等各方面的原因，向商家主管部门反应情况，检举问题，并要求得到相应的补偿的一种手段，客户遇到问题的时候就要进行投诉以保护自己的合法权益。

客户投诉的实质可分为以下两点。

（1）表面现象：客户对产品或服务的不满与责怪。

（2）本质现象：客户对企业的期待度、需求度和信赖度不高，或者达不到客户所需的。与此同时也充分体现出企业的弱点所在。

很多公司的员工甚至包括部分高层管理人员害怕排斥客户的不满意投诉，殊不知客户不满意中蕴含着大量的商机，是企业创新的源泉。如今这种情况的发生频率越来越高，这是一种进步的表现。也促使竞争更为激烈，产品质量更好，服务态度更好。在我们经营过程中，我们不能阻止客户的投诉，客户的投诉是其对企业的信任所在，企业对此只有妥善地处理，才能使客户的期望达成，从而更加忠诚于我们的物流企业。

【资料卡】

如何正确地看待物流客户投诉的价值

有数字表明，90%的不满意客户从来不抱怨，69%的客户从未提出过投诉，23%的客户不满时只向身边的服务人员提出过，仅有8%的客户投诉通过客户关系部门传达到最高管理层，形成了投诉金字塔。通常一个客户的抱怨，代表着另外24个没有向公司抱怨的客户的心声。由此可见，客户的投诉是天赐之礼，一定要抓住这次与客户良好交流的机会，变不利为有利。

2. 物流客户投诉的类型

（1）按投诉原因分为业务投诉和服务态度投诉。

①业务投诉。主要针对公司业务销售或运作上的差错而引起，主要分为：货损、货差、时效延误、财务、理赔、价格、信息、问题差错及其他类型投诉等。

货损类投诉：货物潮湿、外包装破损、内物破损。

货差类投诉：公司内部丢货、汽运网点丢货、空运网点丢货。

时效延误类投诉：中转不及时、分拨不及时、配载不及时、通知提货不及时、送货不及时、接货不及时。

财务类投诉：佣金、代收贷款、发票、税金。

理赔类投诉：理赔时效不及时、理赔结果不满意。

信息类投诉：手机信息反馈错误、无信息反馈、GPS 信息反馈错误。

业务差错类投诉：开单差错、分批配载、标签差错、承诺不兑现、信息反馈不及时、虚假签收、货物被冒领。

其他类型投诉：除以上类型以外的业务投诉。

②服务态度投诉。主要针对公司服务人员的服务品质，语言、行为、态度方面等服务礼仪不满而引起的投诉。

（2）按投诉的严重程度分为一般投诉、中度投诉和严重投诉。

【资料卡】

扫描二维码，查看某物流公司客户投诉严重程度分级。

（3）按投诉行为分为消极抱怨性投诉；负面宣传型投诉；愤怒发泄型投诉；极端激进型投诉。

（4）按投诉的目的分为建议性投诉；批评性投诉；控告性投诉；索取性投诉。

（5）按投诉者的心理分为发泄心理、尊重心理、补救心理、认同心理、表现心理、报复心理。

【资料卡】

扫描二维码，谈谈你对“抱怨的客户也许就是最大的财富”的理解。

（二）物流客户投诉的原因分析

客户为什么要投诉呢？简单地说，客户是基于不满而投诉。不满的直接原因在于物流企业提供的服务与客户的期望出现了差异。其中大多数是企业方面的原因，也有客户自身的原因、政府监管方面的原因以及法律制度、社会意识方面的原因。

1. 物流企业方面的原因

（1）物流企业服务质量存在缺陷。国内外一些优秀的物流企业，如宝供、海尔、联邦快递都意识到服务的重要性，以周到、优质的服务作为自己的竞争优势。但是一些小的物流企业却没有意识到这一点，在服务质量上存在一定的缺陷。

①服务态度不佳。服务态度不佳的表现很多，例如不尊敬客户，缺乏礼貌；对经常性的工作感到厌烦时，对客户的需求表现出无所谓、漠不关心或是冷淡；以高人一等的态度对待客户，好像人家什么都不懂，自高自大，等等。

②服务作业不当。包括专业知识不够、服务技巧不足、售后服务不到位等多方面的内容。如：缺少专业知识，无法回答客户的提问或者答非所问等。

（2）物流企业的宣传误导。在现代社会，营销非常重要，“酒香也怕巷子深”。物流企业做宣传都千方百计地凸显自己的服务优势，这本无可厚非。但事实上，很多公司为了获得客户，做出了一些无法实现的承诺。空洞的承诺会带来大量客户的投诉。于是，一些本来前景看好的物流企业从此公信力名存实亡。

（3）物流企业管理不善。引起客户投诉的属于企业方面的原因，无疑首先体现在客户对物流企业的接触点上，或者体现在所购买的服务本身。不过，这些都仅仅是表面化的原因，探究原因的背后，根源是企业管理不善。

（4）物流企业人员操作失误。

①业务人员操作失误。计费重量确认有误；货物包装破损；单据制作不合格；报关/报验出现失误；运输时间延误；结关单据未及时返回；舱位无法保障；运输过程中货物丢失或损坏等情况。

②销售人员操作失误。结算价格与所报价格有差别；与承诺的服务不符；对货物运输过程监控不利；与客户沟通不够，有意欺骗客户等。

③供方操作失误。运输过程中货物丢失或损坏；送（提）货时不能按客户要求操作；承运工具未按预定时间起飞（航）等。

④代理操作失误。对收货方的服务达不到对方要求，使收货方向发货方投诉而影响公司与发货方的合作关系等。

⑤不可抗力因素。天气、战争、罢工、事故等所造成的延误、损失等。

【资料卡】

2013 年 4 月主要快递企业有效申诉服务问题统计如表 6－3 所示。（资料来源：国家邮政局）

表6-3　　2013年4月主要快递企业有效申诉服务问题统计

单位：件有效申诉/百万件快件

企业名称	申诉率	其中		
		快件延误申诉率	快件丢失申诉率	快件投递服务申诉率
国通	56.5	19.4	10.0	20.4
汇通快运	54.0	36.2	5.1	9.0
宅急送	45.5	19.3	5.4	14.7
速尔	39.1	9.2	3.8	16.1
申通快递	34.7	11.6	7.0	10.6
天天快递	32.8	10.5	7.7	10.7
港中能达	32.5	9.8	5.1	9.5
优速	28.0	11.3	6.0	7.4
中通速递	26.7	12.2	3.5	7.8
韵达快运	23.8	7.7	6.0	7.7
邮政快递（EMS）	14.2	5.8	1.8	5.5
圆通速递	14.1	3.8	3.4	4.4
全一快递	6.6	1.0	1.0	3.0
顺丰速运	5.1	1.2	0.8	1.4
TNT	4.8	1.6	0.0	1.6
UPS	4.2	1.4	0.0	1.4
FedEx	3.1	1.4	0.3	1.0
DHL	2.2	0.0	0.0	0.4

2. 客户自身方面的原因

客户投诉的最基础原因是对物流企业提供的产品或服务不满。归根结底，客户投诉的原因可以归纳为三种：结果不满、过程不满和客户自身失误。

（1）结果不满。结果不满是指客户认为物流企业的服务没有达到他们的预期目的，没有产生应有的利益或价值，例如物流公司的送货延误、货物包装破损、商品以劣充好等。结果不满的关键特征是客户遭受了经济损失。

（2）过程不满。过程不满是指客户在接受产品和服务的过程中感受的不满意，如物流服务人员言行粗鲁无理、配送货物不及时、客户服务电话无人接听等。过程不满的关键特征是最终的结果虽然符合要求，但客户在过程中感觉受到了精神伤害。在物流服务行业里，由于服务性产品的特殊性，服务结果和服务过程相伴而生，因此结果不满和过程不满往往很难截然分开，而且客户的投诉也往往是对结果和过程同时不满。区分客户投诉的原因，可以帮助我们采取正确的应对和补救措施，对结果不满和过程不满的投诉往往采取不同的处理方式。

（3）客户自身失误。客户方的业务员自身操作失误，但为免于处罚而转给货代公司；客户方的业务员有自己的物流渠道，由于上司的压力或被指定货运方而被迫合作，但在合作中有意刁难等。

3. 政府监管和社会方面的原因

（1）政府监管的原因。物流作为一种新兴的产业，虽然隶属于第三服务业，但是国家和政府对物流企业还没有设立完善的管理机构。一旦出现物流客户服务方面的投诉，还不能够迅速地出台、使用相关配套的解决方案。这正从反面说明，当前的政府监管还不到位。

（2）法制不健全。法律规定滞后经济发展，法律存在空白点，出现问题莫衷一是。例如，精神损害赔偿的问题，社会公众的基本法律常识不足，等等。

【资料卡】

扫描二维码，谈谈你对“客户抱怨、客户投诉、客户沉默、客户丢失”四部曲的认识。

二、物流客户投诉的心理状态

（一）客户发泄的心理

客户特征：因为不满意而投诉，情绪宣泄。

客户在享用物流服务时遇到令人气愤的事，怨气回肠，不吐不快，于是前来投诉，将不满传递给物流公司，把自己的怨气发泄出来，这样，客户不快的心情会得到释放和缓解，恢复心理上的平衡。

应对：耐心倾听、取悦客户、营造愉悦的氛围。

客服人员的耐心倾听是帮助客户发泄的最好方式，切忌打断客户，让他的情绪宣泄中断，淤积怨气。此外，客户发泄的目的在于取得心理平衡，恢复心理状态，所以客服人员在帮助他们宣泄情绪的同时，还要尽可能营造愉悦的氛围，引导客户的情绪。

【实例 6－23】

扫描二维码，思考为客户营造愉悦氛围的重要性。

（二）客户尊重的心理

客户特征：感情细腻，要求获得尊重和重视。

所有客户来寻求投诉都希望获得关注和重视他所遇到的问题。无论是物流服务时效，还是物流服务质量出现问题，在某种意义上都是对客人不尊重的表现，客户前来投诉就是为了挽回面子，求得尊重，以达到心理上的被尊重，尤其是一些感情细腻、情感丰富的客户。

应对：认真接待、及时道歉并解决。

在投诉过程中，物流公司的客服人员能否对客户本人给予认真对待，及时表示歉意，及时采取有效的措施，及时回复等，都被客户作为是否受尊重的表现。如果客户的确不当，物流公司的客服人员也要用聪明的办法让客户下台阶，这也是满足客户尊重心理的需要。

（三）客户补救的心理

客户特征：认为自己的权益受到了损害。

有些客户无论物流公司有无过错，或问题是大是小，都可能前来投诉，尽管他们可能一再强调"并不是钱的问题"，但其真正的目的并不在于事实本身，也不在于求发泄或求尊重，而在于求补偿。另外，值得注意的是，客户期望的补救不仅指财产上的补救，还包括精神上的补救。

应对：及时解决，同时给予客户精神上的补救。

在接待这类投诉客人时，要正确理解客人、尊重客人，给客人发泄的机会，不要与客人进行无谓的争辩。根据我国的法律规定，绝大多数情况下，客户是无法取得精神赔偿的，而且实际投诉中提出要求精神赔偿金的也不多。但是，物流公司客服人员通过倾听、道歉等方式给予客户精神上的抚慰是必要的。如果客户投诉的真正目的在于求补偿，则要看看他有无权利这样做，如果没有这样的授权，就要请上一级管理人员出面接待投诉客户。

（四）客户认同的心理

客户特征：努力证明自己的投诉是对的有道理的，希望被认同。

客户在投诉过程中，一般都在努力向物流服务提供商证实他的投诉是对的和有道理的，都希望获得物流公司的认同。

应对：对客户的感受、情绪表示理解和同情。

物流公司客服人员在了解客户的投诉问题时，对客户的感受、情绪要表示充分的理解和同情，但是要注意不要随便认同客户的处理方案。例如：客户很生气时，客服人员可以说“您别气坏了身体，坐下来慢慢说，我们商量一下怎么解决这个问题。”这个回应是对客户情绪的认同，对客户期望解决问题的认同，但是没有轻易地抛出处理方案，而是给出了一个协商解决的信号。客户期望认同的心理得到回应，有助于拉近彼此的距离，为后续的协商处理营造良好的氛围。

（五）客户表现的心理

客户特征：既是在投诉和批评，也在建议和教导，好为人师。

有时，即使物流公司方面没有过错，客人为了显示自己的身份与众不同，或在同事面前“表现表现”，也会前来投诉。这种投诉往往潜在地存在着表现的心理，客户既是在投诉和批评，也在建议和教导，好为人师的客户随处可见。他们通过这种方式获得一种成就感。客户表现心理的另一方面，是客户在投诉过程中，一般不愿意被人做负面的评价，他们时时注意维护自己的尊严和形象。

应对：夸奖客户，“戴高帽”。

利用客户的表现心理，物流客服人员在进行投诉处理时，要注意夸奖客户，引导客户做一个有身份的、理智的人。另外，可以考虑性别差异地接待，如男性客户由女性来接待，在异性面前，人们更倾向于表现自己积极的一面。

（六）客户报复的心理

客户特征：不考虑后果，自我意识过强，易激动。

客户投诉时，一般对于投诉的所失、所得有着一个虽然粗略却是理性的经济预期。如果不涉及经济利益，仅仅为了发泄不满情绪，恢复心理平衡，客户一般会选择投诉，批评等对商家杀伤力不大的方式。当客户对投诉的得失预期与商家的处理结果相差过大，或者客户在宣泄情绪过程中受阻或受到新的伤害，某些客户会演变成报复心理。存有报复心理的客户，不计个人得失，不考虑行为后果，只想让商家难受，出自己的一口恶气。

应对：引导，适当提醒。

对于这类客户要特别注意做好工作。客户处于报复心理状态时，物流客服人员要通过各种方式及时让双方的沟通恢复理性。对于少数有报复心理的人，要注意收集和保留相关的证据，以便客户做出有损商家声誉的事情时，拿出来给大家看看，适当的时候提醒一下客户这些证据的存在，对客户而言也是一种极好的冷静剂。

三、物流客户投诉的处理形式

了解物流客户投诉的原因后，物流企业需要做的就是运用不同投诉方式的服务策略去处理客户的投诉，让客户满意。一般而言，处理客户投诉主要以信函处理、电话处理、现场处理、网络处理及访问面谈等形式为主。这五种处理形式是大多数组织所采用的。

（一）信函投诉及处理

信函投诉通常是客户身处异地，不便当面投诉，电话又很难阐释清楚之下产生的投诉形式。对于投诉处理来说，利用信函提出的投诉有其优点，也有其缺点。优点是便于记录和保存，有较高的证据性和逻辑性。信函投诉通常较为理性，较少有感情用事的情形，主观倾向小。其缺点是信函中仅有投诉客户单方面的阐述，有时会缺少处理过程中需要的许多重要信息，不利于及时处理。同时，有些书面表达能力差的投诉者在信函中常常错误或不完整地表达了自己的想法，给处理工作带来不少麻烦，影响了处理投诉的有效性。对客服人员来说，给投诉者回函，要花费较大的人力，制作和邮寄成本较高。而且由于信函往返往往需要一段时间，还有信函经多次转接，是否能安全送到投诉者手中，是使投诉者和处理者都心中不安的事情。由此看来，利用信函处理投诉不是最方便可靠的形式。

那么针对信函投诉，我们应如何应对呢？第一，在客服人员收到客户的投诉信时，应立即转送给处理投诉业务的专职人员。第二，要及时反馈，通知客户已收到信函，以表示公司的诚恳态度和解决问题的意愿。第三，要请顾客告知联络电话，以便日后的沟通和联系。第四，在信函回复中要清晰、准确的表达，措辞要亲切、尽量少用法律术语、专用名词等难以理解的行话。第五，要以打印的形式进行正式回复，方便客户阅读。第六，必须存档归类，统一编号并保留副本。

（二）电话投诉及处理

随着电话普及率的提高，客户用电话投诉而客服人员用电话处理投诉已逐渐成为比较方便、快捷的一种形式。电话投诉包括热线电话、投诉电话、800免费电话、自动语音电话等。由于电话具有简单快捷的优点，目前许多企业都设有免费投诉电话，为投诉客户提供了便利。由于电话投诉看不到客户，且多是在气头上时提起投诉，所以要求处理投诉者更加注意为投诉客户着想，设想处在与客户同样的处境下，会有什么样的心情，希望得到怎样的帮助。

“面对”看不见表情和身体动作的客户，客服人员的应对必须是亲切和有礼貌的，要提防自己在声音上有任何给客户不礼貌印象的小动作，如压抑着的笑声、带有感情色彩的鼻音或出气声，这些都可能会引起客户误解而使问题变得更加难以处理。除了自己的声音外，也要注意避免在电话周围的其他声音干扰，如谈话声和笑声传入电话里，使客户产生不愉快的感觉。从这方面来看，设置服务电话应在一个独立的房间，最低限度也要在周围设置隔音装置。

用电话处理客户投诉时，几乎唯一的线索就是客户的声音，如何通过这有限的声音信息来把握客户的情绪，是一项重要而困难的工作。这里，有几件事是必须注意的。第一，免费投诉电话必须确保畅通，操作简单易行。第二，倾听顾客的抱怨，考虑对方的立场，同时利用声音及话语来表示对顾客不满情绪的支持。第三，了解投诉事件的基本信息，何时、何地、何人、何事、其结果如何。第四，如有可能，把电话的内容予以录音存档，尤其是特殊的或涉及纠纷的投诉事件。存档的录音带一方面可以作为日后必要时有确认的证明，另一方面可以作为日后培训业务员的教材。

【资料卡】

扫描二维码，查看某物流企业电话接听、投诉管理制度。

【实例6-24】

扫描二维码，查看业务投诉标准回复用语。

（三）现场投诉及处理

客户有时不会用信函或电话投诉，而是不惜时间和精力亲自上门提出投诉，他们的不满可能更严重，或对投诉处理的期望值更高。现场处理形式有两种情况，一种是客户直接到企业单位提出投诉；另一种是企业单位邀请客户上门听取意见和处理投诉。后一种情况的前提是电话或信函投诉在前。

现场处理投诉的形式既有优点，也有缺点。其优点是：容易把握客户投诉的情绪及心理变化、正面接触容易使客户和客服人员相互了解，为更好地处理投诉问题提供了便利。其缺点就是：倘若客服人员没有把握好客户投诉的情绪或心理变化，容易引起激烈的争执，从而使问题变得更复杂。

对现场投诉要尽量做到当面处理，要掌握如下要领。

（1）将投诉的客户请至会客室或单独的办公室，以免影响其他的客户及公司形象。

（2）营造亲切轻松的气氛，以缓解对方内心通常会有的紧张心情。

（3）注意听取客户的怨言，把客户投诉中的重要信息详细记录下来。

（4）态度诚恳，表现出真心为客户着想的意图。但同时要让对方了解自己独立处理的授权范围，不使对方抱过高的期望。

（5）不可在处理过程中中途离席，让客户在会客室等候。中途有其他事情时，尽量调整到以后去办，不要随意中止谈话。

（6）在提出问题解决方案时，应让客户有所选择，不要让客户有“别无选择”之感。

（7）当不能马上解决问题时，应向客户说明解决问题的具体方案和时间表。另外，尽量避免拖延时间，掌握机会适时地结束，以免因拖延时间过长，既无法得到解决的方案，又浪费双方的时间。

（8）面谈结束时，确认自己向客户明确交代了公司方面的重要信息以及客户需再次联络时的联络方法、部门或个人的地址与姓名。

（9）填写顾客投诉记录表，对于表内的各项记载，尤其是姓名、住址、联络电话以及投诉内容复述一次，请对方确认。

（10）如有必要，应亲赴顾客住处访问、道歉，以解决问题。

（11）一旦处理完毕，必须以书面的方式通知投诉的顾客，并确定每一个投诉内容均得到解决及答复。

（12）所有的投诉处理都要制定结束的期限。

【资料卡】

某物流公司处理客户的时效规定

1. 业务投诉时效

（1）一般投诉：接到投诉起一个工作日内处理完毕。

（2）中度投诉：接到投诉起三个工作日内处理完毕。

（3）重度投诉：接到投诉起七个工作日内处理完毕。

2. 服务态度投诉时效

接到投诉起两个工作日内处理完毕。

（四）网络投诉及处理

随着网络信息化的发展，越来越多的物流企业把投诉处理系统移植到公司网站上，在公司主页里，客户可以通过网络直接在网上进行投诉，相应地，企业的客服人员也可以直接在网上进行投诉处理。

虽然网络处理形式还处于发展阶段，但其优点是不容忽视的，在不久的将来，势必成为客户投诉处理的主要形式。其优点兼容了信函处理和电话处理的优点，即：便于记录和保存，有较高的证据性和逻辑性；较为理性，较少有感情用事的情形，主观倾向小；方便、快捷；高效率并且成本低。当然，通过网络处理投诉的形式也有其缺点，即："面对"看不见表情和身体动作的客户，客服人员难以把握客户的情绪及心理变化，难以把握处理的技巧。

网络投诉的处理方法。

（1）回复客户投诉必须在收到客户邮件的第一时间内进行回复。

（2）分公司处理案件，一定要与客户本人联系，根据投诉事故真相，据有关规定进行合理、有效处理。

（3）分公司人员处理完毕之后，务必传真总公司，以备档分析。

（4）网络邮件投诉所体现的业务问题，务必及时反馈相关部门，给予解决，需要由相关责任部门在投诉档案上签字确认。

（5）总公司将根据客户在网上投诉的内容对各公司进行监控及考评，在月底对邮件投诉涉及公司进行通报。

（6）针对总公司传达的邮件投诉，分公司若在指定的时间内未与客户联系并解决，导致客户再次投诉，总公司将对该公司进行通报批评。

（五）上门访问处理

上门访问处理形式通常是用信函和电话难以解决，需要负责投诉处理的工作人员登门拜访的客户投诉，一般是性质比较严重，企业方面责任较大的客户投诉事件（如前面所述的“夺命毒快递”事件）或投诉者是行动不便的老人等其他原因。处理这种情况的投诉对工作人员是一个严峻的考验。

在上门之前，要慎选处理人员，并预作充分准备。最好不要个人前往，以2~3人为宜。预先的调查要收集对方的服务单位、出身地点、毕业学校、家庭构成及兴趣爱好等各方面的信息。这样有利于与对方的有效沟通。

然而，当进入实质性面谈时，必须以轻松的心态，情绪不要过于紧张。要把握如下的要点。

（1）拜访前预先以电话约定时间。如果对顾客的地址不是很清楚，则应问明具体地点，以防止在登门过程中因找不到确切地点而耽误了约定的时间，使对方产生不良的第一印象。

（2）注意仪表。以庄重、朴素而整洁的服装为宜，着装不可过于新奇和轻浮。如果是女性业务人员去拜访顾客，注意不要化过浓的妆，要显得朴素、大方而不失庄重。

（3）有礼貌。见面时首先要双手送上名片，以示对对方的尊重。通常随身要带些小礼品送给顾客，但注意价值不要太高，以避免使顾客产生“收买”的感觉。

（4）态度诚恳。言辞应慎重，态度要诚恳。无论对方有什么样的过激言辞，都要保持冷静，并以诚心诚意的用词来陈述本公司的歉意。但在许诺时要注意不得超越自己的授权范围，使对方有不切实际的期望值。

（5）不要随意中断拜访。在登门拜访客户的情况下，处理人员应是预先作好充分考虑和准备的，因此拜访要达到何种目的是非常明确和慎重的。所以要争取以一次拜访就取得预期效果，不要轻易中断拜访。要知道，一次不成功的拜访其不良影响要远远超过根本不作拜访。

在拜访中，不要过多地用电话向上司请示。这样给客户一种感觉：公司是派了一位任何事都要向上司请示的低层人士来处理这件事，从而对公司更添不信任感。

（6）带着方案去。登门拜访前，一定要全面考虑问题的各种因素，预先准备一个以上的解决方案提供给顾客，供顾客选择，让顾客看到企业方面慎重、负责的态度，对于问题的解决具有至关重要的作用。无论什么时候，都不要盲目仓促地上门拜访，这样会使顾客因无谓地浪费了时间而更加不满。

【资料卡】

扫描二维码，查看处理投诉过程中的“禁句”。

四、物流客户投诉处理原则

（一）预防原则

要有专门的制度和人员来管理顾客投诉问题。另外要做好各种预防工作，使顾客投诉防患于未然。为此需要经常不断地提高全体员工的素质和业务能力，树立全心全意为客户服务的思想，加强企业内外部的信息交流。

【实例6－25】

扫描二维码，谈谈你对“曲突徙薪”的认识。

（二）及时原则

对于顾客投诉，各部门应通力合作，迅速做出反应，力争在最短时间里全面解决问题，给顾客投诉的问题一个圆满的结果。否则，拖延或推卸责任，会进一步激怒投诉者，使事情进一步复杂化。对待顾客投诉切忌躲、拖、哄、吓，“躲”躲不住，“拖”拖不掉，“哄”哄不好，“吓”吓不跑，只有认真负责、及时处理，才能让顾客满意，真正解决顾客投诉的问题。

【资料卡】

扫描二维码，谈谈你对“蝴蝶效应”的理解。

【实例6－26】

扫描二维码，谈谈你对三株的“综合紊乱症”事件的理解。

（三）责任原则

不仅要分清造成顾客投诉的责任部门和责任人，而且需要明确处理顾客投诉的各部门、各类人员的具体责任与权限以及顾客投诉得不到及时圆满的解决方案，以保证投诉迅速妥善地解决。

【实例6－27】

扫描二维码，查看某物流公司投诉处理责任奖惩规定。

（四）记录原则

对每一起顾客投诉及其处理要做出详细的记录，包括顾客投诉内容、处理过程、处理结果、客户满意程度等。通过记录，吸取教训，总结经验，为以后更好地处理好顾客投诉提供参考。

【资料卡】

扫描二维码，查看某物流公司客户投诉管理表单。

【资料卡】

扫描二维码，查看“3W、4R、8F”原则。

在知识经济社会，知识的更新、技术的更新、产品的更新越来越快，一种新的产品上市后，过不了多长的时间就会被另一种新产品取代。我们从资料中了解到——在IBM公司，40%的技术发明与创造，都是来自客户的意见和建议。从客户投诉中挖掘出“商机”，寻找市场新的“买点”。那么投诉能否变成商机，关键在于投诉的处理。如何处理客户投诉？无论对服务人员还是管理人员，都是一个挑战。要使接待投诉客人的工作不再那么困难，使你的工作变得轻松，同时又使客人满意，就必须掌握处理客人投诉的程序、方法和艺术。

五、物流客户投诉的处理流程

（一）接受投诉

客户服务部要虚心接受客户投诉，耐心倾听对方诉说，迅速受理，绝不拖延，做好客户投诉记录。接受客户投诉，坚决避免对客户说“请你等一下”，否则你就是在冒险，因为你并不了解这位客户的性格，这个投诉对他生活工作带来多少影响，以及其后客户会有的反应。客户只有在利益受到损害时才会投诉，作为客服人员要专心倾听，并对客户表示理解，根据客户投诉登记表详细记录客户投诉的全部内容，如投诉人、投诉时间、投诉对象、投诉要求等。待客户叙述完后，复述其主要内容并征询客户意见，对于较小的投诉，自己能解决的应马上答复客户。对于当时无法解答的，要做出时间承诺。在处理过程中无论进展如何，到承诺的时间一定要给客户答复，直至问题解决。

在接受客户投诉的过程也是与客户进行投诉沟通的起始环节，此环节我们需要注意以下几方面。

1. 要正确预测物流客户投诉的需求

物流客户服务人员在处理客户投诉时不管面对的是客户怒气冲冲地找上门来，还是客户在电话里不停地一顿臭骂，物流客户服务人员都应清醒地认识到客户可能有以下三个方面的需求。

（1）客户投诉的信息需求。通常客户的投诉，往往都是物流企业产品或服务和客户自身等失误所致，因此物流客户服务人员应能预测出客户可能会出现哪些问题，并迅速帮助客户判断问题产生的原因，以满足客户的信息需求。

（2）客户投诉的环境需求。客户投诉时一般情绪比较激动，物流客户服务人员就必须提供一个特定的环境来帮助客户解决这些问题。如果物流企业客户服务人员没有这方面的经验，他就很有可能在大庭广众之下与客户发生激烈争执，引起众人围观，导致秩序混乱，给物流企业造成负面影响，更大的恶果是严重地损害了整个企业来之不易的良好形象。

因此，对物流客户服务人员来讲，他应该目光敏锐，通过客户的一句话甚至走路的姿势就能判断出这个客户的素质怎么样，有没有可能大吵大闹，会不会有什么过激的行为，一旦发现客户有一点点这样的苗头，就应该马上提供一个特定的环境，然后心平气和地与客户进行交流。

（3）客户投诉的情感需求。客户在投诉时需要得到一种发泄，而对物流客户服务人员来讲，在接待客户时必须能够预测到客户有这样一种情感的需求，去加以理解，以此关注客户的情感需求。

【资料卡】

扫描二维码，查看10种常见错误处理顾客抱怨的方式。

2. 要尽量满足物流客户投诉的表层心理需求，平息客户的怨气

客户在投诉时，多带有强烈的感情色彩，具有发泄性质，因此要平息他们的怨气。物流客户服务人员满足客户表层心理需求的主要方式就是“道歉”。在客户盛怒的情况下当客户的出气筒，需要安抚客户，采取低姿态，承认错误，平息怒气，以让客户在理智的情况下，分析解决问题。客服人员要牢记以下金科玉律“第一，客户永远是对的；第二，如果客户错了，请参照第一条”。客户在投诉时，首先他需要有一个人站出来承担这件事情的责任。如果物流客户服务人员在处理投诉的时候，能够在一开始时真诚地致歉，那么客户的这种心理需求就能得到满足，而在很多时候，物流客户服务人员都在努力推卸自己的责任，这样只会更加激怒客户。如果一开始就承担责任，表示道歉，客户的态度会很快变得缓和，就会有一个比较好的谈话氛围。

【资料卡】

1. 处理投诉的忌讳

（1）立刻与客户摆道理。

（2）急于得出结论。

（3）一味地道歉。

（4）告诉客户：“这是常有的事”。

（5）言行不一，缺乏诚意。

（6）吹毛求疵，责难客户。

2. 处理投诉中表歉意常用语

（1）造成您的困扰了，真是对不起！

（2）对不起，您可不可以再说详细一点呢？

（3）惹您生气了，真是对不起！

（4）您的感受我非常了解，发生这样的事我很抱歉。

3. 用开放式问题让投诉的客户发泄情感

处理投诉的原则是，先处理情感，后处理事件。因此，物流客户服务人员应该一开始就稳定客户的情绪，然后再提出一个开放式的问题，把客户的经历放到具体的事情上去，物流客户服务人员在倾听的过程中，客户的情感也得到了一种发泄。

因此，应该用一些开放式的问题给予客户一个发泄情感的渠道，让他去发泄自己的愤怒和不满。在投诉处理时，应该避免大量使用封闭式问题，因为封闭式问题都会更加激怒客户，使他会觉得物流客户服务人员是在推卸责任。

【实例 6－28】

扫描二维码，谈谈你对“先处理情感，后处理事件”的理解。

4. 复述情感以表示理解

客户在发泄情感的过程中，物流客户服务人员应该认真地倾听，表示同情，还应该去复述情感以表示理解，这样客户的心理就会逐渐好起来，相互之间的谈话就可以转移到解决问题上来。当客户的利益受到损失时，着急是不可避免的，以至于会有一些过分的要求。作为客服人员此时应能承受压力，面对客户始终面带微笑，并用专业的知识、积极的态度去解决问题。

【实例 6－29】

某货运公司接到国外代理指示，有一票货物从国内出口到澳大利亚，发货人是国内的 H 公司，货运公司的业务员 A 与 H 公司业务员 D 联系订舱并上门取报关单据，D 因为自己有运输渠道，不愿与 A 合作，而操作过程中又因航班延误等原因 D 对 A 出言不逊，不予配合。此时，A 冷静处理，将 H 公司当重要客户对待。此后，D 丢失了一套结关单据，A 尽力帮其补齐。最终，A 以自己的服务、能力赢得了 D 的信任，同时也得到了 H 公司的信任，使合作领域进一步扩大。

5. 提供信息来帮助物流客户

等客户的情绪稳定下来后，物流客户服务人员就要提供更多的信息来帮助客户解决，也就是说物流客户服务人员应该运用自身的专业知识有效地帮助客户来分析导致这种情况的原因，如果不知道或解决不了，就应该直接告诉客户，千万不要拖拖拉拉或避而不答。

6. 设定期望值以便于提供方案选择

通过前面几步的工作，这时候物流客户服务人员已经知道客户的期望值是什么了，对客户服务人员来讲可能会告诉客户：我非常理解您现在的心情，不过是这样的，负责这件事的人暂时不在，但是我本人非常想帮助您解决这个问题，您看这样好不好，我把您的情况记录下来交给某某，然后我去查证，及时打电话给您。设定期望值，就是告诉客户目前我能做的事情是什么。

这一点的关键在于物流企业客户服务人员是不是能够很灵活地选择，有没有将不同的选择提供给客户，设定期望值，提供更多的方案供客户选择。

7. 感谢客户

感谢客户是最关键的一步，这一步是维护客户的一个重要手段和技巧。客户服务人员需要说四句话来表达四种不同的意思。

第一句话是再次为给客户带来的不便表示歉意。

第二句话是感谢客户对于企业的信任和惠顾。

第三句话也是向客户表谢意，让我们发现问题知道自己的不足。

第四句话是向客户表决心，让客户知道我们会努力改进工作。

（二）判断投诉是否成立，确定责任部门

在了解客户投诉的内容后，要确定客户投诉的理由是否充分，投诉要求是否合理。如果投诉并不成立，就可以委婉地方式答复客户，以取得客户的谅解，消除误会。如果投诉情况属实，投诉成立，分析确定责任部门。

客户服务部根据客户投诉的内容，确定相关的具体受理单位和受理负责人。如果是运输问题，交储运部处理；属质量问题，则交质量管理部处理。

（三）责任部门分析投诉原因，公平提出处理方案

对于情况属实的投诉，要查明客户投诉的具体原因及造成客户投诉的具体责任人，填写客户投诉传递单，向责任部门传递。要求责任部门在几个工作日内给予答复及解决方案。责任部门依据实际情况，参照客户的投诉要求，提出解决投诉的具体方案。如退货、换货、维修、折价、赔偿等。

（四）提交主管领导批示

针对客户投诉问题，主管领导应对投诉的处理方案一一过目，并及时做出批示。根据实际情况，采取一切可能的措施，尽力挽回已经出现的损失。

（五）沟通客户意见

客户服务部就主管领导批示的答复和处理方案与客户沟通，填写客户意见表。如果同意，按照方案执行；如果不同意，返回责任部门。提供了方案供物流客户选择之后就要达成协议，也就是建立一个承诺。

（六）实施解决方案

客户接受解决方案后，由责任部门组织实施方案。具体做法是处罚直接责任者，通知客户，并尽快收集客户的反馈意见。对直接责任者和部门主管要根据有关规定作出处罚，依照投诉所造成的损失大小，扣罚责任人一定比例的绩效工资或资金。对不及时处理问题而造成延误的责任人也要追究相关责任。

（七）客户回访

投诉处理结束以后，后期的回访是非常重要的。责任部门的方案实施完毕之后，由客户服务部进行第一次客户回访，并填写客户满意度调查表。（不同类型的投诉需要回访的次数不同：业务投诉的回访，至少回访2次；服务态度投诉需要回访1～2次。）物流企业要跟客户建立起很好的联系，这样客户才有可能觉得，这个公司真的是以我为核心，真的是站在我的角度上去思考问题的。这样，客户的忠诚度就会极大地回升。

检查物流客户满意度后要再次表示感谢并道歉。感谢比道歉更加重要，感谢客户告诉我们存在的问题，以便以后更好地为他服务；感谢他们指出我们工作中的问题，帮助我们提高；感谢他们打电话来，告诉……客户的抱怨往往源于物流企业的冷漠和推诿。所以他们打电话来之前会预期这将是个艰苦的对决，而你真诚的感谢将大大出乎他们的意料，他们的情绪也将很快得到平复。

（八）将回访意见返回责任部门

客户服务部将客户满意度调查表返回责任部门并存档。如果客户满意或非常满意，则投诉正式受理完毕。如果客户不满意，则重新从第二步开始。

【实例6－30】

有理谦让，处理结果超出客户预期

C公司承揽一票30标箱的海运出口货物由青岛去日本，由于轮船爆舱，在不知情的情况下被船公司甩舱。发货人知道后要求C公司赔偿因延误运输而产生的损失。C公司首先向客户道歉，然后与船公司交涉，经过努力船公司同意该票货物改装3天后的班轮，考虑到客户损失将运费按八折收取，C公司经理还邀请船公司业务经理一起到客户处道歉，并将结果告诉客户，最终得到谅解。结果该纠纷圆满解决，货主方经理非常高兴，并表示："你们在处理纠纷的同时，进行了一次非常成功的营销活动"。

活页任务单

<table>
<tr><td>任务情境 6－2：物流客户投诉的处理</td></tr>
<tr><td>一、任务描述
任务：物流客户投诉处理训练。
主题：处理物流客户投诉。
要求：掌握物流客户投诉处理的流程与方法。
准备：
①班级学生分组，每组人数应不多于 5 人。
②以小组为操作单元，采取角色扮演法开展客户投诉处理的小品表演。
流程：
①各小组处理的客户投诉类型力求不同，运用不同的方法处理客户投诉。
②撰写小品脚本，归纳企业客户投诉处理原则、独到的客户投诉处理办法。
③进行客户投诉的角色表演。</td></tr>
<tr><td>二、实施工具
表格、电话、相关软件等。</td></tr>
<tr><td>三、实施方法
角色扮演法、面对面访谈、电话处理等方法。</td></tr>
<tr><td>四、实施步骤
步骤一：接受客户投诉。
步骤二：判断投诉是否成立，确定责任部门。
步骤三：责任部门分析投诉原因，公平提出处理方案。
步骤四：提交主管领导批示。
步骤五：沟通客户意见。
步骤六：实施解决方案。
步骤七：客户回访。
步骤八：将回访意见返回责任部门。</td></tr>
<tr><td>五、考核与评价</td></tr>
</table>

任务实施评价表

考核项目	考核要求	分值	得分			备注
			自我评分	组间评分	教师评分	
物流客户投诉受理	在接受客户的投诉中能巧妙运用投诉处理的方法与技巧，注意接待用语，能迅速平息客户的怨气，准确登记客户投诉案件	30				

续表

续表

考核项目	考核要求	分值	得分			备注
			自我评分	组间评分	教师评分	
调查工作差错原因	能够正确分析客户投诉的原因，按照正确的流程调查差错产生的环节及具体责任人，做好公司内部沟通	20				
沟通客户意见与回访	能巧妙运用客户沟通技巧将本次投诉处理方案与客户进行沟通交流，尽可能地取得客户的同意，在回访中能给客户留下较深刻的印象，提高客户的忠诚度	20				
投诉处理流程	熟悉客户投诉处理的工作流程，小组成员能较好地协作完成整个投诉的处理过程。	30				

六、技能拓展

1. 描述一件你在日常生活中遇到或听到的服务或购买物品时不能让人满意的地方，如何处理的，根据你所学知识给出一个合理化的建议来。

2. 某物流公司客户投诉管理部门接到一老客户打来的投诉电话，称：在近期物流公司运送来的货物中存在着货物部分损坏问题，该批货物价值总额为 60 万元，商品完好率为 80%，缺损商品价值为 12 万元，客户要求赔偿。客户投诉管理部门受理投诉，登记客户投诉记录表，然后将投诉记录交货运部；货运部收到投诉记录后马上开展调查分析，并获得两个方面的资料。

第一，缺损货物中有 20% 货物因轻微碰撞而变形，修理后不影响使用和销售，预计修理费用为 3000 元；其余部分毁损严重，无法恢复其价值和使用价值，这部分货物的价值总额为 9.6 万元。第二，货物毁损原因查明，是因为储运公司对货物的包装强度过低，导致货物在运输途中出现事故。

经有关管理部门研究，并征得客户的同意，提出解决问题的方案如下。

第一，支付商品的维修费用，赔偿经济损失，两项共计 4000 元。

第二，补发毁损货物。

储运公司相关部门按要求支付赔款和发运货物；客户投诉管理部门定期回访该客户，了解到货情况，赢得客户的信任。

请根据案例回答如下问题：事故的责任在谁？储运公司的处理流程如何？你认为他们处理的是否得当？

项目小结

本项目从物流客户异议与投诉入手，强调了处理客户异议与投诉对企业重要性，作为物流企业和物流客服人员来说，要正确地对待客户的抱怨，客户的抱怨是推销过程中的一种必然现象，它有时是成交的一种信息，有时是企业提供的物流产品或服务不足的一种折射，虽然“苦口”，但无疑是促使企业反省，进行改善的一味“良药”。通过本单元任务的演练和操作，使学生更深刻地领会处理物流客户异议与投诉可供选择的原则和策略，掌握处理客户异议与投诉时的应对技巧。从客户的角度出发，为客户抱怨提供方便，并将处理客户异议与投诉当作成功推销的一次契机。

项目七　物流客户管理

项目概述

客户是多层次、多类型的，客户同时又是变化的。物流客户管理是在客户需求的拉动下，借助信息技术和现代化的管理手段，对物流产品及服务设计进行优化管理，进而实现客户价值最大化的管理模式。

在物流客户管理的过程中，需要抓住以下几个重点。

第一是动态管理。

客户档案建立后，就应当及时维护和更新。针对客户情况的不断变化，要对客户的资料加以调整，剔除过时的或已经变化了的资料，及时补充新的资料，对客户的变化进行跟踪，使客户管理保持动态性。另一方面，要注意对客户的筛选，留住大客户，淘汰无利润、无发展潜力的客户。

第二要突出重点。

突出重点，一是要加强对重点物流客户的管理。管理人员要透过客户资料找出重点客户。二是针对不同类型的物流客户建立不同的客户档案。三是对不同类型的客户应采用不同的策略和管理办法。

第三要重视客户关系管理。

客户关系管理就是追求物流客户满意，培养客户的忠诚，在此基础上，最终建立起比较稳定、相互都受益的伙伴关系。结果，物流客户获得了满意的服务，而物流企业则获得了利润。更为重要的是在满意的服务中，最终赢得了客户，实现了赢利目标：物流额增加，物流费用降低，建立了他自己稳定的客户关系网络。此外，由于你的服务，客户在很多方面都相继受益，诸如缩短了决策时间，减少了冲突，节省了费用，赢利增加。客户关系管理应注意加强与客户的感情沟通，处理好物流客户的抱怨，达到客户满意最大化。

那么对于发掘物流客户，并与物流客户保持长久稳定的合作关系，你有哪些自己的独到见解呢？

项目目标

知识目标：

（1）了解物流客户信息收集的要点。

（2）掌握物流客户满意度测评的主要方法。

（3）掌握维护物流客户忠诚度的主要方法。

能力目标：

（1）能够使用正确的方法收集物流客户信息。

（2）能够对收集的客户资料进行分类、分析、归档并妥善保管。

（3）具备物流客户满意度的调查能力和测评能力。

（4）具备物流客户忠诚度的调查分析能力。

素质目标：

（1）培养学生踏实、认真的职业素质。

（2）培养学生遇到困难敢于应对、认真思考、积极解决的良好素养。

（3）使学生具备发掘新客户，留住原有客户的能力。

思政目标：

（1）树立良好的职业道德，诚实、守信、严谨的工作作风。

（2）树立服务客户、顾客至上的服务理念。

（3）牢固树立正确的价值观和知行合一的工作作风。

任务一　物流客户信息管理

项目引入

宝供物流公司的客户管理

宝供储运，是一家民营的中型储运企业，成立于1994年年底。宝供储运的总经理和创始人——刘武在1992年承包了广州的一个铁路货物转运站。他承担下来的货运任务大多都能及时完成，运输的质量比较好，仓库也比较干净，另外他的货运站也是当时唯一的一家能够提供24小时货运仓储服务的企业。也正是因为这些原因，1994年刘武终于迎来了一个对未来事业将产生巨大影响的客户——宝洁公司（P&G）。

1994年，美国宝洁公司进入中国市场，并在广东地区建立了大型生产基地。对于刚刚进入中国市场的宝洁公司来讲，产品能否及时、快速地运送到全国各地，是其能否快速抢占中国市场的一个重要环节。宝洁公司首先联系的是大型国营储存和运输公司，但由于长期计划经济体制下形成的官僚主义作风，管理混乱，服务质量差，使宝洁公司终于忍无可忍，开始把目光投向了民营储运企业。

被宝洁公司这样的一家大客户看上，使当时还处于个体户形态的刘武颇感紧张。他说："在整个发运过程中，我们好像是在照料小孩子一样，对'宝洁'的货物真是呵护备至。"为了保证运输的质量，刘武将集装箱送上火车以后，马上乘飞机去了上海，当时他想，一方面去上海可以现场"督战"，另一个方面还可以考察各个环节，拿到第一手资料，这样才能够保证以后的发运可以顺利进行，满足客户的要求。

刘武在这次"考试"中得了高分。不过这次生意的成本也确实很高，刘武自己说那次根本没有赚到什么钱。但是这没赚钱的生意，却为刘武承包的转运站带来了越来越多让同行"眼红"的单子。"宝洁"从此开始陆陆续续地给刘武加大业务量，甚至一度把自己所有的铁路货运业务全部交给了刘武的宝供储运。

在业务的发展初期，由于业务量小，复杂程度低，依靠灵活的人工操作管理与服务顾客的思想，就可取得一定的成效。按刘武的话说："传统的动作方法必须改变，我必须要知道客户需要一些什么，然后想办法去满足他。否则人家又何必来找你一个小公司呢？"这个想法后来也促使他下决心创办了宝供储运这一企业。

宝供储运在发展到高速成长阶段的时候开始遇到了一个信息瓶颈的问题。一张单子，刘武可以自己去跟踪，现在一天可能有上百张的单子，这个问题靠人力已经是很难解决了。实际上，"宝洁"对这个问题的反应最是敏感。经过一年左右相对的"蜜月"期之后，"宝洁"对宝供储运的意见开始越来越大。以前"宝洁"发现问题后，宝供储运马上就会去改进，可现在业务越来越大，宝供储运的反应速度却在明显下降。"宝洁"曾经在一年内连续几次向刘武投诉，批评宝供储运不能提供及时准确的货运信息，进而指出经他们统计，发现某地的到货时间不准时，破损率也有上升。刘武一时摸不着头脑，因为他和业务部了解到的情况来看并不存在这样的问题。可是一看"宝洁"详细的数字化收货记录，顿时就傻了眼。原来有些分公司的人员利用信息瓶颈"瞒天过海"，报喜不报忧，费了很大力气统计上来的信息竟然有不少的水分。这件事除了让刘武为公司的管理再次深感担忧之外，也使他发现宝洁公司不仅要求提供安全、准确、及时、可靠的储运服务，还对整个在物流各个环节产生的信息非常关注，比如货物什么时候发运、用的是哪趟火车、预计何时到货、货物情况如何、有无破损、是否已经签收，等等。那么，如果宝供储运可以突破"信息瓶颈"，能够实时监控各个储运环节，不也就可以"捎带手"地把这些信息告诉宝洁公司吗？这种服务应该是会很受客户欢迎的。

尽管资金非常紧张，刘武还是决心制定一套客户信息管理制度，因为对于物流市场而言，不仅新客户亟待开发，原有客户的满意度更值得重视，忠诚度更有待进一步提升。

项目思考

1. 宝供物流公司应该从哪几个方面了解物流客户信息？
2. 在物流客户信息的收集和整理上，宝供物流可以采用哪些方法？

身边的事

扫描二维码，思考如何充分地了解客户信息，有效地开展业务。

知识研修

一、物流客户信息收集的内容

（一）物流客户的基本信息

物流客户的基本信息包括客户访问信息、巡视员信息、客户档案信息、员工当日服务记录等。收集物流客户基本信息时，主要侧重的内容有以下几点。

（1）姓名、性别、年龄、职业、住址、电话、电子邮件等客户个人信息。

（2）企业经营战略、生产规模、产品品种、资信级别、经营状况、销售收入、发展瓶颈、物流费用、现有物流方式、竞争对手状况等企业基本信息。

（3）客户对产品在库管理、在途管理、运输要求、包装要求、信息反馈等方面的需求信息。

（4）客户对邮政物流服务不满的投诉信息。

物流客户信息收集动画

【实例7-1】

扫描二维码，结合案例内容，更好地理解信息收集到位所产生的的效果。

在本案例中，客户最后只接受了某物流公司的宴请并达成了初步的合作意向，关键在于宋雨前期信息收集工作到位。机场接人、鲜花祝福、经理会面等一系列的营销工作，让客户真正感受到了某物流公司的客户服务意识和服务质量，赢得了客户的满意。更重要的是，宋雨通过抢占先机，赢得了竞争上的主动，让竞争对手失去了表现的机会。

（二）物流客户间的比较信息

市场占有率，市场覆盖率，投诉率，内部职能协调与响应流程及时间，环境与产品、服务的协调性，价格适度性，员工服务态度和技能水平等方面的信息。

二、物流客户信息收集的方法

（一）常用的收集方法

1. 统计资料法

统计资料包括企业的各种统计资料、原始记录、营业日记、订货合同、客户来函，这些资料多数是靠人工收集和整理的，而且分散在企业各职能部门内部，需要及时整理汇总。通过收集这些统计资料可以得到企业所需的客户信息。

2. 直接观察法

通过物流企业的营销员进行实地观察而获取信息。现实生活处处都有信息，只要善于观察，就能捕捉到有用的信息。

3. 会议现场收集法

主要是通过召开各种物流业务洽谈会、推介会、咨询业务会议、经验交流会、学术报告会、信息发布会、专业研讨会等，进行现场收集。

4. 媒体法

利用广播、电视、网络、报纸、图书资料等渠道收集信息。

5. 多向沟通法

主要是企业通过与外部有关单位建立信息联络网，进行信息或情报的交流。

6. 聘请法

根据企业对信息的需求情况，聘请专职或兼职信息员、顾问等组成智囊团，为企业提供专业情报，并为企业出谋划策。

7. 购买法

这是一种有偿获取信息的方法。主要的做法是向有关信息服务单位（如咨询中心、顾问公司、专业研究机构等）购买企业所需要的客户信息。这些资料多是二手资料，但来得比较及时，也比较省时，来源也广，也不失为获取客户信息的重要来源。

【实例7－2】

密密麻麻的小本子

几年前，山东省有一个物流运输的项目，A公司志在必得，并组织了一个有十几个人的小组，住在当地的宾馆里，天天跟客户在一起，还帮客户做标书，做分析，关系处得非常好，大家都认为拿下这个订单是十拿九稳的，但是一投标，却输得干干净净。中标方的代表是一个其貌不扬的女子，姓刘。事后，A公司的代表问她：你们是靠什么赢了那么大的订单呢？要知道，我们的代理商很努力呀！刘女士说：其实客户那里我只去了3次，之所以成功靠的还是“用心”二字。她第一次来山东，谁也不认识，就分别拜访客户公司的每一个部门，拜访到经理的时候，发现经理不在。到办公室一问，办公室的人告诉她经理出差去北京了。她又问住在哪个宾馆，然后马上就给那个宾馆打电话说：我有一个非常重要的客户住在你们宾馆里，能不能帮我订一个果篮，写上我的名字，送到房间里去，然后又打电话把事情原委汇报给她的老总，说这个经理非常重要，已经去北京出差了，无论如何你要在北京把他的工作做通。她本人则赶了最早的一班飞机飞回北京，下了飞机直接就去这个宾馆找经理。等她到宾馆的时候，发现她的老总已经在跟那位经理喝咖啡了。在聊天中得知这位经理会有两天的休息时间，老总就请他到公司参观，该经理对公司的印象非常好。当公司老总提出一周后到他的公司做经验交流时，他欣然同意了。一周后的经验交流会非常成功，在交流的过程中，大家都感到了客户公司经理的倾向性，所以这个订单很顺利地拿了下来。

A公司的代表听后说：你可真幸运，刚好局长到北京开会。刘女士掏出了一个小本子，说：不是什么幸运，我所有的客户的行程都记在上面。打开一看，密密麻麻地记了很多名字、时间和航班，还包括他的爱好是什么，他的家乡是哪里，这一周在哪里，下一周去哪儿出差。

有没有一种资料让企业能够在竞争过程中，取得优势、压倒竞争对手呢？有。这类资料就叫做客户个人资料。只有掌握了客户个人资料，才有机会真正挖掘到客户的实际内在的需求，才能做出切实有效的解决方案。当掌握了这些资料，销售策略和销售行为也往往到了一个新的转折点。

（二）客户调查收集法

客户调查法是指物流企业有意识地获取客户的意见，包括客户的经历，客户对企业服务的意见、建议等。

倾听是一个非常实用的交流工具，学习倾听客户的心声，尽可能地抽出时间与客户交谈，不要立刻反驳客户所做的任何评论。这样既可以获得客户对企业的好感，同时也得到了很有价值的客户信息。客户调查收集法一般有电话调查、信函调查、焦点客户调查、内部客户信息统计等。

（三）其他辅助收集方法

表7－1　物流客户信息收集的辅助方法

无限连锁法	让客户推荐新的客户，再让新客户推荐下一个客户，如此继续下去
新增记录法	只要听到或看到一个可能入选的潜在客户，就立刻记录下来，以免忘记
熟人法	发掘潜在客户
名单寻找法	通过邮政黄页或地址簿的名单寻找
互利互惠法	与其他物流从业人员多沟通，把他的客户拉到你的队伍中
报刊名册法	报刊、名册是寻找潜在客户的工具之一
直接访问法	挨家挨户访问推销
反馈信息法	已经使用了你公司的产品和服务，并对其优缺点较熟悉的人
社会关系法	得到对周围有影响力的协助，并利用其影响力，把其影响范围内的人都变成潜在客户的方法
重复销售法	如果平时与旧客户保持着良好的关系，就能够不时地取得各项情报
电子邮件法	通过电子邮件和聊天的方式进行，发送速度快

【实例7－3】

识别客户需求——不要妄加猜测

王太太是一个年轻的妈妈，她自己受过高等教育，所以对孩子的教育情况特别关心。儿子6岁这年，她准备给儿子建一个小小的书房，需要一套适合小孩子的书桌和书柜。她首先选择的是一家全国知名家具的代理商。销售人员十分热情，他一见到王太太，就迫不及待地介绍："你真的很有眼光。正如您现在所见到的，这套家具的设计是一流的，而且材料质地上乘，这么豪华的家具，放在你的家里，一定可以大大提升你的品位。"王太太只是冷淡地答了一句："这个，我倒不是很重视。你能给我讲讲它具体构造吗？比如说高度、边角之类的……。"销售员热情地回答说："当然可以，这套家具设计十分独特，其边角都是采取欧洲复古风格，还可以当梳妆台用呢……。"王太太打断了他的话："这似乎并不是我最感兴趣的。我比较关心……"销售员立刻接过她的话说："我知道您想说什么！这套家具采取了最典雅的象牙紫色，而且是用上乘的木料，外面还有保护层，我敢保证它的使用寿命绝对在20年以上。"

王太太笑了笑，说："你说的这些，我都相信，也可以感觉得到。不过，我想你误会我的意思了，我更关心孩子……。"王太太本想说："我更关心是否适合给孩子用。"然而没等她说完，销售员便抢过她的话说："我完全理解你的担忧。我们公司特别为这套家具配置了一些防护措施。这样，小孩子就不能在上面乱涂乱画了。而且，这还会是一件非常有价值的收藏品。此外，它还很漂亮，可以作为室内装饰品。如果你买全套的，我们可以给你优惠价……"

王太太打断了他的话："对不起，我想我不需要了，谢谢你。"

有时候，以己度人往往会走入心理学上的"投射效应"。要成功地获取客户，就要换位思考，而倾听也是获取客户信息的有效途径。

三、物流客户信息整理分类的方法

（一）物流客户信息的手工整理分类方法

手工整理分类的信息内容主要有：与客户交谈的信息、客户信函、内部客户信息管理、外部客户信息管理等。具体的整理办法如下。

1. 交谈中的信息整理分类方法

该交谈中信息整理的内容包括客户投诉和投诉信息两种。客户投诉有的是针对服务质量，有的是针对产品质量，也有针对相关部门的。对于这些投诉，需要用表格来整理分类。有关负责部门要根据投诉分类整理表格及时解决客户投诉的问题，以完善物流服务。客户投诉分类整理表格还可以作为企业物流客户服务质量的评价依据。客户投诉分类整理表格可采用"颜色管理"，在投诉点下配以相应的颜色和比例长度来给予提示，如表7－2所示。

表 7－2　　投诉信息整理分类表

本月投诉总量					
投诉分类	送货不及时	丢失货物	缺货	配送差错	投诉回复慢
件数					
比重					
环节责任					
警示	红色	黄色	蓝色		

注：红色表示问题已很严重，黄色表示相当严重，蓝色表示问题一般。

2. 信函中的信息整理分类方法

在物流客户管理中的信函内容一般是：客户抱怨报告，要求增加服务报告，有关的建议书等。收到客户信函后要认真阅读，在信上贴签收单，注明收到时间。信件按内容分类，及时转交有关部门。在交给有关部门前要将签收单上的内容复制到登记表。有关部门收到信件后要在签收单和登记表上签字。

3. 内部客户的信息整理分类方法

内部客户管理实际上就是企业内部各部门的协调与沟通，即微观物流管理。内部客户的信息整理分类，实质上是物流系统信息管理。内部客户信息整理分类的要点如下。

（1）运输方面：物品损坏率、正点运输率、时间利用率、运力利用率。

（2）仓储方面：物品完好率、物品盈亏率、物品错发率、设备和时间利用率、库面积利用率。

（3）供应物流：采购不良品率、仓储物品盈亏率、采购计划实现率、供应计划实现率。

（4）生产物流：生产计划完成率、生产均衡率、劳动生产率。

（5）销售物流：销售合同完成率、发货差错率。

（6）回收物流：废料回收利用率。

把握好以上要点，可以总体上了解物流系统管理的现况，找出物流系统的薄弱环节，明确物流系统的改善方向，找出实际与计划的差距，提高物流系统的运作效率。

4. 外部客户的信息整理分类方法

外部客户信息可以利用“外部客户服务信息反馈卡”来进行分类整理。每完成一项物流运转就进行一次信息反馈卡分类整理。分类整理要尽量细化，然后将细化资料归集到某一部门或某一服务项目上，明确各部门职责。外部客户服务信息反馈卡是联系物流企业与外部客户的纽带，是融洽客户公共关系的关键，同时也是改善物流工作管理和服务质量的举措。

（二）物流客户信息采用计算机的分类整理方法

物流客户信息采用计算机的分类整理方法，实际上就是建立一个物流客户信息管理系统，即CRM（英文 Customer Relationship Management 的缩写），是一种旨在改善企业与客户关系，提高客户忠诚度和满意度的新型管理机制。

四、物流客户信息整理的程序

（一）对客户资料卡进行建档管理

1. 客户资料卡建档管理注意事项

是否在访问客户后立即填写此卡？

卡上的各项资料是否填写完整？

是否充分利用客户资料并保持其准确性？

主管应指导业务员尽善尽美地填写客户资料卡。

最好在办公室设立专用档案柜放置“客户资料卡”，并委派专人保管。

自己或业务员每次访问客户前，先查看该客户的资料卡。

应分析客户资料卡的内容，并作为拟订销售计划的参考。

2. 客户档案的形式

卡式——客户资料档案卡。

簿式——客户资料记录簿。

袋式——客户资料档案袋。

客户管理系统软件——计算机客户管理系统。

（二）熟悉客户档案管理制度

1. 建档具体步骤

（1）建立客户档案卡，实行登记编号制。客户档案卡应当便于填写、保管和查阅。

（2）编制客户访问日报，由营销人员随身携带，在进行客户访问时，随时填写，按照规定的时间上报，汇总整理，据此建立综、分客户档案。

（3）制订营销人员客户信息报告制度（包括日常报告、紧急报告和定期报告）和营销人员客户信息报告规程。

（4）客户分类。应当对客户进行科学的分类，以提高销售效率，促进营销工作顺利展开。客户分类的主要内容应当包括：客户性质、客户等级、客户系统、客户构成等。也可根据客户情况整理为重要、特殊、一般性客户三个档次。

（5）客户构成分析的主要内容应当包括：销售构成分析、商品构成分析、地区构成分析、客户信用分析等。

（6）应当在客户信用等级分类的基础上，确定对不同客户的交易条件、信用限度和交易业务信用处理方法。

2. 档案管理须注意的问题

（1）动态管理。把客户档案建立在已有资料的基础上进行随时更新，随时了解客户的经营动态、市场变化、负责人的变动、体制转变等。定期（如两个月）开展客户档案全面修订核查工作。

（2）专人管理。要求客户管理人员的忠诚度要高、在企业工作时间较长、有一定的调查分析能力，由基本能掌握企业全局的专人负责管理。

（3）建立查询制度。业务经理、客户服务人员及经理级别以上人员查询，其他人不得办理查询。

（4）借阅制度。借阅人员必须填写客户资料借阅表，并定期归还，违者以盗窃公司资产行为进行处罚。

（5）发放制度。必须经客户经理同意，并有针对性地发放，针对业务人员只能提供单位名称、姓名、职务，针对客户服务人员提供全部资料，但必须根据具体情况定期回收。原始资料只可查询，不可借阅、发放。

（三）整理客户档案

客户信息是不断变化的，客户档案资料应不断补充、增加。客户档案的整理必须具有管理的动态性，可以把客户档案资料分成五大类，编号排列定位并用活页装卷。

第一大类：客户基础资料。依次排序为：客户营业执照、税务登记证、法人委托书、客户背景资料（包括销售人员对客户的走访、调查的情况报告，客户市场区域的各类贸易技术法规、标准，本地区同类产品的市场比较信息）。

第二大类：客户与本公司签订的合同、订单情况。依次排序为：历次签订合同订单登记表，具体合同订单文本。合同订单要按签订的时间先后排列。

第三大类：客户的欠款还款情况。依次排序为：客户信用额度审批表，历次欠款还款情况登记表，欠款还款协议，延期还款审批单，客户还款计划。其中对于直接外销客户，还应有付款方式、授信金额抵押保证登记。

第四大类：与客户的交易状况。依次排序为：客户产品进出库情况登记表，实际进库、出库情况报告，交易的其他资料。

第五大类：客户退赔、折价情况。依次排序为：客户历次退赔折价情况登记表，退赔折价审批表，退赔折价原因、责任鉴定表。

以上每一大类都必须填写完整的目录并编号，以备查询和资料管理。客户档案每年分年度清理，按类装订成固定卷保存。

（四）客户对公司利润贡献的衡量

1. 积极性

客户的积极性是配合企业销售工作的最好保证。客户具有合作和业务拓展的积极性，就能主动地开展工作，而不是被动地听从公司安排或一味地要求公司提供支持。凡是销售业绩比较好的客户，都有强烈的积极性，不仅表现在态度上，还通过资金的支付、人员和车辆的准备等行动表现出来。不少企业将客户的积极性列为衡量客户好坏的第一个指标。评价客户积极性要细心全面观察，谨防虚假的积极性，因为那往往是阴谋诈骗的开端。

2. 经营能力

衡量客户经营能力的大小，常用以下指标。

（1）经营手段的灵活性。好的经销商往往很有经营头脑，经营思想新颖、开发能力强，管理也很有章法，不盲从，不随大流。

（2）分销能力的大小。此项主要看其有多少下家（分销商），市场覆盖面有多大，与下家的合作关系是否良好等。

（3）资金是否雄厚。这是衡量经销能力强弱的一个硬指标。

（4）手中畅销品牌的数量。好的经销商往往有多个畅销品牌（厂家）的经销权。这个指标是考核经销商在业内是否也树立起了自己经销的品牌（名牌经销商自己的招牌）。仓储能力和车辆、人员的多少。这也是衡量经销商实力的一个硬指标。这个指标对今后销售工作向细致的、扎实的方向发展，更为重要。

3. 信誉

经销商信誉是与其合作的基础，不讲信誉的经销商，条件再好也不能与之合作。对于信誉，一不能超出经销商承受能力（此时，信誉变得没有意义），二不能单看一时、一事，即要用发展的和长远的眼光对其进行考查。

4. 社会关系

社会关系是影响经销商经营状况的主要因素之一。社会关系主要指两个方面。一方面是家庭关系，包括家庭成员的组成，从事的职业、兴趣爱好、生活方式、关系是否和睦、健康状况如何等。这些情况都会直接或间接影响经销商的正常经营。另一方面是指社会地位，考查其在社会上的地位、影响、社会背景情况，与行政管理部门的联系方面。除以上指标外，还常有销售管理水平、销售网络；促销能力、售后服务能力、与本公司的关系等方面，可对客户进行评价。

好的客户会给企业带来极大的利润，而差的客户则会给企业带来很大的风险，甚至可拖垮一个企业。建立客户评价指标，对客户进行评价，一是可从中选择好的客户，二是可以在客户管理工作中建立起动态管理机制：在不断淘汰差的客户的同时，不断培养出更多的适合企业需要的好客户。

活页任务单

任务情境 7－1：物流客户信息管理
一、任务描述 美国宝洁公司在进入中国市场初期，迫切寻求可以提供周到服务的物流企业。广东的宝供物流用自己严谨的职业态度，踏实的工作风格赢得了宝洁集团的青睐。随着宝洁集团将越来越多的订单交到宝供物流手上，宝供物流也认识到只有实行正规的现代化管理和操作才能与宝洁集团维持长久的合作。 摆在宝供物流面前的首要任务就是全面的了解它的合作伙伴——宝洁集团，请同学们按照以下实施步骤，跟随宝供物流一起，收集客户资料，获取客户信息，并做精准分析。
二、实施工具 略
三、实施方法 略
四、实施步骤 步骤一：建立客户来源中心 1. 收集个体客户的资料

表 7－3 个体客户的资料

客户档案内容	姓名、昵称、职称 公司名称 地址 办公室和住宅电话号码 出生年月、出生地、籍贯 身高、体重、身体五官特征
教育背景	高中学校名称与就读时间，大学名称及毕业日期 大学时代得奖记录 大学时所属社团、擅长的运动 如果客户未上过大学，他是否在意学位、其他教育背景

续表

家庭情况	婚姻状况、配偶姓名 配偶文化程度 配偶兴趣、活动社团 结婚纪念日 子女姓名、年龄、是否有抚养权 子女所在学校 子女爱好
业务背景资料	客户的前一个工作单位名称、地址、受聘时间、受聘职务 参与的团体、所任职位 是否聘顾问 客户与本公司其他人员有何业务上的关系，关系是否良好 客户对自己公司的态度 客户的长期事业目标为何，短期事业目标为何
特殊兴趣	客户曾参加的俱乐部及目前所在的俱乐部或社团 参与的政治活动、政党 是否热衷社区活动，如何参与 是否热衷宗教信仰 对客户特别机密且不宜谈论的事件是什么 客户对什么主题特别有意见
个人生活	过去的医疗病史，目前健康状况饮酒习惯及嗜好 是否吸烟 最偏好的午餐地点、晚餐地点、最偏好的菜式 嗜好与娱乐，喜欢读什么书，喜欢观赏什么运动，喜欢什么话题 喜欢引什么人注意，喜欢被这些人如何重视

2. 搜集企业客户资料

表7－4　　客户资料的基本内容

基础资料	客户的姓名、电话、地址、所有者及他们个人的性格、爱好、家庭、学历、年龄、创业时间，与本公司的起始交易时间、企业组织形式、业种、资产等
客户特征	主要包括服务区域、销售能力、发展潜力、经营理念、经营方向、经营政策、企业规模
业务状况	主要包括销售实绩、经营管理者和销售人员的素质、与其他竞争对手之间的关系、与本公司的业务关系及合作态度
交易状况	客户的销售活动现状、存在的问题、保持的优势、未来的对策、企业形象、声誉、信用状况、交易状况、交易条件以及出现的信用问题等

项目引入中，针对“宝洁”这样的大客户，宝供公司的信息收集更要准确到位。

（1）客户自身的基本资料（姓名，性别，兴趣爱好；客户所领导企业的组织形式和规模等）。

（2）“宝洁”的经营品种。

续表

(3)“宝洁”的产品性状。
(4)“宝洁”的产品保质期。
(5)“宝洁”的销售业绩和销售团队情况。
(6)“宝洁”以往的信用状况。
(7)宝洁公司的经营理念，以及其对合作伙伴的特殊要求。

3. 填写客户资料卡

表7-5　客户资料卡

一般资料	公司名称	
	地址	
接洽人员	经理	
	经手人	
营销状况	营业项目	
	营业额	
	营销人数	
	员工人数	
	销售旺季	
	投资额	
	生产能力	
	财务状况	

检验状况	设备	佳□一般□差□
	人员素质	佳□一般□差□
	检验人数	
	决定人数	
	检验方法	佳□一般□差□
	严格程度	严□一般□松□
	其他	
	付款日期	
付款状况	手续	
	付款方式	
	态度	□爽快□可以 □迟延□为难 □常欠尾数 □难以确定
	其他说明	

经办人员采购本公司产品金额	起止日期	姓名	
	年度	主要产品	金额
往来厂商	厂商	相关产品	金额

续表

步骤二：建立客户信息档案

项目引入中，对宝洁公司的信息档案，可按前面介绍的方法逐一进行。

分类整理宝洁客户档案 | 熟悉客户档案管理制度 | 对宝洁客户资料卡进行建档管理

步骤三：客户资料分析

分析客户对公司的利润贡献 | 分析客户构成 | 分析客户经营情况 | 分析客户信用

1. 分析客户构成

进行客户构成分析能使物流销售人员及时了解每个客户在总交易量中所占的比例，以及客户的分布情况，并从中发现客户服务中存在的问题，从而针对不同客户情况采取不同沟通策略。

表 7－6　　客户统计表

产品	地址	客户数	销售额（%）	平均每家年销售额	前三名客户名称及销售额	
					名称	金额

表 7－7　　客户地址分类表

地区：

项次	客户名称	地址	经营类别	不宜访问时间	备注
访问路线图					

项目引入中，针对宝洁公司的客户分析，可以将宝洁在宝供公司全年的业务销售额与宝供公司全年的业务总额做比较分析，从中看出宝洁在宝供公司的客户位置及业务量排名。

2. 分析客户经营情况

分析企业客户的经营情况一般是在了解了企业基本情况的基础上，通过对其财务报表的分析，揭示客户的资本状况和盈利能力，从而了解客户的过去、现在和未来的经营情况。

针对宝洁公司，宝供物流可以通过分析其全年的盈利情况，从而了解宝洁的经营实力，从而预估下一年的业务预期。

3. 分析客户信用

利用客户档案记录内容详细、动态反映客户行为及其状况的特点的同时，还要进行客户信用情况分析，以便对客户的信用进行定期的评判和分类。

续表

表7-8 客户信用调查表

公司名称			地址		电话	
负责人			住所		电话	
创业日期	年月日	营业项目		经营方式	独资（）合伙（）公司（）	
开始交易日期	年月日	营业区域		经营地点	市场（）住宅（）郊区（）	
负责人	性格			气质		
	兴趣			名誉		
	学历	大学（）高中（）初中（）		出生地		
	经历			说话要领	能说（）口拙（）普通（）	
	思想	稳健派（）保守派（）革新派（）		嗜好	酒：饮（）不饮（） 香烟：抽（）不抽（）	
	长处			特长		
	短处			技术	熟练（）不很熟练（）不熟（）	
会计方面	银行往来	银行、账号		银行信用	很好（）好（）普通（）差（）很差（）	
	账簿组织	完整（）不完备（）		同业者评为	很好（）好（）普通（）差（）很差（）	
	经营组织	股份公司（）个人经营（）有限公司（）合资公司（）		近邻评价	很好（）好（）普通（）差（）很差（）	
	资本额	元		付款态度	爽快（）普通（）尚可（）延迟（）为难（）赊欠尾款（）	
	营业执照登记号码			备注		

续表

针对宝洁公司以往的资信情况进行分析，从而掌握宝供公司合作伙伴的合作可行性情况。

4. 分析客户对公司的利润贡献

客户资产回报率是分析公司从客户处获利多少的有效方法之一。实践表明，不同的客户，资产回报率是不同的。通过这一指标的分析，还可具体了解这种差距产生的原因。为确保客户能够成为好客户，企业对客户要进行定期评价，并采取相应措施。如今，越来越多的企业强调通过以多种指标对客户进行评价。

针对宝洁公司的利润贡献情况调查，除了定量的方法外，还可以从以下几方面着手。

（1）宝洁与宝供公司合作的积极性。

（2）宝洁本身的经营能力。

如：全国和本地有多少家经销商；市场覆盖面如何；畅销品牌的数量等。

（3）宝洁公司及其产品在消费者、同行业以及银行等关联客户中的信誉度水平。

五、考核与评价

任务实施评价表

考核项目	考核要求	分值	得分			备注
			自我评分	组间评分	教师评分	
物流客户信息收集的技巧	掌握物流客户信息收集的内容	20				
	掌握物流客户信息收集的方法	30				
	掌握物流客户信息整理的程序	50				

六、技能拓展

联邦快递公司是目前世界上，能在200多个国家和地区有网络并能作业的6家快递公司之一。靠国内快递起家，美国80%以上国内快件由该公司运作。现在它兼营国际快件，业务重点在亚洲和美洲之间。在联邦快递，员工（Pevople）、服务（Service）和利润（Profit）是三位一体的，这也是联邦快递自1973年创立时就确定的经营哲学，称之为PSP理念。员工、服务和利润这三个要素彼此推动，构成了一个封闭的循环圈，这也是联邦快递的实施客户关系管理的指导方针。作为一个服务性的企业，从客户开始和联邦快递接触的那一刻起，客户管理就体现出来了。

当客户打电话给联邦快递的时候，只要报出发件人的姓名和公司的名称，该客户的一些基本资料和以往的交易记录就会显示出来。当客户提出寄送某种类型的物品时，联邦快递会根据物品性质向客户提醒寄达地海关的一些规定和要求，并提醒客户准备必要的文件。在售前阶段联邦快递就已经为客户提供了一些必要的支持，以减少服务过程中的障碍。联邦快递的速递员在上门收货时，采用手提追踪器（SuperTracker）扫描货件上的条码，而这些条码是由FedEx Power Ship自动化系统或FedExShip软件编制的，以说明服务类别、送货时间及地点。所有包裹在物流管理的周期内，至少在货件分类点扫描六次，而每次扫描后的资料都将传送到孟菲斯总部的中央主机系统。客户可利用FedExPower Ship自动化系统及FedExShip软件发出电子邮件或查看互联网上联邦快递的网页，及时得到有关货件的行踪资料。这项技术不仅方便了公司的内部管理，而且大大提升了客户满意度和忠诚度。

1. 结合案例分析物流客户信息管理有哪些环节，需要解决哪些问题？

2. 如何理解“在联邦快递，员工、服务和利润是三位一体的”？

任务二　物流客户满意度管理

项目引入

京东自建物流系统

京东商城是中国最大的综合网络零售商，是中国电子商务领域最受消费者欢迎和最具有影响力的电子商务网站之一。京东商城以“产品、价格、服务”为核心，致力于为消费者提供质优的商品、优惠的价格，同时领先行业推出“211 限时达”“售后 100 分”“全国上门取件”“先行赔付”等多项专业服务。

京东商城并没有像其他 B2C 企业那样完全将物流外包出去，而是创办了自己的物流体系。京东总结了第三方物流存在的诸多弊端：根据调查显示，40% 的企业对于第三方物流表现出不满意。究其不满意的原因，80% 归结于第三方物流无法对于企业客户的需求变化进行快速及时的响应。

为了最大限度提升客户满意度，2009 年年初，京东商城就斥巨资成立自己的物流公司开始分别在北京、上海、广州、成都、武汉设立了自己的一级物流中心，随后在沈阳、济南、西安、南京、杭州、福州、佛山、深圳 8 个城市建立了二级物流中心，这些城市的顾客是京东商城的主要顾客。以华东物流中心——上海为例，每日能正常处理 2.5 万个订单，日订单极限处理能力达到 5 万单。目前，京东商城已经建成的项目——亚洲一号，即在上海嘉定购置 260 亩土地用于打造亚洲最大的现代化 B2C 物流中心。“亚洲一号”将至少支持百万级的 SKU（Stock Keeping Unit，库存量单位），目标是适应未来 5 到 10 年的发展。正是有了如此大规模的自营物流体系的支持，京东商城才敢在 2010 年 4 月正式推出了“211 限时送达”服务，即指每天上午 11 点前下订单，下午送达；晚上 11 点前下订单，次日上午送达。

截至 2022 年，京东物流已经良性运转 13 年，它的准时、高效、速达更是得到了消费者的一致满意和认可。

项目思考

1. 京东商城在提高客户满意度的举措上，有哪些值得我们借鉴的宝贵经验？

2. 如果你是京东商城的物流部门主管，对于完善自身的物流管理，提升客户满意度，还能提供哪些建议？

身边的事

扫描二维码，结合相关内容谈谈你对客户满意度的理解。

知识研修

一、物流服务的基本理念

（一）服务优先

良好的客户关系的建立和维持发展是为客户提供优质服务取得的，物流行业与其他传统行业一样，都要在市场竞争中争取更多的客户数和市场份额，也就是要以客户为核心。服务优先是基于市场竞争的激烈程度和企业发展空间的紧张程度而提出来的。一个物流企业能快速、准确、周到地为客户提供优质服务，就能拥有更多的客户和市场，因此现代消费观念不是因紧缺而拉动，而是更多地附加了心理感受来做选择。所以，物流企业对于客户来说，做到“交易前重视，交易后关注”“交易未成，服务先行”，客户就会给予更多更好的评价而选择该企业，这也是符合中国国情的服务模式。

（二）增值为本

物流客户服务创新必须以增值为本，即为客户提供增值服务，从而也为自己带来满意增值。物品在不同的时间也表现出不一样的使用价值和价值，物流也是要通过一些环节（如仓储保鲜）使物品能在价格最高时出售，这样也会取得增值；第三种增值是通过满足客户的需要，尤其是满足客户的个性化需要而产生的增值，例如为客户建立特定的包装标志，创建特定的批量封装等一些按客户要求而进行的简易加工和包装，以提升客户的形象以及客户对企业的满意度。

（三）关系至上

关系至上是从传统客户管理中发展而来的一种创新理念。传统客户管理的理念是销售额至上，而物流客户管理追求客户价值、客户关系，即与客户建立长期的合作伙伴关系，通过与客户紧密结合、良好交流、改变销售额至上的观念来共同受益、长期合作。

【实例 7－4】

扫描二维码，了解迪斯尼对“客户学”的研究，并思考准确把握客户需求有何意义。

把握客户需求动态的积极意义在于：其一，及时掌握客户的满意度、价值评价要素和及时纠偏；其二，推动企业的创新发展。从这一点上说恰是客户的需求偏好的动态变化，成了企业改进创新的不竭动力。

二、物流客户服务的基本要素

（一）物流服务为顾客提供的利益

1. 完成了商品的供应——将顾客所需要的商品在必要的时候按必要的要求送给顾客

作为决定这种服务水准的要素有：接受订货截止时间，接受订货批量（接受订货的最低单位）、供货频率、交货期（从订货到交货的时间）等。

2. 提高作业的效率

提高作业的效率，减轻顾客的作业负担——由于在顾客指定的时间交货（指定时间交货），顾客就可以有计划地进行收货作业，同时，提高了交货精度，能缩短收货时的验货时间。

（二）顾客服务的要素

顾客服务的要素如图 7－9 所示。

三、客户满意的物流服务层次

（一）物流基本服务层次

1. 可得性

可得性是指当顾客需要存货时所拥有的库存能力。可得性可以通过各种方式实现，

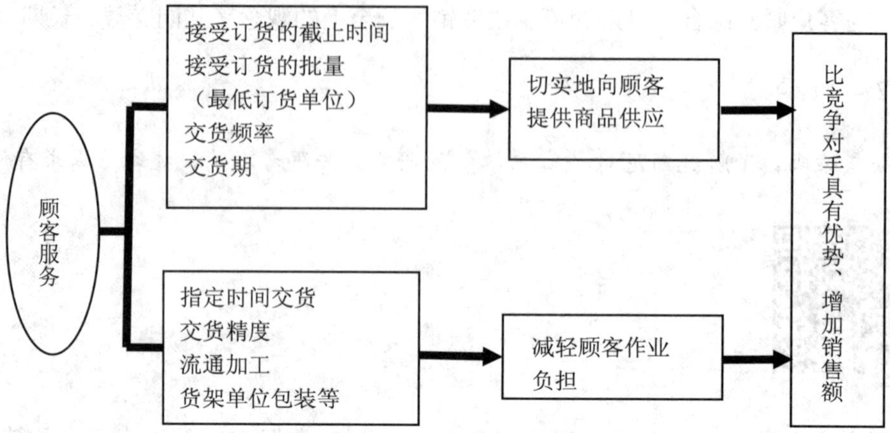

图7－9　顾客服务的要素

最普通的做法就是按预期的顾客订货进行存货储备。于是，仓库的数目、地点和储存政策等便成了物流系统设计的基本问题之一。

要高水准地实现存货可得的一致性需要进行大量的精心策划，而不是在销售量预测的基础上给各个仓库分配存货。事实上，其关键是要对首选顾客或核心顾客实现高水准的存货可得性，同时使整个存货储备和仓库设施维持在最低限度。

（1）缺货频率。缺货频率（stockout frequency）是指缺货将会发生的概率。换句话说，该衡量方法用于表示一种产品可否按需要装运交付给顾客。当需求超过产品可得性时就会发生缺货。缺货频率就是用于衡量一种特定的产品需求超过其可得性的次数。将全部产品所有发生缺货的次数汇总起来，就可以反映一个厂商实现其基本服务承诺的状况。

（2）供应比率。供应比率（fill rate）衡量缺货的程度或影响大小。这是因为一种产品缺货并不必然意味着其顾客的需求将得不到满足。在判断缺货是否影响到服务绩效以前，首先要弄清楚顾客的真实需求，因此，对企业来说，十分重要的是要确认该产品是否确实未能获得及其顾客究竟想要多少单位。供应比率是衡量企业服务水准的一个重要指标。

（3）订货完成率。订货完成率（orders shipped complete）是衡量厂商拥有一个顾客所预订的全部存货时间的指标。这是一种最严格的衡量，因为它把存货的充分可得性看作是一种可接受的完成标准。假定其他各方面的完成为零缺陷，则订货完成率就为顾客享受完美订货的服务提供了潜在时间。

2. 作业完成

作业衡量可以通过①速度；②一致性；③灵活性；④故障与恢复等方面来具体说明所期望的作业完成周期。

①速度。完成周期的速度是指从一开始订货时起至货物装运实际抵达时止的这段时间。但企业必须以顾客的身份来考察在这方面所承担的义务，因为根据物流系统的

设计，完成周期所需的时间会有很大的不同，即使在今天高水平的通信和运输技术条件下，订货周期也可以短至几个小时，或长达几个星期。

②一致性。一致性是指企业在众多的完成周期中按时递送的能力。不要把一致性直接解释为顾客额外需要的安全储备，以防有可能发生的递送延迟。一般说来，可得性与一旦需要就可以进行商品装运的存货能力有关；而完成周期的速度则与持续地按时递送特定订货所必需的作业能力有关；而所谓一致性，却是指必须随时按照递送承诺加以履行的处理能力。由此看来，一致性的问题是物流作业最基本的问题，也是提升客户满意度的重要指标。

【实例7-5】

信守承诺的重要性

提升客户满意度的出发点无疑应该是坚守承诺。沃尔玛对顾客的承诺是“天天平价”，它向顾客提供质优价廉的商品；他做到了，他成功了！中国移动（ChinaMobile）则向其所有的顾客提供无处不在的无线沟通服务。他做到了，他成功了！

麦当劳向消费者承诺的是便捷、洁净的快餐食品服务，为此，他们制定并严格执行苛刻的经营标准，其中仅其经营手册就长达350多页，控制范围包括服务、卫生及其他各方面，如麦当劳明确规定每磅肉中的脂肪不超过19%，汉堡包中的洋葱不得多于0.75盎司，炸薯条的保存时间为7分钟，汉堡包不能超过10分钟，咖啡则为30分钟，超过保存期的食品必须抛弃。他做到了，他成功了！

皇家饭店的大主厨是皮塔德先生，是奥格威见过的最严厉的人。他那对又圆又亮的小眼睛却从来不会离开他下面的人。一次他无意中听见奥格威对一个侍者说菜单上有一道菜已经卖完了，就严厉地责骂了：“一个好的厨房必须永远尊重菜单对客人的承诺。”“但是，先生，”奥格威辩解道，“那是烤鸡啊，再烤一只鸡需要40分钟。”“你难道不知道把烤箱调到六百度，15分钟就能做成一只烤鸡吗?”“那如果卖完的是需要一整天时间准备的烤大米蛙色呢?”“遇到这样的紧急情况，赶快来告诉我。我会打电话去其他大餐厅，直到找到菜单上有这道菜的。然后我会叫你坐计程车去买回来。”

一个优秀的组织永远信守承诺，不惜代价。信守承诺，是对客户最大的尊重，尤其对于物流企业，当客户与货物分离时，“信用”成为企业与客户间合作的唯一纽带。消费尊重，不是一句空洞的口号，它是需要企业家怀着一颗敬畏之心去服务客户。

③灵活性。作业灵活性系指处理异常的顾客服务需求的能力。厂商的物流能力直接关系到在始料不及的环境下如何妥善处理的问题。需要灵活作业的要素有：修改基本服

务安排、支持独特的销售和营销方案、新产品引入、产品逐步停产、供给中断、产品回收、特殊市场的定制或顾客的服务层次、在物流系统中履行产品的修订或定制等。

④故障与恢复。不管厂商的物流作业有多么完美，故障总是会发生的，而在已发生故障的作业条件下继续实现服务需求往往是十分困难的，因此，厂商应制订有关预防或调整特殊情况的方案，以防止故障发生。

3. 可靠性

物流质量与物流服务的可靠性密切相关。物流活动中最基本的质量问题就是如何实现已计划的存货可得性及作业完成能力。除了服务标准外，质量上的一致性涉及能否迅速提供有关物流作业和顾客订货状况的精确信息。

（二）客户满意的物流增值服务

1. 以客户为核心的增值服务

包括为客户的特殊产品，如食品、药品、危险品等提供专业配送服务；为客户在仓库做分拣、定价、包装等工作。

2. 以促销为核心的增值服务

包括卖点陈列架的设计、运送，提供卖点广告宣传品和促销材料的物流支持等。

3. 以时间为核心的增值服务

如专业公司在配送以前进行存货分类、组合和排序等工作，以对装配线实施JIT补给。以时间为基础的增值服务，其主要的一个特征就是排除不必要的仓库设施和重复劳动，以最大程度的提高服务速度，提升客户的满意度水平。

4. 其他特殊业务的管理

（1）求助电话管理。求助电话是一种较为常见的服务方式。客户的求助电话，都应按照制订的优先权规则得到及时的处理，并且及时进行服务人员的分派，以确保客户能尽快地得到回音。

（2）理赔和投诉管理。如果发生货物损失问题需要理赔，或者因服务不周，令客户不满，一方面需要采取措施消除客户的不信任感和愤怒，另一方面需要从中分析原因，避免类似事件再次发生。

【实例7－6】

ZARA：唯快不破

以收入计算，世界最大时装连锁公司目前是西班牙Inditex集团，ZARA是它的主力，贡献了七成以上的销售额。2006 年 2 月，ZARA 在中国的第一家门店上海南京西路店开张，这家选址在恒隆广场对面的门店成为业内的经典案例。为了开在最繁华的地带，它耐心地等待了一年的时间，等到一个个小铺位租约到期，然后通过巧妙设计让外界再看不出过去的小铺位痕迹。

开业首日，这家门店创造了日销售额 80 万元的纪录，令竞争对手至今啧啧不已。据悉，ZARA 在中国的门店设计等都是从欧洲照搬而来，连服装道具都是从欧洲运送而来，由于运费等成本因素，ZARA 的同类服装在中国售价较欧洲贵了 30% 左右。

ZARA 的生产基地在西班牙，只有最基本款式服装在亚洲等低成本地区生产。ZARA 设立了 20 个高度自动化的染色、剪裁中心，而把人力密集型的工作外包给周边 500 家小工厂甚至家庭作坊。

ZARA 的商业模式是在最短的时间内将最新国际流行时尚传递给消费者，但价格却比阿玛尼等国际大牌低很多，ZARA 可以做到设计、生产、交付在 15 天内完成。这个故事曾被《哈佛商业评论》称为“ZARA 的 15 天神话”。之后，这批新衣服无论运到世界任何地方，最慢 72 小时内一定抵达店面。ZARA 在全世界的每个终端，都必须做到两周内更换一次新货，真正做到货如轮转，而这种“快时尚”正是最吸引中国消费者之处。

想要比你的竞争对手吸引更多的消费者，“服务”无疑是企业更应关注的焦点。ZARA 提供给客户的增值服务，则体现在了它超前且惊人的“速度”上。

四、物流客户满意度测评的概念理解

（一）客户满意度测评原因

1. 对企业而言，是实施客户满意战略的需要

客户满意度是衡量一个企业产品质量的重要标志，是评价企业质量管理体系的一个重要指标是对客户满意度的测评，是企业持续改进不竭的源泉。

2. 对客户而言，可以进一步满足自己的需求和期望

客户是企业生存、发展的源泉。企业产品的质量如何，决定了其需求和期望的满足程度不同的产品，即使是同一产品，由于使用环境和寿命周期阶段的不同，满足程度也会不同客户要实现持续满意，降低接收产品的风险，必然要加强与企业的沟通客户对产品质量信息的反馈，为企业提供持续改进的机会，企业产品质量的提高将更进一步满足客户的需求和期望，这样对企业、对客户均有利，达到了“双赢”。

对客户满意度进行测评可以使企业对客户要求加深理解。对客户要求是否满足获

得最后的证实。对企业业绩产生信心。获得改进的机会和信息。

（二）客户满意度测评内容

（1）由谁（什么部门）负责客户满意度的信息管理。

（2）何处收集与客户有关的信息。

（3）收集哪些信息。

（4）信息怎样传递。

（5）收集来的信息怎样处理（归纳和分析）。

（6）多长时间进行一次分析。

（7）特殊的重大信息如何处理。

（8）经过分析的信息提供给谁（包括哪些部门）。

（9）各有关部门如何利用这些信息。

（10）应对客户的投诉由谁回答，怎样回答，回答后如何获取客户。

（11）对回答的态度等。

（三）客户满意度测评目的

企业对客户满意度的监视和测评的根本目的是改进仓储产品和服务质量和质量管理体系，因而测量的重点是客户不满意。消除客户不满意的过程，实际就是改进的过程。鉴于客户满意度具有否定性和隐含性，因而从客户哪里获得的信息很可能不满意的超过了满意的。为了实施测评的目的，企业可以建立相应的统计指标，例如客户投诉率（客户投诉数占产品产量的百分比）。客户投诉率的变化．可以反映企业产品质量和质量管理体系的状况。

（四）客户满意度测评信息的收集方法

收集客户满意度信息时，可以采用如下方法进行。

1. 现场发放问卷调查

在客户或公众比较集中的场合（如展览会、新闻发布会、客户座谈会等），向客户发送问卷，现场收回。这种方式快速，如果辅之以小奖品，问卷回收率会比较高，同时具有宣传效果；但要注意甄别客户与潜在客户。其缺点是调查的准确性不高。

2. 电话调查

电话调查适合于客户群比较固定、重复购买率较高的产品，其好处是企业可以直接倾听客户的问题，速度快，能体现对客户的关怀，效果较好；不利之处在于可能干扰客户工作和生活，造成客户反感。因此调查项目应尽量简洁，以免拉长调查时间。如果客户数量较少，可以由企业营销人员直接联系客户；如果客户数量较多，可以采取抽样方式，委托专业调查公司，或双方合作进行。

3. 邮寄问卷调查

通常在庆典或重大节日来临之际，向客户邮寄问卷，并辅之以慰问信、感谢信或小礼品。邮寄问卷调查数据比较准确，但费用较高，周期长，一般一年进行 1～2 次。

4. 网上问卷调查

这种调查方式具有节省费用、快速的特点，特别是在门户网站上开展的调查很容易引起公众对企业的关注。问题是网上调查只对网民客户有效，结论有失偏颇；所提问题不可能太多。

习近平总书记在二十大报告中讲到"增进民生福祉，提高人民生活品质"时指出：江山就是人民，人民就是江山。中国共产党领导人民打江山、守江山，守的是人民的心。治国有常，利民为本。为民造福是立党为公、执政为民的本质要求。必须坚持在发展中保障和改善民生，鼓励共同奋斗创造美好生活，不断实现人民对美好生活的向往。

由此可见，党要实现好、维护好、发展好最广大人民的根本利益，着力解决人民群众急难愁盼问题，这也是提升人民幸福感和满意度的过程。治国家，要以提升人民满意度为目标；做企业，要以提升客户满意度为目标。可见，"人民满意"无大小，只有树立这样的意识和理念，才能把国家治理好，才能把企业做大做强。

活页任务单

任务情境 7－2：物流客户满意度管理
一、任务描述 在众多电商企业遭遇发展"瓶颈"时，亚马逊却始终以销售优势占领着电商市场。这一方面得益于亚马逊全面、精准的营销战略，同时也要归功于亚马逊十分重视客户满意度指标。它独有的物流网络能够以客户利益为出发点，将免费送货作为促销手段，并且不断降低免费送货服务的门槛。薄利多销、低价竞争，以物流的代价去占领市场，招揽顾客，扩大市场份额。 那么亚马逊是如何获取客户满意度指标的，请同学们依照以下步骤和环节，掌握客户满意度指标的测评和分析过程。
二、实施工具 略
三、实施方法 略

续表

四、实施步骤

步骤一：客户满意度测评

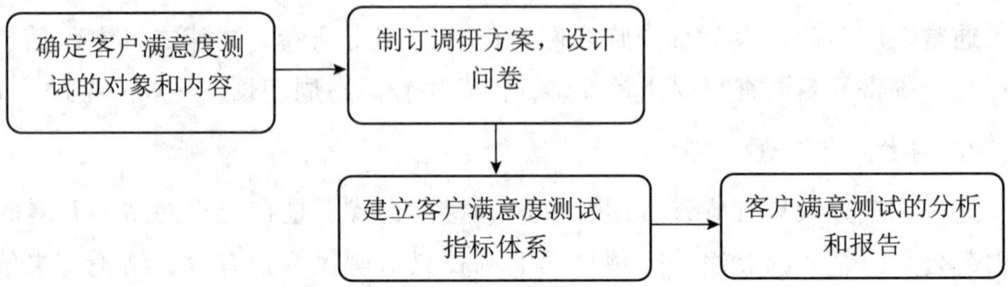

第一步：确定客户满意度测试的对象和内容。

结合实际，可以将如下几个方面作为满意度测试的内容。

1. 是否能完成基本供应
2. 作业效率调查
3. 供应时间能否及时
4. 特殊品的特殊安全保障情况
5. 理赔和投诉的处理情况

第二步：建立客户满意度测试指标体系。

1. 提出问题

建设客户满意度指标测试体系的第一步，就是要明确影响客户满意的因素有哪些，同时还必须考虑如何将这些因素获得并量化。

物流企业可以尝试回答下面几个问题。

（1）影响客户满意的因素有哪些？

（2）在这些满意因素中，哪些因素能成为满意指标？

（3）每一个满意指标对客户购买和使用本公司产品及服务的影响程度如何？

（4）上述数据可以从哪些渠道获得？

（5）物流企业应当采用何种方式采集数据？

（6）采集数据时应注意哪些问题？

2. 采集数据

采集数据的方法有很多种，建立不同的顾客满意度指标体系所侧重的采集方法不同。

（1）电话调查。

（2）邮寄问卷。

（3）网上问卷调查。

项目引入中，亚马逊通过顾客网购时填写的订单来获得物流服务所需要的信息，比如通过顾客订单了解到顾客要求的发货时间、发货方式等配送要求。

第三步：制订调研方案，设计问卷。

1. 制订调研方案

在确定调查对象和建立评价指标后，就需要制订详细的调研方案。调研方案包括调研目的、调研内容、调研对象、样本规模和配额、研究方法、调研频率、调研执行时间、调研费用预算以及报告的撰写和提交时间等内容。

续表

2. 设计问卷

设计客户满意度调查问卷时，应精心挑选调查项目。问题可以采取直接提问式、间接提问式、排序式、引出式等。提出问题应注意策略，不能涉及客户隐私，让客户不舒服或有取宠客户之嫌。同时项目不能太多，应根据近一段时间发生的问题有重点的提出。表格结构与问题尽量简洁明了，让客户容易回答。

表 7－10　　客户满意度调查表范例

客户资料	
姓名	
联系电话	
公司名称	
联系地址	
邮件地址	
接受仓储服务的类型	
你是怎样知道本公司服务的	（）广告（）朋友介绍 （）市场（）其他途径
调查内容	
一、仓储服务质量和价格方面	
对服务的功能	（）非常满意（）满意（）一般 （）不满意（）非常不满意
对仓储产品和服务的全面性	（）非常满意（）满意（）一般 （）不满意（）非常不满意
对仓库的条件	（）非常满意（）满意（）一般 （）不满意（）非常不满意
对仓储的价格	（）非常满意（）满意（）一般 （）不满意（）非常不满意
二、服务方面	
热线服务时间	（）非常满意（）满意（）一般 （）不满意（）非常不满意
服务热线接通	（）非常满意（）满意（）一般 （）不满意（）非常不满意

续表

续表

热线服务人员的服务态度	（）非常满意（）满意（）一般 （）不满意（）非常不满意
热线服务人员的责任心	（）非常满意（）满意（）一般 （）不满意（）非常不满意
热线服务人员专业服务水平	（）非常满意（）满意（）一般 （）不满意（）非常不满意
未解决问题回复的及时率	（）非常满意（）满意（）一般 （）不满意（）非常不满意
仓储服务出现问题的处理流程	（）非常满意（）满意（）一般 （）不满意（）非常不满意
服务的质量	（）非常满意（）满意（）一般 （）不满意（）非常不满意

第四步：客户满意度测试的分析和报告。

对客户满意度进行量化测试的模式很多，如：直接计算法、百分比法、加权平均法等，将收集的仓储产品或服务的客户满意度数据进行统计计算后，应进行分析并作出报告。

（1）仓储产品或服务满足客户需求的程度及满意度，以及改进重点。

（2）忠诚客户的百分比及对企业未来经济效益的影响。

（3）客户对仓储产品或服务的价格的承受力。

（4）仓储产品或服务在行业竞争中的优劣势分析。

表7－11　　客户满意度调查表栏目

调查栏目	解释
基本项目	如客户基本情况、购买的产品和服务、取得方式及时间等
总体满意度	即客户对企业总体的满意度评价
产品指标	产品的性能、价格、质量、包装等
服务指标	包括服务承诺、服务内容、响应时间、服务人员态度等
沟通与客户关怀指标	如沟通渠道、主动服务等
与竞争对手比较	产品、服务等方面的比较
客户再次接受服务和向其他人推荐的问题	从中可分析客户忠诚度
问题与建议	让客户没有限制地提出问题，并对企业提出宝贵建议

续表

步骤二：提升客户满意度

所谓客户满意度，换一种说法就是客户对自己公司的营业活动，所作的诊断。提升客户满意度主要必须要做好两个方面工作。

一是了解员工们的努力，能否完全满足客户的期待与需求。

（1）了解自己努力的成绩具有多大竞争力。

前者意味着满足客户需求的能力也就是说，要提高客户的满意度，必须具备满足客户需求的能力如何配合客户的需求？当需求出现变化征兆时应如何应对？客户配合战略具有什么样的效果？这些事先都必须知道。

（2）改进服务质量。

在成熟的市场中，同行公司的仓储服务和产品品质几乎已没有什么差异，竞争非常激烈如果公司经营这种产业，如何保住既有的客户是最大的课题，服务的竞争力则是最重要的关键若产品不是第一，那么服务就必须优先别人才行。能够提供优质的服务，不论客户或竞争对手，必然都会留下深刻的印象。

项目引入中，亚马逊的成功之处在于独辟蹊径，三次大胆地将免费送货作为促销手段，并且不断降低免费送货服务的门槛。

（3）创造经营指标体系。

二是具有综合竞争优势。

市场处于成长扩大期时，消费者对产品和服务的需求都大幅扩大。特别是产品型式改变快速的行业，包括产品和服务，综合性的竞争力优势是不可缺少的。

（1）创造竞争差异。

最大的关键，就是能否在与竞争对手之间创造差异必须针对竞争对手的特性、自己公司的优劣点等，拟定产品战略所必要的基础进行分析，随时掌握客户的满意度，并经常检查自己公司的新产品和新服务。

在竞争日益激烈的网购领域，想要争取到更多的客户，就要创造自己的竞争差异。无论是产品本身的创新性还是服务的全面、及时、安全、准确，都是竞争差异性的体现。亚马逊采取“组合包装”，将现货与订货分别配送，既缩短了顾客等待时间，也为自身节约了物流成本，在创造竞争差异方面可谓技高一筹。

（2）保持持续性。

客户满意度测定是让客户真实评价自己公司的产品或服务的好坏，然后根据评价结果来进行改善。这种测定就像与客户接传棒一般，必须具有持续性。

如果企业无法建立这种“一面测定客户满意度，一面改良产品或服务”的经营体系，企业就无法在竞争中保持优势。

五、考核与评价

任务实施评价表

考核项目	考核要求	分值	得分			备注
			自我评分	组间评分	教师评分	
有效提升物流客户满意度水平	掌握令客户满意的物流服务层次					
	掌握客户满意度测评内容					
	列举提升物流客户满意度的措施					

续表

<table><tr><td>六、技能拓展
CDD 公司是一个非常成功的经营男女时装业的商户，该公司有自己的物流管理系统，主要采用的是电话销售和邮购销售方式。它定期向目标客户寄送印刷精美的产品目录，客户通过邮购或电话方式订货。该公司客户群主要是由丁克家庭组成，他们也会收到其他公司的产品目录。市场现状是：时装业竞争十分激烈，邮购业务仍在迅速增长。
在同类企业中，CDD 公司被公认为提供最佳产品组合、产品质量和客户服务。该公司两个关键的客户服务要素是：公司的收货、包装及发货程序都非常及时；退货程序是“客户友好”方式。CDD 公司所销售的服装是委托韩国、中国香港、中国台湾和新加坡的制造商进行生产的。尽管 CDD 秉承着“顾客至上”的经营理念，但是在国际化物流日益兴起的今天，CDD 公司的物流管理问题也日渐显现。
问题一：公司采用海陆联运方式将预先包装好的货物运至内陆中央配送中心，再利用 UPS 进行单个客户的递送。由于消费者偏好变动快，有时甚至是在销售季节过程中就发生了变化，公司缺乏持续的快速响应能力。
问题二：CDD 公司所处的服装业的行业特点决定了该公司要具有非常有竞争力的国际化物流系统。
问题三：CDD 公司的退货程序是“客户友好”方式，但是这种方式开支很大，而且受到高层管理越来越多的关注。
CDD 公司面临着强有力的竞争，销售方式需要进一步改进和完善，物流信息系统有待进一步提高。
问题：面对激烈的市场竞争环境和自身存在的种种问题，CDD 公司应该如何有效提升客户满意度？</td></tr></table>

任务三　物流客户忠诚度管理

项目引入

法国雪铁龙售后物流启示

法国标志——雪铁龙公司十分重视物流售后服务的重要性。根据该公司开展的一份调查研究表明，在 100 个接受调查的顾客中，对购买的轿车不满意，但是对其提供的零部件售后服务满意的情况下，大约仍然会有 45 个人保持对该轿车品牌的忠诚度。反之，只有 14 个人仍然保持品牌忠诚度，这充分说明了售后服务的重要性。

维修人员也高度评价高质量售后服务的重要性。他们认为在评定一个零部件供应商的诸多标准中，零部件的可得性排在第一位，紧跟其后的是及时送货率，价格只是排在诸多要素中的第七位。

随着消费者对于服务质量要求的不断上升，企业的物流系统需要不断提高其零部件配送频率和水平，以满足其开发新区域市场的需要，如匈牙利、波兰、斯洛文尼亚等国。同时，尽管由于汽车零部件标准化的推广与普及，但是总的来说，世界范围内的零部件种类和数量还是在不断上升。因此对物流服务提出了更高的要求。随着竞争的加剧，各大主机制造厂面临着很大的成本削减压力，而在原材料和人力的挖掘空间已经逐渐枯竭时，物流自然而然地肩负起了成本削减的重担。通过对物流水平和质量的不断改进与提高，一定程度上，得以弥补或者可以缓和客户服务水平上升带来的成本上涨效应。

雪铁龙公司希望能够将维修的复杂性、订单的优先级别和配送频率综合进行考虑，不断改进以进一步提升其售后物流网络的效率，从而提高其客户的忠诚度水平。实际上，上述的 3 个要素的确共同决定了其客户的忠诚度水平。

项目思考

请结合以上案例分析，对于广大物流企业而言，在开发新客户的同时，应该如何提升其现有客户的忠诚度水平？

身边的事

扫描二维码，结合相关内容谈谈你对客户忠诚度的理解。

知识研修

一、客户忠诚度的含义及特征

（一）客户忠诚的含义

客户忠诚是由于受价格、产品/服务特性或其他要素的影响，客户长久地购买某一品牌产品或服务的行为。它为企业带来的收益是长期且具有累积效果的。客户忠诚度对于物流企业来说是非常重要的，能够为物流企业带来稳定的业务。

（二）忠诚的客户有以下几个特征

（1）忠诚的客户有反复购买的行为，且购买的频率相对较高。

（2）忠诚的客户是企业新产品的积极体验者，是企业新产品和新服务的主要客户群。

（3）忠诚的客户愿意为企业提供一定的参考，对于企业的发展有着一定的看法和建议。

（4）忠诚的客户乐于向其他顾客推荐该公司的产品和服务。

（5）忠诚的客户对于其他企业的同类产品有排斥感。

（三）客户忠诚度的细分

客户对于企业忠诚度的提高是伴随着客户使用该企业产品的过程而发展的。从顾客接受该产品到顾客满意，说明顾客有了使用该产品的意愿，而我们企业要做的就是使客户的满意度达到尽可能大，让客户的风险性和不确定性降到最低。应该说顾客信赖感是客户忠诚的前身，只有当客户对企业有了真正的信赖，客户才能被企业锁定，成为企业的忠实用户。客户对于企业的忠诚可细分为行为、意识和情感忠诚3类。

1. 行为忠诚

行为忠诚是指客户在购买过程中实际表现出来的重复办理的行为。

2. 意识忠诚

意识忠诚表现了客户在未来消费中存在的潜意识的办理意向。

3. 情感忠诚

情感忠诚则表现为客户对企业及其业务或服务的态度，包括客户积极向周围人士推荐该企业的业务和服务。

由这三类组成的客户忠诚度，反映了客户因对企业业务或服务的信赖而经常性重复办理的程度，是企业保持长期赢利潜力的重要指标。

【实例7－7】

如何培养顾客的忠诚度

顾客于先生在第一次入住泰国东方饭店时就留下了良好的印象，当他第二次入住时几个细节更使他流连忘返。在他走出房门准备去餐厅的时候，服务生恭敬地问道：“于先生是要用早餐吗？”于先生很奇怪：“你怎么知道我的姓？”服务生说：“我们饭店规定，晚上要背熟所有客人的姓名。”这令于先生大吃一惊。他高兴地来到餐厅，餐厅的服务生就说：“于先生，里面请。”于先生很疑惑，因为服务生并没有看到他的房卡。服务生答：“上面的电话说您已经下楼了。”于先生刚走进餐厅，服务小姐微笑着问：“于先生还要老位置吗?”于的惊讶再次升级。服务小姐主动解释说：“我刚查过电脑记录，您在去年的6月8日在靠近第二个窗口的位子上用过早餐。”于听了很兴奋，“老位子！老位子!”小姐接着问：“老菜单？一个三明治，一杯咖啡，一个鸡蛋?”于兴奋到了极点：“老菜单！就要老菜单!”

三年后，在于生日的时候突然收到了一封东方饭店发来的贺卡：“亲爱的于先生，您已经有三年没有来我们这儿了，我们全体人员都非常想念您，希望能再次见到您。今天是您的生日，祝您生日快乐。”于激动得热泪盈眶，发誓要说服所有的亲友去泰国一定要选择令他终生难忘的东方饭店！

情感忠诚是培养客户忠诚度的有效途径，东方饭店对客户全面的关心和了解正是于先生青睐于它的原因，这对于物流企业提升客户的忠诚度同样有效。

二、忠诚客户的价值

忠诚的客户是企业巨大的财富，忠诚客户的价值体现在以下几个方面。

1. 增加收入

忠诚客户会经常性地重复购买产品并产生关联消费，并且对价格的敏感度较低。许多事实表明，公司80%的利润是由20%的那部分重复客户所创造的。重复购买的顾客趋于对企业形成某种特定的关系，有利于企业指定长期规划，使得企业可以实际和建立满足客户需要的低成本的工作方式。

2. 降低成本

企业可节约获得的新客户的营销成本和服务成本，维护一个老客户的成本仅相当于赢得一个新客户的成本的六分之一。赢得一个新客户不仅需要付出广告投入、时间和精力等成本，而且这些成本会在一个很长的时期内超出客户的基本贡献。如在消费信用业务中，得到一个新的信用卡客户，需要长达两年的时间收回所需的费用。老客户不断重复购买产品并将产品推荐给他人给企业带来不断增长的收入，使保留老客户的成木（维系服务个沟通的成本）呈不断下降的趋势，客户的终生价值随时间的推移而增长。

3. 良好的形象效应和口碑效应

客户满意会提升企业在消费者心目中的形象，忠诚的顾客同时是企业免费的广告资源，会积极向别人推荐。有研究显示，一个满意的客户通常会将愉快的消费经历告知 3 ~5 个人。倘若这 3 ~5 个人中有一个人也去购买并且感到满意，他便会向另外的 3 ~5 个人传播，使企业获得更多的利润。顾客最相信顾客的话。忠诚顾客对企业的好话持续不断地传播，可以使企业的知名度和美誉度迅速提高。

4. 集中精力

稳定的客户基础使企业不再只是简单应付客户不断改变造成的需求变化，它使企业能集中精力去发展那些能为组织增加价值的新客户，而不只是补充失去的客户，评价服务的得失。集中精力提高产品质量和完善服务体系，还可以减少市场的混乱，使企业能根据自己的发展战略不断成长。

5. 有助于公司推出其他新产品

忠诚的客户在面对企业推出的新产品时，很容易受“爱屋及乌”心理效应的影响，很自然地对新产品产生信任感和购买欲望，甚至持续不断地重复购买，从而为企业带来更大的利润。而且，客户对新产品的购买，扩大了客户购买的范围，企业有望获得客户更大程度上的忠诚。

【实例 7 –8】

星巴克“共情式忠诚”

真正的客户忠诚是一种共识性忠诚。它是建立在这样一种基础上：企业与客户之间有深度的沟通和价值认同、情感投合。比如星巴克的最忠诚的客户每月上星巴克店的次数高达 18 次，他们把星巴克当作是一种除居家和办公之外的第三场所，他们在那里体验到在别的地方无法体验的情调和氛围。他们选择并持续使用一种产品和服务，除了因为能得到实实在在的性能和效用，还因为这种产品或服务是对他们身份的确认，他们还能从这种产品或服务中感受到某种情谊和归宿感，甚至从这种产品和服务中获得了某种精神的提升。这种忠诚不是一朝一夕形成的，而是双方长期经营和管理这种忠诚的结果。它是一种持续投资的过程，也是一种不断回报的过程。

三、客户忠诚的驱动因素

影响客户忠诚的因素有主客观两个角度，具体可分解为 6 个方面。

1. 客户满意

根据美国消费者事务办公室的调查，90% ~98% 的不满意消费者从不抱怨，他们仅仅是转到另外一家。不满意肯定就会转向别家，而满意却不一定保证忠诚。那么客户忠诚与满意度有多大的关联性呢？研究表明，客户忠诚度的获得必须有一个最低的客户满意度水平。在这个满意度水平线以下，忠诚度将明显下降，在该满意度水平线以上的相当大的一定范围内，忠诚度不受影响，但是满意度达到某一高度，忠诚度会大幅度增长。客户满意是导致重复购买最重要的因素。

2. 客户价值

客户在购买产品或服务时，总希望以较小的成本取得更多的实际利益，以使自己获得更大程度的满足。客户从选择的产品或服务中，能够获得优异的质量、优惠的价格、优质的服务，尤其是客户期望之外的东西会给客户留下深刻的印象，产生积极的效果。客户忠诚的根本驱动力是客户价值。

3. 客户信任

信任是忠诚的直接基础，要成功地建立高水平的长期客户忠诚必须把焦点放在客户信任而不是客户满意上。

【实例 7－9】

扫描二维码，结合电信行业特点的转变，深刻认识信任与忠诚的关系。

信任不仅是人与人之间相处的一种宝贵情感，更是企业获得成功的重要途径。

4. 购买成本

客户的购买成本一般包括货币、时间、精神和体力等。客户在选购产品时，往往从价值和成本两方面进行比较分析从中选择价值最高成本最低的产品作为优先选购的对象。当所有提供的物品非常相似，价格也没有多少或根本没有差别时，客户常常很难有兴趣花费时间进行选择。很多日常用品的销售就是这样，客户按惯性保持着忠诚。

5. 转移成本

老客户通常会发现，如果更换品牌或卖方，会受到转移成本和延迟利益的限制。如跑更远的路，冒尝试新产品或服务质量好坏的风险、失去眼看到手的奖励等。

【实例7－10】

扫描二维码，结合案例内容，谈谈你对建构转移壁垒来加强客户的忠诚度的理解。

6. 客户关怀

如果客户想到的你都能给予，客户没想到的但客户需要的你也能提供，这必然使客户时刻感到企业的关心，产生一种亲切感。

【实例7－11】

客户在外出差，突然发现手机没电了，但又没带充电器，一般情况下，客户只能埋怨自己丢三落四、不会对移动公司表示不满。但此时此刻，如果客户仅通过拨打10086服务热线，移动公司便马上提供租用电池或充电器服务，客户一定会感到移动公司的服务确实做得好，能时刻为客户着想，这就产生了关怀感、亲切感。亲和友善的客户关系在企业提供产品和服务的同时，能够满足客户情感上的需要，通过心理作用，提升产品价值和企业形象，加强客户忠诚。

“想客户之所想，急客户之所急”，对广大企业而言绝不只是一句空话。尤其对于物流行业，在客户需要的时候，能够雪中送炭，必然会有效提升客户的忠诚度。

四、物流企业建立客户忠诚度的途径和方法

（一）有效满足需求，提高客户满意度

有效满足需求，提高客户满意度是物流企业成功构建客户忠诚的手段之一。建立客户忠诚的基础是客户满意，如果物流企业不能首先让客户满意，建立客户忠诚就成了“空中楼阁”。如果客户对物流企业的服务不满意，客户的基本期望值都得不到满足，客户忠诚就没有基础。如当其他企业给客户提供的服务越来越全面和快捷时，你的企业仍然只能提供基本的物流服务，客户会觉得你的经营理念已经过时。再比如，别的企业网络覆盖在不断扩大，上至大中城市，下至乡村地区，而你的企业在很多地方却经常不能保证送货上门，客户的埋怨就会不断增加。因此，建立客户忠诚的前提

是要让客户满意。只有不断提高服务质量，善待客户抱怨，满足客户需求，才能有效保持物流企业的现有客户，并不断开拓新的客户。

（二）细分市场

越来越多的物流企业感到，建立和提高客户忠诚度往往要付出昂贵的代价，盲目地为建立客户忠诚而开展的工作可能导致企业最终不能承担而放弃对客户提供的某种服务。

【实例 7－12】

有报道说一家航空公司为使客户满意，承诺凡距机场一定公里以内的客户，一律为其免费送货。一段时间后，公司十分尴尬：坚持下去，成本太高；取消服务，公司信誉受影响。

建立客户忠诚，必须考虑企业的承受力。要通过细分市场，有选择的建立客户忠诚，这是企业保证这项工作坚持不懈地开展下去的重要因素。

1. 顾客管理

顾客管理便于物流企业对不同的客户群采取不同的营销策略。诺基亚中国业务发展总裁刘持金先生说过，中国企业应该更多地学会顾客管理。根据顾客所带来的利润把客户分成高利润、中利润、低利润及无利润四组，或根据顾客所带来的交易量把客户分成大客户、中客户、小客户。高利润和大客户应该是企业重点关注的对象。针对不同客户群的特点，企业可制定一对一营销策略，争取客户忠诚。

如移动公司在对大客户服务方面较普通的做法是为大客户提供“优惠”服务。这种方式虽然使客户感到了移动公司的关心，但一些大客户并不看重话费的优惠，他们需要的是表明起地位和身份的“特别关心”，这是他们的真正需要。按照这个思路，移动公司向大客户提供多项业务的优先免费使用，这更适合于大客户的需求。如当 WAP 无线上网业务是一种时尚时，优先将这种业务赠送给大客户，客户会觉得自己与众不同，有一种优越感。这样，既可以使大客户感到移动公司的“特别关心”，又培养了大客户的上网习惯，为今后 WAP 业务的发展打下好的客户基础。

2. 差异化营销

忠诚客户是物流企业最有价值的客户，他们的忠诚表明企业现有的服务是有价值的，企业一定要重视来自他们的反馈信息，以便保持企业的服务永远充满吸引力。潜在忠诚客户有较高的情感忠诚度，只是由于一些客观原因而妨碍了他们频繁购买。企业的重点是清除妨碍他们频繁购买的客观原因，帮助他们成为忠诚客户；虚假忠诚客户大多受便利性、优惠条件及环境的影响，也可能是因为缺乏替代品。虚假忠诚客户的情感忠诚度很低，物流企业在提供服务时要设法吸引他们的购买力，让这类客户在利益的驱动下保持忠诚。对于长期与企业几乎没有业务关系的顾客，不排除产生忠诚的可能，企业可以采用物质和服务双管齐下的策略，在他们之间发现可能的忠诚客户。

（三）超期望价值

建立物流客户忠诚度是通过超出客户期望的价值来实现的。

1. 管理客户期望

在各行业竞争空前激烈的今天，客户就是企业生存与发展的基础。客户期望值管理是每一个企业都必须面对的。做好期望值管理的关键是要给客户一个合理的期望，让企业与客户朝着一个方向努力，把双方期望值的鸿沟缩小，达到双赢的目的。

客户期望对客户感知企业服务的满意水平有决定性的影响。如果企业承诺过度，客户期望就会被抬高。尽管从客观角度来看，客户体验到的内在价值可能很高，但由于他们的期望更高，两者就形成了差距，因此降低了客户感知的满意水平。管理控制好客户期望，物流企业可根据具体情况来超越客户期望，使客户产生惊喜感，这对于提高客户忠诚可以起到事半功倍的作用。

2. 超越客户期望

如果我们仅仅是为了满足客户期望，这对于物流企业的长远发展显然是不够的，只有超越客户期望才能留住客户，才能让客户收获意外之喜。所以，在做好基础服务的前提下，不断深化开展各种突出服务、亲情服务，是非常重要的。如果我们能够在以下几个方面入手超越客户期望，客户的忠诚度将会显著的上升。

（1）价值（Value）。有时客户需要的仅仅是对自己正在接受的价值的某种提示，比如服务环境的外观，设施的舒适程度，产品的外观包装，服务人员的仪表等。要想超越客户的期望值，物流企业需要创造一种很强的感知价值，使客户在内心里认为物有所值。

（2）信息（information）。物流企业可以通过向客户提供更多、更清晰的有用信息来超出客户的期望值。正如有时候，很多酒店和餐厅把最新推出的法国大餐、东南亚美食节等餐饮活动通知顾客就是提供有价值信息的一个典型做法。

（3）速度（Speed）。速度对于物流企业尤为重要。对客户的反复研究表明，客户不喜欢等太长时间才能得到产品或服务。因此提供快捷服务是超越顾客期望值的重要表现。

（4）个性化（personality）。对于物流企业而言，向他的客户提供个性化服务，这个“个性化”是由在那工作的人所展示的无数个小举止行为组成的。友好、礼貌、关心、理解、同情、效率、专业和素质都会通过言谈举止和非言谈举止表现出来，这也是物流企业最有所作为的方面。

（5）方便（convenience）。

使产品或服务比期望中的更为方便的方式直达客户，以此来超出客户的期望值，这也许物流企业最能发挥潜力的方面。客户每天仍面临许多不便之处，如果你能在提供便利方面提出许多想法来超出期望值，就会拥有强大的竞争优势。

【实例7－13】

日本东京一家贸易公司的一位小姐专管为客商购买车票的事务，其中包括为德国一家大公司商务经理买来往于东京和大阪的火车票。不久，这位德国经理发现：每次去大阪，座位总在右窗口，从大阪返回东京，座位又总在左窗口。经理问小姐，小姐笑答道：“车去大阪时，富士山在你右边；返回东京时，山又回到了你的左边，我想外国人都喜欢日本富士山的壮丽景色，所以我替你买了不同座位的车票。”由于一位小姐的超期望服务，德国经理大受感动，决定将与这家日本公司的贸易额由400万马克提高到1000万马克。给予客户超乎期望的服务，往往更易得到客户的青睐和认可。

（四）加强与客户间的交流

建立超出与客户间纯交易关系之上的情感。在关系营销中，俱乐部营销是一种非常成功的培养客户忠诚的方式。俱乐部营销指的是将客户组织成会员团体或是俱乐部，通过加强内部联系，使会员产生参与感和归属感，进而发展成客户忠诚。在这种方法中，物质利益的吸引是基础，而情感的建立才是关键。竞争者可以通过提供类似的物质利益来争夺客户，但却难以控制在这种情感交流环境中建立的客户对企业的忠诚。

（五）运用新科技

科技的运用对构建客户忠诚有着不容忽视的作用。在更多更新的科技支持下，现代化的新型服务不断涌现，具有典型意义的是电话呼叫支持中心（callcenter），在实务操作中不断完善的callcenter现今越来越有效，尤其在物流行业。

（六）创造以客户为中心的企业环境

物流企业应创造出真正以客户为中心的企业文化和环境，通过员工使企业成功保有客户，构建客户忠诚。

（1）企业高层明确观念，确定策略，树立典范。

（2）培训所有员工树立以客户为中心的理念，通过对企业整体工作流程的分析，使每一位员工认识到他们的工作如何影响客户和其他部门的人员，从而又最终影响到企业的生存和客户的忠诚。

（3）倡导企业员工全员参与，给予一线员工充分授权和灵活性。可以激发员工的创造性思维，解决流程、服务等各环节的问题；激发员工有所创造，超越客户期望，赢得客户忠诚。

（4）发现和嘉奖业绩突出的员工。有效的激励将促使员工的工作热情，挖掘员工的工作潜力。

【思政案例】

日本的稻盛和夫创办了两家世界 500 强企业——京都陶瓷和日本第二电讯电话公司，赢得了日本“经营之神”的称号。晚年的稻盛和夫毅然捐出自己企业的全部股份，皈依佛门，稻盛和夫演绎出了人生的至臻境界，同时也总结归纳出了人生和事业成功的准则。稻盛和夫的经营思想可以归纳为“以心为本”的经营哲学。稻盛和夫始终认为：无论是在人生中还是在事业上，要产生最佳结果，事业和人生成功的秘诀在于用心。“爱”“诚”和“和谐”决定着一个人的心性，也决定着一个企业的长久发展。用爱心和诚心对待客户，这样满意度和忠诚度将不再是冷冰冰的衡量指标，而是充满着温情的相辅相成的共情关系。

客户（尤其是忠诚客户）对于企业的重要性不言而喻，但很多企业对这笔重要的资产既无记录，更无管理，基本上处于自生自灭的状态，甚至无暇在留住客户上投入财力和精力。

大量研究表明，客户忠诚最终对企业产生的效应是巨大的，但真正把客户忠诚度当成是一门实实在在的业务来经营和管理的企业并不多，原因就在于，它不是一门可以迅速完成和见效的生意。它更像是一种长线投资，其效益虽然巨大，但往往是隐性和延迟的。它更像是一种农活——春天播种，到秋天才能收获。耕耘、浇水、施肥等劳作的效果不能马上显现。它有精细的流程，任何一个操作不到位，都可能前功尽弃，而且即使你的操作到位，你也无法见到立竿见影的功效。

因此严谨的工作作风与服务客户、顾客至上的服务理念需要根植于心，作为企业的一项长期投资坚持下去，只有在这样正确的价值观指引下，客户忠诚度的维护才能收到好的效果。

活页任务单

任务情境7-3：物流客户忠诚度管理

一、任务描述

法国标致——雪铁龙公司根据调查研究表明，及时、周到的售后服务对于客户保持品牌忠诚度具有十分重要的意义。对于物流企业而言，快速的配送频率，较高的配送水平，和在运输成本方面的削减，这些都直接影响物流企业的客户忠诚度水平。

雪铁龙公司为了更好地掌握客观准确的数据资料，提升客户忠诚度，拟开展一系列测评和调查活动。将客户细致分类，收集客户资料，测评忠诚度指标等是雪铁龙公司即将要面对的问题。请依照以下步骤，为雪铁龙公司完成客户忠诚度调查工作。

二、实施工具

略

三、实施方法

略

四、实施步骤

步骤一：客户忠诚度测评

按客户的忠诚程度可将其分为忠诚客户、老客户、新客户和潜在客户。

（1）忠诚客户是指对企业的服务有全面深刻的了解，对企业及企业的服务有高度信任感和消费偏好，并与企业保持着长期稳定关系的客户。

（2）老客户是指与企业有较长时间的交易，对企业的服务有较深了解，但同时还与其他企业有一定交易往来的客户。

（3）新客户是指刚刚开始与企业有交易往来，但对企业的服务缺乏较全面了解的客户。

（4）潜在客户是指对企业的服务有需求，但目前尚未与企业进行交易，需要企业大力争取的客户。

不同类型的客户，其对企业忠诚度不同，开展营销活动时，侧重点也应有所区别。

针对客户关系统计的信息，可从下表的几个角度着手。

数据分类	主要数据
基本信息	地址，电话，联系人，信用，行业等
交往信息	客户机会，分类，需求，交易信息
业务信息	联络历史数据，订单历史数据，报价历史数据，服务数据
价值信息	价值等级数据，潜在价值数据，客户满意度数据，价值变动数据

续表

有关客户的数据统计可从以下几方面进行。

（1）客户基本信息（地址、电话、联系人等）。

（2）客户与本企业的以往交易信息。

（3）客户与本企业的历史订单数据和报价数据。

（4）客户的潜在价值和未来合作业务预期数据。

（5）客户关系数据统计，具体步骤如下所示。

①挖掘潜在意向客户，建立客户档案。

客户档案可参考下表设置：

客户代码：　　　　客户名称：

编号	日期	商品代码	颜色	商品规格	单位	包装数量	进货数量	进货单价

②跟踪意向客户，做好联络记录。

客户编号	客户名称	联系人	联系日期	联系主题	联系内容

③签订合同，填写销售订单。

④做好售后服务，保持客户忠诚度。

物流客户忠诚度测试如下。

第一步：确定客户忠诚度测试的内容。

如前所述，将物流客户按客户的忠诚程度可分为忠诚客户、老客户、新客户和潜在客户。所以企业面对不同类型的客户，应考虑从不同的测试内容。

第二步：建立客户忠诚度测试指标体系。

1. 提出问题

首先应明确影响客户忠诚的因素有哪些，同时还必须考虑如何将这些因素获得并量化，这里与物流客户满意度调查的内容有共通性。

项目引入中，法国雪铁龙公司在进行客户的忠诚度调查时，从以下几个问题入手。

（1）影响客户购买和使用本企业产品及物流服务的忠诚因素有哪些？

（2）在这些因素中，哪些因素能成为本企业的忠诚度指标？

（3）每一个忠诚度指标对客户购买和使用本企业产品及物流服务的影响程度如何？

（4）上述数据可以从哪些渠道获得？

（5）应当采用何种方式采集数据？

（6）采集数据时应注意哪些问题？

续表

2. 采集数据

采集数据的方法有很多种，建立不同的顾客忠诚度指标体系所侧重的采集方法不同。这里的采集方法，可参照“客户满意度测试”的方法进行。

物流企业在采集客户忠诚度数据时，可以选择以下几种方式：

现场发放问卷

电话调查

邮寄问卷

网上问卷调查

第三步：设计并发放调查问卷。

设计客户忠诚度调查问卷时，应注意调查项目的挑选，问题可以采取开放式问答、选择式、排序式等。问题不能涉及客户隐私，表格设计与问题设置尽量简洁明了，让客户容易作答。我们以宝供物流客户忠诚度调查样表为例说明。

扫描二维码，查看宝供物流客户忠诚度调查表样表。

步骤二：提升客户忠诚度

1. 确定忠诚度指标

结合实际情况，物流企业忠诚度指标可从以下几方面确定。

（1）确定物流企业相对于竞争对手的忠诚度水平。

（2）询问客户的再购买意向。

（3）客户是否会将物流企业推荐给朋友。

（4）客户是否相信物流企业。

（5）是否感到物流企业及时回复了客户要求并关注客户的需要。

2. 属性评估

让客户告诉你什么样的产品和服务对他们最重要，并指出每项服务的重要程度，忠诚度评估应该包括这些属性的等级（同竞争对手相比）。

物流企业应详细咨询客户公司对物流合作伙伴的要求和希望得到的服务项目，并将这些服务项目按重要性程度划分等级。

项目引入中，雪铁龙公司认识到，随着竞争的加剧，各大主机制造厂面对很大的成本削减压力，而原材料的成本削减空间已经接近枯竭，这样一来物流成本控制自然而然排在了提高自身竞争力的第一位。

3. 发现抱怨

因为多数抱怨并没有登记，在引起客户不满和客户流失之前就发现这些抱怨，这样对公司是有利的。

这里需要注意，客户对物流企业的不满和抱怨并非一朝一夕形成，一旦客户再投诉，则说明物流企业对客户的以往抱怨没能及时重视和认真对待。

续表

4. 丢失客户访谈

确定客户为什么会流失，是否有办法可以挽回。也可以发现客户转向了哪家竞争对手，他们的服务与你的公司相比如何？

如果物流企业不认真对待和解决自身的管理问题，客户的流失是迟早的事情。一旦客户流失，挽回客户就要付出更多的代价和精力。这时可以了解客户转向了哪家物流公司，他们的服务与本企业相比优势何在。

5. 感谢电话

对你最有价值的客户表示感谢，并征求他们的意见：还可以为他们做什么？

对于大客户，重视和全方位服务更能体现客户的地位和影响力，因此，物流企业应经常对客户的支持和配合表示感谢。

6. 建立物流机制

为实现企业整套的物流服务项目建立一个专业化的机制，并定期检查已实施的物流服务的效果。

项目引入中，雪铁龙公司将维修的复杂性，订单的优先级别和配送频率综合考虑，逐步提升其物流网络的效率，达到了满意的物流服务效果。

五、考核与评价

任务实施评价表

考核项目	考核要求	分值	得分			备注
			自我评分	组间评分	教师评分	
有效提升物流客户忠诚度水平	分析物流客户忠诚度的影响因素	50				
	列举提升物流客户忠诚度的方法	50				

六、技能拓展

美国西北大学凯洛格商学院教授、整合营销创始人唐·舒尔兹（Don S chultz）曾预言："零售商未来的成功模式只有两种，一种是沃尔玛模式，即通过提高供应链效率，挤压上下游成本，以价格和地理位置作为主要竞争力；另一种是德士高模式，即通过对顾客的了解和良好的顾客关系，将顾客忠诚计划作为企业的核心竞争力。没有任何中间路线。"

德士高超市连锁集团（Tesco）9年前开始实施的忠诚计划——"俱乐部卡"（Clubcard），帮助公司将市场份额从1995年的16%上升到了2003年的27%，成为了英国最大的连锁超市集团。德士高的"俱乐部卡"被很多海外商业媒体评价为"最善于使用顾客数据库的忠诚计划"和"最健康、最有价值的忠诚计划"。

德士高"俱乐部卡"的设计者之一，伦敦Dunnhumby市场咨询公司主席Clive Humby非常骄傲地说："俱乐部卡的大部分会员都是在忠诚计划推出伊始就成为我们的忠诚顾客，并且从一而终，他们已经和我们保持了9年的关系。"

续表

Clive Humby 介绍道，“俱乐部卡”计划设计之初就不仅仅将自己定位为简单的积分计划，它就是德士高的营销战略，是德士高整合营销策略的基础。“俱乐部卡”的积分规则十分简单易懂，顾客可以从他们在德士高消费的数额中得到1%的奖励，每隔一段时间，德士高就会将顾客累计的奖金换成“消费代金券”，邮寄到消费者家中。这种方便实惠的积分卡吸引了很多家庭的兴趣，据德士高自己的统计，俱乐部卡”推出的头6个月，在没有任何广告宣传的情况下，就取得了17%左右的“顾客自发使用率”。

在 Sains bury、Asda 等连锁超市也相继推出了类似的累计积分计划以后，德士高并没有陷入和它们打价格战、加大顾客返还奖励等误区之中。德士高通过顾客在付款时出示“俱乐部卡”，掌握了大量翔实的顾客购买习惯数据，了解了每个顾客每次采购的总量，主要偏爱哪类产品、产品使用的频率等。Clive Humby 说：我敢说，德士高拥有英国最好、最准确的消费者数据库，我们知道有多少英国家庭每个星期花12英镑买水果，知道哪个家庭喜欢香蕉，哪个家庭爱吃菠萝。

通过软件分析，德士高将这些顾客划分成了十多个不同的“利基俱乐部”（Niche－Club），比如单身男人的“足球俱乐部”、年轻母亲的“妈妈俱乐部”等。“俱乐部卡”的营销人员为这十几个“分类俱乐部”制作了不同版本的“俱乐部卡杂志”，刊登最吸引他们的促销信息和其他一些他们关注的话题。一些本地的德士高连锁店甚至还在当地为不同俱乐部的成员组织了各种活动。现在，利基俱乐部”已经成了一个个社区，大大提高了顾客的情感转换成本（其中包括个人情感和品牌情感），成了德士高有效的竞争壁垒。

为了有效控制成本，德士高几乎从来不使用电视等大众媒介来推广“俱乐部卡”。Clive Humby 解释：德士高以前是电视媒体的主要广告商之一，但是后来我们通过调查发现，直接给顾客寄信，信息到达率更高，更加能引起消费者的注意。并且，很多消费者认为，定期收到一些大公司的沟通信件，让他们有抬高了社会地位的感觉。在英国这个有限的市场里，德士高的市场目标不可能是赢得更多的消费者，而是怎样提升现有顾客的忠诚度水平，所以直接和消费者建立联系，既便宜又有效。

问题：

1. 德士高在提升顾客忠诚度方面，有哪些值得我们借鉴的宝贵经验？
2. 假定你是某物流公司的客户经理，请拟定一份你的“客户忠诚计划”。

项目小结

本项目对物流客户管理的相关内容进行了详细阐述，主要集中于物流客户信息管理、物流客户满意度管理和物流客户忠诚度管理三个方面。

在物流客户管理中，客户信息的有效收集和整理，不仅能推动企业前端市场，销售与服务部门的日常运作，而且能为物流管理提供定量的、客观的依据。

客户是企业生存、发展的源泉。客户满意度是衡量一个企业产品质量的重要标志，是评价企业质量管理体系的一个重要指标。因此准确测评客户满意度，才能为物流企业以后的发展战略提供可靠的依据。

建立并提升客户忠诚度现在已经成为企业公认的基本的市场营销理念，因此物流企业定期进行忠诚度调查，并以此制定完善的客户忠诚度计划是十分必要的。

学习本项目内容，目的在于使学生更深入的掌握有效收集物流客户信息的方法，理解培养客户满意度和忠诚度对于物流企业的重要意义，并且掌握培养客户满意度和忠诚度的基本方法和途径。

项目八　物流客户关系管理系统

项目概述

客户关系管理的核心是客户，基础是技术，本质是企业和客户互动，目标是企业价值和客户价值增值。

项目目标

知识目标：

（1）了解客户相关知识。

（2）掌握物流客户档案的基本概念，学会收集客户档案资料、建立客户档案流程。

（3）了解如何利用和完善客户档案，对客户档案进行更新、修改和分类。

（4）了解物流客户数据库的作用、原则和获取渠道。

（5）熟悉物流客户价值、信用分析。

（6）了解服务、服务项目、服务营销的含义。

（7）了解市场管理的含义，销售与机会的关系和市场活动。

（8）掌握物流客户呼叫中心服务的功能和服务流程。

能力目标：

（1）学会收集分析客户相关资料，能够为客户建档。

（2）学会对物流客户信息进行针对性筛选分析。

（3）掌握物流客户呼叫中心服务操作。

素质目标：

（1）培养学生认真分析和解决问题的能力。

（2）培养学生注重礼仪礼节，具有独立思考和沟通策略，能够灵活妥善地处理客户服务过程中出现的各种问题。

（3）增强学生职业素养，培养学生严谨的工作态度。

思政目标：

（1）培养学生创新思维，增强学生的创新意识。

（2）增强学生的职业素质教育，培养学生规范管理、标准化服务的职业态度。

一、我国物流企业的客户资源分析

我国物流企业的客户资源按照目前的业务类别可划分为：经纪客户、投资客户、资产管理客户、战略联盟客户、社会友好团体（或个人）。这些客户有如下几个方面的特点：客户数量多、地域分布广；客户购买的不是一般实物产品，而是实实在在的服务，需要的是增值服务；客户身份复杂。物流企业的客户基本不受行业和企业特点限制，可以接受几乎所有的行业、企业和自然人。客户的投资行为千差万别，投资者的资金规模、风险偏好和对市场的判断是左右投资者行为的关键因素。

二、我国物流企业客户关系管理存在的问题

首先，客户意识淡薄。到目前为止，绝大部分物流企业仍停留在原有的“以产品生产”为核心的管理理念上，未形成“以客户为中心”的扁平矩阵式管理架构。对各部门和员工的考核也仅仅是利润和市场份额，无客户保留度的考核。

其次，客户信息不能互通。由于物流企业采取的是垂直的管理模式，单向性、封闭性使部门之间信息不易沟通，一个部门或其员工对其他部门的客户没有兴趣，很少主动与其他的部门沟通，造成公司客户资源浪费和客户价值损失。

最后，产品生产、营销部门间的沟通渠道不畅。营销部门不知道生产部门正在生产什么，客户状况如何；生产部门不知道什么产品最畅销。

三、构建 CRM 系统的益处

首先，实施 CRM 系统后，物流企业可以及时获得客户的信息，及时得到业务人员与客户交往的所有活动资料，确保公司始终掌握客户的最新资料，进而极大地减少甚至避免因业务队伍的流动而带来的客户损失。

其次，CRM 系统不仅能帮助物流企业有效而科学地对销售队伍和销售过程进行管理，而且也可以使物流企业及时了解整体销售态势，帮助销售人员缩短销售周期，提高工作效率。

最后，CRM 系统的实施可以为物流企业带来先进的“以客户为中心”的发展战略和经营理念，优化企业组织体系和职能架构，形成生产销售高效运行的管理系统和通畅的信息系统，从而为培育和提高物流企业核心竞争力提供全面保障。

你是否已经明白物流企业实施 CRM 系统的重要性了呢？

任务一　物流客户管理

项目引入

A 物流企业是哈尔滨市一家专业化的物流中心，项目地址位于哈尔滨市道外区先锋路 0 号，该中心可以提供专门的运输、仓储、配送及物流综合服务。现有顾客松下电器、乐事薯片等多家国际知名企业。企业为了更好地服务顾客，能在第一时间掌握客户需求，并且能快速地提高企业内部运作效率，做好市场开发工作，2011 年 11 月结合自身状况定制开发了符合自身的客户关系管理系统，以促进企业适应经济发展的需要。

客户管理模块是 CRM 系统中最基础的功能，该模块详细列出客户基本信息和客户的其他相关信息都汇总到这个模块中，是常用查看客户资料的模块。其他信息都是对应客户进行新建和管理的，所以必须要先新建客户信息。

项目思考

目前公司发展非常迅速，客户量庞大，试将公司原有的客户资料录入到物流客户关系管理系统中，并对客户资料进行分类建立物流客户数据库。

身边的事

扫描二维码，了解 CRM 在客户关系管理中的应用。

知识研修

一、客户相关知识

（一）客户资源

客户资源是企业最重要的核心资源。因此，CRM 可以帮助企业对客户进行科学高效的管理，客户管理主要包括客户属性定义、进行客户分类、新增或修改客户信息、编辑客户联系人、联系人相关的商品、联系人的重要日期、设置客户初始账务等功能。客户分类是指对具有不同属性的客户进行区分，如个人客户与企业客户的属性有很大的差别，应该属于不同的类别。客户的初始账务信息记录了在使用系统前客户的“累计交易额”“累计利润”“初始预收”“初始应收”等数据，其中“累计交易额”和“累计利润”将自动计算到客户信息的相应数据项中。客户分配是将客户信息与员工信息建立数据联系，只有将客户信息分配到某个员工，在该员工登录界面上的客户信息列表界面才能看到客户信息；另外，对于没有分配给员工的客户信息，当为该客户建立任务时选择了该员工，该员工可以在任务关闭前看到任务中涉及的客户信息。

（二）客户信息

客户信息中蕴含着巨大的价值，通过对客户信息的分析、挖掘可以深入了解客户的需求；发现客户进行交易的规律；发现价值客户的构成规律等等，这些信息将对正确决策、提升业务有着重要的意义。然而，客户信息的分析、挖掘依赖于客户信息的有序存储，如图8－1所示。CRM使用大型关系数据库集中存储客户信息，这样就确保了客户信息的安全和高效的利用。CRM客户管理功能中不仅有预先设计好的客户属性，同时支持企业根据自身的业务特点自定义一些客户扩展属性，这样使得客户的信息更加丰富，与业务的相关性更加紧密。CRM的使用者在与客户交往的过程中，可以不断完善和积累客户的信息。企业业务人员、销售主管和决策者可以方便地对客户信息（包括：相关任务、联络记录、相关报价、相关订单、业务进程等）进行查询和分析，找出目标客户、发掘潜在客户，创造销售机会。

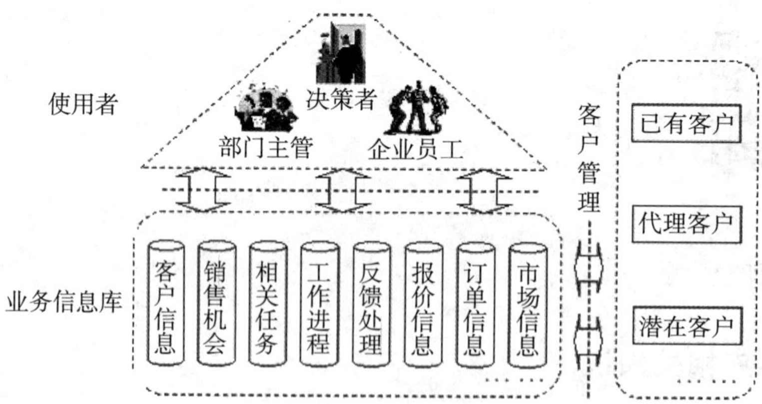

图8－1　CRM的客户管理

二、物流客户档案

（一）客户档案基本概念

客户档案就是有关客户情况的档案资料，是反映客户本身与客户关系有关的商业流程的所有信息的总和。它包括客户的基本情况、市场潜力、经营发展方向、财务信用能力、产品竞争力等有关客户的方方面面。

（二）收集客户档案资料

1. 建立客户档案的目的

缩减销售周期和销售成本，有效规避市场风险，寻求扩展业务所需的新市场和新渠道，并且通过提高和改进客户价值、满意度、盈利能力以及客户的忠诚度来改善企业的经营有效性。

2. 建立客户档案的内容

（1）有关客户的原始资料：包括客户的名称、地址、电话、经营管理者、法人代表以及他们的个人性格、兴趣、爱好、家庭、学历、年龄、能力、经历背景、与公司交往的时间、业务种类等。

（2）关于客户特征方面的资料：包括市场区域、业务范围、销售能力、经营观念、经营方式、经营政策、经营特点等。

（3）关于客户业务状况的资料：包括销售实绩、市场份额、市场竞争力、市场地位、与竞争者的关系及与本企业的业务关系和合作情况。

（4）关于交易现状的资料：包括客户的销售活动现状、存在的问题、经营战略、未来展望、企业形象、企业声誉、财务状况、信用状况等。

（三）建立客户档案

1. 建立客户资料卡的用途及好处

区别现有客户和潜在客户；便于寄发广告信函；安排收款和付款顺序与计划；了解每位客户的交易状况和交易习惯；订立节省时间、提高效率、具体的访问计划；当负责该客户的营销人员不在场时，接替者可以很容易地继续为该客户服务；彻底了解客户的情况与交易结果，取得进一步的合作；为今后与该客户交往的本企业人员提供有价值的资料；根据客户资料提供的信息，对信用度低的客户缩小交易额，对信用度高的客户增加交易额。

2. 客户资料卡的内容

表8－1　　客户资料的基本内容

类别	详细内容
基础资料	客户最基本的原始资料，主要包括客户的名称、地址、电话、所有者、经营管理者、法人代表及他们个人的性格、爱好、家庭、学历、年龄、创业时间、与本公司起始交易时间、企业组织形式、行业类型、客户类型、资产等
客户特征	主要包括服务区域、销售能力、发展潜力、经营观念、经营方向、经营政策、企业规模、经营特点等
业务状况	主要包括销售实绩、经营管理者和销售人员的素质、与其他竞争对手之间的关系、与本公司的业务关系及合作态度等
交易状况	主要包括客户的销售活动现状、企业形象、声誉、信用状况、交易条件以及出现的信用问题等

3. 客户资料卡的填写和管理

（1）填写时间：第一次拜访客户即开始整理并填写客户资料卡，随着时间的推移，应注意对其进行完善和修订。

（2）管理注意事项：是否在访问客户后立即填写此卡；卡上的各项资料是否填写完整；是否充分利用客户资料并保持其准确性。

4. 利用客户资料卡进行客户管理的原则

（1）突出重点：应从众多客户资料中找出重点客户。

（2）灵活运用：以灵活的方式及时提供给销售人员及相关人员，使死资料变成活资料，从而提高客户管理效率。

（3）专人负责：确定具体的规定和方法，由专人负责管理，严格控制、管理客户情报资料的利用和借阅。

（四）客户档案的更新、修改

（1）客户的重大变动事项以及与本企业的业务交往，均需记入客户档案。

（2）与客户的信函、传真、长话交往，均应按企业的管理办法记录，并整合在客户档案内。

（3）对一些较重要的未来可能发展的新客户，企业要有两个以上的人员与之联系，并建立联系报告制。

（4）积累客户年度业绩和财务状况报告。

（5）企业各部门与客户接触的重大事项，均需报告信息管理部门（保密业务除外），不应局限在营销人员个人范围内。

（6）当员工调离企业时，不得将客户资料带走，其业务部门应会同信息管理部门将其客户资料接收、整理并归档。

（7）应建立客户信息查阅权限制度，以免客户档案流失。

（五）客户档案的分类

（1）客户基本资料档案，信息记录尽量详细，定期进行整理，公司主要联系人、联系方式、公司概况、主要服务项目、结算方式等。

（2）重点客户档案，月服务次数、服务项目类型、金额、服务年限，需求异动情况。

（3）随缘客户档案，在各类场合结识的新客户，记录公司性质、联系方式、结识时间、场合、需求情况。

（六）如何利用和完善客户档案

（1）通过对客户档案中各类市场信息的利用，把握和预测企业准入新市场或扩大市场覆盖面的可行性及风险规避；也可将其作为寻找、挖掘新客户的有效参考。

（2）通过对客户档案中交易状况信息的利用，把握企业自身管理程序的适应性和市场定位，降低销售成本和生产成本，最大化地整合利用企业资源。

（3）通过客户档案的交易付款信息和客户背景资料的利用，把握企业销售业务中的赊销比重，同时重视应收账款管理工作，正确评估客户信用状况，减少交易风险。

三、物流客户数据库

（一）建立客户数据库的作用

（1）帮助物流企业准确地找到目标消费群体。

（2）帮助物流企业判定消费者和潜在消费者的消费标准。

（3）帮助物流企业在最合适的时机以最合适的产品满足客户需要，从而降低成本，提高销售效率。

（4）帮助物流企业结合最新信息和结果制定出新策略，以增强物流企业的环境适应性。

（5）发展新的服务项目以促进物流企业发展，并促使购买过程简单化，提高客户重复购买率。

（6）运用数据库建立物流企业与消费者的紧密联系，从而建立稳定、忠实的客户群体。

（二）建立数据库的原则

（1）尽可能地将客户的完整资料保存下来。

（2）将企业自身经营过程中获得的内部客户资料与从其他渠道获得的外部资料区分开来。

（3）数据库管理的安全性。

（4）随时维护。

（三）获取物流客户数据的渠道

（1）数据公司。

（2）目录营销与直复营销组织。

（3）零售商。

（4）信用卡公司。

（5）专业调查公司。

（6）消费者研究公司。

（7）相关服务行业。

（8）杂志和报纸。

四、物流客户价值、信用分析

（一）物流客户资信调查与评估

1. 物流客户资信调查

主要是对客户资信进行评估和实施物流客户资信管理的基础。包括了解被调查客户的基本情况、制定调查计划、拟定调查纲目等。

2. 物流客户资信评估

（1）5Cs 评估法：公司对客户从品德（character）、能力（capacity）、资本（capital）、担保（collateral）、状况（condition）五个方面进行的调查评估，可以从公司以往与客户往来的经验中获取，也可以从专门的资信咨询机构获得。

（2）信用评分法：对反映客户信用质量的各种要素先行评分，然后采用一定的权数加权平均，得出客户综合的信用分数并以此进行信用评估的一种方法。

3. 物流客户资信分析

（1）反映偿债能力的指标。

①资产负债率＝负债总额/全部资产总额

②流动比率＝流动资产/流动负债

③速动比率＝速动资产/流动负债

④现金比率＝（现金＋现金有价物）/流动负债

（2）反映资产周转情况的指标。

①应收账款周转率＝赊销收入净额/平均营收赊销赃款余额

②存货周转率＝销货成本/平均存货

（3）反映获利能力的指标。

①资产利润率＝利润/平均资产总额

②销售利润率＝利润/销售收入

③成本费用利润率＝利润/成本费用总额

（二）物流客户资信等级管理及风险防范

1. 物流客户资信等级管理

对客户资信的调查评估以及据此确定的客户资信状况，可以为客户资信评出等级，一般设A、B、C、D四个等级。

2. 物流客户信用政策的确定

（1）信用政策。

①信用标准：企业决定授予客户信用所要求的最低标准。

②信用期限：企业允许客户购货或接受劳务起到支付货款的时间限定，又称付款期限。

③信用额度：企业给予客户最大的欠账金额限度。

（2）信用政策的具体实施。

①A类客户可以不设限度或不予控制。

②B类客户可以先设定一个限度，以后再根据资信状况逐渐放宽。

③C类客户应在仔细审查其信用状况后酌情给予少量或不给予信用额度。

④D类客户不能给予任何信用额度，必须现款现货或先款后货。

3. 物流客户资信风险防范

（1）建立客户信用档案。

①客户与本公司的往来情况。

②客户的基本情况。

③客户的资信情况。

（2）应收账款监督及收账管理。

（3）建立客户资信预警系统。

（4）建立信用报告制度。

（三）物流客户的选择与监督

1. 物流客户的选择

（1）选择物流客户的标准。

①客户的财务状况是否稳定。

②客户的内部组织与管理是否良好。

③客户的员工状况是否稳定。

（2）物流客户选择的方法。

①直观判断：通过调查、征询意见、综合分析和判断来选择客户的一种方法，是一种主观性较强的方法。

②综合评价法：对客户进行充分调查了解的基础上，进行认真的考核、分析、评价、比较而选择客户的方法。

（3）物流客户选择的程序。

①收集客户相关信息。

②确定评估的主要指标。

③对客户进行综合评分。

④选择客户。

2. 物流客户资信监督

（1）对客户的常规性监督：在实现客户资信管理过程中，应当在一定的监督与核查制度指导下，规范地管理和控制客户信用风险。

（2）对风险客户的监督。

①对提出交易纠纷的客户进行调查。

②对提出延期付款的客户进行调查。

③对占用应收账款客户的监督。

④对恶意拖欠客户的调查。

【思政案例】

苏宁电器是我国3C家电连锁零售企业的领先者。苏宁电器已在全国27个省、直辖市，90 多个城市拥有近 300 多家连锁店，员工人数 70000 多名。

为了更好适应管理和处理日益庞大的市场数据的要求，建立全面、统一、科学的日常决策分析报表、查询系统。有效控制物流库存，大幅提高周转速度，库存资金占用减少，盘点及时有效。完善售后服务系统为客户服务中心提供强有力的基础服务平台。通过创新思考、多维分析模型、商品生命周期分析模型等创新性现代分析手段，综合运用数据仓库、联机分析处理、数据挖掘、定量分析模型、专家系统、企业信息门户等技术，提供针对家电零售运营所必需的业务分析决策模型，挖掘数据的潜在价值。依托数字化平台，苏宁会员制服务全面升级，店面全面升级为（CRM）销售模式，大大简化消费者的购物环节，方便顾客。

党的二十大报告指出：教育、科技、人才是全面建设社会主义现代化国家的基础性、战略性支撑。必须坚持科技是第一生产力、人才是第一资源、创新是第一动力，深入实施科教兴国战略、人才强国战略、创新驱动发展战略，开辟发展新领域新赛道，不断塑造发展新动能新优势。

通过思政案例的学习，启迪学生以身边耳熟能详的案例为榜样，一方面培养自己的创新思维培养学生创新思维，增强学生的创新意识；另一方面增强学生的职业素质教育，培养学生规范管理、标准化服务的职业态度。

活页任务单

任务情境 8－1：物流客户管理
一、任务描述 物流客户管理主要是记录客户的详细信息资料，针对该客户进行一系列数据的编辑操作，比如与客户跟进活动以及客户的反馈信息等都能在这个功能下操作和体现。请根据所提供的客户档案信息，运用 CRM 客户关系管理系统，将该公司的客户信息在客户管理窗口进行客户信息的数据管理、维护。
二、实施工具 博导客户关系管理系统
三、实施方法 运用博导客户关系管理系统进行信息收集、数据分析。
四、实施步骤 步骤一：客户档案 1. 编辑客户信息 根据老客户信息列表，将老客户信息导入 CRM 系统中，同时进行新增客户、编辑客户资料和删除客户资料处理。具体信息详见表 8－2 老客户信息列表。

续表

表8－2　老客户信息列表

序号	企业名称	客户等级	客户类型	客户来源	行业类型	信用等级
1						
2						
3						
4						

2. 编辑联系人信息

联系人是对应客户进行记录的。根据保存的联系人的信息，进行生日提醒、打开QQ、MSN，发送邮件、短信等快捷操作。根据老客户联系人列表，将客户信息补录完整。表8－3所示为客户联系人列表。

表8－3　客户联系人列表

序号	客户名称	联系人	性别	生日	部门	职务	手机号码（办公电话）	电子邮件（QQ）	传真	MSN	地址
1											
2											
3											
4											

注：若要新增联系人，先选中要编辑的客户信息，然后在联系人选项卡处进行添加。

续表

步骤二：物流客户信用管理

将通过调研得到的客户资信信息录入信息系统，该信息供客户专员制定合同时给予不同等级的信用政策。

步骤三：潜在客户

将市场部新搜集到的客户资料如表 8－4 所示，录入到 CRM 系统，供客户专员开展业务使用。

表 8－4　　潜在客户信息列表

序号	企业名称	客户需求	客户来源	行业类型	联系人	联系电话
1						
2						
3						

五、考核与评价

任务实施评价表

考核项目	考核要求	分值	得分			备注
			自我评分	组间评分	教师评分	
编辑客户档案	客户信息全面、有效	30				
客户信用管理	能够确定客户等级划分标准，能够根据客户实际情况对客户进行等级划分	40				
潜在客户管理	能够把握潜在客户信息搜集途径	30				

六、技能拓展

请自行搜集 20 家潜在客户信息，并将潜在客户信息录入 CRM 系统中。

任务二　服务项目管理

项目引入

现代物流市场规模很大，客户需求极其复杂，一个物流服务企业不可能满足所有客户的要求，特别是道路运输企业在转型初期更难以满足这种需求，这就需要选择某一项物流服务作为整个物流战略推进的桥头堡（突破口）。在一个中长期的物流战略推进过程中，企业的每一步行动都是为实现这一战略目标而努力的，能否坚持这一点将决定最后的胜利者是谁，因为在这场漫长的马拉松竞赛中，不允许出现任何失误。我们应“始终兢兢业业，始终如履薄冰。”

选择物流服务项目，就是对物流市场进行细分，选择市场服务对象的过程。从道路运输企业的物流服务项目上，可以选择准时物流服务、快速物流服务、专项物流服务、国际物流服务、供应链物流服务、电子商务物流服务等项目。面对客户的不同需求，选择好适合自身发展的物流服务项目并不是一件容易的事情，其中涉及的问题包括所选市场容量、饱和度、成熟度，进入市场时的门槛、成本，进入市场后的赢利状况、持续发展前景以及与企业整体物流战略的协调吻合程度等。企业在选择、整合物流服务项目时要综合分析这些要素，科学决策，必要时聘请物流专家进行咨询，重视借鉴国内外物流企业的经验，无论是成功的案例还是失败的案例，往往都是企业少走弯路、避免失败、通向成功的最有力的教材。

项目思考

试思考物流企业的物流服务项目有哪些？请实地考察当地较知名的第三方物流企业，在物流客户关系管理系统中将公司服务项目信息进行维护，并能够完成对客户进行项目报价。

身边的事

扫描二维码，了解物流企业服务项目管理内容。

知识研修

一、服务的概念

服务是指为他人做事，并使他人从中受益的一种有偿或无偿的活动。不以实物形式而以提供活劳动的形式满足他人某种特殊需要。

二、服务项目

作为服务营销组织，物流服务企业输出的产品特征是服务型的，有别于制造业有形产品。以下，我们把物流服务企业向客户提供、出售的服务型产品，称作“服务项目”；把客户接受的相应服务，称作“客户权益”。

三、服务营销

服务营销是企业在充分认识满足消费者需求的前提下，为充分满足消费者需要在营销过程中所采取的一系列活动。服务作为一种营销组合要素，真正引起人们重视的是20世纪80年代后期，这时期，由于科学技术的进步和社会生产力的显著提高，产业升级和生产的专业化发展日益加速，一方面，使产品的服务含量，即产品的服务密集度日益增大。另一方面，随着劳动生产率的提高，市场转向买方市场，消费者随着收入水平提高，他们的消费需求也逐渐发生变化，需求层次也相应提高，并向多样化方向拓展。

（一）服务营销与传统的营销的比较

同传统的营销方式相比较，服务营销是一种营销理念，企业营销的是服务，而传统的营销方式只是一种销售手段，企业营销的是具体的产品。在传统的营销方式下，消费者购买了产品意味着一桩买卖的完成，虽然它也有产品的售后服务，但那只是一种解决产品售后维修的职能。而从服务营销观念理解，消费者购买了产品仅仅意味着销售工作的开始而不是结束，企业关心的不仅是产品的成功售出，更注重的是消费者在享受企业通过产品所提供的服务的全过程的感受。这一点也可以从马斯洛的需求层次理论上理解：人最高的需求是尊重需求和自我实现需求，服务营销正是为消费者（或者人）提供了这种需求，而传统的营销方式只是提供了简单的满足消费者在生理或安全方面的需求。随着社会的进步，人民收入的提高，消费者需要的不仅仅是一个产品，更需要的是这种产品带来的特定或个性化的服务，从而有一种被尊重和自我价值实现的感觉，而这种感觉所带来的就是顾客的忠诚度。服务营销不仅仅是某个行业发展的一种新趋势，更是社会进步的一种必然产物。

（二）服务营销的一般特点

1. 供求分散性

服务营销活动中，服务产品的供求具有分散性。不仅供方覆盖了第三产业的各个部门和行业，企业提供的服务也广泛分散，而且需方更是涉及各种各类企业、社会团体和千家万户不同类型的消费者，由于服务企业一般占地小、资金少、经营灵活，往往分散在社会的各个角落；即使是大型的机械服务公司，也只能在有机械损坏或发生故障的地方提供服务。服务供求的分散性，要求服务网点要广泛而分散，尽可能地接近消费者。

2. 营销方式单一性

有形产品的营销方式有经销、代理和直销多种营销方式。有形产品在市场可以多次转手，经批发、零售多个环节才使产品到达消费者手中。服务营销则由于生产与消费的统一性，决定其只能采取直销方式，中间商的介入是不可能的，储存待售也不可能。服务营销方式的单一性、直接性，在一定程度上限制了服务市场规模的扩大，也限制了服务业在许多市场上出售自己的服务产品，这给服务产品的推销带来了困难。

3. 营销对象复杂多变

服务市场的购买者是多元的、广泛的、复杂的。购买服务的消费者的购买动机和目的各异，某一服务产品的购买者可能牵涉社会各界各业各种不同类型的家庭和不同身份的个人，即使购买同一服务产品有的用于生活消费，有的却用于生产消费，如信息咨询、邮电通讯等。

4. 服务消费者需求弹性大

根据马斯洛需求层次原理，人们的基本物质需求是一种原发性需求，这类需求人们易产生共性，而人们对精神文化消费的需求属继发性需求，需求者会因各自所处的社会环境和各自具备的条件不同而形成较大的需求弹性。同时对服务的需求与对有形产品的需求在一定组织及总金额支出中相互牵制，也是形成需求弹性大的原因之一。同时，服务需求受外界条件影响大，如季节的变化、气候的变化、科技发展的日新月异等对信息服务、环保服务、旅游服务、航运服务的需求造成重大影响。需求的弹性是服务业经营者最棘手的问题。

5. 服务人员的技术、技能、技艺要求高

服务者的技术、技能、技艺直接关系着服务质量。消费者对各种服务产品的质量要求也就是对服务人员的技术、技能、技艺的要求。服务者的服务质量不可能有唯一的、统一的衡量标准，而只能有相对的标准和凭购买者的感觉体会。

活页任务单

任务情境 8－2：服务项目管理

一、任务描述

作为服务营销组织，物流服务企业输出的产品特征是服务型的，有别于制造业有形产品。我们把物流服务企业向客户提供、出售的服务型产品，称作“服务项目”；把客户接受的相应服务，称作“客户权益”。物流服务项目涵盖：“将货物从 A 地运至 B 地”的一般、简单业务，以及“重新配置整个供应链网络及其运行”的增值、复杂物流方案业务，其中服务项目种类繁多，服务项目组合也具有多样化。这就要求 CRM 系统必须充分满足物流服务特征，对传统及增值服务项目能够细分、描述、计量，进而支持销售自动化与客服自动化，根据客户实际需求进行组合报价。请运用 CRM 系统就马可波罗瓷砖公司的典型物流服务项目进行数据信息的建立。

二、实施工具

博导客户关系管理系统

三、实施方法

运用博导客户关系管理系统进行收集资料、数据分析

四、实施步骤

步骤一：物流服务项目管理

首先，根据实际业务对物流项目进行分类。如图 8－2 所示，根据企业实际情况自定义新增物流服务项目类型，如新增服务类型仓储。按照此方法将分拣、集拼、包装、配送等物流服务类别添加到物流服务项目类型中。

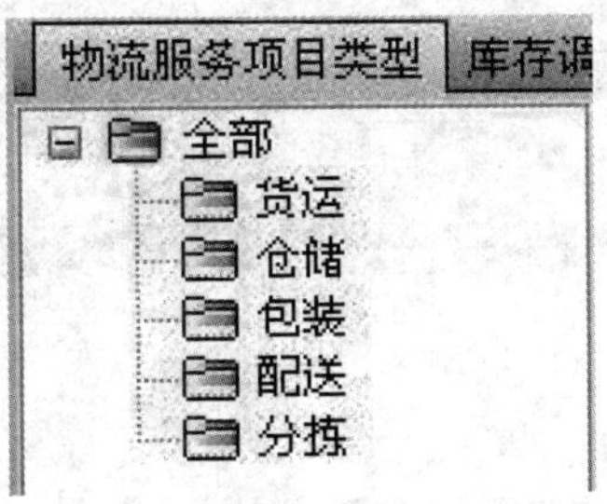

图 8－2　物流服务项目类型

其次，把物流服务项目精细拆分、分类到什么地步，根据实际业务需要决定。图 8－3 显示了第三方物流公司提供的所有物流服务项目。

续表

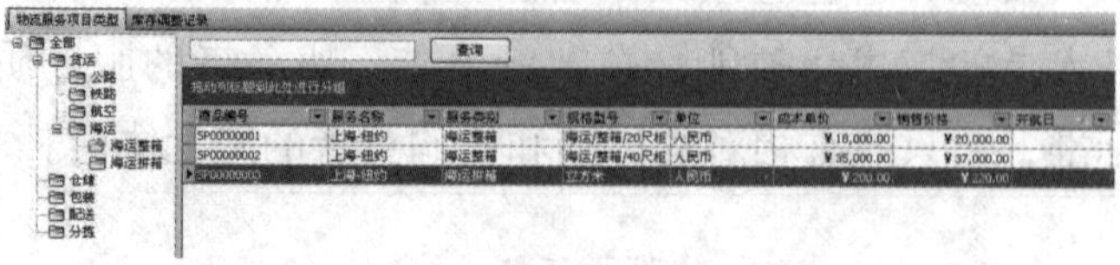

图8－3　物流服务项目列表

最后，信息录入完毕后，通过CRM系统强劲的信息查询功能，进行结果查询，见图8－4。

图8－4　服务项目查询

步骤二：物流服务项目价格管理

CRM系统支持多种价格方案及策略，对每家大客户，可以分别签订特定的年度价格协议，每笔业务照此执行并定期结算，对中小客户/不同业务种类/不同地区，受理业务时引用某个/某些价格方案和策略。物流服务项目成本一般由多种因素构成。如哈尔滨至北京的每车公路货运成本中，就包括基础成本、道桥费和附加费等。仓储、分拣、集拼等增值服务也类似。

如图8－5所示，是销售人员被授权执行的，针对大客户“马可波罗陶瓷”的特定价格方案，一级针对一般客户的通用价格方案。单击价格方案下「服务名称」可以浏览通用价格方案，它规定了目录价格，以及特殊情况下可执行的最低价格。不同权限下浏览、管理公司的所有价格方案，包括修改销售人员的定价。

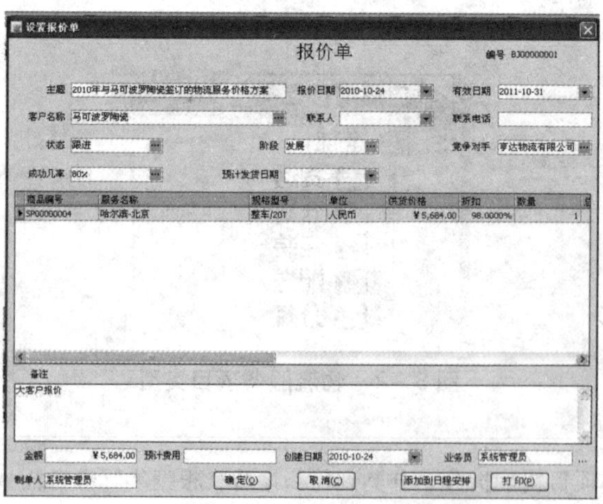

图8－5　马可波罗陶瓷公司价格方案

续表

企业商务实践中，通过CRM系统中的多种价格方案，业务人员得到明确授权后，在不同情况下采用相应的报价策略，可以把握机遇、促成交易，保障企业受益的同时及时应对市场竞争。企业制定多种价格方案后，可根据管理需要把不同价格方案授权给相应的业务人员。价格方案制定后，即可被报价单/合同调用"自动报价"，提高物流服务企业销售自动化水平。

五、考核与评价

任务实施评价表

考核项目	考核要求	分值	得分			备注
			自我评分	组间评分	教师评分	
服务项目分类	能总结出不同类型的物流服务项目	30				
物流服务项目管理	能够将企业的物流服务项目信息完整的维护到CRM系统中	40				
物流服务项目价格管理	能为不同类型的服务项目合理定价，掌握定价的方法	30				

六、技能拓展

物流企业除了一般服务项目以外还可以提供一系列增值服务，请以本节公司为例，为该企业设计若干增值服务项目，并将增值服务项目在系统中进行维护。

任务三　市场管理与销售管理

项目引入

哈尔滨某家电销售公司将其物流配送业务面向全社会公开招标，哈尔滨神通物流园区得知此信息特成立项目组，准备向此项目投标。与此同时，哈尔滨神通物流近期欲将向广大商家推出新服务项目。

项目思考

试将某家电物流外包项目投标，以及新市场活动开展全过程在博导客户关系管理系统中进行操作演示。

身边的事

扫描二维码，了解德邦的“星夜兼程，快速送达”的服务。

知识研修

一、市场管理

市场管理是为销售开辟渠道，营造售前、售中和售后环境的行为管理。作为一名市场营销人员，不仅需要调用一切手段调查市场的需求走向，为企业今后的产品开发和服务内容作出预测；同时，还要不断拓广企业的市场份额，通过各种宣传关怀活动，发现潜在客户机会，为企业的销售打好基础。在CRM系统中，通过对客户信息的统一处理分析，帮助企业市场营销人员更好地了解客户购买行为习惯和掌握市场趋势，为企业配置时间和资源提供优秀的决策支持。你可以通过对现有“客户”进行跟踪调查、查看以往的销售“机会”记录或者开展新的“市场拓广”活动以及“报表”的智能分析等来提取所需要的市场信息，从中发现新的“线索”，为企业市场、产品和销售决策服务。

二、销售与机会

销售是将潜在客户或者说线索转化为企业真正客户的漏斗。CRM系统完美实现企业销售运作上的自动化，为其增加收入和减少运作成本，是企业提升利润和优势的一大加速利器。跟踪每个“线索”和“客户（联系人）”，从线索中挖掘新的客户，从已有的客户中发现新的“机会”并把这些机会转化为成功的销售；关注销售渠道中的每笔交易，从中找出销售瓶颈所在和原因；通过建立科学的“销售预期”，更好的管理个人以及组织的销售情况；销售过程中建立完整的竞争“对手”资料，为以后的机会把握提供参考。所有这些使你可以始终处于销售运作决胜的前端，并获取关于销售渠道、销售预期、竞争对手业绩等等的更多信息。

物流服务企业的销售活动兼具项目管理和运营管理的特点。项目及运营机会，是物流服务企业利润的源泉和发动机，是财富的管道入口和汇集地。销售机会的重要特征就是——具有多样性和阶段性。无论对项目型管理、运营型管理或者分析型管理，或者采用不同的销售方法、历经不同的周期阶段，CRM 系统已做好准备，去满足物流服务企业的动态商务和流程。下面让我们了解物流服务企业一种很典型的立项、项目跟踪、复杂增值方案编写、销售自动化部署等业务流程。

三、市场活动

市场活动 Marketing，是指品牌主办或参与的展览会议与公关市场活动，包括自行主办的各类研讨会、客户交流会、演示会、新产品发布会、体验会、答谢会、年会和出席参加并布展或演讲的展览会、研讨会、行业交流会、颁奖典礼等。

市场活动属于品牌它触点部分。市场活动的得分与品牌参与的活动次数、规模、媒体参与度有关。

活页任务单

任务情境 8－3：市场管理与销售管理
一、任务描述 任务一：某家电物流项目投标实施 哈尔滨神州物流园工作人员获得哈尔滨某家电销售有限公司物流服务外包信息时，组织相关工作人员分析客户实际需求，并将客户招标信息确认为本公司的新机会。 机会－项目－后期维护管理器是一套销售流程，是用来分部门分阶段管理项目资料的。3 个部分可以相互转换，用适合不同部门或人员进行跟进。针对机会（项目、后期维护）进行记录的详细信息，如活动信息、相关文档等会汇总到客户管理窗口下该机会（项目、后期维护）的对应客户上。请运用 CRM 客户管理系统进行机会管理。
二、实施工具 博导客户关系管理系统
三、实施方法 运用博导客户关系管理系统进行信息收集、数据分析。

续表

四、实施步骤

步骤一：新建机会

在“机会管理器”的窗口中，右键点击，弹出右键操作菜单，选择【新建机会】，打开“设置机会信息”，进行新建。“增加机会－项目－后期维护”相关的操作即可以方便快捷的完成。

点击窗口右下部分的【机会】选项卡，即可打开机会列表，若要新增机会，可以点击右键，系统会弹出右键菜单，选择【新建机会】，如图8－6：

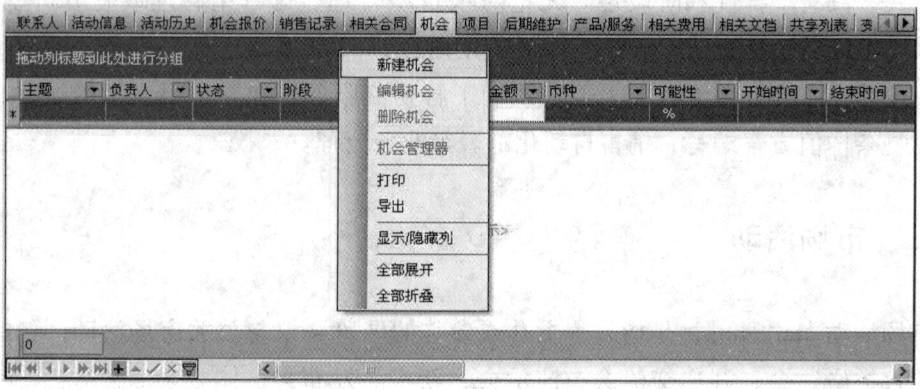

图8－6　新建机会

打开“设置机会信息”窗口，如图8－7：

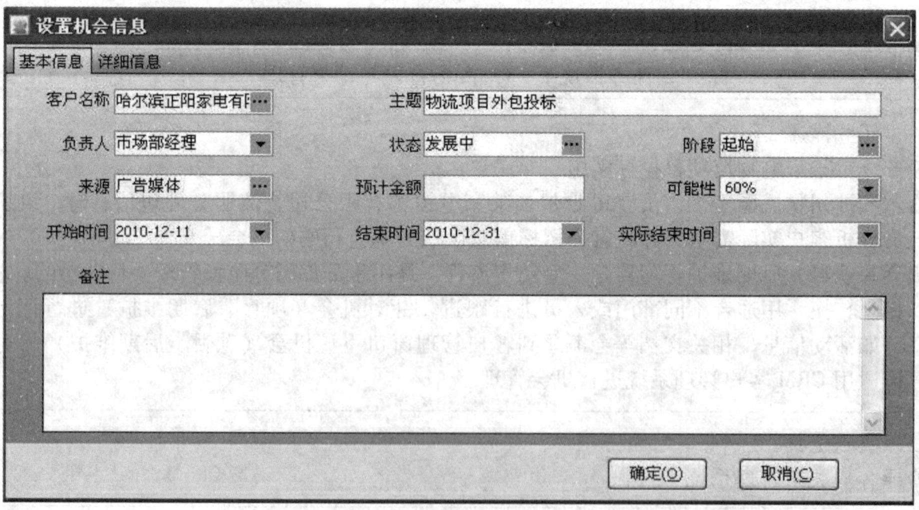

图8－7　设置机会信息

续表

输入机会的主题和其他信息，点击【确定】就保存下来了。（注意：机会信息中“主题”是不能为空的，必须要填写。）

步骤二：项目管理

详细调研、汇总客户需求后，将所有相关项目信息可以通过项目管理器进行项目信息维护，如图 8－8 所示。

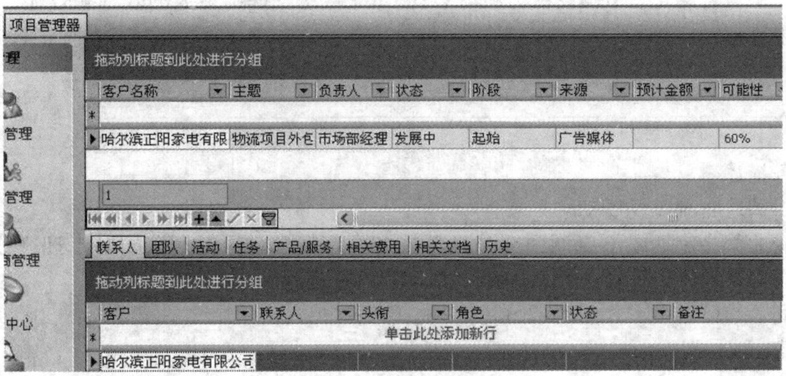

图 8－8　项目管理器

在项目管理器中可以插入产品/服务合约/合同输出的存档文件。在 CRM 中，一个业务环节输出的数据或文档，可能是业务流程另一个环节的输入数据或文档。后面，我们可以在报价单子系统，生产一份物流服务项目价格清单，然后插入到方案设计书中。

步骤三：签订合同（如图 8－9 所示）。

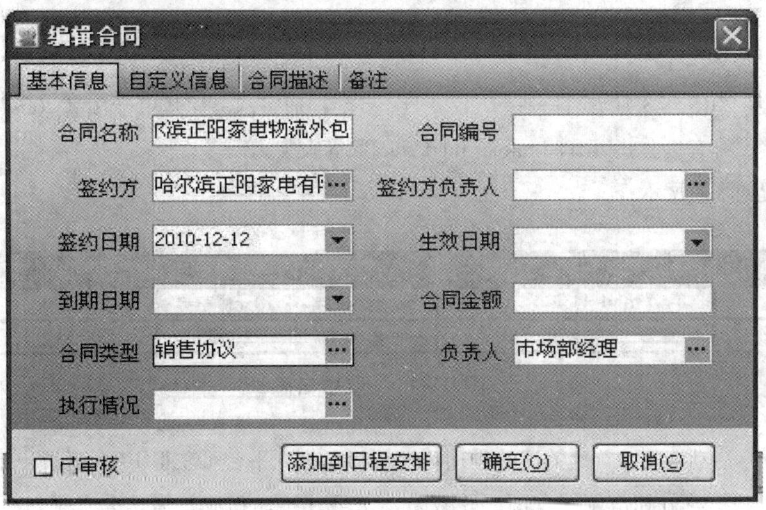

图 8－9　销售阶段推进

续表

<table>
<tr><td>

步骤四：销售管理

与客户签署框架合作协议后，后面要做的事情就是把签订的服务项目结算价格纳入CRM“价格”体系中，以便今后执行过程中实现销售自动化，销售人员有章可循。新的价格方案部署完后，再回到机会管理，下一年度项目实施时，物流即时结算或事后结算，要把每笔执行的销售业务即时录入进“合同”，并对应有关“机会”——从属于本机会立项，这样，可借助CRM系统实现项目过程管理、销售自动化、数据挖掘分析等，让CRM帮您发挥出更大的效率和效能，为物流服务企业提供决策支持。

</td></tr>
<tr><td>

一、任务描述

任务二：神通物流市场活动

不同的企业都会定期或不定期面向公众开展各类市场活动，近期公司马上迎来成立10年大庆。公司市场部策划年庆惊喜“快”享豪礼活动。

活动时间：2013年8月16日~2013年9月20日

活动内容：

活动一：

现场抽奖：活动期间，客户来营业厅发货，开单金额满200元且选择城运，就可参与现场抽奖并有机会获得iPad mini，iPod shuffle等大奖，数量有限，送完为止。

奖品设置如下图所示：

奖项	一等奖	二等奖	三等奖	四等奖	五等奖
奖品	iPad mini	iPod shuffle	50元优惠券	20元优惠券	10元优惠券
数量	20	48	5000	20000	180000

图8－10　奖项信息一

活动二：

官网抽奖：2013年8月16日——9月20日，登陆神通官网，凭开单金额满200元的城运发货单号参与抽奖，将有机会获得iPad mini，iPod shuffle等大奖。

奖品设置如下图所示：

奖项	一等奖	二等奖	三等奖	四等奖	五等奖	六等奖
奖品	iPad mini	iPod shuffle	50元优惠券	20元优惠券	10元优惠券	5元优惠券
数量	3	10	5000	10000	20000	80000

图8－11　奖项信息二

活动三：

微信送券：活动期间，首次关注【神通物流】微信公众平台可获得10元电子优惠券。若转发“年庆惊喜，‘快’享好礼”至朋友圈，并截图发送至【神通物流】微信公众平台，将再获得20元电子优惠券，每个微信账号限领一次。

</td></tr>
</table>

续表

用券规则下图所示：

用券规则：空运、整车、经济快递产品不参与用券				
使用条件	开单满500元	开单满200元	开单满100元	无开单金额限制
优惠券面额	50元、20元、10元	20元、10元	10元	5元

图 8－12　用券规则

市场活动跟客户管理是关联的。其中市场活动下“进行”“完成”的活动信息会自动汇总到客户管理窗口的“活动信息”和“活动历史”中。每个用户的“市场活动”记录都是独立的。营销中心的“市场活动”和渠道管理的“市场活动”没有任何关联。

有时我们为了提高产品的销售额会举行一些市场活动。请运用CRM客户管理系统进行市场活动管理，集中地对市场活动或促销相关的活动进行跟踪、记录，还有对相关的联系人进行记录、管理。

二、实施工具

博导客户关系管理系统

三、实施方法

运用博导客户关系管理系统进行信息收集、数据分析。

四、实施步骤

步骤一：新建市场活动

选择【新建市场活动】，如图8－13所示，输入市场活动名称，然后，在右边的编辑窗口中选择【新建活动】，系统弹出“设置活动信息”窗口，输入市场活动资料后【确定】。

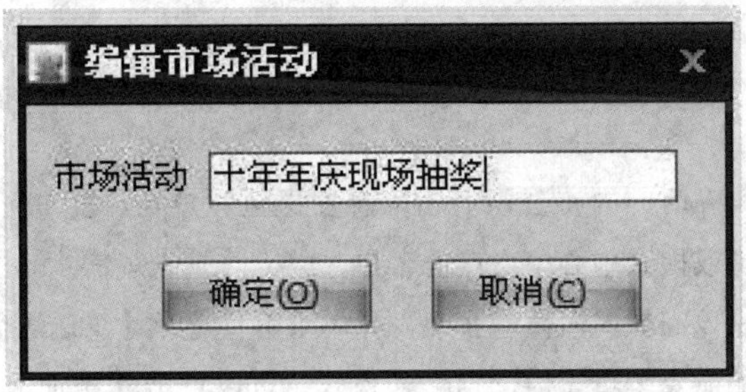

图 8－13　新建市场活动

步骤二：编辑和删除市场活动

在编辑窗口选择【新建活动】或【删除活动】进行操作。“进行”中的活动也可以通过点击右键引出菜单选择【完成】，转移到“完成”中。见图8－14。

续表

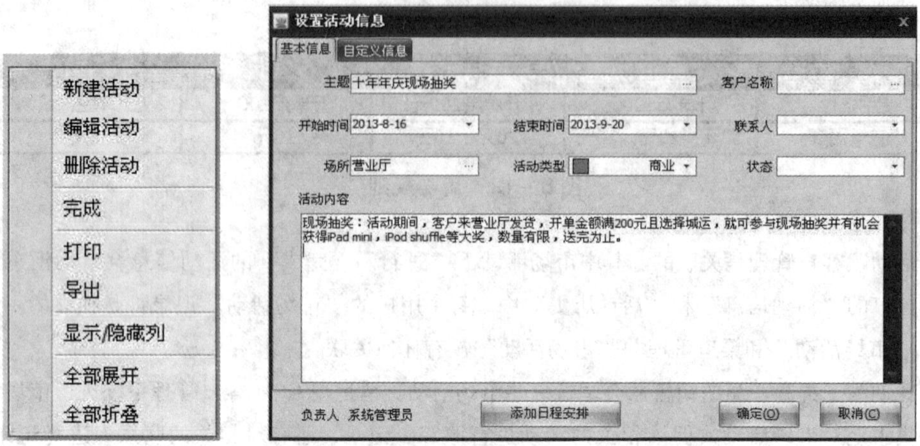

图 8－14　编辑市场活动

步骤三：新建和删除联系人

在左边的列表中，点击联系人，再在右边的编辑窗口中选择【分配联系人】，如图 8－15 所示。选择好后，按【确定】，系统就会显示该联系人的资料了。在联系人该行上可选择【删除联系人】，进行清除资料。

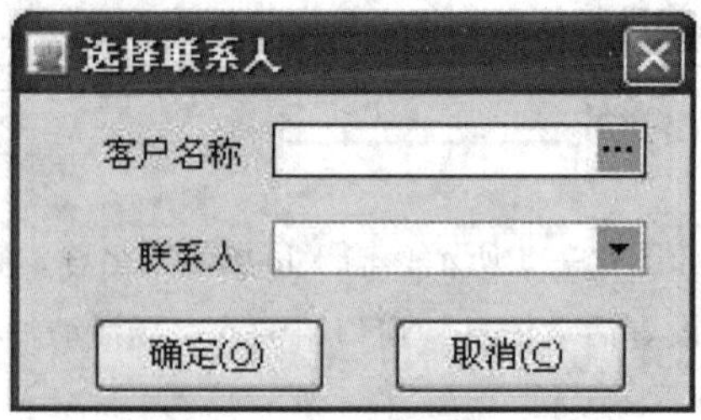

图 8－15　新建联系人

步骤四：活动通知

短信管理平台可以第一时间内将公司活动信息发送至客户处。短信管理跟客户管理和检索中心关联。必须在客户管理或检索中心中，点击客户，进行【发送短信】，才能增加发短信记录。在客户管理窗口中右键点击该需要发短信的客户，弹出菜单，选择【发送短信】，如图 8－16：

我们可以根据自己的需要编辑短信、删除联系人，可以点击【添加活动信息】把该次短信联系作为活动信息记录下来。在发送前再检查【删除无效号码】，即可点击【发送】键进行发送，系统会将一次性发送窗口中显示的所有短信发送请求。

群发短信，需要到检索中心搜索出相应的客户，然后用快捷键 Ctrl + A 或 Shift 键，全选或部分选择客户，然后右键点击该被选客户，选择【发送短信】，即可在短信管理中生成多条发短信请求，发送的操作与单发的是相同的。

续表

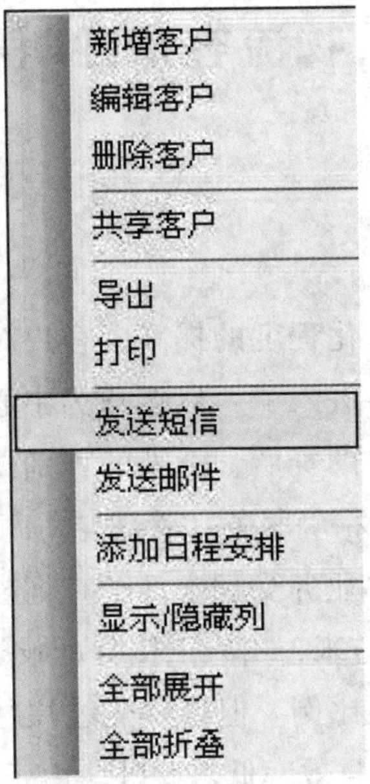

图8－16 发送短信

五、考核与评价

任务实施评价表

<table>
<tr><th rowspan="2">考核项目</th><th rowspan="2">考核要求</th><th rowspan="2">分值</th><th colspan="3">得分</th><th rowspan="2">备注</th></tr>
<tr><th>自我评分</th><th>组间评分</th><th>教师评分</th></tr>
<tr><td>机会管理</td><td>能够掌握获取市场信息的渠道，能准确定义机会</td><td>20</td><td></td><td></td><td></td><td></td></tr>
<tr><td>项目管理</td><td>针对机会策划项目方案</td><td>20</td><td></td><td></td><td></td><td></td></tr>
<tr><td>合同管理</td><td>能够根据项目拟定合作合同</td><td>20</td><td></td><td></td><td></td><td></td></tr>
<tr><td>销售管理</td><td>通过合同履行对项目进行维护</td><td>20</td><td></td><td></td><td></td><td></td></tr>
<tr><td>市场活动管理</td><td>能够在不同时期制定事宜的市场活动，并将活动信息快速投向目标客户</td><td>20</td><td></td><td></td><td></td><td></td></tr>
</table>

六、技能拓展

时下正值春节来临之际，请结合公司实际情况制定一项新的市场活动，并将活动内容在CRM系统中体现，同时通过CRM系统进行活动推广。

任务四　物流客户呼叫中心服务

项目引入

随着经济的发展和社会信息化程度的提高，客户对物流企业服务质量也提出了越来越高的要求，物流企业也跑步进入了“以客户为中心”的市场竞争时代。凡购买过公司产品的顾客，都是公司重要的资产，清晰的识别打进电话的每个顾客，与该顾客实现精确又高效地沟通。有效、精确服务（管理）好每一个顾客，能产生出巨大价值。目前，物流公司已经普遍开通“业务受理电话、查询电话、投诉电话、用户基本价查询/收费查询电话”等，客户打进来，由人工接听、服务。通过电话与客户达成业务已经占到物流公司业务的非常重要比例。但这些热线往往存在服务响应速度慢、服务质量也无法有效监控、服务成本高且效率低。此外，由于传统电话热线没有将客户数据、业务数据和业务流程整合起来，客户资料和服务信息不能得以记录、保存，许多重复出现的问题而不能得以发现、解决，这些常常导致了客户的抱怨，在一定程度上造成了客户的流失，在很大程度上限制了企业业务的发展。

项目思考

哈尔滨神通物流有限公司在为哈尔滨某家电销售有限公司提供物流服务初期，时常会出现各种各样的问题，为了更好地解决问题哈尔滨某家电工作人员总是在第一时间通过哈尔滨神通统一客户热线400－8108765向公司客服人员致电，客服人员记录客户提交问题/建议后及时交由客服部并快速给予解决。试利用CRM系统记录服务请求与处理全过程。

身边的事

扫描二维码，查看顺丰速运和韵达快运的客户呼叫中心服务。

知识研修

一、呼叫中心功能

呼叫中心（Call Center）又称客户联络中心、客户关怀中心、客户支持中心等。从传统的、偏重技术的角度来考虑，呼叫中心可以定义为：一个处理大量打入（Inbound）和打出（Outbound）电话并提供信息服务的场所。随着现代计算机技术、网络技术、CTI 技术、多媒体技术以及互联网的飞速发展，呼叫中心也被赋予了新的内涵。现代的呼叫中心正是集上述技术于一体的、综合性的多媒体信息处理平台。

目前，各大型物流企业普遍应用电话呼入型呼叫中心来接听客户来电，为客户提供一系列的服务与支持，呼叫中心的常见功能如下。

1. 通信管理

（1）来电弹屏。当客户来电时会迅速弹出订单页面、历史订单记录。可以快速下订单，完成订单动作。

（2）录音功能。提供所有呼入和呼出电话的通话录音，方便确认订单沟通内容或者处理一些咨询和投诉。

2. 回电管理

（1）回电号码生成。当系统订单电话超出接线员人数时，系统会自动记录客户电话，即电话繁忙时，系统自动播放“座席繁忙，我们将稍后与您联系，请挂机”。

（2）申请回电。客服人员在电话相对空闲时，可以主动申请需要回电的客户号码，系统将根据时间先后或优先级自动分配一个号码给该客服人员，同时接通客户电话，弹出相应服务资料。

3. 订单管理

（1）订单录入。呼叫中心系统提供订单快速录入功能，订单内容至少包括下单客户名称、订购服务类型，如运输类客户则需询问运输产品种类、数量、目的地等。客户资料不仅包含客户的电话，还有客户所在城市、客户的详细地址，订购信息、产品信息以及其他的附加信息。订单录入的使用人员为话务员。呼叫中心辅助客户下单流程如图 8－17 所示。

（2）订单分拣。订单分拣是产品进入物流前的必经环节，起到对物流的总体调度作用。一般根据订单的订购方式分配送货企业和生成送货单。系统认为订单的分拣日期即是订单的交寄日期，订单分拣的使用人员为管理员。同时，通过分拣审核过程，还可以剔除一些无效订单。

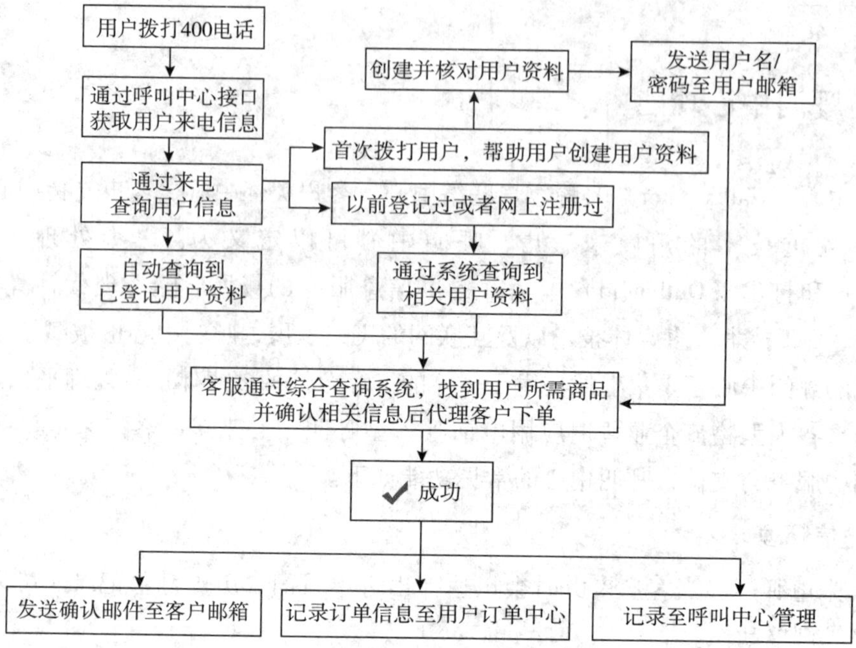

图 8－17　呼叫中心辅助客户下单

4. 综合查询

提供订单、产品和客户资料的快速查询功能，可以根据分类非常灵活地自定义查询条件。

5. 知识库

知识库可以看做是一个产品知识管理、订单受理服务流程处理、接线员沟通会话技术的中心，收集各种产品的常见问题和服务中客户经常遇到的问题，并对主要问题的应答策略，给话务员在处理业务问题时提供一个标准的回答方式，进而扩展到最新消息的及时更新，使客服部门和企业其他部门保持同步。

6. 物流和财务管理

物流管理是非常重要的环节。物流需要保证在正确的时间，将正确的产品送到正确的客户手中并收回准确的金额。同时还要解决客户的特殊需求，如对需要发票的客户要将发票也一同送到消费者手中。呼叫中心系统提供物流和投递方式选择、媒体投放预算和送货收款计算等。

7. 投诉处理

接听客户的投诉电话，进行投诉的受理。负责客户投诉的处理、跟踪与督促，防止客户投诉升级；及时收集投诉客户反馈信息，整理投诉案例，对投诉信息进行汇总整理，并定期提交投诉分析报告；根据客户投诉分析，提出合理化改善建议；保管企业、客服中心投诉数据、投诉相关报告等材料。

8. 统计报表

报表分析是非常重要的功能之一，呼叫中心提供的报表主要有：

（1）电话流量的统计。电话流量的统计是按照月、周来统计查询的。系统根据选定的时段统计出在这一个时段内电话打入的曲线图。

（2）业绩统计。按照分企业、部门、组及个人统计并查询出在某段时间内，接电话的个数、工作的时间、空闲的时间、销售业绩、退货次数、退货占总退货的比重等。

（3）订单及财务统计。根据输入的时段统计并查询出企业所有订单的数量，并绘制曲线图；根据输入的时段统计并查询出某个产品的销量情况，并绘制曲线图；根据输入的时段统计并查询出企业的收入情况，并绘制曲线图。

9. 权限管理

权限管理主要实现对系统访问权限的控制、检查，确保系统的操作安全性，防止接线员、快递人员非法获取企业核心的客户资料。

二、呼叫中心业务流程

呼叫中心业务内容主要包括业务咨询、业务受理、业务查询、投诉处理、客户关系管理等。客户通过电话进入呼叫中心系统，系统相关的客服人员为客户完成所需的业务，如图 8 - 18 所示。

三、来电处理业务操作

（一）准备工作

1. 应当

（1）接听来电前，预先坐在岗位上，准时开始工作。

（2）将登记册、服务手册、笔纸等物品摆放好。

（3）启动电脑，打开 center - call 接单系统。

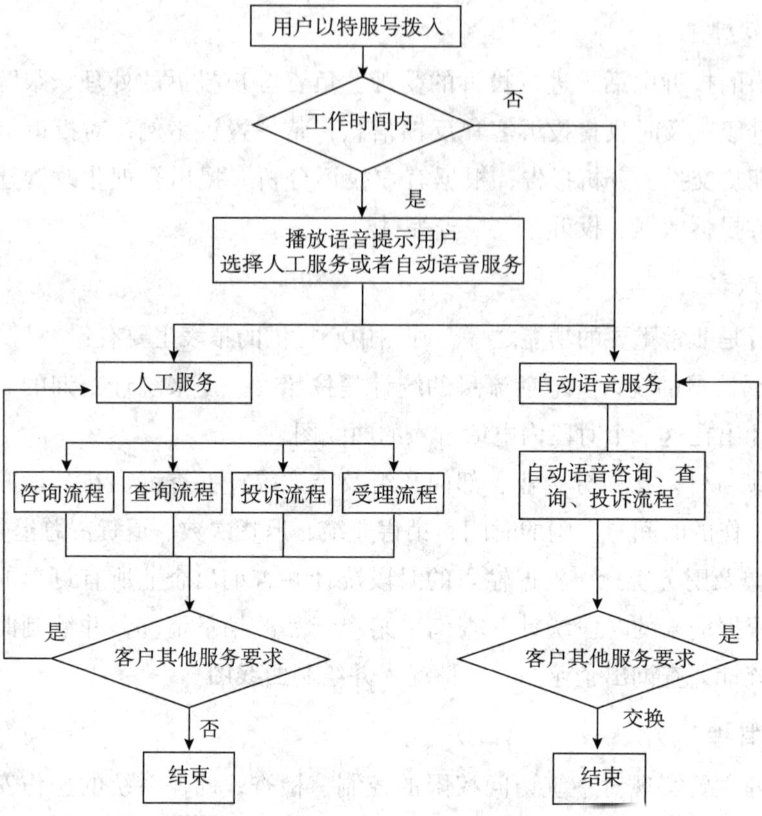

图 8－18　呼叫中心业务流程

（4）检查电脑、电话操作是否正常。

（5）桌面整洁、心境开朗、专心致志。

2. 不应当

（1）通话时，吃香口糖或零食。

（2）与同事闲谈、说笑、喧哗。

（3）工作即将开始时，还在吃早餐。

（二）服务规范

1. 接听

电话铃声响起时，应在第一时间内接听；有礼貌地问候客户后，根据客户要求，立即提供快捷和准确无误的服务，让客户感觉到亲切、热忱、彬彬有礼。

（1）问候语：

您好，这里是××速递；我是××号查询员，我能帮您做些什么吗？

（2）应做到：

①电话铃响后三声内接听。

②热情、诚恳、亲切、自然、专注。

③清楚地致以问候语，有礼貌地打招呼。

（3）应避免：

①与客户争论，或赌气挂机。

②回答问题，有气无力、无精打采。

③使用过长的、技术性的行业术语。

④不等客户挂机，为抢电话量提前挂机。

⑤与同事商量处理办法，把客户冷落在一边。

（4）禁用语：

①我不知道，我不清楚，电话不是我接的。

②这事儿不归我管，你打别的电话吧！

③有事儿说事儿，不要扯别的！

④什么事啊？说话呀！

2. 挂机

结束查询电话前，应致以亲切的结束语，等客户先挂机，才可放下话筒，切忌用力挂机。

（1）结束语：

①一般情况下：谢谢您的来电，再见！

②挂机前确认：您还有其他事情，需要我帮助吗？

③客户感谢时：不必客气，欢迎您随时来电，再见！

（2）应避免：

①为抢电话量提前挂机，或催促客户挂机。

②在客户挂机前，与同事谈论客人或客户的投诉。

3. 转接

客户所要查询的快件，是其他同事负责跟进的快件，此时要向客人做出解释。

（1）方法1：

①先告诉客户：您的快件情况，我的同事比我更清楚，我要与她沟通一下，请您稍待一会儿。

②用手按住话筒下端，或按电话机上的 Flash 键，设置背景音乐让客户静候。

③压低讲话音量，不要让客户听到同事间的对话。

④沟通协商后，力争 30 秒内回复客户。

⑤即使没有满意的查询结果，也要尽快告诉客户：不好意思，让您久等了；现在暂时无法答复您，需要再作了解；您能否留下电话，我会在 10 分钟内给您回复。

⑥务必兑现承诺，不论情况如何，力争在 10 分钟内回复客户。

（2）方法 2：

①事先与有关同事沟通好，再将客户电话，转接给已准备就绪的同事接听；转接前对客户说：不好意思，您的快件是由 × ×小姐负责跟进，我帮您转接好吗？

②若同事暂时联系不上，则这样回答：不好意思，她不在座位上（她正在接听其他电话），一会儿我让她给您回电话好吗？

③此时，要记录下对方的电话号码、来电的主要内容，及时转告有关同事，力争尽快回复客户。

（3）应避免：

①未做沟通交代就转接，使同事莫名其妙、措手不及。

②未等有关同事拿起话筒，转接方（自己）就已挂机。

活页任务单

任务情境 8－4：物流客户呼叫中心服务
一、任务描述 根据客户信息，运用博导客户关系管理系统对来电、服务及跟踪记录进行信息收集和数据分析。
二、实施工具 博导客户关系管理系统
三、实施方法 运用博导客户关系管理系统进行信息收集、数据分析。
四、实施步骤 步骤一：来电记录 来电处理需要硬件支持，在【导航栏】中点击【客户管理】，然后点击【来电处理】。这时系统会出现来电处理的窗口，如图 8－19 所示。如该电话是数据库中已存在客户，即会显示该客户资料和上次联系记录。在活动内容中输入本次联系内容，点击【确定】就新建了该来电记录。如该电话是数据库中不存在客户，客户输入客户名称、联系人、活动信息等，点击【确定】就新建了该来电记录。

续表

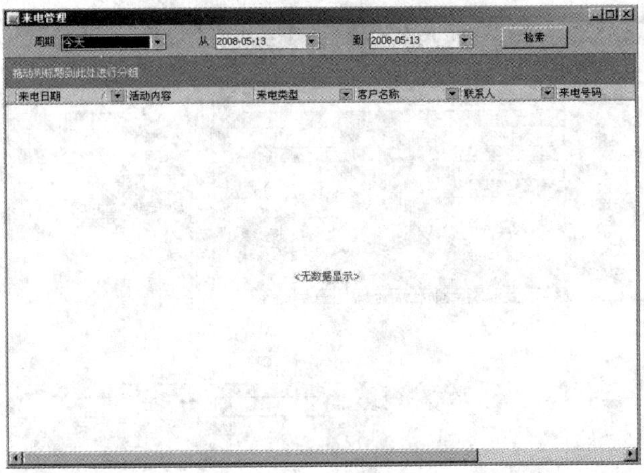

图 8－19 来电管理

步骤二：处理来电记录

如果需要查看特定时间段内的来电记录，可以自行修改起始日期和结束日期。右键点击来电列表，系统会弹出一个右键菜单，如图 8－20 所示。点击【添加客户信息】，系统会自动检索是否存在该客户，如果该客户不存在，则自动新增客户资料、联系人资料和活动记录。点击【添加活动记录】，系统则会自动为该客户添加一条活动记录。

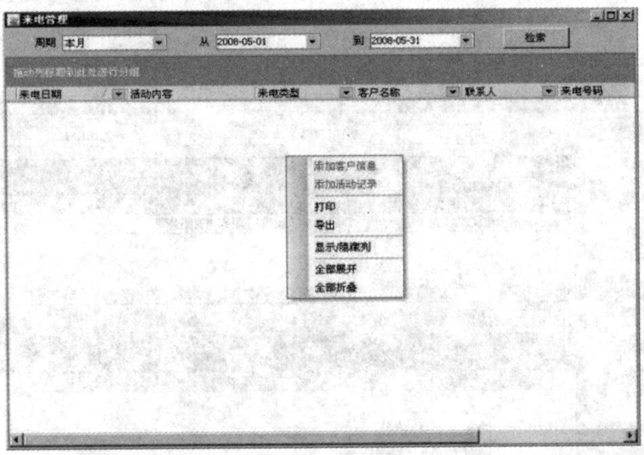

图 8－20 新增客户信息

步骤三：新增服务记录

客服人员在接到客户来电后可以根据客户提出的问题进行及时解决，若要新增服务记录，可以在录入服务记录的窗口，录入主题、投诉客户、联系人、反馈内容等信息后，点击确定，即可新增一条服务记录。如图 8－21 所示。

续表

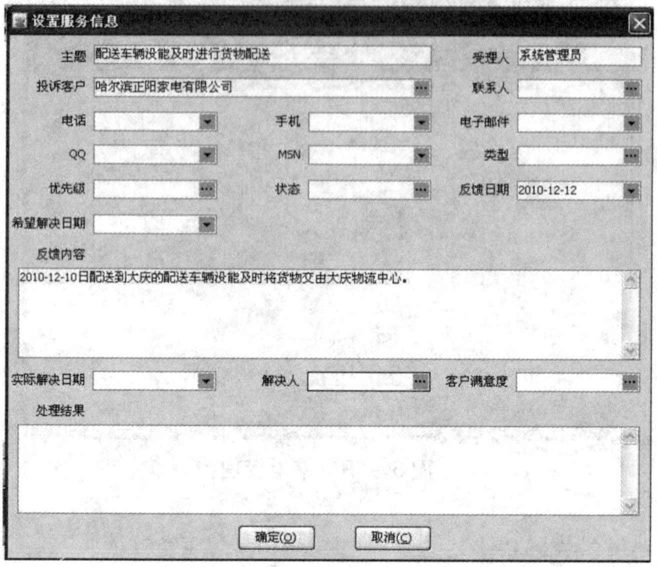

图 8－21　设置服务信息

步骤四：添加服务人员

如果某个服务投诉需要多人一起协同完成，则可以将这些人添加到服务人员列表中，右键点击服务人员列表，系统则会弹出右键菜单，如图 8－22 所示。将所有于该服务相关的人员添加进来即可。

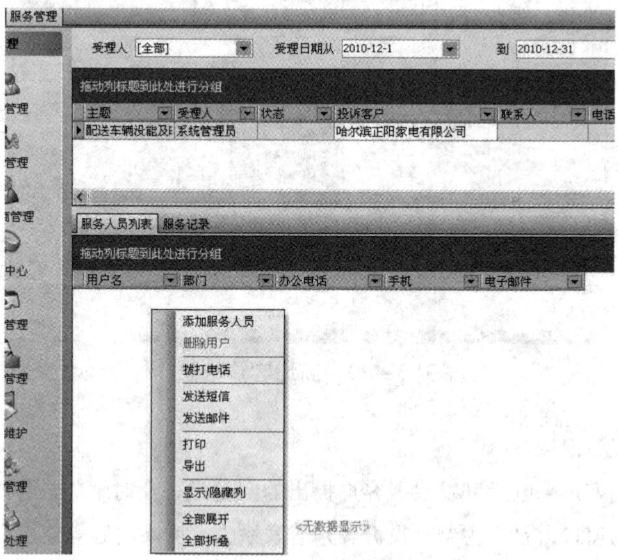

图 8－22　添加服务人员

续表

步骤五：服务记录

点击窗口下半部分的服务记录选项卡，即可打开服务记录列表，如果需要添加服务记录，可以右键点击服务记录列表，系统会弹出右键菜单，如图 8 – 23 所示。点击新建服务记录，录入问题描述后，点击确定，即可完成服务记录的添加。

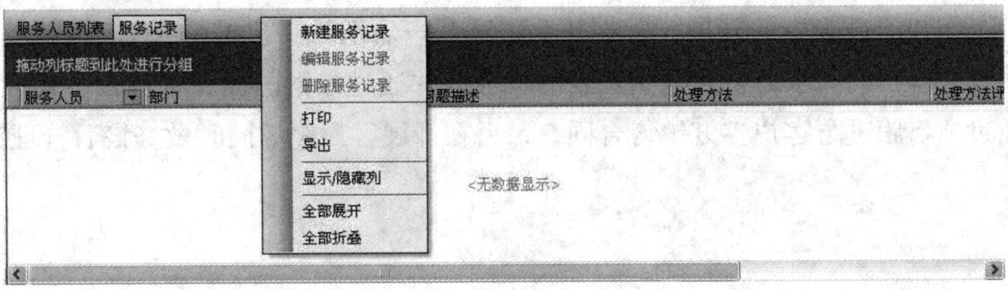

图 8 – 23　新建服务记录

五、考核与评价

任务实施评价表

考核项目	考核要求	分值	得分			备注
			自我评分	组间评分	教师评分	
来电处理	标准接待用语	35				
问题记录	能够准确详尽描述客户反馈的问题	25				
问题处理	能够及时处理客户意见/建议	40				

六、技能拓展

分组完成模拟演练，每组选择 2 ~ 3 人扮演客户，准备好需要办理的业务，比如一批货物托运的查询或者物流业务的咨询，另外选择 2 ~ 3 人扮演物流企业呼叫中心客服人员。呼叫中心客服人员接听客户的来电并办理相关业务。参考订单业务基本信息如下：

业务内容：货物运单查询

发货人：张扬

运单号：1047589184505

任课教师及其他同学观摩，并对模拟演练小组的业务办理流程进行点评。

项目小结

通过本项目的实施，首先学生可以掌握物流客户关系管理系统中相关模块功能的使用，随后学生可以对物流客户进行分析，通过分析提取出企业所需信息，在客户关系管理系统中进行客户信息维护；其次学生结合物流企业服务特点对物流服务项目进行细分，并将细分的服务项目信息录入到系统当中，并结合实际任务完成对指定客户的报价工作；通过服务的开展，掌握机会—项目—后期维护之间的关系，同时让学生能够通过对客户的需求分析建立企业新的机会，并通过方案的设计将机会转换成项目，最终通过项目跟进与客户签订销售合同，最后在开展客户服务同时做好售后管理工作。

项目九　塑造物流客户开发与管理人员职业形象

项目概述

职业形象是指你在职场中公众面前树立的印象，它体现在外在形象、品德修养、专业能力和知识结构等方面，并通过衣着打扮、言谈举止反映出你的专业态度、技术技能等。

物流人员的职业形象是物流人员个人职业气质的符号。有些人对深色调一贯喜爱，这体现了他们沉稳的个性；而经常性地身着颜色艳丽或对比强烈的服装，可以展现个人激情四溢的工作作风；一丝不苟的服装款式预示着严谨态度，层层装饰的设计又揭示着求新求变的心态……尽管个人气质千秋各异，但对于职场中的物流管理人员，掌握基本的职业形象规范对于开展业务非常重要。

物流人员的职业形象就像物流人员个人职业生涯乐章上跳跃的音符，和着主旋律会给人创意的惊奇和美好的感觉，脱离主旋律的奇异会打破和谐，给自己的职业发展带来负面影响。

那么作为将来要走向职场的你们，对自己的职业形象又有着怎样的设计呢？你的职业素质和职业形象是否会在职场生涯中为自己锦上添花呢？

项目目标

知识目标：

（1）了解良好的职业素质对于物流人员的重要性。

（2）掌握培养良好职业素质的主要方法。

（3）掌握物流人员标准礼仪形态的基本要求。

能力目标：

（1）能够深刻理解中国悠久的礼仪文化。

（2）能够用专业的礼仪知识指导职场活动。

素质目标：

（1）培养学生树立良好的礼仪意识。

（2）培养学生专业、认真、严谨的工作态度。

思政目标：

（1）培养学生将礼仪文化根植于心的道德意识。

（2）培养学生知礼懂礼的工作作风。

（3）使学生拥有礼仪意识、敬业精神及社会责任感。

任务一　培养良好的职业素质

项目引入

物流公司的基本职业道德——急客户之所急

2003年11月19日，河北廊坊开发区某工厂全厂领导和工人都在焦急等待着某物流公司的一个快件，等待着一个重要配件来恢复生产。但整个北京大雾弥漫，首都机场很多航班晚点，飞机上的快件也迟迟不能落地。急客户之所急，是该物流公司员工的共同想法，虽然员工提货时，已是19：00，早已过了下班时间，而且天气恶劣，京津塘高速公路已经封闭。但该物流公司的两位工作人员还是克服了所有困难，在晚上22：30将快件安全送达客户手中，尽最大努力保证了工厂及时恢复生产。该物流公司员工的这种工作态度，正是中国现代物流行业职业道德精神的具体表现，也是职业道德对从业人员的最起码的要求。

物流行业的性质决定了物流企业的员工必须承担相应的职业责任，履行相应的职业义务。快递物流作为服务行业，其产品是无形的，客户只看到结果，无法直接感觉到服务的中间过程，因而公司的产品和形象是通过员工体现的，从这个意义上说，整个公司生存的根本和企业的价值观是通过员工实现的。作为该物流公司的普通递送人员，虽然他们的工作就是按指令将客户的物品，在准确的时间内送到客户手中，看似简单，其实要求很高。作为直接面对客户提供服务的工作人员，真诚自然的服务态度更是不可短缺的。同时，员工认同自己的职业和岗位，认同职业所联系的“责、权、利”，认同和追求岗位的社会价值也同样重要。上述提到的物流公司始终把推广企业文化与培养员工的职业素质结合在一起，以满足客户不断提高的个性化需求。

项目思考

1. 现代中国物流行业职业道德的基本精神具体表现在哪些方面？
2. 谈谈你对物流行业内存在的职业道德问题的看法，试提出你的改进建议。

身边的事

扫描二维码，结合相关内容理解诚信品质是众多企业衡量人才的一个重要标准。

知识研修

一、职业素质的基本概念

（一）职业素质的含义

职业素质是劳动者对社会职业了解与适应能力的一种综合体现，其主要表现在职业兴趣、职业能力、职业个性及职业情况等方面。影响和制约职业素质的因素很多，主要包括：受教育程度、实践经验、社会环境、工作经历以及自身的一些基本情况（如身体状况等）。

一般说来，劳动者能否顺利就业并取得成就，在很大程度上取决于本人的职业素质，职业素质越高的人，获得成功的机会就越多。

（二）职业素质的基本特征

1. 职业性

不同的职业，职业素质是不同的。对建筑工人的素质要求，不同于对护士职业的素质要求；对商业服务人员的素质要求，不同于对教师职业的素质要求。李素丽的职业素质始终是和她作为一名优秀的售票员联系在一起的，正如她自己所说："如果我能把十米车厢、三尺票台当成为人民服务的岗位，实实在在去为社会做贡献，就能在服务中融入真情，为社会增添一份美好。即便有时自己有点烦心事，只要一上车，一见到乘客，就不烦了”

2. 稳定性

一个人的职业素质是在长期执业时间中日积月累形成的，它一旦形成，便产生相对的稳定性。

比如，一位教师，经过三年五载的教学生涯，就逐渐形成了怎样备课、怎样讲课、怎样热爱自己的学生、怎样为人师表等一系列教师职业素质，于是，便保持相对的稳定。当然，随着他继续学习、工作和环境的影响，这种素质还可继续提高。

3. 内在性

职业从业人员在长期的职业活动中，经过自己学习、认识和亲身体验，觉得怎样做是对的，怎样做是不对的。这样，有意识地内化、积淀和升华的这一心理品质，就是职业素质的内在性。我们常说，“把这件事交给小张师傅去做，有把握，请放心。”人们之所以放心他，就是因为他的内在素质好。

4. 整体性

一个从业人员的职业素质是和他整体素质有关的。我们说某某同志职业素质好，不仅指他的思想政治素质、职业道德素质好，而且还包括他的科学文化素质、专业技能素质好，甚至还包括身体心理素质好。一个从业人员，虽然思想道德素质好，但科学文化素质、专业技能素质差，就不能说这个人整体素质好。相反，一个从业人员科学文化素质、专业技能素质都不错，但思想道德素质比较差，同样，我们也不能说这个人整体素质好。所以，职业素质一个很重要的特点就是整体性。

5. 发展性

一个人的素质是通过教育、自身社会实践和社会影响逐步形成的，它具有相对性和稳定性。但是，随着社会发展对人们不断提出的要求，人们为了更好地适应、满足、促进社会的发展的需要，总是不断地提高自己的素质，所以，素质具有发展性。

（三）职业素质的主要分类

（1）身体素质：指体质和健康（主要指生理）方面的素质。

（2）心理素质：指认知、感知、记忆、想象、情感、意志、态度、个性特征（兴趣、能力、气质、性格、习惯）等方面的素质。拓展训练以提高心理素质，很多知名企业都通过拓展训练来提高员工的心理素质以及团队信任关系。

（3）政治素质：指政治立场、政治观点、政治信念与信仰等方面的素质。

（4）思想素质：指思想认识、思想觉悟、思想方法、价值观念等方面的素质。思想素质受客观环境等因素影响，例如家庭、社会、环境等。

（5）道德素质：指道德认识、道德情感、道德意志、道德行为、道德修养、组织纪律观念方面的素质。

（6）科技文化素质：指科学知识、技术知识、文化知识、文化修养方面的素质。

（7）审美素质：指美感、审美意识、审美观、审美情趣、审美能力方面的素质。

（8）专业素质：指专业知识、专业理论、专业技能、必要的组织管理能力等。

（9）社会交往和适应素质：主要是语言表达能力、社交活动能力、社会适应能力等。社交适应是后天培养的个人能力，职业素质的另一核心之一，侧面反映个人能力。

（10）学习和创新方面的素质：主要是学习能力、信息能力、创新意识、创新精神、创新能力、创业意识与创业能力等。学习和创新是个人价值的另一种形式，能体现个人的发展潜力以及对企业的价值。

“推进文化自信自强，铸就社会主义文化新辉煌”——党的二十大报告指出：全面建设社会主义现代化国家，必须坚持中国特色社会主义文化发展道路，增强文化自信，围绕举旗帜、聚民心、育新人、兴文化、展形象建设社会主义文化强国，发展面向现代化、面向世界、面向未来的，民族的科学的大众的社会主义文化，激发全民族文化创新创造活力，增强实现中华民族伟大复兴的精神力量。

中国源远流长的礼仪文化是中国优秀传统文化的重要组成部分，弘扬中国优秀传统文化，是不断提升国家文化软实力和中华文化影响力的重要方面。礼仪文化博大精深，既蕴含着和谐、有序的价值观念，又体现在雍容大度的仪态和彬彬有礼的行为上。而以礼待人的尊重，乐群贵和的美德也是本章我们要向大家传递的精神内涵。

二、如何培养良好的职业素质

（一）自我了解

职业素质是劳动者走向就业的基本条件，而前提则是劳动者要先充分的了解自身需求。了解自己的职业需要，即自己想从事什么职业；了解自己的气质与个性特点，分析自己适合从事什么职业；了解自己的职业能力及其倾向，看看自己从事什么样的职业才能最充分地发挥潜能、实现自我价值。

了解自己职业素质的办法很多，归纳起来，主要有三种。

（1）接受职业指导。目前，许多就业服务机构，如：市、区县职业介绍服务中心、街道社会保障事务所等，都开设了“职业指导”服务项目，可以到那里接受有关这方面的指导。

（2）职业素质测试。部分职业介绍服务机构开设了“职业素质测试”的服务，求职者可在那里获得相关服务。

（3）自测。劳动者可以通过填答“职业素质”自测问卷的方式，判断了解自己的职业素质状况。

（二）自我塑造

一般而言，踏入职场的最初三年，是新人适应社会的阶段。主要任务是：弄懂、搞清职场规则，接受他人有关如何最好完成工作的智慧与指导，承受对新生活想象和实际情况有落差的现实，克服某些方面比别人差的不安，等等。

如果没有明确的职业生涯发展目标与心理准备，当遭遇工作环境中的诸多障碍与不如意时，便表现出逃避、退缩、回归的行为特征，很难为下一个或下下个职业发展阶段积累经验。

随着市场竞争的加剧，企业倒闭、转业、兼并的可能性越来越大；受其影响，职业的供给数量、市场价格也在不断变化。另外，因择业者的才能、素质水平存在着差异，以及求职预期与现实社会的矛盾，择业者要想得到一份满意、适合自己的职业变得越来越困难。因此，职场中人要不断调整自己的求职预期与职业定位，提高自己在职业社会中的生存与发展能力。

（三）爱岗敬业

时时处处培养自己的责任感和使命感，牢记“只有小雇员，没有小角色”。以专业的标准要求自己，把简单的事情做到最好。

【实例9－1】

20世纪70年代初，美国麦当劳总公司看好中国台湾市场。他们在正式进军台湾市场前，需要在当地培训一批高层领导，于是进行公开的考试。由于公司要求的标准很高，很多初出茅庐的年轻人都没有通过考试。经过一再筛选，一位名叫韩定国的年轻人脱颖而出。最后一轮面试，麦当劳的总裁和韩定国夫妇谈了3次，并且问了他一个让人意想不到的问题：“假如我们要您先去洗厕所，你愿意吗?”还未等到他开口，一旁的韩太太随口答道：“我们家的厕所一直都是他洗的。”总裁十分高兴，免去了最后的面试，当场决定录用韩定国。

后来韩定国才知道，麦当劳训练员工的第一堂课就是从厕所开始的，因为服务业的基本理论是“非以役人，乃役于人”，只有先从卑微的工作开始做起，才有可能了解“以家为尊”的道理。韩定国后来之所以能成为知名的企业家，就是因为一开始能从卑微的小事做起，做别人不愿做的事情。

（四）主动工作

身在职场，你是雇员，但你更是主人；你不是上级，但能影响上级。只有先让你的付出超过报酬，然后你的报酬才会超过你的付出。如果永远只等着领导去给你安排任务，那么你就永远处在“不推不走、不打不动”的状态。工作的目的不仅仅是为了报酬，斤斤计较的人是不会有大发展的。一个没有长远目光的人，成天只想着解决温饱，那他永远只能达到温饱。

（五）承担责任

责任往往和成功相伴而来，你能够承担起责任范围之外的责任，自然会获得工作之外的回报，而你的信誉度——这种无法估量的无形资产，更会给你带来意想不到的收获。永远拘泥于自己工作的小圈子里，就永远也跨不进成功的大圈子中。对工作的责任感的高低，同样是对自己责任感的高低。

【实例 9－2】

扫描二维码，结合小张“好运”的开始，谈谈你对勇于承担责任的认识。

三、物流管理人员应具备的基本职业素质

物流被企业界称为“尚未开发的新大陆”和“促进经济增长的加速器”，由此看来物流在企业发展中有着举足轻重的作用。但是现状一面是大量物流一线岗位虚位以待，求贤若渴，一面是成千上万的无业人员渴望就业，积极应聘，为何就谈不拢，留不下呢？据调查，广大应聘者和试用工对物流一线岗位操作的实际情形缺乏了解和认识，一些不切合实际的想法和期望值过多过高，对未来的工作缺少足够的心理准备和承受能力，归根结底是个就业观念问题。要在物流一线求得一职，发展成才，关键是要了解物流业态，具备基本素质，经得起方方面面的考验。

那么，物流管理人员应具备哪些基本的职业素质呢？

（一）自我保护意识

物流一线作业员工成天同装卸设备、运输车辆和货物打交道，极易发生翻车、货

垛倒塌、机具碰撞、火灾、中毒等事故，轻则致人伤残，重则人命关天。作为一线操作员工，既不能人人自危，临场胆怯，更不能掉以轻心，盲目乱干。只要心中时刻想着安全，处处小心防范，严格遵守规章制度和操作规程，各类事故都是可以避免的，人身安全就有了保证。作为企业要把一线员工的人身安全放在高于一切的位置，采取切实可行的防范措施，同时购买人身、设备和货物保险。

（二）扎扎实实打基础

近几年来，物流人才的需求成了大热门，高薪待遇也很吸引人。而真正的物流人才仍然短缺。合格的物流从业人员应具备以下专业素质。

有物流供应链上某一环节或多个环节的操作经历；有较强的系统设计、信息处理、客户服务、资源整合和市场开拓能力；有良好的经营管理业绩者。作为物流人才，不单要有学历和专业知识，更要有丰富的实践经验和出众经营管理业绩，也就是说物流人才是在实践中锻炼成长起来的。物流一线作业是物流人才的成长基地，要成为物流人才，就得从一线干起，在一线增长才干。一线的基础夯实了，才有开拓的思路，创新的举措，才能显示出过人的才华，创造出骄人的业绩，一步一个脚印地迈入人才的坦途。

（三）作业风险防范意识

物流一线作业，就是接受客户、货主的委托，通过储存、装卸、包装、运输、配送等环节的操作，实现对客户、货主的承诺。客户、货主委托作业的商品都是有价值的实物，有的还十分昂贵，一铲一托、一包一箱就是成千上万的价值。物流作业现场不测因素多，极易发生差错、质变、溢缺、破损、丢失等事故，无论发生何种事故，低廉的服务费用是远远抵偿不了巨大的经济和信誉损失。物流作业绝不是有些人认为的收收发发、搬搬运运的简单劳动，而是一种风险大，关系到客户、货主、企业、个人切身利益的业态。走上物流一线作业岗位，必须熟悉商品，严格遵守操作规则，坚守岗位，精力集中，尽心尽责，杜绝差错和各类事故的发生。

（四）处理好人际关系

物流一线，是中低端的服务场所，表面上看紧张忙碌，其实人际关系也同样复杂。表现在工作上干多干少斤斤计较，厚此薄彼感情用事，仗义执言遭受非议，出了差错扯皮推诿等。这些问题，如果没有正确认识，掌握正确的态度和方法，很容易把关系弄成复杂化，影响到心情和工作。正确的态度和方法是，少说多干，少参与是是非非的议论，有了瓜葛牵扯就及时说明情况，消除误会和隔阂，必要时直接与上司沟通，争取理解和支持。一句话，物流人才需要把主要的精力用在业务知识的钻研和做好本职工作上，这才是最重要的。

（五）吃苦耐劳的精神

随着国际竞争国内化，国内竞争国际化的趋势越来越明显，市场需求日益朝着多品种、少批次、周期短、流速快的方向发展。客户、货主对物流服务的要求也趋向于高质量、快节奏，用以提高企业的竞争力。许多物流一线的理货员既当收货员，又当发货员，同时又是统计员，长途运输司机常常顾不上吃饭睡觉，大家都在抢时间、争速度。与传统仓库、车队的慢节奏相比，劳动强度、苦累程度不可同日而语。由此可见，有无吃苦耐劳的精神，是物流一线员工能否胜任本职的关键。

（六）突发事故的处理能力

在市场瞬息万变的情况下，市场对物流服务的需求呈现出一定的波动性，物流企业作为供需双方的服务提供者，对信息的采集又有相对的滞后性，同时物流作业环节多、程序杂，异常事故时有发生。因此，物流管理人员要具备较强的处理突发事故的能力、牢固树立随时应急作业的意识。

【实例 9－3】

道氏化学公司物流员工要求及培训开展计划

在道氏化学公司，物流部门的工作划分为七种：库存管理主管、仓库和经营主管、业务管理主管（领导 300 名员工，负责材料、设备和存货管理与订单处理等业务工作）、业务管理分析与计划员、运输主管、客户服务主管和业务咨询员。

道氏公司倾向于招聘具有理论基础的大学毕业生，并在公司内部进行业务实践培训，以此作为公司物流员工的主要来源。公司为此制定管理开发规划，其目的在于聘用合适的物流员工，通过全面培训，使之能胜任公司物流事业。这个规划对公司每年招收的 10 名物流从业人员进行培训，包括一个星期的企业内部实习。公司主要从密歇根、宾夕法尼亚、田纳西和亚利桑那四所大学挑选毕业生。公司挑选工作是严格进行的，所招收的大学毕业生必须符合以下条件：（1）在运输、物流、工程或有关学科方面取得学士资格。（2）擅长处理人际公共关系，善于交际，广泛与各种行业人员交往。（3）具有迅速和独立做出决定的能力。（4）在道氏公司的物流工作的挑战性领域有建立成功事业的愿望。公司新招收的物流员工接受手把手地实际业务训练。例如，第一次指定在配送业务环节担任业务分析员，使之能很快熟悉道氏公司的产品的生产工厂和配送业务；或第一次指定为计划分析员，为一种新产品的配送网络做出规划；或分配在运输组直接与运输商一起工作。按照这项规划，每期大约为18个月，不断地变换工作，在各部门之间或同一部门各科室之间流动，使之能交叉轮换得到全面训练。从而很快胜任所从事的物流工作岗位，成为企业经营所需的物流专业人才。

活页任务单

任务情境9-1：培养良好的职业素质
一、任务描述 在“项目引入”中，我们已经了解到，某物流公司急客户所急，克服重重困难保证了河北某工厂的正常生产。物流公司这种从客户角度出发，严谨的工作态度，正是中国现代物流行业职业道德最为需要的，也是职业道德对从业人员的最起码的要求。 众多物流企业的个体行为，恰恰构成了整个物流行业的行业道德。因此，良好的职业道德，不仅事关物流行业的长久发展，更是维系物流行业职业道德的保证。那么，我们应该如何站在物流企业的角度，提升职业素质能力和水平？请同学们依照以下实施步骤，做一份职业素质测评以及改进计划。
二、实施工具 略
三、实施方法 略
四、实施步骤 步骤一：客户档案 **职业素质测评** 请以下的尺度来衡量你自己的情绪反应程度及坚持度，从而了解自己职业素质特点。尽量标注真实情况，因为自我度量的误导性是比较高的。在情绪坚持度的等级上，“A”是最自信、独断，“D”是最低独断及坚持度；“1”表示出你最能够自我控制，“4”表示你最易受人影响，自我压抑力比较低。 测试结果：每一个“A”得一分，“B”得二分，如此类推，将所有分数加起来，算出平均数后，转换成一个字母分数，再找出你在下图的位置。每一个“1”代表一分，“2”代表二分，如此类推，将所有分数加起来，算出平均数后，对照相对应的数值，再找出你在下图的位置。 步骤二：比较自身优势劣势 在上面象限中准确定位自己的职业素质类型后，总结自身存在的优势及不足之处，可分类列入如下表格中： 自身职业素质优势劣势对比表 步骤三：按照本节课前述的物流人员应具备的基本素质，拟定改进计划。

续表

D C B A 坚持性等级	4 3 2 1 反应程度等级
文静多话	公开的封闭的
D C B A	4 3 2 1
慢于决定快于决定	激动的深思的
D C B A	4 3 2 1
追随者领导者	运用观点运用事实
D C B A	4 3 2 1
支持性叛逆性	非正规的正规的
D C B A	4 3 2 1
服从支配	感情化不感情化
D C B A	4 3 2 1
犹豫不决果断	易于了解难于琢磨
D C B A	4 3 2 1
发问者告知者	热情冷漠
D C B A	4 3 2 1
合作的竞争的	易兴奋的冷淡的
D C B A	4 3 2 1
避免风险敢于冒险	生动的死板的
D C B A	4 3 2 1
慢条斯理步骤快捷	偏向情感偏向任务
D C B A	4 3 2 1
小心大胆	突发性谨慎的
D C B A	4 3 2 1
宽容的严格的	敏感的不敏感的
D C B A	4 3 2 1
非武断的武断的	幽默的严肃的
D C B A	4 3 2 1
温和的直接的	冲动的有条例的
D C B A	4 3 2 1
保守的开放的	轻松的紧张的
D C B A	4 3 2 1

续表

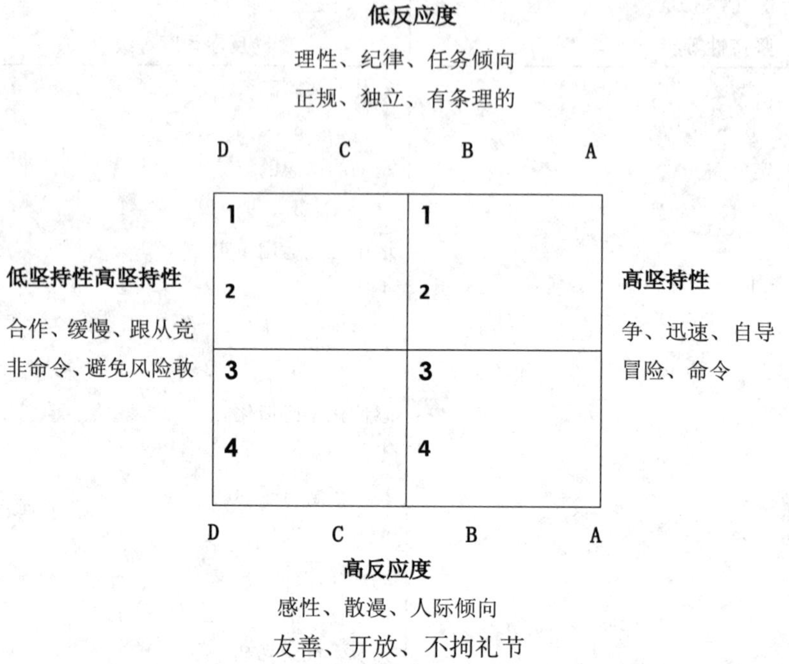

自身职业素质优势劣势对比表

优势	劣势

五、考核与评价

任务实施评价表

<table>
<tr><th rowspan="2">考核项目</th><th rowspan="2">考核要求</th><th rowspan="2">分值</th><th colspan="3">得分</th><th rowspan="2">备注</th></tr>
<tr><th>自我评分</th><th>组间评分</th><th>教师评分</th></tr>
<tr><td rowspan="2">物流管理人员应具备的职业素质</td><td>阐述如何培养良好的职业素质</td><td>50</td><td></td><td></td><td></td><td></td></tr>
<tr><td>列举物流管理人员应具备哪些基本的职业素质</td><td>50</td><td></td><td></td><td></td><td></td></tr>
</table>

续表

<table><tr><td>六、技能拓展
以降低客户运营成本为目标
中国外运集团是一家具有50年历史的国有大型外贸运输企业，是我国最大的国际货运代理企业和第三大船东，也是一个准物流企业。自1998年开始，中外运集团开展了确定企业发展总定位、总方向的战略研究工作，经过一年多的深入调查与研究，制订了一个企业发展战略。这个战略第一次提出了中外运集团的经营理念，即："我们今天和未来所做的一切，都是以降低客户的经营成本为目标，为客户提供安全、迅速、准确、节省、方便、满意的物流服务。"在这一理念中，包含以下几方面的内容：①以"客户为中心"的物流服务精神；②以"降低客户的经营成本"为根本的物流服务目标；③以"伙伴式、双赢策略"为标准的物流服务模式；④以"服务社会、服务国家"为价值取向的物流服务宗旨。企业经营理念的提出，确立了集团经营的价值取向和中心目标。在中外运集团的物流经营理念中，提出了降低客户经营成本的目标。在传统的外贸运输服务中，客户成本的降低往往意味着运费收入的减少，这是与运输提供者市场交易的目标相矛盾的。
那么，中外运集团在发展现代物流的过程中，为什么要提出降低客户成本的目标？怎样才能在降低客户成本的同时达到自己的利润目标？从职业素质角度出发，阐释中外运企业战略中提出的"服务社会、服务国家"为价值取向的物流服务宗旨。</td></tr></table>

任务二　塑造标准的礼仪形态

项目引入

不修边幅的小张

小张是一家物流公司的业务员，口头表达能力不错，对公司的业务流程很熟悉，对公司的产品及服务的介绍也很得体，给人感觉朴实又勤快，在业务人员中学历是最高的，可是他的业绩总是上不去。小张自己非常着急，却不知道问题出在哪里。小张从小有着大大咧咧的性格，不爱修边幅，头发经常是乱蓬蓬的，双手指甲长长的也不修剪，身上的白衬衣常常皱巴巴的并且已经变色，他喜欢吃大饼卷大葱，吃完后却不知道去除异味。小张的大大咧咧能被生活中的朋友所包容，但在工作中常常过不了与客户接洽的第一关。其实小张的这种形象在与客户接触的第一时间已经给人留下不好的印象，让人觉得他是一个对工作不认真，没有责任感的人，通常很难有机会和客户做进一步的交往，更不用说成功地承接业务了。

项目思考

1. 小张作为一名物流业务员，应该具备哪些基本的礼仪规范？
2. 你能够为小张量身定做一套礼仪改进方案吗？

身边的事

扫描二维码，思考如何塑造标准的礼仪形态。

知识研修

一、物流人员的美容化妆礼仪

（一）女职员的美容化妆礼仪

1. 两个基本原则

（1）遵循自然原则：自然美，要以淡雅的妆容给人留下深刻的印象。
（2）遵循协调原则：强调整体效果，全身协调、身份协调、场合协调。

2. 合乎礼仪的三个“不要”

（1）不要在他人面前化妆。
（2）不要借用他人的化妆品。
（3）不要非议他人化妆。

3. 女性的发型建议

发型文雅、端庄；梳理整齐；原则上不扎马尾。

（二）男职员的美容化妆礼仪

美容并非女性的专利，男生也需要美好的仪容获得他人的好感。于是，美容也成为男生必不可少的一项工作。当然，身为男士，他们的美容方法需要有别于女性的纤柔姣好。

（1）男士美容以干净整洁为美。

（2）男士化妆要淡而又淡。

（3）戒掉损害仪容的坏习惯。

（三）仪容中需要注意的细节

（1）坚持洗脸，勤洗澡。

（2）去除分泌物。

（3）定时剃须。

（4）保持手部卫生。

（5）保持口腔卫生。

（6）保持头发整洁。

二、物流人员着装礼仪

物流人员着装是个人教养、审美品位的体现，也是企业规范，企业形象的直观写照。那么物流人员着装在不同的场合，都有不同讲究。交往的过程当中，不能以貌取人，但是作为职场人士，着装也要讲求规范。

（一）物流人员职场着装的类型

（1）工作制服：具有企业识别功能，关系企业形象。

（2）西装套装：男士可选择西装套装；女孩可选择西装套裙。

（二）物流人员着装的 TPO 原则

1. 着装的时间原则（TIME）

物流人员在着装时必须考虑时间的合宜性，做到“随时更衣”。比如，在通常情况下，人们早上时间在家用和户外的活动居多，无论外出跑步做操，着装随意。在工作时间就要根据自己工作的性质和特点。在商务场合无论季节怎么变化，总体上以轻灵便、薄厚适宜为主。

2. 着装的地点原则（PLACE）

特定的环境应配以与之相适应、相协调的服饰，以获得视觉与心理上和谐感。如：在办公室里穿着随意性极强的休闲装，一双拖鞋；或是在运动场上穿着一双皮鞋。在写字楼里，小姐穿着拖地晚礼服送文件，或穿着沙滩装与客户谈合同，是什么样的情景

3. 区分场合（OCCASION）

在商务场合中你的着装是一个符号，代表着个人与企业。更是一种教养的体现。因此我们在商务交往中的着装都要讲究他的惯例。商务人员应学会区分不同的商务场合，着装也有所不同。

（三）物流人员职场着装规范

1. 物流人员（男士）穿西装的注意事项

（1）严格遵循三色原则：在出席正式场合的时候，身上总体不超过三个颜色（包括公文包、袜子等）

（2）穿西装的三大禁忌：袖子上的商标没有拆；不能穿尼龙袜，不能穿白色袜子（以与鞋子同色为最佳）；不能用休闲鞋搭配西装。

（3）领带颜色的选择是整套西装的亮点。

西装、领带、衬衫三者的色调应该是和谐的，而领带是三者中最醒目的。领带的主色调一定要与衬衫有所区别。但领带选择与外衣同色系时，颜色要比外衣更鲜明；当领带采取与西装对比色搭配方法时，领带颜色的纯度要降低。穿礼服时领带颜色尽可能庄重，不适合大花图案。如果不是特殊嗜好，最好不要用鲜红色领带。

2. 物流人员（女士）穿职业装的注意事项

（1）严格遵守三色原则：正式场合身上总体不超过三个颜色（包括公文包、袜子等）。

（2）穿职业装的禁忌：新装商标没有拆；穿凉鞋穿袜，穿短裙穿短袜；忌露、短、透。

（3）注意不能穿休闲鞋搭配职业装。

（4）发型与衣服的搭配会成为一大重点，一般不提倡扎马尾。

图 9－1　物流人员职场着装规范示范

【实例 9－4】

王小杰忽然接到同学张忻的电话，问他什么时候来参加自己的生日聚会，这时王小杰才想起自己答应下今晚参加他的生日聚会。于是匆匆忙忙赶到聚会地点，发现来的人很多，有一些相识的同学，但也有很多不认识的人。王小杰一整天在外奔波，衣服穿得很随便，加之连日来事情很多，脸上也满是疲惫之色。当王小杰随随便便，拖着有些疲惫的步子走进聚会厅时，看到别人都衣着光鲜，神采飞扬，不觉心里有点不快，后悔自己勉强过来参加聚会，所以脸色更是难看，没有一点笑容。张忻过来招呼王小杰，王小杰勉强表达了祝福，便坐在一旁喝了几杯啤酒，也不想与人寒暄，坐了一会便又借故离开了。现实生活中，在接受他人邀请后，如因故不能出席，应深致歉意，或登门致歉。作为宾客，应略早到达为好，且应在参加前做好仪容准备工作。席间、应与主人和同桌亲切交谈，告辞时间不宜过早。而王小杰在劳累时不应该勉强出席。而后，他匆忙赶到聚会厅，且衣着随意，显示出他对宴会的不重视。在宴会中，面无笑容，且提前离开都显示出他的不礼貌。既影响自己的心情，让自己过于疲惫，又影响他人心情，是一次失败的礼仪表现。

三、物流人员体态礼仪

（一）什么是体态语言

体态语言是指人们在外观上可以明显地被觉察的活动、动作通讯在活动之中身体各部分所呈现的姿态。体态语言又叫做人体语言、态势语言和动作语言。

（二）体态语言的五种功能

（1）表达功能。它可以表达口语难以表达的信息，使双方免于受窘。

（2）替代功能。它可以替代口语，直接与对方交流、沟通。

（3）辅助功能。它可以辅助口语，使人“言行一致”，思想得以强化，使意思表达得更清楚、更深刻。

（4）适应功能。它可以适应本人的心理、生理需要。

（5）调节功能。它可以发出暗示，调节双方关系，使对方做出积极反应。

（三）物流人员的站姿礼仪

1. 物流人员站姿的基本规范

抬头，目视前方，挺胸直腰，肩平，双臂自然下垂，收腹，双腿并拢直立，脚尖分呈 V 字形，身体重心放到两脚中间。也可两脚分开，比肩略窄，双手合起，放在腹前或背后。

（1）男职员：应两脚分开，比肩略窄，双手自然下垂或合起放在背后。

（2）女职员：应双脚并拢，脚尖分呈 V 字形，双手合起放于腹前。

图 9－2　物流人员站姿示例

2. 几种常见的不良站姿

（1）头不正，出现习惯性前伸、侧歪，显得身体松散下坠，没有精神。

（2）驼背，胸部不能自然挺起，造成身体不够舒展。

（3）肩不平，一高一低，身体左右倾斜。

（4）肩部紧张，形成耸肩缩脖。

（5）重心向后，挺腹。

（6）双手叉腰或抱胸前，或身体依靠其他物体；影响举止风度。

（四）物流人员的坐姿礼仪

在物流商务活动中，就座亦能体现出落座者有无教养。坐姿本身就是体态语言的一种，可以向对方传递信息，因此，应作为一种交谈手段加以注意。

（1）坐姿的基本要求：端庄、文雅、得体、大方。

（2）物流人员坐姿的基本规范。

①轻轻入座，从满椅子的 2/3 为准，后背轻靠椅背，女性双膝自然并拢（男士可略分开）；对座谈话时，身体稍向前，表示谦虚和尊重。

②若女性着裙装，裙摆应收拢，不允许裙摆随意摇晃，也不允许当面大动作整理服饰。

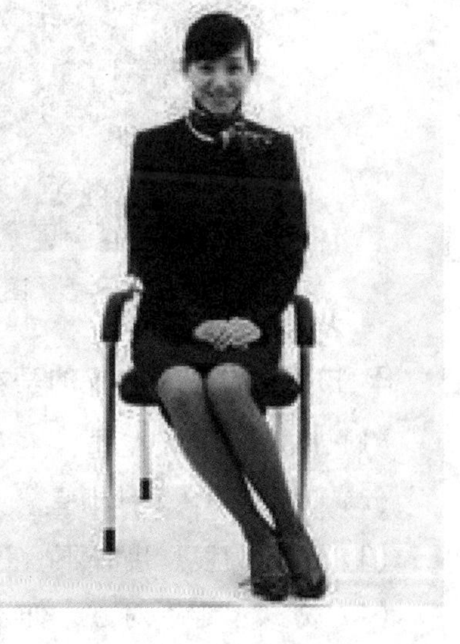

图 9－3　物流人员坐姿示例

（五）物流人员的手势礼仪

在物流商务活动中，手势在传递信息、表达意图和情感方面发挥重要的作用。

1. 物流人员的常用手势规范

（1）标准手势。手掌自然垂直，掌心向内，手指并拢，拇指稍分开，手腕伸直，肘关节自然弯曲（以 140 度为宜）。

（2）横摆式手势。一般表示“请、请进…”常用横摆式。一只手五指并拢，手掌心向上，肘微弯曲，腕略低于肘。另一只手下垂或在背后，同时面带微笑，表现出对宾客的尊重、欢迎。

（3）斜摆式手势。请客人落座时，手势应摆向座位的地方。手要先从身体的一侧抬起，到高于腰部后，再向下摆去，使大小臂成一斜线。

（4）直臂式手势。用于指引方向，采用直臂式。手指并拢，掌伸直，屈肘从身前抬起，向抬起的方向摆去，摆到肩的高度时停止，肘关节基本伸直。注意指引方面，不可用一根指头指出，那样显得不礼貌。

图 9－4　物流人员手势礼仪示例

2. 物流人员握手礼仪的基本规范

（1）顺序：上级在先、主人在先、长者在先、女士在先。

（2）时间：3～5 秒为宜。

（3）握手力度适度，不宜过大，也不宜毫无力度。

（4）方式：走近对方，伸出右手，掌心向里，握对方手掌。同时面带微笑，目视对方，手上下晃动 2～3 下。

图9－5　物流人员握手礼仪示例

（5）握手时只能握右手，不能伸出左手与人相握；男士与女士握手时，应浅握，只握手指部位。

（6）不可戴手套与人握手，戴手套与人握手是失礼行为。

握手礼动画

（六）物流人员鞠躬的基本规范

鞠躬是向对方表示感谢与尊重，给对方留下诚恳、真实的印象。

（1）对方行鞠躬礼，我方还以鞠躬礼。

（2）男士双手放在双腿两侧；女士双手重叠放于腹前。

（3）鞠躬与握手应并行使用。

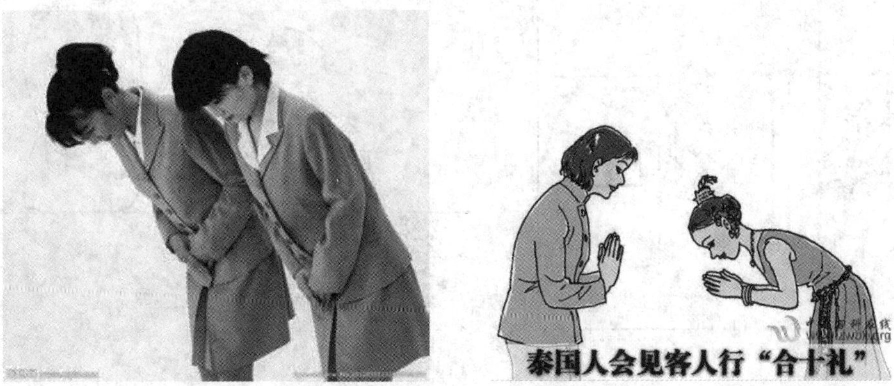

图9－6　物流人员鞠躬示例

【实例9－5】

扫描二维码查看小郑不恰当的接待礼仪实例，从中吸取教训。

四、物流人员接待礼仪

（一）办公室接待礼仪

办公室接待礼仪没有正式接待礼仪那么复杂，但同样要热情、周到，讲究礼貌，这不仅体现了个人修养，同时也反映了公司的良好形象。

1. 做好接待准备

（1）接待环境：保持办公室优雅环境，当有客人来访更应保持较高水平的工作环境。

（2）准备好洽谈材料：洽谈要事先准备材料，保证过程有条不紊。

（3）准备饮品：准备茶水是接待的基本礼貌。

（4）确定客人迎送规格。

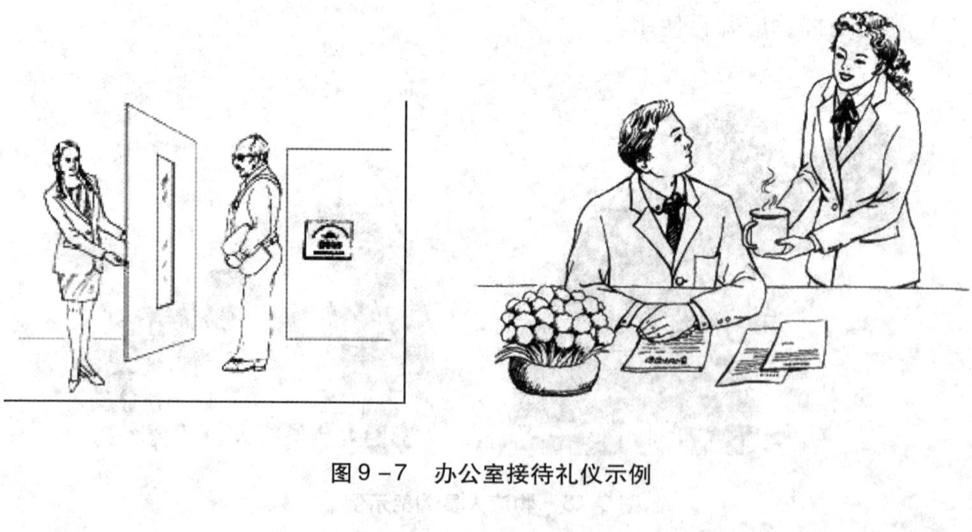

图9－7　办公室接待礼仪示例

2. 办公室接待的注意事项

（1）始终面带笑容自然迎接客户。

（2）对不速之客也要礼貌相迎。

（3）正确记住访客的姓名。

（4）专人接待，无关人员自动退避。

【实例9－6】

某市文化单位计划兴建一座影剧院。一天，公司经理正在办公，家具公司李经理上门推销座椅。一进门便说："哇！好气派。我很少看见这么漂亮的办公室。如果我也有一间这样的办公室，我这一生的心愿就满足了。"李经理就这样开始了他的谈话。然后他又摸了摸办公椅扶手说："这不是香山红木吗？难得一见的上等木料呀。""是吗？"王经理的自豪感油然而生，接着说："我这整个办公室是请深圳装潢厂家装修的。"于是亲自带着李经理参观了整个办公室，介绍了计算比例，装修材料、色彩调配，兴致勃勃、自我满足，溢于言表。如此，李经理自然可拿到王经理签字的座椅订购合同。同时，互相都得到一种满足。在正式谈判中应注意语言的表达技巧，礼节性的交际语言可以很好地增进谈判双方的了解、沟通感情、融洽友好气氛。李经理对王经理办公室的赞美，赢得了王经理的好感，同时是谈判气氛非常融洽。王经理对办公室的夸奖，既有赞美，同时也体现了自己对家具知识的了解。双方成功签订协议，都获得了自身的满足，是成功的社交事件。

（二）物流活动中的介绍礼仪

自我介绍：一般是自己主动结识或应他人请求介绍自己。

1. 自我介绍的要点

（1）自我介绍简明扼要，时间要短。

（2）内容要全面。

（3）掌握介绍时机。

2. 介绍他人的三个要点

（1）注意称呼，着重体现行政称谓。

（2）尊重双方的介绍意愿。

3. 介绍他人的礼仪顺序

（1）先介绍职务低；后介绍职务高。

（2）先介绍男士；后介绍女士。

（3）先介绍晚辈；后介绍长辈。

（4）先介绍个人；后介绍集体。

【实例9－7】

王峰在大学读书时学习非常刻苦，成绩也非常优秀，几乎年年都拿特等奖学金，为此，同学们给他起了一个绰号“超人”。大学毕业后，王峰顺利的获取了在美国攻读硕士学位的机会，毕业后又顺利的进入了美国公司工作。一晃8年过去了，王锋已成为公司的部门经理。

今年国庆节，王峰带着妻子女儿回国探亲。一天，在大剧院观看音乐剧，刚刚落座，就发现有3个人向他们走来。其中一个边走边伸出手大声地叫：“喂！这不是‘超人’吗”？你怎么回来了？”这时，王峰才认出说话的人正是他的高中同学贾征。贾征大学没考上，自己跑到南方去做生意，赚了些钱，如今回到上海注册公司当起了老板。今天正好陪着两位从香港来的生意伙伴一起来看音乐剧。此时，王峰和贾征彼此都既高兴又激动。贾征大声寒暄之后，才想起了王峰身边还站着一位女士，就问王峰身边的女士是谁。王峰这才想起向贾征介绍自己的妻子。待王峰介绍完毕，贾征高兴地走上去，给了王峰妻子一个拥抱礼。这时贾征他想起了该向老同学介绍他的生意伙伴。大家相互介绍、握手、交换名片和简单的交谈后，就各自回到自己的座位上观看音乐剧了。

从以上案例中，你发现了哪些不妥之处呢？

（三）递名片的基本礼仪

名片是物流人员代表企业交往的工具之一，所以也是树立企业形象的一个重要环节。

（1）主动向对方递送名片，递送时身体稍欠，使用双手，从正面向对方递出。

（2）递送顺序：由尊而卑，无法分尊卑是可由近而远；圆桌递送要顺时针。

（3）取对方名片时同样欠身，双手接过名片后认真看一遍，诵读对方姓名、职务、妥善保管。

（4）多人递送名片时，应将对方名片排列在桌上，对照再次确认，谈话结束后放入口袋或公文包保管。

（5）客房率先递出名片，应表示谢意，再递送自己的名片。

图9-8　递送名片礼仪示例

（四）宴请的基本礼仪

宴请是交往中重要的商务场合，其类型繁多；不同的宴请场合，都有不同的礼仪规范，下面介绍的是常见的商务宴请。

1. 宴请的类型

（1）宴会：它是一种正式宴请，是举办者为了表达敬意、谢意，或是为了扩大影响等目的而专门举行的招待活动。

（2）招待会。指只备一些食物、饮料，不备正餐、不排座次的一种较为自由的宴请形式。

（3）工作餐。是目前流行于国际社会的一种特殊的非正式的宴请形式，主要是利用进餐时间，围绕工作中的问题，边吃边谈，讨论交流。

2. 宴请的四个原则

（1）费用：做任何事情，量力而为，不要铺张浪费。

（2）菜单：考虑宴请对象的口味，及宴请的场合。

（3）环境：依宴请的高、中、低档，依客人的身份而定；也可根据客人的个性而定。

（4）举止：在宴会的过程中，避免夸张搞笑的言行举止，以免惹人非议，失礼。

【实例9－8】

扫描二维码，查看商务舞会上失败的社交事件，谈谈你的收获。

3. 商务宴请的基本礼仪

（1）正式宴请的准备工作。

①确定宴请的目的、对象和规格。

②确定宴请的时间和地点。

③郑重的邀请的方式，让客人感受尊重。

④拟定菜单，结合宴请的形式和档次、时间与季节。

（2）宴会进行时的礼仪规范。

①礼貌入座：分清主次位置，按预先安排好的座位依次引客人入座。

②按时开席：客人落座后要按时开席，不能因个别客人误时而影响整个宴会的进行。

③先请后用：先让每位客人的杯里盛有酒和饮料，再开始用餐。

④陪同客人的人数不宜超过客人的人数，如果只有一位客人，可有两位陪客。

⑤注意协调气氛，力求和谐友好，热烈，但不要喧宾夺主。

⑥不要在客户面前领取收据或付款。

⑦不可留下客户先行离开，等客户离席后，方可离席。

【实例9－9】

扫描二维码，查看婚礼上不恰当的礼仪社交事件，谈谈你的收获。

【思政案例】

德国著名的文学家歌德说“一个人的礼貌就是一面照出他肖像的镜子。”人们总是会根据一个人的言谈举止去评价他，礼仪是一个人在社会上的文明修养。

我国是历史悠久的文明古国，几千年来创造了灿烂的礼仪文化，被世人称为“文明古国，礼仪之邦”，至今仍有着高尚的道德准则、完整的礼仪规范。

对于当代大学生来说，礼仪礼貌也是举足轻重的。比如在人才招聘会上，言谈儒雅、服饰得体、仪表端庄、神态大方、礼仪到位的大学生更能受到用人单位的青睐。讲究礼仪，遵从礼仪规范，可以有效地展现一个人的教养、风度与魅力，更好地体现一个人对他人和社会的认知水平和尊重程度，从而使个人的学识，修养和价值得到社会的认可和尊重。适度、恰当的礼仪不仅能给公众以可亲可敬、可合作、可交往的信任和欲望，而且会使合作过程充满着和谐与成功。

任何一个社会组织，小到一家店铺，大到一个国家，要想广交朋友，广聚信息，想增进相关公众对它的理解、信任、合作与支持，想塑造自身的良好形象，全面实现自己的目的，都一刻离不开礼仪。

礼仪不仅可以美化人生，而且可以培养人们的社会性，同时还是社会生活和交往的需要。孟德斯鸠曾说：“我们有礼貌是因为自尊。”“礼貌使有礼貌的人喜悦，也使那些受人礼貌招待的人喜悦。”生活中有许多口角、摩擦、矛盾、争斗，都是起因于对小节的不注意。而文雅、宽厚能使人加深友情，增加好感。注重行为礼仪，可以有一个宁静、洁净的生活环境，可以促进人际关系的和谐，因此礼仪习惯的培养是精神文明建设的一项重要内容。只有知书达礼，知识水准和道德水准协调的学生，不能成为一个优秀人才。

活页任务单

任务情境 9－2：塑造标准的礼仪形态
一、任务描述 假定你即将参加 A 公司的面试，你对本次面试极为重视，需要为此做一番准备。 通过之前的学习，你已经了解到职场的“第一印象”至关重要，形成于双方刚一见面的最初几分钟，并且很难改变。良好的职业素养，得体的言谈举止，合适的衣着打扮……这些都构成了专业物流人员的基本礼仪形态。 请同桌之间模拟具体的面试场景，并确定着装等礼仪方面的计划。
二、实施工具 略
三、实施方法 略

续表

四、实施步骤

假定明天一早你要去参加 A 公司的面试，这次面试官是 A 公司的人力资源总监。

步骤一：请列举出明天面试在着装方面的计划。

步骤二：同桌之间交换各自的着装计划，并互相提出改进建议。

步骤三：同桌之间分角色饰演人力资源总监和面试者，请注意交谈方面的礼仪规范。

步骤四：面试环节结束，双方互相指出交谈过程中对方在礼仪表现方面的优缺点。

五、考核与评价

任务实施评价表

考核项目	考核要求	分值	得分			备注
			自我评分	组间评分	教师评分	
物流管理人员如何塑造标准的礼仪形态	阐述物流管理人员美容化妆规范	25				
	阐述物流管理人员着装规范	25				
	阐述物流管理人员体态礼仪规范	25				
	阐述物流管理人员接待礼仪规范	25				

六、技能拓展

小王参加工作不久，在一家公司做销售工作。多日来通过发传真、写电子邮件等，终于找到一家对他们公司产品感兴趣的大公司。该公司同意与小王见面洽谈合作的事情。小王也十分重视这次机会，特意穿上笔挺的西装、铮亮的皮鞋和一双刚买的白色球袜来到对方公司。在与对方面谈时，小王由于是初次谈判，不免有些紧张。坐在椅子上双腿不停地晃动，手指也不时在腿上敲击。面谈结束后，对方只是淡淡地说："以后再联系吧。"此后杳无音信。面对失败，小王百思不得其解，后来请经理向对方询问原因。对方说："你们员工的素质还有待提高。"

请回答：在本次面谈中，小王的表现在哪些方面还有待提高？

项目小结

本章内容从职业素质与礼仪形态两方面对物流管理人员的职业形象进行了详细介绍和阐述。

物流管理工作的动态性和特殊性，决定了这一行业的从业人员必须具备忠于职守，诚信待人；保守秘密，保证安全的职业素质。此外，优秀的物流人员应具备严谨周密的思维方式；团队合作和奉献精神；技术学习和应用能力以及异常事故的处理能力。

礼仪是商务活动中体现相互尊重的行为准则，所以我们学习商务礼仪知识就显得更为重要。我们可以用一种简单的方式来概括商务礼仪，它是商务活动中对人的仪容仪表和言谈举止的普遍要求，因此，礼仪的作用体现在“内强素质，外强形象”上。通过本章内容的学习，要求学生了解物流管理人员应具备的基本职业素质，并且掌握物流管理人员应具备的基本礼仪规范。